V&R

Die Botschaft des Neuen Testaments

Herausgegeben von Walter Klaiber

Walter Klaiber
Das Markusevangelium

Vandenhoeck & Ruprecht

Walter Klaiber

Das Markusevangelium

3., durchgesehene Auflage 2021

Vandenhoeck & Ruprecht

Bibliografische Information der Deutschen Bibliothek

Die Deutsche Nationalbibliothek verzeichnet diese Publikation in der Deutschen Nationalbibliografie; detaillierte bibliografische Daten sind im Internet über http://dnb.de abrufbar.

Umschlaggestaltung: Grafikbüro Sonnhüter, www.sonnhueter.com
DTP: Volker Hampel, Neukirchen-Vluyn
Druck und Bindung: Hubert & Co. BuchPartner, Göttingen

Printed in the EU

Vandenhoeck & Ruprecht Verlage
www.vandenhoeck-ruprecht-verlage.com

ISBN 978-3-525-56860-6

Vorwort

»... und an Jesus Christus, seinen eingeborenen Sohn, unseren Herrn ...« Sonntag für Sonntag bekennen Millionen von Christen mit diesen Worten aus dem Apostolischen Glaubensbekenntnis ihren Glauben an Jesus Christus. Aber nicht wenige, die diese überlieferten Worte sprechen, und viele von denen, die nur zuhören, fragen sich: Wer ist dieser Jesus Christus? Was heißt es, dass er Gottes Sohn ist?

Auf solche Fragen seiner Zeitgenossen wollte der Evangelist Markus eine Antwort geben. Darum beginnt sein Bericht von Jesu Leben und Sterben mit den Worten: *Dies ist der Anfang des Evangeliums von Jesus Christus, dem Sohn Gottes.* Er möchte die frohe Botschaft von Jesus Christus weitergeben und tut dies, indem er die Geschichte seines Wirkens erzählt: Wie es anfing in Galiläa, wie es mit seinem Tod in Jerusalem zu enden schien und dann doch auf ganz neue Weise weiterging, weil die Frauen im Grab hörten: Er ist auferstanden, er ist nicht hier! Die Antwort auf die Frage: Wer ist Jesus Christus? hängt also für Markus eng mit der Antwort auf die Frage zusammen: Wer war Jesus von Nazareth? Aber er war nicht der Meinung, die genaueste Antwort auf diese Frage würde man erhalten, wenn man die Akten der römischen Geheimpolizei über ihn veröffentlichen oder eine Historikerkommission beauftragen würde, ein Gutachten zu dieser Frage zu erstellen. Er fand die Antwort auf die Frage: »Wer war Jesus von Nazareth?« im Zeugnis derer, die Jesus gefolgt waren, und in dem, was von ihm in der Verkündigung in den Gemeinden berichtet wurde. Die geschichtliche Wahrheit dieser Erzählungen beruhte für ihn nicht auf dokumentarisch festgehaltenen Beweisen, sondern auf der Kraft der Botschaft, die sie weitergaben. So wurden die beiden Fragen: »Wer war Jesus von Nazareth?« und »Wer ist Jesus Christus?« zu zwei Seiten der einen, grundlegenden Frage: »Wie begegnet Gott den Menschen damals und heute in der Person und dem Wirken des Jesus von Nazareth?«

Soweit wir wissen, war Markus der erste, der das Bekenntnis zu Jesus Christus durch eine Erzählung von seinem Wirken und seinem Sterben ausgelegt hat. Sein Beispiel hat Schule gemacht. Die anderen Evangelisten sind ihm je auf ihre Weise gefolgt. Als erstes

Evangelium ist das Markusevangelium in doppelter Hinsicht wichtig: Für die Historiker bietet es die erste schriftliche Aufzeichnung der Berichte über Jesus. Es ist deshalb eine wichtige Quelle für deren Frage: Wer war Jesus von Nazareth? Für die Weitergabe des Evangeliums aber ist Markus wichtig, weil er als erster die vielen einzelnen Erzählungen von Jesu Wirken zu einem Ganzen zusammengefasst hat. Das ist seine Antwort auf die Frage: Wer ist Jesus Christus?

Weil es diese grundlegende Bedeutung hat, ist das Markusevangelium die zweite Schrift des Neuen Testaments, deren Auslegung nach dem Kommentar zum Römerbrief in der Reihe *Die Botschaft des Neuen Testament* vorgelegt wird. Als nächstes werden die Auslegungen der Korintherbriefe folgen.

Inzwischen ist es auch gelungen, weitere Mitarbeiter für die Reihe zu gewinnen. Prof. Dr. Thomas Söding (Bochum) hat die Auslegung des Lukasevangeliums übernommen, Pfarrer Dr. Christoph Schluep (Zürich) die des Philipperbriefs, Pfarrer i.R. Dr. Ernst Synofzik (Ulm) die der Thessalonicherbriefe und Prälat Dr. Christian Rose (Reutlingen) die des Hebräerbriefs.

Herrn Dr. Volker Hampel danke ich für die intensive und hilfreiche verlegerische Betreuung der Reihe und dieses Bandes. Meine Frau hat auch dieses Manuskript mit den Augen einer Nichttheologin kritisch durchgelesen und geholfen, das Theologendeutsch etwas allgemein verständlicher zu machen. Ihrem ärztlichen Wissen sind auch einige medizinische Bemerkungen zu manchen der Wundergeschichten zu verdanken. Für alle ihre Unterstützung, die weit über diese direkte Hilfestellung hinausgeht, danke ich ihr herzlich.

»Wer das liest, der merke auf!« heißt es an einer Stelle in der Endzeitrede des Markusevangeliums (13,14). Es ist meine Hoffnung, dass diese Auslegung ihre Leser und Leserinnen nicht nur bei jenem Vers, sondern an vielen Stellen auf die Bedeutung des Evangeliums von Jesus Christus aufmerken lässt.

Tübingen, im März 2010 Walter Klaiber

Inhalt

Einleitung

Evangelium nach Markus – das ist die Überschrift, die in den meisten Handschriften über dem Text des biblischen Buchs steht, das wir heute *Markusevangelium* nennen. Uns ist dabei kaum bewusst, wie ungewöhnlich es in der Antike war, ein Buch mit dem Bericht über Leben und Sterben Jesu von Nazareth ein *Evangelium* zu nennen. Es gibt in der ganzen griechischen Literatur sonst keine Schrift, die mit *Evangelium* überschrieben wäre. Das entsprechende griechische Wort kannte man wohl, aber es wurde immer in der Mehrzahl gebraucht und bezeichnete *gute Nachrichten*, z.B. die Botschaft von einem Sieg oder die Ankündigung von Steuererleichterungen anlässlich der Thronbesteigung eines neuen Herrschers. Den Anstoß dazu, dass im Neuen Testament die schriftlichen Berichte über Leben und Sterben Jesu als *Evangelium* bezeichnet werden, gab Markus mit der ersten Zeile seines Buchs: *Anfang des Evangeliums von Jesus Christus.* Doch die Überschrift »*(Evangelium) nach Markus*« stammt nicht von ihm selbst. Das zeigt die ungewöhnliche Formulierung: *nach Markus* (in zwei der ältesten Handschriften bildet sie sogar allein die Überschrift). Sie setzt voraus, dass es mehrere Schriften dieser Art gab, die man für die Gemeindebibliothek unterscheiden musste. Das führte zu der Bezeichnung: *Evangelium nach (dem Bericht des) Markus.* Dahinter stand die Überzeugung, dass es nur *ein* Evangelium gab, aber verschiedene Berichte, durch die es überliefert wurde.
Die Evangelienschrift selbst sagt nichts über Namen und Identität ihres Verfassers. Die Überschrift scheint mit dem Namen *Markus* auf eine Person zu weisen, die mehrfach im Neuen Testament erwähnt wird. Nach Apg 12,12 versammelte sich im Haus seiner Mutter Maria die Gemeinde in Jerusalem. Markus stammte also aus Jerusalem. Sein jüdischer Name war Johannes. Dass er den griechischen Beinamen *Markos* (lateinisch: *Markus*) bekommen hat, zeigt, dass seine Familie zum zweisprachigen Milieu in Jerusalem gehörte. In Apg 12,25 hören wir, dass Johannes Markus mit Barnabas und Saulus/Paulus nach Antiochien ging und die beiden auf der ersten Missionsreise begleitete (13,5). Allerdings verließ er während der Reise aus unbekannten Gründen die Reisegesellschaft und kehrte nach Jerusalem zurück (13,13). Als sich Barnabas und

Paulus nach dem sog. Apostelkonzil auf ihre nächste Reise begeben wollten, kam es seinetwegen zum Streit (Apg 15,37–39): Barnabas wollte seinen Vetter Markus (vgl. Kol 4,10) wieder mitnehmen, Paulus lehnte dies ab. So trennten sich ihre Wege. Barnabas reiste nach Zypern und nahm Markus mit. Doch taucht Markus in Philemon 24 wieder als Mitarbeiter des Paulus auf. In Kol 4,10 und 2Tim 4,11 finden sich weitere Notizen über Hilfsdienste des Markus für den gefangenen Paulus. Überraschenderweise treffen wir auch in 1Petr 5,13 auf Markus; zusammen mit der dortigen Gemeinde grüßt »aus Babylon« (damit kann nur Rom gemeint sein) »mein Sohn Markus«. Markus scheint zusammen mit einem anderen Paulusbegleiter, Silas/Silvanus, bei Petrus in Rom zu sein. Auch wenn der 1. Petrusbrief wohl nicht von Petrus persönlich geschrieben worden ist, gab es dennoch Anlass, Markus mit Petrus in Verbindung zu bringen. Um 110 n.Chr. berichtet Bischof Papias von Hierapolis, dass der »Alte Johannes«, ein Herrenjünger, der in hohem Alter in Ephesus lebte, gesagt habe: »Markus war der Dolmetscher des Petrus und schrieb sorgfältig auf, soweit er sich dessen erinnerte, was vom Herrn gesagt oder getan worden war – freilich nicht in der richtigen Ordnung … Denn er hatte den Herrn weder gehört noch war er ihm nachgefolgt, später aber, wie gesagt, dem Petrus, der seine Lehrvorträge nach den Erfordernissen einrichtete, nicht jedoch eine zusammenhängende Darstellung der Herrenworte liefern wollte. Daher trifft Markus keine Schuld, wenn er einiges niederschrieb, wie er es im Gedächtnis hatte. Denn er war darauf bedacht, nichts von dem, was er gehört hatte, wegzulassen oder falsch wiederzugeben.« Damit wäre Markus ein wichtiger indirekter Zeuge für das, was er berichtet, wobei der Hinweis auf die mangelhafte Anordnung des Stoffes auch deutliche Kritik enthält.

Allerdings deutet das Markusevangelium selbst von alldem so gut wie nichts an. Zwar berichtet es häufig von Begebenheiten, die Petrus betreffen – übrigens auch solche, die ihn in einem negativen Licht zeigen –, aber nirgends gibt es einen Hinweis, dass es sich dabei um persönliche Berichte des Petrus handelt.

Markus schreibt ein einfaches Griechisch, er verwendet relativ viele lateinische Fremdwörter und zitiert auch häufig aramäische Ausdrücke, die er dann korrekt übersetzt. Seine Sprache klingt wie das Griechisch eines Menschen, dessen Muttersprache eine semitische Sprache ist. Er scheint keine allzu genauen Kenntnisse von der Geographie Palästinas zu haben, was gegen einen gebürtigen Jerusalemer sprechen könnte (aber nicht unbedingt muss). Weiter finden sich kaum Anspielungen auf Themen paulinischer Theologie, was man aber damit erklären könnte, dass sich Markus der erzählenden Jesusüberlieferung widmet, die Paulus eher meidet. Im Übrigen ist das Evangelium gut strukturiert und nach einer klaren inneren Ordnung aufgebaut.

Dass die Nennung des Namens Markus als Verfasserangabe nicht einfach Erfindung ist, dafür gibt es ein wichtiges Argument: Hätte man den Verfasser nicht gekannt, hätte es nahegelegen, es einem der Zwölf, z.B. Petrus selbst, zuzuschreiben und nicht einem relativ unbedeutenden Begleiter des Paulus (und des Petrus). Da der Name Markus häufig ist, nehmen auch Ausleger, die eine Verfasserschaft von Johannes Markus für unwahrscheinlich halten, an, dass der uns unbekannte Verfasser Markus hieß.

Letztlich kann und muss die Verfasserfrage auch aus inhaltlichen Gründen offenbleiben. Denn der Autor der Schrift verzichtet ganz bewusst darauf, seine Darstellung durch die Präsentation seiner Person zu beglaubigen. Die Erzählung soll für sich selbst sprechen. Deshalb verzichten auch wir auf eine weitere Erörterung der Person des Verfassers oder von Ort und Zeit der Abfassung und beginnen gleich mit der Auslegung des Texts.

Dazu noch zwei Vorbemerkungen: Die erste betrifft die Sprache des Evangeliums. Das Griechisch des Markus weist eine Reihe von Besonderheiten auf. Markus liebt das erzählende Präsens. Das gibt seinem Bericht einen lebhaften, vergegenwärtigenden Ton. Befremdlich ist allerdings die Art, wie er oft mitten in der Erzählung, ja im gleichen Satz, von der Vergangenheit in die Gegenwart und umgekehrt wechselt. Das ist nicht Unfähigkeit, die Zeitenfolge zu beachten, sondern eine gezielt angewandte Methode, den Ton volkstümlichen Erzählens zu treffen. Dem dient auch die häufige Verwendung des Wortes *sogleich* und vergleichbarer Wendungen. Weil das für Markus so charakteristisch ist, wurden diese Besonderheiten auch in der deutschen Übersetzung beibehalten. Was im Griechischen eigentümlich klingt, soll auch im Deutschen so gehört werden. Diese Eigenheiten sind nicht auf mangelnde Beherrschung der Sprache zurückzuführen, sondern auf die bewusste Absicht, in diesem Stil zu erzählen.

Die zweite Vorbemerkung: Diese Auslegung sieht im Markusevangelium mehr als eine notdürftig geordnete Sammlung von Einzelgeschichten (oder Predigttexten). Sie möchte es auch nicht nur als Quelle für ein historisch gesichertes »Leben Jesu« verwenden oder gar als Steinbruch für Bausteine einer Lehre von Christus. Sie will vor allem die Botschaft verstehen, die Markus mit seinem Evangelium weitergibt. Das geht nicht, ohne auch auf das Werden der Botschaft in den einzelnen Texten zu achten. Ziel aber bleibt es, zu erfassen, wie die Erzählung als Ganze die Botschaft des Evangeliums entfaltet.

Die Auslegung

1,1–13
Der Anfang des Evangeliums

Das Markusevangelium beginnt mit einer kurzen Einleitung (1,1–13), in der das Auftreten Johannes des Täufers mit dem Wirken Jesu verknüpft wird. Viele Ausleger verbinden auch die Zusammenfassung der Botschaft Jesu (1,14f) mit dieser Einleitung. Wir werden aber sehen, dass diese beiden Verse den ersten großen Abschnitt des Evangeliums eröffnen, um das Wirken Jesu als Ganzes zu kennzeichnen.

Die Einleitung gliedert sich in zwei Teile: Nach einer knappen Überschrift (1) wird zunächst das Auftreten des Täufers geschildert. Der Bericht endet mit dem Hinweis des Täufers auf den, »der nach mir kommt« (7f). Im zweiten Teil wird erzählt, wie Jesus sich von Johannes taufen lässt und die Versuchung durch Satan besteht. Wer das Evangelium liest, soll diese Begebenheiten kennen, bevor vom Wirken Jesu berichtet wird.

1,1–8
Das Auftreten Johannes des Täufers

1 Anfang des Evangeliums von Jesus Christus, dem Sohn Gottes, 2 wie
es im (Buch des) Propheten Jesaja geschrieben steht: *Siehe, ich sen-*
de meinen Boten vor dir her, der deinen Weg instand setzen wird.
3 Stimme eines Rufers in der Wüste: Macht den Weg des Herrn bereit,
***macht seine Pfade eben!* (Ex 23,20; Mal 3,1; Jes 40,3)**
4 Johannes der Täufer trat in der Wüste auf und verkündigte die
Taufe der Umkehr zur Vergebung der Sünden. 5 Und ganz Judäa und
alle Jerusalemer gingen zu ihm hinaus, und (die Menschen) ließen
sich von ihm im Fluss Jordan taufen, indem sie ihre Sünden bekann-
ten. 6 Und Johannes war mit (Kleidern aus) Kamelhaaren bekleidet
und hatte einen ledernen Gürtel um seine Hüfte und aß Heuschre-
cken und wilden Honig.
7 Und er verkündigte: »Nach mir kommt der, der stärker ist als ich.
Ich bin nicht wert, mich zu bücken und die Bänder seiner Sandalen

zu lösen. [8]Ich habe euch mit Wasser getauft, er aber wird euch mit Heiligem Geist taufen.«

V. **1** ist eine Überschrift. Offen aber ist, ob es sich dabei um die Überschrift über den einleitenden Abschnitt oder über das Werk als Ganzes handelt. Zunächst scheint die Antwort klar zu sein. In heutigem Sprachgebrauch würde *Anfang des Evangeliums* den Anfang der neutestamentlichen Schrift bezeichnen, die Evangelium des Markus genannt wird. Aber dieser Sprachgebrauch, in dem mit *Evangelium* ein Buch bezeichnet wird, das von Leben und Sterben Jesu von Nazareth berichtet, war zur Zeit des Neuen Testaments noch unbekannt. Was bedeutete der Ausdruck *Evangelium* damals?

Evangelium war das Wort für *gute Nachricht* oder *frohe Botschaft.* Sein neutestamentlicher Gebrauch hat eine doppelte Wurzel. Die eine liegt in der griechisch sprechenden hellenistisch-römischen Kultur. Dort bezeichnet das Wort eine *Siegesbotschaft* oder eine andere *gute Nachricht.* So taucht es auch in der politischen Propaganda und der Herrscherverehrung auf, und zwar immer in der Mehrzahl. In einer Inschrift aus dem Jahr 9 v.Chr. zu Ehren des Augustus heißt es z.B.: »Der [Geburtstag] des Gottes [d.h. des Kaisers] bildete den Anfang der durch ihn veranlassten guten Nachrichten [*euangelia*] für die Welt.« Es ist bemerkenswert, wie unverblümt Augustus hier als Gott bezeichnet wird und wie eng die *guten Nachrichten* mit seiner Person verbunden wurden.
Die Verwendung des Wortes *Evangelium* im Neuen Testament hat aber auch eine alttestamentliche Wurzel. Zwar kommt es in der griechischen Übersetzung des Alten Testaments selten vor, das entsprechende Verb wird jedoch an sehr gewichtigen Stellen verwendet. So z.B. in Ps 96,2, wo es heißt: »verkündigt von Tag zu Tag sein Heil« (ähnlich in der griechischen Übersetzung von Jes 60,6), und vor allem in Jes 61,1: »Er hat mich gesandt, den Elenden *gute Botschaft zu bringen.*« Besonders wichtig ist in diesem Zusammenhang das Partizip des Verbs, das die gängigen Übersetzungen mit *Freudenbote* bzw. *Freudenbotin* wiedergeben, vgl. Jes 52,7: »Wie lieblich sind auf den Bergen die Füße dessen, der *frohe Botschaft* bringt, der Frieden verkündigt, der *gute Botschaft* bringt, der Heil verkündigt, der zu Zion spricht: Dein Gott herrscht als König« (REB; vgl. Jes 40,9; 41,27).
Jesus hat mit seiner Verkündigung der nahen Königsherrschaft Gottes an diese prophetische Verheißung angeknüpft. Er sah seinen Auftrag darin, »den Armen *gute Botschaft* zu bringen« (Mt 11,5 / Lk 7,22; vgl. Lk 4,18). So wurde er für die Urchristenheit zum Träger *der frohen Botschaft* schlechthin, der guten Nachricht, dass Gott sich in Jesu Wirken der verlorenen Menschheit angenommen hat. Damit kommt es zu der für die Antike ungewöhnlichen absoluten Redeweise: *das* Evangelium – es geht nicht nur um *eine* gute Nachricht unter anderen, Jesus bringt *die* rettende frohe Botschaft.

So begegnet der Begriff vor allem bei Paulus. Als Apostel weiß er sich zur Verkündigung des Evangelium *Gottes* ausgesondert und beauftragt (Röm 1,1). Die rettende Botschaft von Gottes Heilshandeln in Jesus Christus ist Inhalt seiner missionarischen Verkündigung (vgl. Röm 15,16; 2Kor 11,7; 1Thess 2,2.8f). Er spricht deshalb auch vom Evangelium *Christi.* Das ist das Evangelium *von Christus* (Gen. obj.), also die gute Nachricht von dem, was Gott durch Christus getan hat (vgl. Röm 15,19; 1Kor 9,12), aber auch die frohe Botschaft, die Christus selbst gelebt und autorisiert hat (Gen. subj., vgl. Gal 1,7.12). Inhaltlich wird dies in 1Kor 15,3–5 beschrieben, der einzigen Stelle, an der schon vor Markus der Begriff *Evangelium* mit einer knappen Darstellung von Jesu Tod und Auferstehung verbunden ist. Weiterzusagen, was mit Christus geschah und was das für unser Heil bedeutet – das macht das *Evangelium* aus!

Wenn Markus an den Beginn seiner Erzählung vom Wirken und Leiden Jesu die Überschrift stellt: *Anfang des Evangeliums Jesu Christi,* dann knüpft er an diese Tradition an. Die frohe Botschaft von Gottes Handeln in Jesus Christus gründet in dem gelebtem Leben und dem erlittenen Tod des Mannes von Nazareth. Indem von seinem Wirken und seinem Sterben erzählt wird, wird die frohe Botschaft von Gottes Heil gegenwärtig. Weil es Markus nicht nur um das Evangelium geht, das Jesus selbst verkündigt hat, sondern auch um all das, was von Jesus erzählt werden soll, übersetzen wir *Evangelium Jesu Christi* mit Evangelium *von Jesus Christus* (Gen. obj.). Für Markus schließt das auch das von Jesus verkündigte Evangelium (Gen. subj.) ein.
Auf den ersten Blick scheint *Jesus Christus* eine Art Doppelname zu sein. Doch wird sich zeigen, dass Markus sehr wohl weiß, dass *Christus* kein Eigenname, sondern ein Titel ist. Wörtlich übersetzt heißt das entsprechende griechische Wort *Gesalbter* und bezeichnet Jesus als den *Messias* (ein Wort aus dem Hebräischen, das ebenfalls *Gesalbter* bedeutet). Wer so von Jesus sprach, der bekannte: Jesus ist der von Gott eingesetzte und gesalbte endzeitliche König Israels, der verheißene Retter. Dieses Bekenntnis hatte in der damaligen Zeit politische und theologische Brisanz.
Das galt jedoch nicht weniger von dem anderen wichtigen Titel: *Sohn Gottes.*

Allerdings fehlen diese Worte in der Urschrift des Codex Sinaiticus und einigen anderen Handschriften. Normalerweise würde man annehmen, dass eine so wichtige Aussage nicht vergessen oder gar absichtlich weggelassen wurde, und deshalb diese Worte als spätere Ergänzung ansehen. In diesem Fall ist aber zu beachten, dass schon der Erstkorrektor des Sinaiticus, der den Text gleich nach dem Diktat durchsah, die Worte eingefügt hat. Sie standen also vermutlich in der Vorlage, nach der diktiert worden war. Hinzu kommt, dass der Titel *Sohn Gottes* bei Markus grundlegend für das Bekenntnis zu Jesus ist. Deshalb halten die meisten Ausleger die Worte für ursprünglich.

Sohn Gottes war sowohl im Alten Israel als auch in der hellenistisch-römischen Umwelt des Neuen Testaments ein Königstitel. Die Zusage von Ps 2,7: »Du bist mein Sohn, heute habe ich dich gezeugt!« galt ursprünglich dem König, der inthronisiert und damit als Repräsentant Gottes eingesetzt wurde (vgl. 2Sam 7,14; Ps 89,28). Aber auch hellenistische Könige oder römische Kaiser, wie Alexander der Große oder Augustus, wurden mit dem Titel *Sohn Gottes* geehrt. Das machte die Überschrift des Markusevangeliums für die Zeitgenossen spannend. Welch ein Anspruch stand hinter diesem Titel? Damit verbunden war die Frage: Welche Art von Freudenbotschaft geht von dem Messias Jesus, dem Sohn Gottes, aus? Für die Christen dürfte das klar gewesen sein: Es ist die rettende Botschaft von Gottes Handeln durch Jesus, den verheißenen Messias. Für andere aber blieb diese Frage zunächst offen.

Damit stehen wir wieder bei unserer Ausgangsfrage: Was meinte Markus mit *Anfang des Evangeliums*? Wie Mk 13,10 und 14,9 zeigen, verstand auch er unter *Evangelium* die Heilsbotschaft von Jesus Christus und ihre Verkündigung. Das würde nahelegen, dass er sein ganzes Buch als *Anfang des Evangeliums* kennzeichnen wollte. Allerdings bedeutet dann *Anfang* nicht *Beginn* im Sinn von *erster Teil,* sondern *Ursprung, Grundlage,* eine Bedeutung, die das griechische Wort für *Anfang* durchaus haben kann. Auch in Gen 1,1 hat *Anfang* nicht nur zeitliche Bedeutung. Nach diesem Verständnis bezeichnet V. 1 die ganze Geschichte von Jesu Wirken und Leiden, wie sie Markus erzählt, als *Ursprung und Grundlage des Evangeliums* und seiner Verkündigung. Diese Deutung wird heute von vielen Auslegern vertreten.

Es gibt aber auch gute Argumente für eine andere Auslegung. Sie sieht in *Anfang des Evangeliums* nur die Überschrift für die Einleitung des Buches. Die Wendung *wie geschrieben steht* (V. 2) steht bei Markus (9,13; 14,21) und in der sonstigen urchristlichen Literatur (vgl. Röm 1,17) immer *nach* der Aussage, auf die sie sich bezieht. Entgegen den Urtextausgaben und den meisten Übersetzungen muss es also heißen: *Anfang des Evangeliums …, wie … geschrieben steht.* Das folgende Zitat weist dann auf den Wüstenprediger als Wegbereiter Jesu hin. In seinem Wirken beginnt das Evangelium. Diese Auslegung wird auch durch die Beobachtung gestützt, dass in der Apostelgeschichte der Beginn der Wirksamkeit Jesu mit der Wendung »angefangen von der Taufe des Johannes« (1,22; 10,37) beschrieben wird. Das ist offensichtlich alte Tradition. Hinzu tritt ein letztes Indiz: Dieses Verständnis der Überschrift ist die Ursache dafür, dass man begann, eine schriftliche Darstellung des Lebens Jesu als *Evangelium* zu bezeichnen. Die Leser verstanden *Anfang des Evangeliums* als *Anfang der Evangelienschrift*, und damit war die veränderte Bedeutung des Wortes *Evangelium* geboren! Ursprünglich aber wollte Markus am Anfang seines Werkes sagen: Mit dem Wirken des Täufers begann Gottes rettendes Handeln, von dem uns die frohe Botschaft von Jesus Christus berichtet.

Das wird zunächst durch ein Zitat aus dem Alten Testament begründet (**2f**). Markus schreibt das ganze Zitat Jesaja zu. Tatsächlich sind hier jedoch in einem sog. »Mischzitat« Aussagen aus Ex 23,20, Mal 3,1 und Jes 40,3 zusammengefasst. (Viele spätere Handschriften schreiben deshalb *bei den Propheten* statt *beim Propheten Jesaja*. Aber die zweite, anstößigere Lesart ist sicher ursprünglich; Markus kommt es vor allem auf den Text bei Jesaja an.)

Grundlage für den ersten Teil des Zitats (**2**) ist die griechische Übersetzung von Ex 23,20. Gott verspricht dem Volk, ihm auf dem Weg ins verheißene Land seinen Engel voranzusenden und es auf diesem Weg zu behüten. Gleichzeitig spielt das Zitat auf Mal 3,1 an. Hier sagt Gott: »Ich sende meinen Boten [hebräisch und griechisch dasselbe Wort wie *Engel*!], der vor mir den Weg bereitet.« Die urchristliche Auslegung sieht in dem verheißenen Boten/Engel eine Gestalt, die dem kommenden Christus den Weg bereitet. Sie fügt deshalb die verschiedenen alttestamentlichen Texte zu einer Zusage Gottes für diese Person zusammen. Wahrscheinlich ist das schon vor Markus geschehen. Denn Matthäus und Lukas zitieren Ex 23,20 / Mal 3,1 an einer anderen Stelle, wo sie unabhängig von Markus über den Täufer berichten (Mt 11,10 / Lk 7,25), in der gleichen Fassung wie Markus. Der Text war also gemeinsames Gut urchristlicher Schriftgelehrsamkeit. In ihm verspricht Gott dem kommenden Messias, dass er einen Boten vor ihm her senden werde, der den Weg für sein Wirken vorbereiten wird.

Dies wird durch Jes 40,3 untermauert. Der zitierte Text folgt nahezu wörtlich der Septuaginta, der griechischen Übersetzung des Alten Testaments. Im hebräischen Urtext ruft eine Stimme dazu auf, für Gott einen Weg in der Wüste zu bahnen. Dagegen spricht die griechische Übersetzung von der *Stimme eines Rufers in der Wüste*. Diese Fassung gab der urchristlichen Schriftauslegung die Möglichkeit, die Stelle auf Johannes den Täufer auszulegen, der in der Wüste am Jordan predigte.

Diese ersten Verse im Markusevangelium leisten ein Doppeltes: Sie verbinden das Wirken Johannes des Täufers mit dem Jesu Christi, und sie verankern dieses Wirken in der prophetischen Verheißung des Alten Testaments, der Bibel Israels. Der Anfang des Evangeliums von Jesus Christus hat seinen Ursprung in Gottes Reden durch die Propheten. In ihren Worten hört die urchristliche Gemeinde Gottes Zusage an seinen Messias: Er wird ihm durch den verheißenen Boten den Weg bahnen. Das ist durch Johannes, den Rufer in der Wüste, den Jes 40 ankündigt, geschehen. Er sollte für den kommenden Herrn den Weg in die Herzen der Menschen freimachen. Für Markus ist dieser *Herr* Jesus Christus, der Gesalbte Gottes, in dem Gott selbst zu den Menschen kommt.

Vom Wirken des Täufers erzählen die V. **4–8**. Dabei nennt V. **4** ganz knapp den Inhalt seiner Verkündigung, V. 5 berichtet über deren Wirkung. V. 6 beschreibt die äußere Erscheinung des Täufers, und die V. 7f zitieren Aussagen, mit denen er über sich selbst hinausweist. Manche Ausleger verbinden V. 4 mit V. 2f und übersetzen: *Wie geschrieben steht ... so trat auf Johannes der Täufer* ... In unserer Übersetzung haben wir V. 1 mit V. 2f verknüpft. Aber in jedem Fall gehören das Zitat in V. 2f und der Bericht in V. 4 eng zusammen: Nun wird erzählt, wie sich die prophetische Verheißung im Wirken des Johannes erfüllt.

Johannes der Täufer wird als bekannte Gestalt eingeführt. Der Namenszusatz *der Täufer* (wörtlich: *der Taufende)* kennzeichnet ihn durch das hervorstechende Merkmal seines Auftretens. Auch der jüdische Historiker Josephus, der von 37 bis ca. 100 n.Chr. lebte, nennt Johannes so. Die Beziehung zum Jesajatext wird durch das Auftreten des Täufers *in der Wüste* hergestellt. Diese Ortsangabe mag verwundern, da er nach V. **5** *im Jordan* taufte. Aber darin liegt kein Widerspruch, denn tatsächlich fließt der Jordan in seinem Unterlauf durch wüstenartiges Gebiet; nur ein schmaler Uferstreifen ist bewachsen. Doch ist *in der Wüste* mehr als nur eine geographische Angabe. Auf dem Hintergrund der Wüstenerfahrung des Volkes Israel nach dem Auszug aus Ägypten gilt die Wüste als Stätte der Begegnung mit Gott und des neuen Anfangs. So heißt es bei Hos 2,16 im Blick auf das untreue Israel: »Darum will ich selbst sie verlocken. Ich will sie in die Wüste hinausführen und sie umwerben« (EÜ). Dieses Verständnis von *Wüste* begründet die enge Beziehung zwischen dem Auftrag des Täufers und den Aussagen von Jes 40,3 und Mal 3,1.

Das Wirken des Täufers wird mit äußerst knappen Worten geschildert: Er *verkündigte die Taufe der Umkehr zur Vergebung der Sünden.* Hier hat jedes Wort Gewicht. Für Markus ist alles, was Johannes tut, Verkündigung. Nicht nur der Ruf zur Taufe, nicht nur das, was er über die Taufe sagt, sondern auch die Taufe selbst ist Verkündigung der Botschaft, die Gott ihm aufgetragen hat. Dabei ist auf einen wichtigen Unterschied im Verständnis der Worte damals und heute hinzuweisen: Für uns heute ist *Taufe* oder *tau-*

fen ein Begriff der religiösen Sprache, ein festgeprägtes Wort christlicher Praxis. Diesen Sprachgebrauch gab es zur Zeit des Täufers noch nicht. Das griechische Wort, das wir mit *Taufe* übersetzen, erscheint erstmals in den Schriften des Neuen Testaments. Seine Grundbedeutung ist *Ein-* bzw. *Untertauchen. Untertauchen* ist auch die ursprüngliche Bedeutung des Verbs, das wir mit *taufen* wiedergeben. (In diesem Sinne kommt es auch in der griechischen Übersetzung der Geschichte von Naeman in 2Kön 5,14 vor.)

Kultische Waschungen und Tauchbäder, wie sie das alttestamentliche Gesetz für ganz unterschiedliche Verunreinigungen vorschrieb (vgl. Lev 15; Num 19), waren im Judentum zur Zeit des Neuen Testaments sehr wichtig. Das Vorhandensein einer *mikwe*, einer Anlage für solche Tauchbäder, gilt in der Archäologie der neutestamentlichen Zeit als Kennzeichen dafür, dass ein Haus jüdische Bewohner hatte. Man hat in Jerusalem, in Galiläa und vor allem in der Siedlung von Qumran eine Fülle solcher Tauchbäder gefunden. Für die spätere Zeit ist auch belegt, dass alle, die zum Judentum übertreten wollten, ein Tauchbad nehmen mussten, um symbolisch die Unreinheit ihrer heidnischen Vergangenheit abzuwaschen. Da es sich dabei um einen einmaligen Vorgang handelt, wäre das die nächste Parallele zur Taufe des Johannes. Doch gibt es keine Belege dafür, dass es diese Praxis schon zur Zeit des Täufers gab. Alle anderen Waschungen und Reinigungsbädern konnten und mussten wiederholt werden. Der entscheidende Unterschied zwischen ihnen und der Johannestaufe besteht zudem darin, dass sie von den Betroffenen selbst vorgenommen wurden, während man von Johannes getauft wird bzw. sich von ihm taufen (= untertauchen) lässt. Diese einzigartige Praxis hat ihm den Beinamen »der Täufer« eingebracht.

Was besagt das für die Bedeutung der Taufe, die Johannes vollzieht? Den ersten Hinweis dazu gibt Markus selbst. Er spricht von der *Taufe der Umkehr* (oder – so die älteren Übersetzungen – von der *Taufe der Buße*) *zur Vergebung der Sünden*. Was ist damit gemeint?
Das griechische Wort, das Luther mit *Buße* übersetzte, bedeutet ursprünglich *Sinnesänderung*. Es bezeichnet also einen Prozess der inneren Neubesinnung und Neuorientierung, den das Wort *Buße* ganz zutreffend erfasst. Mit diesem Wort und dem entsprechenden Verb wird aber in einem Teil der griechischen Übersetzungstradition des Alten Testaments auch der Ruf zur Umkehr wiedergegeben, der für die Botschaft der Propheten zentral ist (vgl. etwa Jes 55,7; Jer 4,1; 26,3; Hos 3,5). Für sie bedeutet *Umkehr* sehr konkret die *Abkehr* von Unrecht und falschen Göttern und die *Hinkehr* bzw. *Rückkehr* zu Gott und einem Verhalten, das seinem Willen entspricht. Um zu zeigen, dass es hier um eine totale Veränderung der Richtung des Lebens geht, die alle Lebensbereiche betrifft, überset-

zen neuere Übersetzungen nicht mehr *Buße* oder *Bekehrung*, sondern *Umkehr*.
Wer allerdings die prophetische Botschaft genau studiert, wird feststellen, dass die Propheten vor allem darüber klagen, dass das Volk *nicht* umkehrt (Hos 7,10; 11,5; Jer 5,3; 15,7). Nur wenn Gott selbst den Weg zur Umkehr bahnt, wird sich Israel bekehren (Jer 24,7; 31,18). In dieser Tradition steht der Täufer. Er sieht sich nicht als einen von vielen Bußpredigern, wie sie immer wieder im Volk aufgetreten sind. Für ihn ist die *Taufe* mehr als nur ein Zeichen für die Bereitschaft von Menschen zu Buße und Umkehr. Sie ist das wirksame Zeichen dafür, dass Gott angesichts des drohenden Gerichts den Weg zu Umkehr und neuem Leben öffnet. Darum ist die Taufe ein einmaliger Akt und wird nicht von den zur Umkehr Bereiten selbst vollzogen, sondern geschieht an ihnen.
Darin liegt auch die innere Verbindung zwischen der Gerichtsbotschaft des Täufers und der Taufe. Markus berichtet nichts von diesem Aspekt der Verkündigung des Täufers. Er findet sich aber in eindrücklichen Worten in Mt 3,7–12 / Lk 3,7–9.17. Das Gericht über Israel wird kommen. Die Taufe des Johannes bietet nun keineswegs einen einfachen Weg, dem Gericht zu entkommen. Ins Wasser untergetaucht zu werden bedeutet im Alten Testament, von den Fluten des Gerichts überwältigt zu werden (vgl. Ps 42,8; 88,8; Jona 2,4). Jesus selbst nimmt dieses Bild auf, wenn er in Mk 10,38f im Blick auf seinen Tod von der Taufe spricht, mit der er getauft werden wird. Seine Sünden zu bekennen und sich von Johannes untertauchen zu lassen bedeutet, das verdiente Gericht an sich vollziehen zu lassen und so durch das Gericht hindurch gerettet und zu neuem Leben befreit zu werden. In der Taufe, im Untergetauchtwerden durch Johannes, geschehen Umkehr und Vergebung der Sünden.
Die Symbolik der Taufe weist also nicht nur auf ein »Reinwaschen« von der Sünde (vgl. Ps 51,4), sondern auch auf die Verarbeitung der Schuld durch die zeichenhafte Vorwegnahme des Gerichts. Insofern die Taufe des Johannes ein wirksames Zeichen ist, kann man ihre Wirkung durchaus »sakramental« nennen: Gott handelt an denen, die zur Taufe kommen und sich taufen lassen. Aber sie sind mit ihrem Handeln in das Geschehen einbezogen: Sie *kommen* zur Taufe, sie *bekennen* ihre Sünden, sie *lassen* sich taufen und werden aufgefordert, »Früchte zu bringen, die der Umkehr entsprechen« (Lk 3,8).
Markus fasst das alles ganz knapp in V. 4 mit den Worten zusammen, dass Johannes *die Taufe der Umkehr zur Vergebung der Sünden* verkündigte. Ähnlich knapp schildert er in V. 5 die Wirkung dieser Verkündigung. Der Erfolg ist überwältigend. *Ganz Judäa*

und alle Jerusalemer gingen zu ihm hinaus. Johannes stößt eine Bußbewegung an, die alle Bewohner Judäas und Jerusalems erfasst. Wenn neutestamentliche Autoren in dieser Weise *alle* oder *ganz* sagen, dann meinen sie nicht, dass sich die ganze Bevölkerung ohne Ausnahme taufen ließ. Markus selbst wird in 11,27–33 von Ausnahmen sprechen. Mit diesen Worten wird beschrieben, dass es sich um eine Bewegung handelte, die eine umfassende Wirkung entfaltete. Doch scheint sich diese Breitenwirkung auf Judäa beschränkt zu haben; Galiläa wird nicht genannt!

Dass Johannes tatsächlich so etwas wie eine Massenbewegung auslöste, zeigt sich auch daran, dass der jüdische Historiker Josephus noch um das Jahr 100 n.Chr. von seinem Wirken berichtet. Dabei bestreitet er ausdrücklich, dass Johannes den Juden verkündigt habe, die Taufe diene »zur Sühne für ihre Sünden«. Er habe sie vielmehr angeleitet, die Seele »durch ein gerechtes Leben« zu entsündigen (Ant XVIII,117). Das klingt nach einer Auseinandersetzung mit der christlichen Deutung des Wirkens des Täufers. Denn Markus betont ausdrücklich, dass *sich die Menschen von ihm im Fluss Jordan taufen ließen, indem sie ihre Sünden bekannten.* Für die christliche Überlieferung war der Täufer nicht wie für Josephus ein Tugendlehrer, sondern der Bote Gottes, der Gottes Volk noch ein Mal in eine Begegnung mit Gott führte, in der die Anerkennung des gerechten Gerichts und die Hoffnung auf Vergebung und Rettung in letzter Konsequenz miteinander verbunden waren.

Markus ist diese Seite im Wirken des Täufers, durch die er den Weg für die Sendung Jesu vorbereitete, so wichtig, dass er erst jetzt, in einer Art Nachtrag, noch etwas über das äußere Erscheinungsbild und die Lebensweise des Johannes sagt (**6**). Seine Kleidung *aus Kamelhaaren,* zusammengehalten mit einem *ledernen Gürtel um seine Hüfte,* und seine Nahrung, die (wohl nicht ausschließlich) aus *Heuschrecken und wildem Honig* bestand, kennzeichnen ihn als Wüstenbewohner, aber auch als Asketen (vgl. Lk 7,33: »Johannes aß kein Brot und trank keinen Wein«). In Sach 13,4f wird der *härene Mantel* der Beduinen (im Gegensatz zur Kleidung sesshafter Bauern) als Kennzeichen eines Propheten genannt, und in 2Kön 1,8 ist ein lederner Gürtel Erkennungsmerkmal für den Propheten Elia. Kleidung und Nahrung des Johannes weisen ihn also als einen Propheten aus. Die christliche Gemeinde sah darin einen der vielen Hinweise, dass er der kommende endzeitliche Prophet und wiedergekommene Elia war, wie ihn Mal 3,1 und 3,23 ankündigen (vgl. Mk 9,11–13).

Nach dieser Zwischenbemerkung kommt Markus auf ein zweites Thema der Verkündigung des Täufers zu sprechen (**7**). Er verweist auf den, der nach ihm kommen würde. Das ist ein wichtiger Aspekt der Botschaft, die der Täufer *verkündigte.* Allerdings spricht er nicht Klartext, sondern in Andeutungen: *Nach mir kommt der, der stärker ist als ich.* Wer ist mit dem *Stärkeren* gemeint? Für Markus und die christliche Gemeinde war klar, dass Johannes damit Jesus als den verheißenen Messias meinte. Aber war dies Johannes selbst von Anfang an klar? Manche Indizien könnten dafür sprechen, dass Johannes sich für den Vorläufer des Kommens *Gottes* hielt, wie das ja auch die ursprüngliche Bedeutung der Bibelzitate in V. 2f aus Mal 3,1 und Jes 40,3 war.

Johannes gibt einen weiteren Hinweis auf sein Verhältnis zu dem, der nach ihm kommt: *Ich bin nicht wert, mich zu bücken und die Bänder seiner Sandalen zu lösen.* Jemandem die Riemen der Sandalen aufzuknüpfen, war Sklavendienst. Damit verdeutlicht Johannes den ungeheuren Rangunterschied, den er zwischen sich und dem, der nach ihm kommt, verspürt. Er ist nicht einmal würdig, ihm Sklavendienste zu leisten. Das scheint dagegen zu sprechen, dass er von einem menschlichen Nachfolger spricht. Aber wenn er von Gott und seinem Kommen sprechen würde, wäre dann nicht selbst dieser Vergleich letztlich unangemessen? Gott trägt keine Sandalen. Das spricht dafür, dass Johannes eine endzeitliche Gestalt wie den Messias als Nachfolger erwartete.

Der Täufer macht eine zweite Aussage über das Verhältnis zu dem, der nach ihm kommt (**8**): *Ich habe euch mit Wasser getauft, er aber wird euch mit Heiligem Geist taufen.* Für die christliche Gemeinde war diese Aussage ein klarer Hinweis auf das, was an Pfingsten geschehen würde, wie in Apg 1,5 und 11,16 ausdrücklich festgestellt wird: Jesu Wirken findet seine Erfüllung darin, dass Gottes lebendige Gegenwart, sein Heiliger Geist, über den Jüngern ausgegossen wird. Hat dies aber auch schon der Täufer auf dem Hintergrund seines von der Hebräischen Bibel geprägten Denkens so verstanden? Das Alte Testament spricht nicht von einer Taufe mit Heiligem Geist. Wohl aber stehen in Ez 36,25.27 die beiden Aussagen nebeneinander: »Ich will reines Wasser über euch sprengen, dass ihr rein werdet; von all eurer Unreinheit und von allen euren Götzen will ich euch reinigen« und: »Ich will meinen Geist in euch geben«. Auch die Gruppe, deren Schriften in Qumran gefunden wurden, hoffte, dass Gott seinen Geist über die Erwählten der Endzeit ausschütten würde. Erwartete Johannes, dass Gott oder der, den er zur Vollendung seines Werkes schicken würde, die Menschen in die Fülle des Geistes eintauchen würde, wie er sie in die Fluten des Wassers des Jordans eintauchte? Historisch ist diese Frage nicht eindeutig zu beantworten, für die Evangelienüberlieferung aber lag in den Worten des Täufers ein klarer Hinweis auf Gottes künftiges Handeln durch Jesus Christus vor.

Hier ist noch eine Beobachtung zu bedenken. Bei Matthäus und Lukas findet sich dieses Wort in einer etwas anderen Fassung, die sie wahrscheinlich aus einer gemeinsamen Quelle (der sog. Logienquelle Q) entnommen haben. Hier heißt es vom *Kommenden*: »Er wird euch mit Heiligem Geist und Feuer taufen« (Mt 3,11; Lk 3,16). Das Stichwort Feuer erweckt besondere Aufmerksamkeit. Es benennt einen klaren Gegensatz zum Stichwort Wasser und liefert zugleich das passende Bild für das Tun dessen, der zum Gericht kommt und von dem Johannes in Mt 3,12 (/ Lk 3,18) spricht. Hat der Täufer ursprünglich den erwartet, der das Feuer des Gerichts bringen und alles in dieses Feuer eintauchen wird – sei es Gott selbst oder sein endzeitlicher Beauftragter? Und haben dann erst die Jünger Jesu unter dem Eindruck des Pfingstereignisses in seinen Worten die Verheißung des Feuers des Heiligen Geistes gesehen und sie entsprechend neu formuliert? Solche Überlegungen müssen Vermutung bleiben, denn die Texte der Evangelien sprechen alle davon, dass Johannes den ankündigte, der mit Heiligem Geist taufen wird.

Dieser erste Abschnitt im Evangelium macht zwei Dinge von Anfang an klar: Die frohe Botschaft von Jesus Christus hat ihre Wurzeln in den heiligen Schriften Israels, dem Alten Testament. Und: In den Bericht vom Wirken Jesu Christi gehört auch das Wirken seines Vorläufers, des Täufers. Schon in der Ansage des Gerichts und im Ruf zur Umkehr steckt der Keim der frohen Botschaft, die Jesus mit seinem Wirken entfalten wird. Die Gerichtsverkündigung des Täufers und sein Ruf zur Umkehr stehen nicht als Drohbotschaft im Gegensatz zur Frohbotschaft Jesu. Aber sein Wirken ist erst der Anfang: Es weist weiter und bereitet das Kommen des »Stärkeren« vor. Er wird das Handeln Gottes, das mit dem Eingetauchtwerden in die Flut des Gerichts beginnt, durch die Erfüllung mit Gottes Geist vollenden.

1,9–13
Jesus lässt sich taufen und wird vom Geist in die Wüste geführt

9Und es geschah in jenen Tagen: Jesus kam von Nazareth in Galiläa und ließ sich von Johannes im Jordan taufen. 10Und sogleich, als er aus dem Wasser stieg, sah er, wie sich der Himmel teilte und der Geist wie eine Taube auf ihn herabkam. 11Und eine Stimme kam aus dem Himmel: »Du bist mein geliebter Sohn, dich habe ich erwählt.« 12Und sogleich treibt ihn der Geist hinaus in die Wüste. 13Und er war in der Wüste vierzig Tage lang, versucht vom Satan, und er war bei den wilden Tieren, und die Engel dienten ihm.

Der zweite Teil der Einleitung leitet zum Anfang der Wirksamkeit Jesu über. Der Bericht beginnt feierlich und in biblisch gefärbter

Sprache: *Und es geschah in jenen Tagen* (**9**). Das knüpft an V. 4 an und stellt die Verbindung zum Wirken des Täufers her. Aber dann stellt der Erzähler knapp und ohne weiteren Kommentar fest: *Jesus kam von Nazareth in Galiläa.* Jesus wird nicht vorgestellt. Leser und Leserinnen wissen, um wen es geht. Er verlässt seinen Heimatort, ein kleines, unbedeutendes Dorf in Galiläa, und macht sich auf, um sich von Johannes taufen zu lassen. Bisher war nur von großem Zulauf aus Judäa und Jerusalem die Rede. Dass einer aus Galiläa kommt, ist die Ausnahme. Jesus läuft nicht einfach mit dem großen Haufen mit. Er stellt sich sehr bewusst dem Ruf des Täufers *und ließ sich von Johannes im Jordan taufen* oder – wörtlicher übersetzt: *wurde von Johannes in den Jordan eingetaucht.* Das erinnert noch einmal an den konkreten Vollzug der Johannestaufe und weist schon auf V. 10, wo vom »Aufsteigen« Jesu aus dem Wasser erzählt werden wird.

Dass Jesus sich von Johannes taufen ließ, gehört historisch zu den gesichertsten Ereignissen der Biographie Jesu. Denn es passte nicht ohne weiteres ins Christusbild der christlichen Gemeinde. Warum sollte der, »der von keiner Sünde wusste« (2Kor 5,21), sich einer *Taufe der Umkehr zur Vergebung der Sünden* unterziehen? Aber das Wissen darum war fest in der Überlieferung verankert, sodass alle Evangelien von diesem Ereignis berichten. In Mt 3,14 wird erzählt, dass der Täufer zögert, Jesus zu taufen. Davon berichtet Markus nichts; er erklärt auch nicht, warum sich Jesus taufen ließ. Er erzählt einfach, dass sich Jesus dem Ruf des Täufers stellt und im Untertauchen im Jordan wie alle anderen das drohende Gericht zeichenhaft über sich ergehen lässt.

Ziel der Erzählung ist das, was unmittelbar im Anschluss an die Taufe geschieht: *Und sogleich, als er aus dem Wasser stieg, sah er, wie sich der Himmel teilte und der Geist wie eine Taube auf ihn herabkam* (**10**). Was Jesus sieht und hört, als er wieder aus dem Wasser auftaucht, betrifft nur ihn. Aber Lesende und Hörende sollen schon hier das Vorzeichen kennen, unter dem Jesu Wirken steht. Drei Elemente hat die Vision: Der Himmel teilt sich, der Geist kommt auf Jesus herab, und aus dem Himmel ertönt eine Stimme. Wie die Jünger von diesem Erlebnis erfahren haben, wird nicht gesagt. Die Worte, mit denen es erzählt wird, sind aber stark vom Alten Testament her geprägt.

Dass der Himmel sich teilt (wörtlich: *aufreißt*), erinnert an Jes 63,19 (vgl. auch Ez 1,1). Es ist Zeichen für eine neue, unmittelbare Gegenwart Gottes über Jesus und seinem Wirken. Gottes Welt, die man sich bildhaft jenseits des Himmelsgewölbes vorstellte, ist nicht mehr verschlossen. Die skeptische Weisheit: »denn Gott ist im Himmel und du auf Erden« (Pred 5,1) gilt nicht für Jesu Wirken.

Darauf weist das zweite Element der Vision hin, das Herabkommen des Geistes. Auch hier stehen Anklänge an prophetische Aussagen im Hintergrund. In Jes 11,2 heißt es von dem kommenden davidischen Messias: »Auf ihm wird ruhen der Geist des HERRN«, in Jes 42,1 sagt Gott von seinem Knecht: »Ich habe ihm meinen Geist gegeben«, und in Jes 61,1 bekennt der Prophet: »Der Geist Gottes des HERRN ist auf mir«. Der Geist, der auf Jesus herabkommt, rüstet ihn für seine Aufgabe aus.

Kein biblisches Vorbild hat dagegen die Aussage, der Geist sei *wie eine Taube* auf Jesus herabgekommen. Zwar wird in Ps 74,19 Israel mit einer Taube verglichen und in Hld 2,14; 5,2 ist Taube ein Kosename für die Geliebte. Man hat auch darauf hingewiesen, dass die Taube Symboltier orientalischer Fruchtbarkeits- und Muttergöttinnen sei. Aber zunächst scheint die Taube nur die Bedeutung zu haben, das Herabkommen des Geistes sichtbar zu machen. Dass sie auch als Symbol des Friedens, der Liebe oder der Weisheit galt, mag zusätzlich das Wesen des Geistes veranschaulichen. Zu zeigen, dass er sichtbar – und damit auch spürbar und erfahrbar – auf Jesus (wörtlich: *in* Jesus *hinein*) herabkommt, ist der eigentliche Sinn des Bildes.

Hinzu tritt das dritte Element (**11**): *Und eine Stimme kam aus dem Himmel: »Du bist mein geliebter Sohn, dich habe ich erwählt.«* Eine Stimme *aus dem Himmel* ist nach biblischem Verständnis *Gottes* Stimme, die Jesus direkt anspricht. Auch ihre Worte sind von Aussagen des Alten Testaments geprägt. Zwei Worte an Beauftragte Gottes sind aufgenommen und zu einer neuen Aussage geformt. Das eine stammt aus Ps 2,7 und ist ursprünglich ein Wort Gottes an den König bei seiner Thronbesteigung: »Mein Sohn bist du, ich habe dich heute gezeugt« (ZB). Das zweite steht in Jes 42,1 und ist eine Zusage an den geheimnisvollen Gottesknecht, den Gott dazu erwählt hat, Heil für Israel und zu den Völker zu bringen: »Siehe, das ist mein Knecht – ich halte ihn – und mein Auserwählter, an dem meine Seele Wohlgefallen hat« (vgl. die LÜ von Mk 1,11: *Du bist mein lieber Sohn, an dir habe ich Wohlgefallen*). Der Wortlaut der Zusage Gottes bekommt dadurch zusätzliches Gewicht, dass sie dem *geliebten* Sohn gilt. Dahinter steht die griechische Übersetzung von Gen 22, wo das griechische Wort für *geliebt* ein hebräisches Wort wiedergibt, das meist mit *einzig* übersetzt wird. Das griechische und das hebräische Wort benennen also unterschiedliche Seiten der ganz engen Zusammengehörigkeit von Vater und Sohn, wie sie Gen 22,12 beschreibt, wo Gott zu Abraham sagt: Du »hast deinen einzigen Sohn nicht verschont« (vgl. Röm 8,32).

Es sind also drei grundsätzliche Aussagen, die die Himmelsstimme über Jesus aussagt:

1. Jesus ist Gottes Sohn. Er ist es zunächst in dem Sinne, in dem der messianische König als Gottes Sohn bezeichnet wird: Er vertritt Gott in dieser Welt und ist berufen, Gottes Werk zu tun und Gerechtigkeit und Frieden zu schaffen. Die Wendung »heute habe ich dich gezeugt«, die im alttestamentlichen Krönungsritual als Adoptionsformel verstanden wurde, wird hier aber weggelassen. Dafür wird auf Jes 42 angespielt.
2. Das bedeutet: Jesus ist der verheißene Gottesknecht, den Gott erwählt hat, um sein Heil für Israel und für die Völker zu vollenden, und zwar auch durch sein Leiden (vgl. Jes 50,6; 53,1–12). Die Himmelsstimme sagt Jesus zu: Für diesen Auftrag habe ich dich bestimmt und erwählt. Ohne dass schon etwas von Jesu Wirken berichtet ist, wird klargestellt: Das alles entspricht Gottes Willen.
3. Hinzu kommt die Zusage: Jesus ist der *geliebte,* der *einzige* Sohn Gottes, derjenige, in dessen Wirken Gott selbst gegenwärtig ist und dessen Leiden und Sterben Gottes Leiden und Sterben für uns ist (vgl. Röm 8,32). Der Satz *Du bist mein geliebter Sohn, dich habe ich erwählt* ist prall gefüllt mit theologischer Bedeutung und zugleich eine schlichte »Liebeserklärung. Gott spricht Jesus als seinen Sohn an, als den, den er liebt und erwählt hat« (Eckey, 76). Als Sohn ist Jesus von Gottes Wesen geprägt. Das bestimmt seinen Weg und sein Werk.

Wie Jesus das erlebt hat, wissen wir nicht. Die Evangelien sind im Blick auf das Seelenleben Jesu nicht sehr gesprächig. Manche Ausleger vermuten, dass Jesus bei seiner Taufe seine eigentliche Berufung erfahren habe. Was die Himmelsstimme sagt, klingt jedoch eher wie die Bestätigung dieser Berufung. Sie vollzieht die feierliche Einsetzung Jesu in die ihm bestimmte Aufgabe. So jedenfalls sollen es die, die das Evangelium lesen, verstehen. Einer himmlischen Stimme mit einer ganz ähnlichen Aussage werden wir wieder in 9,7 begegnen, und diese findet ein Echo in dem Wort des Hauptmanns unter dem Kreuz in 15,39, in dem zum ersten Mal eine menschliche Stimme Jesus Gottes Sohn nennt. Diese Perspektive ist für Markus sehr wichtig.

Zunächst aber nimmt die Erzählung eine überraschende Wendung: *Der Geist,* der gerade auf Jesus herabgekommen ist, *treibt ihn hinaus in die Wüste* (**12**). Die Übersetzung *hinaustreiben* mag für das Wirken des Geistes unangemessen erscheinen, aber das griechische Wort hat diese Bedeutung. Jesus wird vom Geist getrieben! (Hier begegnet uns auch zum ersten Mal das Phänomen, dass Markus in lebendiger Erzählung plötzlich ins Präsens wechselt, um das Erzählte zu vergegenwärtigen.) Geographisch meint *in die Wüste*: weg vom Jordan, hinein in die zerklüfteten Wadis der Wüste Juda, in die sich oft Flüchtlinge und Eremiten zurückgezogen haben.

Dass *Wüste* aber auch hier nicht nur eine geographische Angabe ist, zeigt die betonte Wiederholung in V. **13**: Jesus *war in der Wüste vierzig Tage lang. Wüste* hat auch hier eine symbolische Bedeutung, nun aber nicht als Ort der Umkehr und neuen Begegnung mit Gott, sondern als Ort der Erprobung und Bewährung. Auch die *vierzig Tage* sind ja nicht nur eine Zeitangabe. Für Mose (Ex 24,18; 34,28; Dtn 9,9) und Elia (1Kön 19,8) symbolisieren vierzig Tage und vierzig Nächte eine Zeit, die für die Begegnung mit Gott ausgegrenzt ist, wobei bei Elia auch der Aspekt der Anfechtung eine Rolle spielt. Für Israel dagegen sind die *vierzig Jahre in der Wüste* eine Zeit der Erprobung, wie das Dtn 8,2 deutlich ausspricht: »Und du sollst dich erinnern an den ganzen Weg, den dich der HERR, dein Gott, vierzig Jahre lang geführt hat in der Wüste, um dich demütig zu machen und zu erproben und um zu erkennen, wie du gesinnt bist« (ZB).

Der Geist verweist nicht immer auf den leichtesten Weg. Jesus treibt er an den Ort der Versuchung und Bewährung. Allerdings wird von drei Erfahrungen berichtet, die Jesus in der Zeit in der Wüste macht: Jesus wird 1. *vom Satan versucht, war* 2. *bei den wilden Tieren,* 3. *dienten ihm die Engel.*

Das sind drei sehr unterschiedliche Erfahrungen. Was bei der ersten geschieht, scheint leicht zu erklären zu sein, weil wir über die Versuchung Jesu bei Matthäus und Lukas einen ausführlichen Bericht finden (Mt 4,1–11 / Lk 4,1–13). Markus selbst berichtet weder von den einzelnen Angriffen des Teufels auf Jesu Treue zu seinem Auftrag noch von deren Voraussetzung, dem vierzigtägigen Fasten Jesu. Er erzählt auch nicht ausdrücklich vom Sieg Jesu über seinen Versucher. Er stellt nur fest: In seiner Wüstenzeit hat Jesus die Erfahrung machen müssen, vom Satan auf die Probe gestellt und in Versuchung geführt zu werden. Wie Hiob 1–2 spricht Markus vom *Satan,* wenn er vom Versucher spricht (vgl. 3,23; 4,15; 8,33). Aber anders als bei Hiob ist für ihn der Satan nicht nur eine Art himmlischer Staatsanwalt, der die Frommen pflichtgemäß möglicher Untreue verdächtigt. Er ist Widersacher und Gegenspieler Gottes, allerdings alles andere als eine Art »Gegengott«. In der Einsamkeit der Wüste ist auch Jesus der verführerischen Macht des Bösen ausgesetzt und muss diese Versuchung bestehen.

Was die zweite Erfahrung genau meint, ist schwerer zu erklären. Die Wüste gilt im Alten Testament auch als ein unwirtlicher und gefährlicher Ort, an dem wilde Tiere hausen, die die Menschen bedrohen (vgl. Jes 13,21f; 34,14f). So könnte die Aussage ein Hinweis auf die Gefahren vonseiten einer lebensfeindlich gewordenen Schöpfung sein, die Jesus zu bestehen hatte. Andererseits wird in Hiob 5,22f von dem Menschen, der sich Gottes Zurechtweisung stellt, gesagt: »Über Verderben und Hunger wirst du lachen und dich vor den wilden Tieren im Lande nicht fürchten. Denn dein Bund wird sein mit den Steinen auf dem Felde, und die wilden Tiere werden Frieden mit dir halten.« Noch näher an unsere Stelle führt Ps 91,11–13, woraus auch in der Parallelfassung der Versuchungsgeschichte zitiert wird (Mt 4,6 / Lk 4,10). Hier wird dem Beter gesagt: »Denn er hat seinen Engeln befohlen, dass sie dich behüten auf allen deinen Wegen ... Über Löwen und Ottern wirst du gehen und junge Löwen und Drachen niedertreten.« Damit wäre auch schon das dritte Motiv, das der Hilfe durch die Engel, aufgenommen und Jesu Erleben als Erfahrung der Hilfe Gottes in Versuchung und Gefahr beschrieben.

Viele Ausleger sehen im Zusammensein Jesu mit den wilden Tieren aber eine Anspielung auf einen anderen biblischen Hintergrund. Sie weisen darauf hin, dass das friedliche Zusammenleben mit wilden Tieren eine Verheißung ist, durch die die Wiederherstellung des paradiesischen Zustandes der Urzeit in der Endzeit dargestellt wird (vgl. Jes 11,6–8; 65,25; Hos 2,20). Jesus wäre dann als zweiter Adam beschrieben, der anders als der erste die Versuchung besteht und so den Frieden in der Schöpfung wieder herstellt. Diese Ausleger verweisen darauf, dass nach der jüdischen Überlieferung Adam und Eva im Paradies durch die Engel versorgt wurden, und sehen im Dienst der Engel ebenfalls ein Zeichen für die Heilung des Verhältnisses zu Gott durch Christus als dem neuen Adam. Zusammenleben mit den wilden Tieren und der Dienst der Engel würde also zeigen, dass die Bewährung Jesu in der Versuchung als Gottes geliebter Sohn »eine Wiederherstellung der Ursprungsherrlichkeit Adams« bewirkt (Eckey, 80).

Diese Deutung ist möglich; aber ist sie wahrscheinlich? Vor allem: Wird sie dem klaren Nebeneinander der drei Erfahrungen gerecht? Die knappe Erzählung zeigt doch, wie Jesus in der Wüste drei Dimensionen menschlicher Existenz erlebt: Da ist der Machtbereich Satans, dessen verführerischer Kraft Jesus ausgesetzt ist. Da ist die geschöpfliche Welt, repräsentiert von den wilden Tieren: gefährlich, aber auch mit all den Möglichkeiten geschöpflichen Lebens. Und da ist die himmlische Welt, die durch den Dienst der Engel in das Leben der Menschen hineinwirkt und deren Hilfe Jesus erfährt. Während bei Matthäus der Dienst der Engel erst nach der bestandenen Versuchung geschieht und angesichts des Fastens Jesu wohl vor allem als Versorgung mit Nahrung gedacht ist (Mt 4,11), greifen bei Markus satanische Versuchung, geschöpfliches Miteinander und Hilfe durch die Engel ineinander, und der Dienst der Engel umfasst all das, was ein gefährdeter Mensch an Unterstützung durch die himmlische Welt braucht. Jesu Aufenthalt in der Wüste zeigt ihn also nicht sosehr als den neuen Adam, der die Menschheit erlöst, wohl aber als den Sohn Gottes, der das Menschsein in all seinen Dimensionen erfährt und besteht.

Wer ist der? So werden die Menschen angesichts des Wirkens Jesu fragen (4,41). Die Leser und Leserinnen sollen es von Anfang an wissen: Er ist Gottes geliebter Sohn, in dessen Leben und Wirken Gott selbst gegenwärtig ist. Diese »Einsicht« tut sich gerade in dem Augenblick auf, in dem Jesus sich wie ein sündiger Mensch taufen und in die Fluten des Gerichts hineintauchen lässt. In seiner Taufe empfängt er die Bestätigung seiner Sendung. Die Taufe weist auch voraus auf Jesu Tod. Angesichts seines Sterbens wird erstmals ein Mensch bekennen: Dieser war Gottes Sohn (15,39). Zuerst aber gilt es, das Menschsein zwischen Himmel und Hölle zu bestehen. Deshalb führt der Geist, Gottes dynamische Gegenwart, Jesus in die Einsamkeit der Wüste. Hier begegnet er dem Satan, den wilden Tieren und den Engeln – Realitäten, die in sehr unterschiedlicher Weise menschliches Sein umstellen. In der Versuchung durch Gottes Widersacher bewährt er sich, mit Gottes Geschöpfen lebt er, und Gottes Boten dienen ihm. So lebt er als Mensch, in dem Gott gegenwärtig ist, und besteht die Bedingungen des Menschseins.
Der *Anfang des Evangeliums* ist damit umrissen: Die frohe Botschaft wurzelt in der Verheißung, dass Gott den Weg seines Messias vorbereitet, und beginnt darum mit dem Wirken des Täufers. Zum Anfang des Evangeliums gehört auch die Taufe Jesu. In seiner Taufe solidarisiert Jesus sich mit den Sündern und empfängt darin die Bestätigung seiner Sendung als Sohn Gottes sowie seine Ausrüstung mit Gottes Geist. Quelle der frohen Botschaft ist nicht zuletzt auch Jesu Bewährung als Mensch zwischen teuflischer Versuchung, geschöpflichem Miteinander und göttlichem Beistand.

I

1,14 – 8,26
Jesu vollmächtiges Wirken in Galiläa

Mit 1,14 beginnt der erste Hauptteil des Evangeliums: Jesu Wirken in Galiläa (1,14 – 8,26). Manche Ausleger stellen zwar die Verse 1,14f noch zur Einleitung des Evangeliums, weil sie eine Zusammenfassung der Verkündigung Jesu bieten. Aber der Anfang von V. 14 markiert doch einen sehr klaren Einschnitt zwischen der »Vorgeschichte« und dem eigentlichen Beginn der Wirksamkeit Jesu.
Die V. 14f sind einerseits die Überschrift über den ganzen Bericht vom Wirken Jesu, sie haben aber andererseits auch eine wichtige Funktion im Aufriss des ersten Hauptteils des Evangeliums, der eine klare Gliederung aufweist:

1,14 – 3,6		*3,7 – 6,6a*		*6,6b – 8,26*	
In und um Kapernaum		*Um den See Genezareth*		*Über Galiläa hinaus*	
1,14f	Die Botschaft Jesu	3,7–12	Das Wirken Jesu	6,6b	Die Arbeit geht weiter
1,16–20	Die Berufung der ersten Jünger	3,13–19	Die Berufung der Zwölf	6,7–30	Aussendung der Zwölf
1,21–45	Jesu Lehre in Vollmacht	3,20–35	Woher kommt Jesu Vollmacht?	6,31–56	Vollmächtige Taten
		4,1–34	Jesu Lehre in Gleichnissen	7,1–23	Lehre über rein und unrein
2,1 – 3,6	Wunder und Widerstand	4,35 – 5,43	Jesu Lehre durch Taten	7,24 – 8,10	Wunder bei den Heiden
3,1–6	Der Todesbeschluss	6,1–6a	Jesu Ablehnung in Nazareth	8,11–21	Ablehnung der Pharisäer, Unverständnis der Jünger
				8,22–26	Heilung eines Blinden

In drei parallel gestalteten Erzählkreisen berichtet Markus von Jesu Auftreten in Galiläa und Umgebung. Jeder Abschnitt beginnt mit einer Zusammenfassung des Wirkens Jesu und einer Geschichte von den Jüngern und endet mit einem Bericht von der Ablehnung Jesu, dem im dritten Abschnitt zum Abschluss eine symbolträchtige Blindenheilung folgt.

1,14 - 3,6
Jesu Wirken in und um Kapernaum - die Gegner formieren sich

Der erste Abschnitt des Evangeliums erzählt vom Beginn der Wirksamkeit Jesu, die sich zunächst auf Kapernaum und seine nähere Umgebung konzentriert. Er beginnt mit einer Zusammenfassung der Botschaft Jesu, die zugleich das Thema für den ganzen ersten Hauptteil nennt. Der Bericht fährt fort mit der Berufung der ersten Jünger und endet mit einem ersten Hinweis auf Jesu gewaltsames Ende. Es dürfte nicht zufällig sein, dass die erste und letzte der machtvollen Taten Jesu, die erzählt werden, in einer Synagoge am Sabbat geschehen. Nach der Einleitung in 1,14f gliedert sich der Abschnitt in zwei inhaltlich recht unterschiedliche Teile:
1,16–45: Die Kraft der Herrschaft Gottes,
2,1 –3,6: Auseinandersetzungen um das Wirken Jesu.

1,14–15
Jesu Botschaft vom Reich Gottes

14Nachdem Johannes ausgeliefert worden war, kam Jesus nach Galiläa und verkündigte das Evangelium Gottes 15und sagte: »Erfüllt ist die Zeit und nahegekommen ist das Reich Gottes. Kehrt um und glaubt an das Evangelium.«

Für Markus beginnt Jesu eigene Wirksamkeit erst, nachdem Johannes verhaftet worden war. Im Johannesevangelium wird das anders berichtet, und auch die Zeitangaben des jüdischen Historikers Josephus lassen auf eine Zeit des gemeinsamen Wirkens schließen. Aber Markus betont (wie später auch Lukas), dass der Täufer Jesu *Vor*gänger war.
Der Evangelist beschreibt das, was mit Johannes geschah, mit einer eher verhüllenden, aber sehr genau gewählten Formulierung (**14**). Denn in den Leidensankündigungen wird auch Jesus davon sprechen, dass er *ausgeliefert, preisgegeben werden* wird (9,31; 10,33), und in 13,9.11f wird das Geschick der Jünger so angekündigt werden. Auch in den Abendmahlsworten bei Paulus heißt es: »Der Herr Jesus, in der Nacht, in der er *ausgeliefert* wurde …« (1Kor 11,23). Dass Herodes Antipas Johannes wegen kritischer Äußerungen über seine Lebensführung verhaften ließ (Mk 6,17), und auch die Tatsache, dass Jesus durch einen seiner Jünger *ausgeliefert,* sprich: *verraten* wurde, wird damit noch in einer anderen Perspektive gesehen. In der passiven Formulierung *ausgeliefert werden* steckt ein verborgener Hinweis auf das Handeln Gottes. Das min-

dert nicht das Unrecht im Vorgehen des Herodes. Aber der Auftrag des Johannes war erfüllt; nun musste er den Weg frei machen für den »Stärkeren«, der nach ihm kommen würde.
Anders als der Täufer beginnt Jesus seine öffentliche Wirksamkeit in Galiläa und bleibt dort für die längste Zeit seines Wirkens. Dabei konzentriert er sich vor allem auf das Gebiet um den See Genezareth, der zum Zentrum seiner Tätigkeit wird. Während das Johannesevangelium von mehreren Reisen Jesu zwischen Galiläa und Judäa berichtet, durchwandert Jesus bei Markus (und ihm folgend auch Matthäus und Lukas) zunächst nur Galiläa und dessen nähere Umgebung und reist erst zu dem Passahfest, an dem er verhaftet und gekreuzigt wurde, nach Jerusalem. Dass hinter dieser einfachen, fast schematischen Art und Weise, von Jesu Wirken zu erzählen, auch eine theologische Bedeutung steckt, zeigt sich darin, dass nach Markus auch die Begegnung mit dem Auferstandenen ausschließlich in Galiläa stattfinden wird (vgl. Mk 14,28; 16,7).

Es ist viel darüber diskutiert worden, ob Galiläa im Judentum der damaligen Zeit einen gewissen Sonderstatus hatte – und zwar in negativer oder in positiver Richtung. Jes 8,23 spricht vom Galiläa der Heiden und spielt damit darauf an, dass die jüdische Bevölkerung Galiläas nach der Eroberung des Nordreichs durch die Assyrer (722 v.Chr.) zum großen Teil deportiert und durch nichtjüdische Neusiedler ersetzt wurde. Unter den Makkabäern und ihren Nachfolgern, den Hasmonäern, wurde gegen Ende des 2. Jahrhunderts v.Chr. Galiläa wieder judaisiert: Es kam zu Zwangsbekehrungen unter der eingesessenen Bevölkerung, aber auch zur Umsiedlung von Judäern nach Galiläa. Welches Ergebnis dies hatte, darüber gibt es unterschiedliche Meinungen: War Galiläa durch eine relativ starke Mischung jüdischer und heidnisch-hellenistischer Elemente gekennzeichnet oder eher durch eine konservative Grundströmung, wie sie für religiöse Menschen charakteristisch ist, die sich in fremdem Gebiet behaupten müssen? Es gibt Zeugnisse späterer Rabbinen dafür, dass man das galiläische Judentum für unzuverlässig hielt. Inzwischen hat jedoch eine breit angelegte archäologische Erforschung vieler Städte und Dörfer Galiläas ergeben, dass dieses Gebiet eindeutig vom Judentum bestimmt war. Das zeigt sich auch im Markusevangelium: Jesus hat es im Kerngebiet seines Wirkens am West- und Nordufer des Sees Genezareth so gut wie ausschließlich mit jüdischen Menschen zu tun. Nur wenn er zum Ostufer ins Gebiet der Zehnstädte und weiter nach Norden geht, kommt er mit Nichtjuden in Berührung. Dass Jesus seinen Auftrag vor allem im Umfeld seiner Heimat in Galiläa erfüllt, macht deutlich: Sein Wirken orientiert sich nicht an politischen und religiösen Machtzentren, sondern an der Lebenswelt einfacher Menschen.

Markus fasst Jesu Wirken mit knappen Worten zusammen: Jesus *verkündigt das Evangelium Gottes*. Damit benennt der Evangelist eine Gemeinsamkeit und einen grundsätzlichen Unterschied zum Wirken des Täufers. Wie Johannes (1,4.7) hat auch Jesus die Aufgabe zu *verkündigen,* und wie bei ihm geschieht dies nicht nur in Worten, sondern in Taten. Markus verwendet für Jesu Verkündigung meist den Begriff *lehren* (vgl. 1,21; 2,13; 4,1f u.ö.). Wo es aber grundsätzlich um die Weitergabe des Evangeliums geht, wählt er das Wort *verkündigen,* das sprachlich an den Ruf eines Herolds anknüpft, der eine wichtige Botschaft öffentlich ausruft.

Damit ist aber auch schon der grundsätzliche Unterschied zur Verkündigung des Täufers angedeutet. Jesus verkündigt nicht die Taufe der Umkehr, sondern *das Evangelium Gottes.* War das Auftreten des Täufers der Anfang des Evangeliums *von Jesus Christus* (1,1), so zeigt sich nun, dass dieses Evangelium nichts anderes ist als die vollmächtige Weitergabe der frohen Botschaft, die Gott durch Jesus ausrichten lässt. Wir finden die Formulierung *Evangelium Gottes* sonst vor allem bei Paulus, insbesondere dort, wo er den Inhalt seines missionarischen Auftrags beschreibt (Röm 1,1; 15,16; 2Kor 11,7; 1Thess 2,2.8f). Damit wird betont, dass Gott der Urheber dieser Botschaft ist, der sie autorisiert und ihr ihre Wirkung verleiht. Das unterstreicht auch Markus, wenn er Jesu Botschaft als Evangelium *Gottes* bezeichnet. Jesus verkündigt nicht sich selbst, sondern erfüllt Gottes Auftrag. Sachlicher Hintergrund dieser Aussage sind alttestamentliche Verheißungen wie Jes 52,7: »Wie schön sind auf den Bergen die Füße dessen, der *frohe Botschaft* bringt, der Frieden verkündigt, der *frohe Botschaft* bringt von Gutem, der Heil verkündigt, der zu Zion spricht: Dein Gott herrscht als König!« (vgl. zu 1,1) Wie wir sehen werden, berührt sich diese Botschaft auch inhaltlich ganz eng mit dem, was Jesus verkündigte. So tritt an die Stelle der vielen politischen »Evangelien«, die von der römischen Kaiserideologie publiziert wurden, das Evangelium Gottes, die gute Botschaft, die wirklich Frieden bringt.

Markus fasst diese Botschaft in einer knappen, aber klar strukturierten Formulierung zusammen (**15**). Neben zwei grundsätzliche Feststellungen (im Indikativ) treten zwei Folgerungen, die als Aufforderung im Imperativ formuliert werden:

Erfüllt ist die Zeit, und nahegekommen ist das Reich Gottes.
Kehrt um und glaubt an das Evangelium.

Wie im Deutschen ist auch im griechischen Urtext die Wortstellung in der ersten Zeile ungewöhnlich. Die Voranstellung der Verben ist ein Signal für das Besondere der Botschaft. Die erste Aussage nimmt ein Thema aus der Prophetie und der apokalyptischen Endzeiterwartung auf: Gott bestimmt den Zeitpunkt, an dem die Zeit für sein Eingreifen zum Heil der Welt erfüllt und gekommen ist (vgl. Ez 7,2; Dan 7,22). Im Griechischen steht für *Zeit* der Begriff *kairos,* der eine bestimmte, qualifizierte Zeit kennzeichnet, im Gegensatz zu *chronos,* das für den Ablauf der Zeit, die *Chronologie,* steht. Von dieser Zeit spricht Paulus in Gal 4,4, wenn er sagt: »Als die Fülle der Zeit (*chronos*) da war, sandte Gott seinen Sohn …« Denkt Paulus also eher an das volle Maß der Zeit, die ablaufen musste, bevor der Sohn gesandt wurde, so spricht Jesus von dem von Gott bestimmten Zeitpunkt, an dem sich Gottes Heilszusage erfüllt und sein *Reich* kommt.

Damit sind wir beim zentralen Thema der Verkündigung Jesu, so wie sie die drei ersten Evangelisten bezeugen. Der Begriff *Reich Gottes,* oder in anderer Übersetzung: *Königsherrschaft Gottes,* kommt im Alten Testament noch nicht vor, wohl aber die Sache, die damit angesprochen wird. Es gibt eine Reihe von Psalmen, die Gott in besonderer Weise als König ausrufen und verkündigen: »Der HERR ist König« (Ps 93,1; vgl. 47,8f; 96,10; 97,1; 99,1). Ursprünglich wurde damit die gegenwärtige und im Gottesdienst Israels erneuerte Herrschaft Gottes ausgerufen. In der Zeit des Exils wurde daraus die Hoffnung, dass Gott seine Herrschaft gegen die scheinbare Übermacht anderer Götter durchsetzen und sein Friedensreich errichten werde. So versteht Jes 52,7 die frohe Botschaft der Freudenboten, die Heil verkündigen und sagen: »Dein Gott herrscht als König«. In der aramäischen Übersetzung des Buches Jesaja wird diese Zusage so formuliert: »Die Königsherrschaft deines Gottes ist offenbar geworden«. Hinter dieser Umformulierung steht der Gedanke: Gott herrscht immer über diese Welt; seine Gemeinde wartet aber darauf, dass seine Herrschaft vor aller Welt offenbar wird (vgl. Ps 98,1; Jes 56,1, wo von der Offenbarung der Gerechtigkeit Gottes gesprochen wird).
Es geht also um ein dynamisches Geschehen: Gott setzt seine Herrschaft in dieser Welt durch. Darum wird in der Wiedergabe der Verkündigung Jesu das griechische Wort für *Reich* zu Recht oft mit *Herrschaft* oder *Königsherrschaft* übersetzt. In den Worten Jesu, die Markus überliefert, wird die Herrschaft Gottes jedoch auch als Raum gesehen, in den man hineinkommt oder aufgenommen wird (vgl. 9,47; 10,15.23–25). Deshalb sind wir bei der Übersetzung *Reich* geblieben. Der dynamische Aspekt der Bedeutung *Herrschaft* ist aber immer mitzuhören.

Der geschilderte alttestamentliche Hintergrund macht deutlich, was in der knappen Zusammenfassung der Verkündigung Jesu vorausgesetzt wird: Das Kommen der *Herrschaft* und des *Reiches Gottes* bedeutet Heil, Gerechtigkeit und Frieden. Wenn Gottes Reich kommt, überwindet Gott die Herrschaft des Bösen sowie die Macht des Unheils und schafft Frieden für die Menschen. Das schließt auch Gericht über die ein, die sich seiner Herrschaft widersetzen – was für die Verkündigung des Täufers zentral war (Mt 3,2). Im Zentrum des Wirkens Jesu aber steht die befreiende und heilende Macht der hereinbrechenden Herrschaft Gottes.

Was aber heißt, Gottes Reich sei *nahegekommen*? Steht es erst vor der Tür, oder ist es schon da? Dass diese Frage schwer zu beantworten ist, hängt mit der Formulierung dieser Aussage zusammen. So wird in der griechischen Wiedergabe der Worte Jesu bei Markus (vgl. aber auch Mt 3,2; 4,17) ein Verb verwendet, das *nahekommen, sich nähern* bedeutet. Das weist eher darauf hin, dass die Gottesherrschaft zwar sehr nahe, aber noch nicht ganz da ist. Doch ist für beide Verben in V. 15a das Perfekt gewählt, eine Zeitform, die im Griechischen ein Ereignis der Vergangenheit beschreibt, das abgeschlossen ist, aber in die Gegenwart hineinwirkt. Damit wird betont: Was Jesu ansagt, ist schon Wirklichkeit geworden und wirkt jetzt. Die Zeit ist erfüllt, der von Gott gewollte Zeitpunkt ist da. Die Herrschaft Gottes ist nahegekommen, ja ist schon da.

Wie aber hat Jesus diese Gegenwart des Reiches Gottes verstanden? Verrät die Wahl des Wortes *nahegekommen* nicht doch, dass noch nicht die ganze Wirklichkeit dieser Welt von dieser Herrschaft bestimmt ist? In einem Wort Jesu, das sich bei Matthäus und Lukas findet, heißt es: »Wenn ich aber die Dämonen durch den Finger Gottes austreibe, dann ist doch das Reich Gottes schon zu euch gekommen« (Lk 11,20; vgl. Mt 12,28). In Jesu vollmächtigem Handeln reicht Gottes Herrschaft schon in die von den Mächten des Unheils gezeichnete Menschenwelt hinein. Wir werden sehen, wie dieses Ineinander von »Schon jetzt« und »Noch nicht« im Blick auf das Kommen der Herrschaft Gottes auch die Gleichnisse prägt, die Jesus in Mk 4 erzählt. Noch ist diese Wirklichkeit unscheinbar und verborgen. Aber sie ist schon da und wird sich in ihrer überwältigenden Größe allen offenbaren.

Grundlage der Verkündigung und des Wirkens Jesu ist also das, was von Gott her schon geschehen ist. Die Zeit für Gottes Heilshandeln ist da, und Gottes Herrschaft ist den Menschen so nahegekommen, dass sie ihr im Wirken Jesu schon jetzt begegnen. Diese heilvolle Wirklichkeit fragt nach heilsamen Konsequenzen aufseiten der Menschen. Auch hier nennt Jesus zwei grundlegende Folgerungen. Die eine lautet: *Kehrt um.* Das griechische Wort, das hier steht, meint eigentlich: *Denkt um, ändert euren Sinn.* Luther übersetzte: *Tut Buße.* Dahinter aber steht wie bei Johannes der Umkehrruf der Propheten (vgl. 1,5), der eine völlige Lebenswende fordert. Während jedoch beim Täufer vor allem der Blick auf das drohende Gericht diesen Ruf motiviert und damit der Aspekt der *Ab*kehr von falschen Zielen und Wegen im Vordergrund steht, ist es in der Verkündigung Jesu die Nähe des rettenden Gottes, die zur *Hin*kehr zu ihm und seinem Heil auffordert. Das Gleichnis vom verlorenen Sohn in Lk 15,11–32 illustriert das am besten. Allerdings taucht bei Markus der Ruf zur Umkehr wörtlich nur noch in

der Beauftragung der Jünger in 6,12 auf. Bei Jesus ergeht er eher indirekt in der Art, wie er Menschen begegnet.
Ähnliches gilt für die zweite Folgerung: *Glaubt an das* Evangelium. Vielleicht müsste man noch genauer übersetzen: *Glaubt dem Evangelium,* denn Markus benutzt eine andere griechische Wendung als Apg 16,31 für *glauben an.* Es geht darum, sich auf Jesu Verkündigung ganz persönlich einzulassen, sich seinen Worten und seinem Handeln anzuvertrauen und seine Botschaft zur Basis des Lebens zu machen. Wer seiner Botschaft vertraut, dem tut sich die heilvolle und befreiende Wirklichkeit der Herrschaft Gottes auf. Die Umkehr zu Gott und der Glaube an die frohe Botschaft Gottes sind zwei Ausdrucksformen der gleichen Grundhaltung, die das eigene Leben ganz auf Gott ausrichtet und sich Gott anvertraut. Das geschieht dort, wo Jesus Menschen begegnet und sie durch ihn Gottes Nähe und Hilfe erfahren. Aber dass Jesus ausdrücklich zum Glauben an das Evangelium ruft, berichtet Markus sonst nirgends (vergleichbar wäre höchstens 9,23). Das ist eher die Sprache der missionierenden christlichen Gemeinde (vgl. Apg 2,38; 13,39; 15,7; 16,31)! In seiner einleitenden Zusammenfassung der Verkündigung Jesu verbindet Markus also Grundmotive des Wirkens Jesu mit Basisformulierungen urchristlicher Mission. Damit möchte er deutlich machen: Es geht um das *eine, gleiche* Evangeliums im Lebenswerk Jesu wie in der missionarischen Verkündigung und Wirksamkeit der Gemeinde.

Zwei Grundlinien des Wirkens Jesu fasst Markus in dem Programmwort am Anfang des Evangeliums zusammen: die Wirklichkeit des Kommens Gottes in der Verkündigung und im Handeln Jesu *und* die Frage nach der Antwort der Menschen. Sie sind gefragt, ob sie ihr Leben ganz auf Gottes heilvolle Gegenwart ausrichten und ihr Vertrauen ganz auf die Zusage des Evangeliums setzen, das Jesus durch seine Person und sein Leben verkörpert. Beides, Zusage und Frage, gilt auch denen, die den Bericht des Markus über Jesu Wirken lesen oder hören. Was ist ihre Reaktion?

1,16–45
Die Kraft der Herrschaft Gottes

Die erste Sammlung kurzer Erzählungen vom Wirken Jesu in Kapernaum und Umgebung beginnt mit dem Bericht, wie Jesus zwei Brüderpaare aus ihrem beruflichen Alltag heraus in seine Gefolgschaft beruft. Darauf folgt eine Reihe von Geschichten, die Jesu Vollmacht zu heilen auf unterschiedliche Weise darstellen.

1,16–20
Jesus beruft die ersten Jünger

**16Und als er am See von Galiläa entlangging, sah er Simon und And-
reas, den Bruder Simons, wie sie im See ihre Netze auswarfen. Denn
sie waren Fischer. 17Und Jesus sagte zu ihnen: »Auf! Mir nach! Und
ich werde euch zu Menschenfischern machen.« 18Und sogleich verließen sie die Netze und folgten ihm. 19Und als er ein wenig weiterging, sah er Jakobus, den (Sohn) des Zebedäus, und Johannes, seinen Bruder, wie sie im Boot ihre Netze herrichteten, 20und sogleich
rief er sie. Und sie ließen ihren Vater Zebedäus mit den Tagelöhnern
im Boot und gingen weg, hinter ihm (Jesus) her.**

Diese Geschichte spielt direkt am See Genezareth. Markus nennt ihn (wörtlich übersetzt) *Meer von Galiläa* und verwendet auch im Folgenden für den See immer das griechische Wort für *Meer.* Obwohl der See nur etwa ein Drittel der Fläche des Bodensees aufweist, war er für die Menschen von Galiläa ein großes und manchmal auch bedrohliches Gewässer, zugleich aber in vieler Hinsicht Lebensmittelpunkt. Dennoch übersetzen wir das Wort mit *See,* da *Meer* für den heutigen Leser irreführend wäre.
Jesus geht am Ufer entlang und sieht zwei Brüder (**16**). Markus nennt auch ihre Namen: *Simon* und *Andreas.* (Dass Simon später Petrus genannt werden wird, erfahren die Leser noch nicht.) Simon ist die gräzisierte Form von Symeon, Andreas ein rein griechischer Name. Die hellenistische Kultur macht sich in der Namensgebung bemerkbar, vielleicht gerade in Betsaida, einem Ort mit jüdischer und heidnisch-hellenistischer Bevölkerung, aus dem die Brüder nach Joh 1,44 stammen. Die beiden stehen im flachen Wasser des Uferbereichs und fischen mit Wurfnetzen. Das sind runde, bis zu drei Meter weite Netze, deren Ränder mit Steinen beschwert sind und die über einen Fischschwarm geworfen und dann mit einem Seil zugezogen werden. So zu fischen war ihr Beruf; *sie waren Fischer,* wie Markus nachträgt.
Jesus spricht sie an (**17**) und sagt zu ihnen: *Auf! Mir nach!* und fügt als Begründung dieses Zurufs hinzu: *Und ich werde euch zu Menschenfischern machen.* Die Begründung ist eigenartig. *Menschen fischen* hat nicht nur heute, sondern auch im biblischen Sprachgebrauch eher einen negativen Klang. Wenn es in Jer 16,16 heißt: »Sieh, nach vielen Fischern sende ich … und diese werden sie herausfischen« (ZB), dann geht es um ein Einfangen zum Gericht (vgl. V. 17f; weiter Ez 29,4f; Am 4,2).
Das Wort Jesu ist nur aus seinem Zusammenhang heraus verständlich und ist deshalb auch nicht zu einem stehenden Bild christlicher

Missionssprache geworden. Leute, die sich bisher damit beschäftigt haben, *Fische zu fangen*, um ihren Lebensunterhalt zu verdienen, deren Lebensinhalt soll es werden, *Menschen* für das Reich Gottes *zu gewinnen* (zum Ziel, Menschen für das Evangelium zu gewinnen, vgl. 1Kor 9,19–23). Jesus liebte solche paradoxen Vergleiche, die das Negative ins Positive wenden. Die Jünger sollen Menschen nicht fürs Gericht fangen, sondern vor dem Gericht retten. (Ein heutiges Beispiel dafür wäre, dass Fische aus verunreinigten Gewässern heraus gefangen werden, um ihr Leben zu retten!)
Jesus fordert die zwei Männer also auf, mit ihm zu gehen, genauer gesagt: hinter ihm her zu gehen, ihm auf seinen Wegen zu folgen und sich statt um Fische um Menschen zu kümmern. Äußerlich wird damit das Verhalten der Schüler der Rabbinen geschildert. Sie gingen, wenn sie mit ihrem Lehrer unterwegs waren, hinter ihm her. Das hat auch dazu geführt, dass die Menschen, die Jesus folgten, *Jünger* Jesu genannt werden, ein altes Wort für *Lehrling, Schüler*. In der Sache besteht jedoch ein entscheidender Unterschied zu den Schülern der Rabbinen. Ein Rabbi beruft seine Schüler nicht. Sie schließen sich ihm aus eigenem Entschluss an. Sie werden auch nicht für eine Aufgabe berufen, sondern gehen ein Lehrverhältnis ein. Leser aus dem hellenistischen Kulturraum erinnerte Jesu Verhalten eher an Sokrates und die Art, wie er Schüler rief, ihm zu folgen.
Am stärksten gleicht Jesu Ruf der Berufung des Elisa durch Elia in 1Kön 19,19–21. Elia ruft Elisa weg vom Pflug, und dieser folgt ihm nach. Aber auch hier gibt es Unterschiede. Elia wirft den Prophetenmantel über Elisa, doch dieser verabschiedet sich zuerst von seinen Eltern und Freunden.
Simon und Andreas folgen Jesus sofort und fraglos (**18**). Die Netze bleiben am Ufer zurück, denn Jesu Ruf hat Vorrang gegenüber Lebensunterhalt und Familie. Es vollzieht sich eine einschneidende Lebenswende mit tiefgreifenden Folgen für die tägliche Arbeit und die persönlichen Beziehungen. Wir werden später erfahren, dass damit nicht der Abbruch aller Kontakte verbunden war (vgl. 1,29); die Radikalität des Bruchs mit dem bisherigen Leben bleibt dennoch erstaunlich und ist psychologisch nicht erklärbar.
Markus schließt eine zweite, parallele Geschichte an (**19**). Jesus geht ein Stück weiter und trifft auf ein zweites Brüderpaar, ebenfalls Fischer, die im Boot sitzen und ihre Netze herrichteten. Der Fischfang vom Boot aus wurde mit Schleppnetzen betrieben, die regelmäßig gesäubert und ausgebessert werden mussten. Auch von diesen Männern erfahren wir die Namen: *Jakobus und Johannes*, beides jüdische Namen. Zur Unterscheidung von Personen gleichen Namens werden die beiden fast immer als die *Söhne des Ze-*

bedäus bezeichnet. Auch sie *rief Jesus* zu sich (**20**). Wir könnten auch übersetzen: Jesus *berief* sie. Denn hier wird aus dem alltäglichen Sprachgebrauch, dass jemand *gerufen* wird, der geprägte Begriff christlicher Sprache, der beschreibt, wie Menschen von Christus *berufen* werden.

Auch Jakobus und Johannes folgen Jesus sogleich *und ließen ihren Vater Zebedäus mit den Tagelöhnern im Schiff und gingen weg, hinter ihm (Jesus) her.* Die Erwähnung des Vaters verstärkt den Eindruck eines radikalen Bruchs, den der Ruf Jesu bewirkt. Allerdings mildert der Hinweis auf die *Taglöhner* (oder *Mietknechte*) die Sorge um die sozialen Folgen des Handelns der Brüder etwas. Er deutet auch an, dass die Familie von Jakobus und Johannes etwas wohlhabender war als die von Simon und Andreas.

Man kann die Bedeutung dieser Geschichte für das Evangelium kaum überschätzen. Die erste Begebenheit, die von Jesu Wirken berichtet wird, ist die Berufung von vier Männern in seine Gefolgschaft. So einsam Jesus oft zu sein scheint, er ist nicht allein. Diese Leute sind immer bei ihm. Es handelt sich um den Kern der Gruppe um Jesus: Die beiden Brüderpaare werden immer wieder erwähnt. Dass zweimal Brüder gemeinsam berufen werden, zeigt auch, dass die Berufung nicht immer familiäre Bande zerreißt.

Die Berufung der vier und die Art, wie sie diesem Ruf Folge leisten, zeigt beispielhaft, wie in der Praxis Jesu der Ruf zu Umkehr und Glaube beantwortet wird. Wer Jesus konsequent auf seinem Weg folgt, kehrt um vom bisherigen Weg, wendet sich hin zu Gott und vertraut Jesu Botschaft.

Indirekt ist diese Geschichte auch eine Geschichte über Jesus und seine Vollmacht. Diese Männer hören in Jesu Ruf den Ruf Gottes; darum folgen sie ihm ohne Zögern. Vergleicht man die Geschichte mit 1Kön 19,19–21 und der Erzählung von der Berufung des Levi (2,13f), dann kann man feststellen, dass sich die Berichte ganz auf das Wesentliche beschränken. Daran scheitern auch die Versuche, den Vorgang psychologisch zu erklären.

Manche Ausleger weisen darauf hin, dass nach Joh 1,40f Andreas und Simon Jünger Johannes des Täufers waren und es eine frühere Begegnung mit Jesus gab. Sie sehen in Mk 1,16–20 darum so etwas wie eine zweite, endgültige Berufung der Jünger, der ein intensiverer Kontakt vorausging. Das erkläre die sofortige und bedingungslose Reaktion der Brüder. Das Verhältnis der beiden Berufungserzählungen in Mk 1 und Joh 1 ist jedoch historisch nicht so leicht zu klären. Markus deutet nichts von einer solchen Vorgeschichte an und fühlt sich nicht gedrungen, eine historisch-psychologische Hilfskonstruktion für das Verhalten der Jünger zu liefern. Für ihn liegt die Pointe dieser Geschichte gerade darin, dass Jesus rief und die Jünger folgten.

Die erste Aktion Jesu ist die Berufung von vier Männern, die ihm auf seinem Weg folgen. So einsam Jesus oft sein wird, er ist kein Einzelkämpfer. Wenn Jesus ruft, werden Menschen bereit, alles zu verlassen. Die Berufung zielt schon auf die Sendung. Wer Jesus folgt, bekommt auch eine Aufgabe. Auch wenn das Bild vom Menschen fischen schwierig scheint, so macht es doch klar: In der Nachfolge Jesu geht es darum, sich um Menschen zu kümmern. Die Berufung zweier Brüderpaare zeigt: Niemand wird allein berufen. Nachfolge bedeutet Gemeinschaft mit Jesus *und* mit anderen.

1,21–28
Jesus treibt einen unreinen Geist aus

[21]Und sie gehen nach Kapernaum hinein. Und sogleich am Sabbat ging er in die Synagoge und lehrte. [22]Und sie gerieten außer sich über seine Lehre. Denn er lehrte sie wie einer, der Vollmacht hat, und nicht wie die Schriftgelehrten. [23]Und sogleich war in ihrer Synagoge ein Mensch mit einem unreinen Geist, und er schrie auf [24]und sagte: »Was haben wir mit dir zu tun, Jesus, Nazarener? Bist du gekommen, um uns zu vernichten? Ich weiß, wer du bist: der Heilige Gottes.« [25]Und Jesus bedrohte ihn und sagte: »Sei still und fahre aus ihm aus.« [26]Und während der unreine Geist ihn hin und her zerrte und mit lauter Stimme schrie, fuhr er aus ihm heraus. [27]Und alle erschraken, sodass sie einander fragten: »Was ist das? Eine neue Lehre in Vollmacht! Selbst den unreinen Geistern befiehlt er, und sie gehorchen ihm!« [28]Und die Kunde von ihm ging sogleich überallhin hinaus in die ganze Umgebung von Galiläa.

Hier und in den folgenden Abschnitten (1,21–34) stellt Markus Ereignisse zusammen, die beispielhaft einen Tag Jesu in Kapernaum beschreiben. 1,35–39 zeigt dann, wie Jesus beginnt, seinen Wirkungskreis zu erweitern.
Zunächst nimmt uns Markus mit auf den Weg Jesu und der ersten Jünger hinein in das Dorf Kapernaum. Typisch für seine Erzählweise sind das vergegenwärtigende Präsens und das weiterführende *sogleich,* das oft eher verbindende Funktion hat als eine ganz schnelle zeitliche Abfolge anzuzeigen.

Nach den ältesten Handschriften hieß Kapernaum eigentlich *Kafarnaum* (Dorf des Nahum). Das Dorf ist sicher mit der Ortslage von *tell hum* zu identifizieren, wo eine Reihe von Ausgrabungen Siedlungsreste aufgedeckt haben, die aus der Zeit Jesu, aber auch aus späteren Jahrhunderten stammen. Anhand der ausgegrabenen Grundrisse von Privathäusern lassen sich die Wohn- und Lebensbedingungen in den Fischerhäusern zur

Zeit Jesu sehr gut rekonstruieren. Auch wenn manchmal höhere Zahlen genannt werden, dürfte das Dorf damals kaum mehr als 1000–1500 Einwohner gehabt haben. Die stattliche Synagoge, deren wieder aufgerichtete Säulen heute zu bewundern sind, wurde wohl erst im 4. oder 5. Jahrhundert erbaut. Es gibt Indizien dafür, dass sie auf den Fundamenten eines Gebäudes aus dem 1. Jahrhundert errichtet wurde, der Synagoge, die Jesus besuchte. Aber das ist unsicher, und manche Ausleger übersetzen *Synagoge* lieber mit *Versammlung*, der ursprünglichen Bedeutung des Wortes, da die Frage, inwieweit es zur Zeit Jesu für diese Versammlung schon spezielle Gebäude gegeben hat, nicht völlig geklärt ist.

Markus erzählt, dass Jesus am nächsten Sabbat mit seinen Jüngern in die Synagogenversammlung ging und dort lehrte (**21**). Wie das vor sich ging, berichtet er nicht. (Lk 4,16–21 schildert sehr liebevoll eine entsprechende Begebenheit in der Synagoge von Nazareth.) Lehre in der Synagoge bedeutet Auslegung der heiligen Schriften. In diese Tradition reiht sich Jesus ein. Markus bezeichnet die Wortverkündigung Jesu meistens als *lehren*, unterscheidet aber nicht zwischen *verkündigen* und *lehren* (vgl. 6,12 mit 30). Das dürfte auch der Grund sein, warum er nichts über den Inhalt der Lehre Jesu erzählt. In seinem Lehren entfaltet Jesus das, was grundsätzlich Inhalt seiner Verkündigung ist. Das aber hat Markus schon in 1,14f berichtet.

Dennoch ist die Reaktion der Zuhörer überraschend: *Und sie gerieten außer sich über seine Lehre* (**22**). Wir würden eine solche Reaktion eher nach einer wunderbaren Heilung erwarten (so auch 7,37); Markus berichtet jedoch immer wieder, wie gerade Jesu Lehre die Menschen in tiefe Verwunderung und Bestürzung führt (6,2; 10,26; 11,18; vgl. Mt 7,28; 22,33). Markus gibt eine Begründung dafür: *Denn er lehrte sie wie einer, der Vollmacht hat, und nicht wie die Schriftgelehrten.* Eine positive Feststellung steht hier neben einer negativen: Jesu Lehre ist durch eine innere Kraft ausgezeichnet, die tief in das Leben der Menschen hineinspricht. Wo Gottes Herrschaft den Menschen so nahe kommt wie in Jesu Worten, da werden sie von Gottes Gegenwart in einer Weise berührt, wie sie das bisher nicht kannten.

Das soll der Vergleich mit den *Schriftgelehrten* deutlich machen. Markus geht davon aus, dass seine Leser wissen, wer diese Leute sind. *Schriftgelehrte* heißen Leute, die schreiben können und für andere als *Schreiber* arbeiten, dabei aber oft auch die Funktion eines Notars oder Rechtsberaters einnehmen. Für das Judentum war diese Kombination typisch. Schon von Esra, dem großen Vorbild der Zunft, heißt es, dass er ein »Schriftgelehrter = Schreiber« war (Esr 7,6.11), zugleich aber der persische »Beauftragte für das Gesetz des Gottes des Himmels« (7,12). Das Lob solcher Gesetzesleh-

rer singt Sir 39,1–15. Offensichtlich genossen sie auch zur Zeit Jesu hohes Ansehen. Und doch dienen sie bei Markus als dunkler Hintergrund, vor dem die Besonderheit des Lehrens Jesu aufleuchtet. Der Grund für die Negativbewertung wird nicht erläutert. Schriftgelehrte und Gesetzeslehrer neigen der Natur der Sache nach dazu, sich an den Buchstaben und die Tradition zu halten. In Jesu Lehre aber begegnen die Menschen ganz unmittelbar der befreienden Anrede Gottes. Darin liegt seine Vollmacht.
Wie bei Jesus Lehre und Handeln zusammenhängen, zeigt der Fortgang der Erzählung. *Sogleich,* also unmittelbar im Zusammenhang mit dem Lehren Jesu, zeigt sich, dass *ein Mensch mit einem unreinen Geist* in der Versammlung ist (**23**; etwas distanziert redet Markus von *ihrer* Synagoge).

Mit *unreiner Geist* oder *Dämon* (beide Begriffe sind austauschbar; vgl. 3,22/30) wird eine Macht bezeichnet, die einen Menschen von innen heraus in einer Weise besetzt und bestimmt, dass dieser keine Gewalt mehr über sich hat, das Bewusstsein seiner selbst verliert, fremde Stimmen aus ihm sprechen und er zu selbstschädigenden Handlungen neigt. Das Phänomen ist in der ganzen Antike bekannt; für das Judentum ist die Bezeichnung *unreiner Geist* typisch. Sie macht deutlich: Diese Macht gehört in den Bereich des Bösen, des Widergöttlichen, ja des Todes. Jesus entfaltet keine Lehre von den Dämonen. Aber die Konfrontation mit diesen Mächten gehört – gerade im Markusevangelium – zu den Kennzeichen seines Wirkens.

Der Mensch bzw. der unreine Geist, der aus im spricht, spürt sofort, wer ihm da begegnet, und schreit: *Was haben wir mit dir zu tun, Jesus, Nazarener?* (**24**) Er benutzt dabei eine Art »Abgrenzungsformel«, die im Alten Testament häufig vorkommt (z.B. Ri 11,12; 2Sam 16,10; 1Kön 17,18; wörtlich: *Was ist uns und dir* [*gemeinsam*]?). Dass der unreine Geist spricht, zeigt der Plural: Eine Mehrzahl von Mächten hat von dem Menschen Besitz ergriffen. Jesu Name wird genannt, wobei der Zusatz *Nazarener* doppeldeutig sein könnte: Einerseits verweist er auf den Herkunftsort Jesu, Nazareth; andererseits könnte er auch auf die Bezeichnung *Nazoräer* (Mt 2,23) anspielen, die einen Gott besonders geweihten Menschen meint (Ri 13,5). Die Dämonen spüren, welche Macht Jesus hat und wozu er sie gebrauchen will und stellen die angstvolle Frage: *Bist du gekommen, um uns zu vernichten?* Im Grunde stellt die Frage schon fest, was Jesus tun wird.
Der Dämon spricht weiter, jetzt im Singular: *Ich weiß, wer du bist: der Heilige Gottes.* Es ist umstritten, ob der unreine Geist mit der Nennung eines Würdetitels für Jesus versucht, die Macht Jesu abzuwehren, indem er ihn mit Namen und Titel identifiziert. Wer

den Gegner kennt, kann ihn beherrschen. Aber die Geschichte deutet davon nichts an, und auch im Folgenden wird die Tatsache, dass die Dämonen wissen, wer Jesus ist, immer als unwillkommenes und doch wichtiges Bekenntnis über Jesus angesehen. Der Titel *Heiliger Gottes* erscheint in der biblischen Überlieferung eher selten. In Ps 106,16 wird er für Aaron verwendet (vgl. auch *Geweihter Gottes* für Simson in Ri 13,7). Als Bekenntnis zu Jesus nennt ihn Petrus in Joh 6,69 (vgl. Apg 3,14; 1Joh 2,20; Offb 3,7). Er kennzeichnet Jesus als den, der ganz zu Gott gehört und in dem Gottes Heiligkeit begegnet. Er ist eine verhüllte Vorwegnahme der Bezeichnung Jesu als *Sohn Gottes* in 3,11. Gottes Heiligkeit und das Wesen der unreinen Geister stehen in klarem Gegensatz zueinander.

Jesus reagiert nicht direkt auf diese Aussagen, er verwendet auch keine Beschwörungsformeln oder magische Praktiken, wie man sie von zeitgenössischen Dämonenaustreibern berichtet. Er *bedroht* den unreinen Geist (**25**). Dieses Wort hat einen bedeutsamen biblischen Hintergrund. Dasselbe Wort und dieselbe Vorstellung finden wir in Psalmen, wenn sie berichten, dass die bedrohlichen Wasser der Urflut bzw. des Schilfmeers vor Gottes *Drohen* zurückweichen (vgl. Ps 18,16; 104,7; 106,9). Gott *bedroht* die Mächte, die seine Schöpfung und sein Volk bedrohen und weist sie in ihre Schranken. Jesus handelt also an Gottes Stelle und gebietet in seiner Vollmacht: *Sei still und fahre aus ihm aus.* Jesus bringt das Bekenntnis aus falschem Mund zum Verstummen (obwohl dem Evangelisten wichtig ist, dass seine Leser davon wissen), und er befreit den Menschen, der von dem unreinen Geist besessen ist, aus dessen Herrschaft.

Der Dämon wehrt sich und attackiert noch einmal sein Opfer, aber die Macht Jesu ist stärker: *Während der unreine Geist ihn hin- und her zerrte und mit lauter Stimme schrie, fuhr er aus ihm heraus* (**26**). Der Blick des Erzählers wendet sich aber sofort der Wirkung auf die Anwesenden zu: *Und alle erschraken* (**27**). Wo Menschen mit Gottes Macht in Berührung kommen, da erfasst sie ein tiefes Erschrecken. Sie kommen ins Fragen, und Markus formuliert ihre Frage so: *Was ist das? Eine neue Lehre in Vollmacht! Selbst den unreinen Geistern befiehlt er, und sie gehorchen ihm!* Die Formulierung der Frage macht den engen Zusammenhang zwischen Jesu Lehre und Handeln deutlich. Jesu Lehre von der Gottesherrschaft und sein befreiendes Handeln verweisen aufeinander. Das Wirken Jesu ist die Zeichensprache seines Evangeliums. Neu ist die Lehre Jesu, weil sie die Souveränität Gottes in noch nie dagewesener Weise verwirklicht. Sie überwindet selbst die Herrschaft widergöttlicher Mächte und unterwirft sie Gottes Willen. Darin liegt ihre Vollmacht.

Die Kunde davon kann nicht verborgen bleiben, sondern verbreitet sich *in der ganzen Umgebung von Galiläa,* also weit über Kapernaum und dessen engere Nachbarschaft hinaus (**28**).

Dies ist die erste Erzählung von einer Dämonenaustreibung im Markusevangelium. Dem Evangelisten sind diese Geschichten sehr wichtig. Viermal erzählt er ausführlich von einem solchen Vorgang (1,23–28; 5,1–20; 7,24–30; 9,14–29) und erwähnt diese Seite des Tuns Jesu auch in den Sammelberichten von seinem Wirken (1,32). Deshalb hier einige grundsätzliche Überlegungen:

– Die Existenz von Dämonen ist eine in der Antike allgemein anerkannte Wirklichkeit. Auch für viele ursprüngliche Kulturen unserer Zeit ist das Wirken von Dämonen eine bedrängende Realität. Der Zweifel daran ist ein Produkt westlicher Aufklärung. Aber auch aufgeklärte Europäer, die in Afrika oder Asien in eine solche ursprüngliche Kultur eintauchen, spüren oft etwas von dieser Wirklichkeit. Wir tun also gut daran, die antike Weltsicht ernst zu nehmen, ohne sie deswegen einfach für uns zu übernehmen.

– Die Symptome, die in den Beschreibungen von dämonischer Besessenheit genannt werden, scheinen oft – aber nicht immer – auf Zustände hinzuweisen, die wir heute als unterschiedliche Krankheiten diagnostizieren würden (z.B. Epilepsie, Schizophrenie, agitierte Depression o.ä.). Aber da diese Phänomene aus ganz unterschiedlichen Weltsichten beobachtet und beurteilt werden, ist davor zu warnen, die damalige Diagnosen durch heutige zu ersetzen oder umkehrt. Es ist genauso problematisch zu sagen: Bei dieser Schilderung von Besessenheit handelt es sich »eigentlich« um eine Schizophrenie oder eine Epilepsie, wie umgekehrt hinter Symptomen psychischer Erkrankungen Besessenheit durch Dämonen zu vermuten. Die unterschiedliche Weltsicht ist zu respektieren.

– Menschen, die als von Dämonen besessen gelten, sind Symptomträger dafür, dass die ganze Welt unter der Herrschaft böser und widergöttlicher Mächte steht. In der Antike bedeutete die Diagnose »besessen« eine Entlastung und die Anerkennung verminderter oder fehlender Zurechnungsfähigkeit. In bestimmten Fällen sprach man sogar von der »heiligen Krankheit« (*morbus sacer*; für uns Erscheinungsformen der Epilepsie). Solche Menschen können in einer Synagogenversammlung anwesend sein, manche leben in der Obhut ihrer Eltern (7,24–30; 9,14–29), oft aber sind sie aus der Gemeinschaft ausgeschlossen (5,1–20). Wichtig ist: Den von Dämonen Besessenen wird keine Schuld an ihrem Geschick zugeschrieben, weder von der Umwelt noch von Jesus. Insbesondere spielt die Frage nach einer Verursachung durch okkulte Betätigung im Neuen Testament keine Rolle. Besessene sind Symptomträger einer von Mächten des Bösen und der Zerstörung besessenen Menschheit, und darum ist ihre Befreiung durch Jesu Vollmacht ein wichtiges Zeichen dafür, dass im Handeln Jesu Gottes Herrschaft in die Welt hereinbricht.

– Die Dämonenaustreibungen Jesu sind also Kennzeichen für seine göttliche Sendung und Vollmacht und haben deshalb christologische Bedeutung. Jesus erweist sich durch sie als Repräsentant der befreienden Herrschaft Gottes.

– Die Herausforderung, die uns in diesem Berichten trifft, besteht darin, die Botschaft von der befreienden Kraft Jesu ernst zu nehmen, ohne alle ihre weltbildhaften Voraussetzungen übernehmen zu müssen. Die Herrschaft des Bösen zeigt sich uns in anderen Formen der Besessenheit. Was bedeutet Jesu Vollmacht (und die seiner Jünger) heute für Menschen, deren Leben von zerstörerischen Mächten wie Sucht, Wahn, Geld oder Macht besetzt ist? Wie können wir diese Gewalten als Mächte ernst nehmen, ohne die Betroffenen zu dämonisieren? Wie bringen wir ihnen Jesu befreiende Macht nahe?

1,29–31
Jesus heilt die Schwiegermutter des Petrus

29Und sogleich, nachdem sie aus der Synagoge gegangen waren, kamen sie in das Haus des Simon und Andreas zusammen mit Jakobus und Johannes. 30Aber die Schwiegermutter Simons lag mit Fieber im Bett. Und sogleich erzählen sie (ihm) von ihr. 31Und er trat zu ihr, fasste ihre Hand und richtete sie auf. Und das Fieber verließ sie, und sie diente ihnen.

Jesu Weg durch diesen Tag geht weiter. Er und seine Jünger gehen nach dem Synagogengottesdienst ins Haus des Simon und Andreas (**29**). Die Beziehung zur Familie ist also nicht einfach abgebrochen.

Dass in diesem Haus die Schwiegermutter Simons lebt, lässt interessante Rückschlüsse auf die Biographie des Petrus zu. Nach Joh 1,44 stammten Simon und Andreas aus Betsaida. Man kann vermuten, dass Simon in eine Fischerfamilie in Kapernaum eingeheiratet und seinen Bruder Andreas mit sich genommen hat. Ausgrabungen in Kapernaum haben die Überreste eines Hauses aufgedeckt, das seit Ende des 1. Jahrhunderts als Haus des Petrus verehrt und mehrmals als Versammlungsraum für eine christliche Gemeinde umgebaut wurde. Es spricht vieles dafür, dass es tatsächlich das Haus war, in dem dieser mit der Familie seiner Frau und seinem Bruder Andreas gelebt hat.

Als die kleine Gruppe das Haus betritt, lag die Schwiegermutter Simons mit Fieber im Bett (**30**). Das galt in der Antike als lebensbedrohliche Krankheit. Genau übersetzt schreibt Markus deshalb auch: *lag darnieder*. Merkwürdigerweise wird die Frau Simons, von der 1Kor 9,5 berichtet, nicht erwähnt. Die Aufmerksamkeit gilt der Kranken, die vielleicht die eigentliche *mater familias*, das weibliche Familienoberhaupt geblieben war. Von ihr und ihrer Krankheit wird Jesus berichtet. Ob das eine indirekte Bitte um Hilfe ist, bleibt offen. Obwohl es in jener Zeit das normale Verhalten eines Mannes gewesen wäre, eine kranke Frau der Pflege anderer Frauen zu überlassen, tritt Jesus zu ihr (**31**), *fasst ihre Hand und richtet sie auf*. Jesus spricht nicht zu ihr. Aber dass er ihr die Hand reicht, ist sowohl Geste der Zuwendung als auch der Kraftübertragung. Und so berichtet Markus ganz schlicht: *Und das Fieber verließ sie*. Die Macht der Krankheit ist gebrochen. Die Frau ist geheilt, und als Bestätigung der Genesung heißt es: *und sie diente ihnen*. Es liegt nahe, in diesem Zusammenhang zunächst daran zu denken, dass sie der unerwartet aufgetauchten Männergesellschaft eine Mahlzeit servierte. Doch könnte das auch Projektion herkömmlicher Rollenerwartung sein. Die Zeitform des griechischen Verbes für *dienen* verweist auf eine länger dauernde Tätigkeit und damit auf eine dauerhafte Heilung. Auch die sonstige Bedeutung des Wortes bei Markus lässt fragen, ob nicht mehr gemeint ist. Zu *dienen*, sich – in welcher Form auch immer – für andere einzusetzen, ist wirkliche Nachfolge (10,41–45). Das lebt diese Frau als Konsequenz ihrer Heilung, vielleicht auch dadurch, dass sie allen das Essen kocht!

Jesus heilte kranke Menschen. Das ist eine historisch klar bezeugte Tatsache. Wie das geschah, bleibt eine offene Frage. Man sollte mit vorschnellen rationalen Erklärungen zurückhaltend sein, z.B. dass der Malariaanfall der Frau gerade vorüberging und Jesus ihr durch seinen Händedruck und die Hilfe beim Aufstehen neue Kraft gab. Die Menschen damals haben das anders erlebt, und das sollten wir so stehen lassen. Schön ist, dass diese erste Heilungsgeschichte so einfach und schlicht ist. Es geht nicht um die große Schau, es geht um die Hilfe für einen Menschen. Und die erfahrene Hilfe ihrerseits verwandelt sich in Kraft zum Dienst für andere.

1,32–34
Jesus heilt viele Kranke und treibt viele Dämonen aus

32Am Abend aber, als die Sonne untergegangen war, brachten sie zu ihm alle Kranken und von Dämonen Besessenen, 33und die ganze Stadt war vor der Tür versammelt. 34 Und er heilte viele Kranke, die an ganz verschiedenen Krankheiten litten, und er trieb viele

Dämonen aus und ließ die Dämonen nicht reden, denn sie kannten ihn.

Die Erzählung geht weiter (**32**). *Am Abend, als die Sonne untergegangen war,* d.h. als der Sabbat vorüber war und in einem orientalischen Dorf das soziale Leben richtig beginnt, da kommen die Menschen zu Jesus und suchen für sich und für andere Hilfe: Sie *brachten zu ihm alle Kranken und von Dämonen Besessenen.* Markus unterscheidet ziemlich konsequent zwischen diesen beiden unterschiedlichen Formen menschlichen Leidens. Aber es sind nicht nur die an Leib und Seele leiden, die zu Jesus kommen, nein: *die ganze Stadt war vor der Tür versammelt* (**33**). Alle wollen etwas von Jesu Lehren und Handeln mitbekommen. Wenn Markus von *allen* Kranken und der *ganzen* Stadt schreibt, dann erscheint uns das als Übertreibung. Es ist auch nicht im Sinne einer abgezählten Anzahl gemeint, sondern beschreibt bildhaft das Interesse, das alle erfasst hat.
Dass es dann weiter heißt (**34**): *Und er heilte viele Kranke, die an ganz verschiedenen Krankheiten litten,* hat die Aufmerksamkeit der Ausleger erweckt. Wird hier ein feiner Unterschied gemacht und angedeutet, dass Jesus zwar *viele,* aber nicht *alle* Kranken heilt? Obwohl im semitischem Sprachgebrauch *viele* oft ebenso wie *alle* die Gesamtheit bezeichnet (vgl. Röm 5,18 und 19!), scheint die bewusste Gegenüberstellung von *alle* und *viele hier doch* anzudeuten, dass auch Jesus nicht immer alle Kranke sofort heilte. Betont wird aber die umfassende Hilfe, die grundsätzlich allen zugute kommt, eben auch solchen, die *an ganz verschiedenen Krankheiten litten.* Wieder wird gesondert berichtet: *und er trieb viele Dämonen aus.* Auch denen, die unter der Herrschaft lebensfeindlicher Mächte leiden, wird geholfen. Hier fügt Markus aber noch die Bemerkung an: Er *ließ die Dämonen nicht reden, denn sie kannten ihn.* Das Bekenntnis der Dämonen ist nicht erwünscht – nicht nur, weil Jesus nicht aus ihrem Mund identifiziert werden möchte, sondern vor allem, weil die Frage, wer Jesus wirklich ist, erst am Ende seines Weges beantwortet werden kann.

Das Wirken Jesu strahlt auch in die Öffentlichkeit aus. Der Platz vor der Haustür wird zum Ort der Begegnung mit der Kraft des Reiches Gottes. Das ganze Krankheitselend eines galiläischen Dorfes wird von der heilenden Barmherzigkeit Gottes berührt, die in Jesus gegenwärtig ist. Mit solchen Sammelberichten (vgl. 3,10–12; 6,56) schildert Markus die umfassende Wirkung des Handelns Jesu. Wer dieser Jesus ist, soll freilich zunächst ein Geheimnis bleiben. Die Wunder allein und das Wissen der Dämonen sagen noch nicht alles.

1,35–39
Jesus sucht die Stille und verlässt Kapernaum

35Und in der Frühe, als es noch völlig Nacht war, stand er auf, ging
hinaus und ging an einen einsamen Ort, und dort betete er. 36Und
Simon und die, die mit ihm waren, verfolgten ihn 37und fanden ihn
und sagen zu ihm: »Alle suchen dich!« 38Und er sagt zu ihnen: »Lasst
uns anderswohin gehen in die umliegenden Ortschaften, damit ich
auch dort verkündige. Denn dazu bin ich ausgezogen.« 39Und er
ging und verkündigte in ihren Synagogen in ganz Galiläa und trieb
die Dämonen aus.

Der Tag des Wirkens Jesu in Kapernaum, den Markus mit seinen ganz unterschiedlichen Aspekten schildert, ist vorüber. Aber schon in aller Frühe, *als es noch völlig Nacht war* (Markus liebt doppelte Zeitangaben; vgl. V. 32), steht Jesus auf und verlässt das Haus (**35**). Aber er wollte nicht so früh wie möglich zu neuen Taten aufbrechen, sondern ging *an einen einsamen Ort, und dort betete er.* Hier taucht erstmals dieses wichtige Thema der Evangelienüberlieferung auf. Obwohl Jesus durch Gottes Geist erfüllt und bevollmächtigt ist, sucht er immer wieder die Einsamkeit und Stille und das Gespräch mit Gott (vgl. 6,46).

Das wird zunächst einfach festgestellt und mit dem Aktivismus seiner Jünger konfrontiert (**36**), die ihn unter Führung Simons *verfolgen* (Markus drückt das so scharf aus). Als sie ihn finden (**37**), sagen sie vorwurfsvoll: *Alle suchen dich!* Das heißt: Du bist ein gefragter Mann, dem darfst du dich nicht entziehen. Die Leute suchen deine Hilfe, das ist deine Stunde!

Aber Jesus lässt sich nicht vom Sog seiner Popularität einfangen. Er kann sich nicht als gesuchter und beliebter Wunderheiler niederlassen. Sein Auftrag treibt ihn weiter (**38**), und darum sagt er: *Lasst uns anderswohin gehen in die umliegenden Ortschaften, damit ich auch dort verkündige.* Mit dem Stichwort *verkündigen* klingt der grundsätzliche Auftrag von 1,14f wieder an: Die frohe Botschaft in Wort und Tat weiterzugeben, ist die Aufgabe Jesu. *Denn dazu bin ich ausgezogen* ist absichtlich doppeldeutig formuliert. Es geht nicht nur um Jesu Weggang von Kapernaum; es geht grundsätzlich um die Erfüllung seiner Sendung.

V. **39** schildert das mit einem zusammenfassenden Satz: Jesus *verkündigte in ihren Synagogen* – wieder wählt Markus diese merkwürdig distanzierende Redeweise (vgl. 1,23). Er spricht aber zugleich vom Wirken Jesu *in ganz Galiläa. Und trieb die Dämonen aus*: Das vollmächtige und befreiende Handeln gehört zur Verkündigung Jesu. Es wird sich gleich zeigen, dass Jesus seine Wirksamkeit nicht auf die Synagogen beschränkt. Aber Markus ist wichtig zu betonen, dass Jesus mit seiner Verkündigung dort beginnt, wo man sich um Gottes Wort und Weisung versammelt.

Sammlung und Sendung gehören für Jesus zusammen. Auch für ihn kommt die Kraft zum Handeln aus dem Gebet. Es lässt sich nicht vom eigenen Erfolg auffressen. Keine Gruppe kann ihn für sich allein beanspruchen; er ist immer auch für die anderen da!

1,40–45
Jesus heilt einen Aussätzigen

40Und ein Aussätziger kommt zu ihm, bittet ihn kniefällig und sagt
zu ihm: »Wenn du willst, kannst du mich rein machen.« 41Und er
wurde von großem Mitleid erfüllt, streckte seine Hand aus und be-
rührte ihn und sagt zu ihm: »Ich will, du sollst rein werden!« 42Und
sogleich wich der Aussatz von ihm, und er wurde rein. 43Und er
schnaubte ihn an und schickte ihn sogleich weg 44und sagt zu ihm:
»Sieh zu, dass du niemandem irgendetwas davon sagst, sondern geh, zeige dich dem Priester und opfere für deine Reinigung, was Mose angeordnet hat, zum Beweis für sie.« 45Und der ging weg und be-
gann, eifrig zu verkündigen und die Sache bekannt zu machen, sodass er (Jesus) nicht mehr offen in eine Stadt gehen konnte, sondern sich außerhalb an einsamen Plätzen aufhielt. Und sie kamen zu ihm von überall her.

Noch einmal greift Markus ein einzelnes Beispiel für die Heilungstätigkeit Jesu auf, diesmal die Heilung einer Erkrankung, die in der Antike bis hinein in die Neuzeit als besonders gefährlich galt, nämlich Aussatz.

Aussatz (griechisch: *Lepra*) galt im Alten Israel als unheilbar. Darüber hinaus betrachtete man Aussätzige als unrein. Sie mussten sich deshalb von der Gemeinschaft anderer fernhalten. Nach Lev 13,45 musste, wer aussätzig war, »zerrissene Kleider und das Haar lose und den Bart verhüllt tragen und rufen: Unrein, unrein!« und allein »außerhalb des Lagers« wohnen. Aussätzige waren also nicht nur krank, sondern sozial isoliert. Selbst König Usija (Asarja) konnte als Aussätziger nicht mehr die Regierungsgeschäfte wahrnehmen und wurde in einem besonderen Haus interniert (2Kön 15,5). Wer Aussatz hat, gilt wie ein Totgeborener (Num 12,12), und eine Heilung, wie sie von Mirjam und Naeman erzählt wird (Num 12,14f; 2Kön 5), als ein großes Wunder. Viel zitiert wird ein Wort der Rabbinen, dass die Heilung eines Aussätzigen einer Totenerweckung gleichkomme. Allerdings weisen die Symptome, die in Lev 13–14 für den

Aussatz genannt werden, darauf hin, dass man unter diesem Begriff nicht nur das Krankheitsbild der Lepra, sondern auch einige andere, ähnlich aussehende Hautkrankheiten (z.B. Vitiligo) zusammenfasste, bei denen Heilungen vorkommen. Deshalb gab es Bestimmungen für den Fall, dass eine Heilung vom Aussatz diagnostiziert wurde. Dass einige dieser Hautkrankheiten mit Spontanremissionen (d.h. dem plötzlichen Verschwinden der Symptome) auf positive psychische Einflüsse reagieren, hat man gerne zur Erklärung der Heilung von Aussätzigen durch Jesus verwendet. Doch muss man sich klarmachen, dass den Berichten eine solche Unterscheidung fremd ist, auch wenn das Handeln Jesu tatsächlich die psychosoziale Situation der Betroffenen anspricht.

Ein vom Aussatz Befallener wagt es, sich Jesus zu nähern (**40**), fällt vor ihm auf die Knie und sagt zu ihm: *Wenn du willst, kannst du mich rein machen.* Das ist eine Vertrauenserklärung, aber zugleich eine Bitte, besser gesagt eine Aufforderung: Ich weiß, dass du das kannst; ich hoffe, dass du es auch willst! Man kann das als demütige Unterordnung unter den Willen Jesu ansehen. Man kann es aber auch als Herausforderung Jesu hören: Es liegt an dir, ob mir geholfen wird! Die Formulierung der Bitte zeigt zugleich, wo für den Aussätzigen in der Antike das Problem lag: Gesund werden hieß für ihn *rein* werden und wieder gemeinschaftsfähig sein.
Markus beschreibt die Reaktion Jesu mit starken Worten (**41**): *Und er wurde von großem Mitleid erfüllt,* wobei man das emotional sehr gefüllte Wort, das Markus verwendet, eigentlich übersetzen müsste: *Und es drehte sich ihm das Herz im Leibe um.* Sein Erbarmen reicht bis tief in sein Innerstes hinein.

Allerdings übersetzen manche Kommentatoren stattdessen nach einigen wenigen Handschriften: *Und er wurde zornig.* Sie halten das für den ursprünglichen Text, weil leichter zu erklären ist, warum aus einem *zornig werden* ein *von großem Mitleid erfüllt werden* wird als umgekehrt. Die »schwierigere« Lesart gilt als ursprünglich. Aber ihre sehr schmale Bezeugung spricht gegen diese Textfassung. Vielleicht haben diese Handschriften die Aussage in V. 41 an die von V. 43 angepasst!

Dann aber geschieht etwas ganz Bemerkenswertes: Jesus *streckte seine Hand aus und berührte ihn.* Dem Ausgegrenzten streckt sich die Hand der Gemeinschaft entgegen, der Unberührbare wird von Jesus berührt. Nicht der Aussatz macht unrein, sondern Gottes heilige Gegenwart in Jesu Berührung macht rein. So holt das Wort Jesu nur nach, was seine Hand schon getan hat: *Ich will, du sollst rein werden!* Jesus vollzieht stellvertretend Gottes Willen, dass Ausgestoßene aufgenommen und Aussätzige rein werden. Das erfährt dieser Mann, und darum heißt es (**42**): *Und zugleich wich der Aussatz von ihm, und er wurde rein.* Fast erscheint der Aussatz als eine Macht, die einen Menschen gefangen hält und unter der erbarmenden Berührung und dem befreienden Wort Jesu weichen muss. Was einen Menschen zum Aussätzigen macht, verschwindet, wo Jesus Gemeinschaft mit Gott schenkt.

Außerordentlich schwer verständlich ist nach dieser Schilderung, die soviel Nähe und Einverständnis verrät, die schroffe Reaktion, von der Markus in V. **43** berichtet: *Und er schnaubte ihn an und schickte ihn sogleich weg.* Im griechischen Text stehen tatsächlich solch heftige Worte! Das Nebeneinander von Mitleid und Abwehr erscheint fast als Lehrstück von Nähe und Distanz. Wo Jesu Berührung Gemeinschaft und Identifizierung geschenkt hat, da muss auch die Ablösung geleistet werden. So steht neben hochemotionaler Nähe auch heftige Distanzierung. Der aus der Isolierung Befreite muss seinen weiteren Weg selbständig gehen. Das bedarf eines klaren Anstoßes, dessen Heftigkeit befremdlich bleibt. Inhaltlich geht es um zwei Dinge (**44**): keine Propaganda für Jesus als den großen Wundertäter einerseits und Erfüllung der Voraussetzungen für eine geordnete Integration in die öffentliche Gemeinschaft andererseits. Für das zweite gibt es in der jüdischen Rechtsordnung auf der Grundlage von Lev 13–14 klare Vorschriften, und die sollen eingehalten werden: Bestätigung der Heilung durch einen Priester und ein entsprechendes Reinigungsopfer. Das soll so geschehen *zum Beweis für sie* oder, wie meist übersetzt wird, *zum Zeugnis für sie.* Wie ist das gemeint? Unsere Übersetzung gibt der Wendung einen positiven Sinn: Das Verfahren soll öffentlich bezeugen, dass der Mann rein und damit gemeinschaftsfähig geworden ist. Denn beim Aussatz spielt es ja keine Rolle, ob sich jemand persönlich gesund fühlt. Gesund ist, wer als rein gilt.

Auf dem Hintergrund von Mk 6,11; 13,9 wird aber oft eine negative Bedeutung der Wendung angenommen: Was hier geschah, wird zum Belastungszeugnis gegen die offiziellen Vertreter des Judentums, entweder als Beweis gegen alle Anschuldigungen, Jesus würde sich nicht an das Gesetz halten, oder als Zeugnis gegen ihre Ablehnung Jesu als dem Beauftragten Gottes. Beide Themen spielen aber an dieser Stelle der markinischen Erzählung noch keine Rolle, obwohl sie in der frühchristlichen Gemeinde wichtig waren. Deshalb ist hier die positive Bedeutung vorzuziehen: Die Heilung soll beweiskräftig dokumentiert und registriert werden.

Allerdings hält sich der Mann nicht an das, was Jesus ihm aufträgt (**45**). Es wird nichts davon erzählt, dass er sich einem Priester gezeigt hat. Dagegen *verkündigt* er auf vielfältige Weise, was ihm geschehen ist, und macht die *Sache bekannt.* Wörtlich heißt das: *und verbreitete das Wort,* und wahrscheinlich haben die christlichen Leser des Markus dies im Sinne einer missionarischen Verkündigung der Botschaft verstanden (vgl. 2,2; 4,33; Apg 4,4; 11,19). Jesus und sein Tun können nicht verborgen bleiben, auch wenn er selbst das zu verhindern sucht. Die Wirkung schildert Markus drastisch: Jesus kann nicht mehr offen in eine der Städte gehen, weil der Ansturm auf ihn zu groß ist. Er sucht *einsame Plätze außerhalb* auf, und doch kommen die Menschen von überall her zu ihm und suchen Hilfe.

Markus schließt einen ersten Erzählkreis ab, der von dem heilenden und befreienden Wirken Jesu berichtet. Dämonenaustreibungen, Heilungen sowie die Reinigung und soziale Eingliederung eines Aussätzigen sind Kennzeichen seines Handelns. All das sind Merkmale der endzeitlichen Herrschaft Gottes. Wunderbar daran ist, dass Menschen geholfen wird. Deshalb kann nicht verborgen bleiben, was Jesus tut. Es spricht für sich selbst. Schweigegebote nutzen nichts. Und doch ist es Markus wichtig, von ihnen zu berichten, um festzuhalten, dass diese Seite des Wirkens Jesu noch nicht genügt, um zu erkennen, wer er wirklich ist.

2,1 - 3,6
Auseinandersetzungen um das Wirken Jesu

Der nächste Abschnitt ist eine Sammlung von Begebenheiten, die alle in eine Auseinandersetzung mit den religiösen Autoritäten der jüdischen Gesellschaft münden. Der traurige Höhepunkt dieser Entwicklung ist der Entschluss, Jesus zu töten (3,6). Vielleicht konnte Markus schon auf eine Zusammenstellung solcher Berichte zurückgreifen. Sie ist sorgfältig gestaltet: Die erste und letzte Geschichte handeln von einer Heilung, in den drei mittleren steht das Verhalten Jesu und seiner Jünger auf dem Prüfstand, wobei es in unterschiedlicher Weise ums Essen geht. In den ersten beiden Geschichten geht es um Sündenvergebung und die Gemeinschaft mit Sündern, in den letzten beiden um das Halten des Sabbats.
Markus fügt diese Berichte schon hier ein, um zu zeigen, dass Jesus nicht einfach von Erfolg zu Erfolg eilte, sondern es von Anfang an Widerstand gegen sein Wirken gab und der Schatten des Kreuzes früh über seinem Leben stand.

2,1-12
Jesus heilt einen Gelähmten

1Und als er nach einigen Tagen wieder nach Kapernaum kam, wurde bekannt, dass er zu Hause ist. 2Und viele versammelten sich, so-

dass nicht einmal vor der Tür Platz war. Und er sagte ihnen das Wort. [3]Und sie kommen und bringen einen Gelähmten zu ihm, der von Vieren getragen wurde. [4]Und da sie ihn wegen der Menge nicht zu ihm hin bringen konnten, deckten sie an der Stelle, wo er (Jesus) war, das Dach ab, und sowie sie es aufgegraben haben, lassen sie die Matte hinunter, auf der der Gelähmte lag. [5]Und als Jesus ihren Glauben sieht, sagt er zu dem Gelähmten: »Kind, deine Sünden sind vergeben.« [6]Aber es saßen auch einige der Schriftgelehrten dabei, die dachten in ihrem Herzen: [7]»Was redet der so? Er lästert Gott. Wer kann Sünden vergeben außer einem, Gott selbst?« [8]Und weil Jesus in seinem Geist sogleich wusste, dass sie solche Gedanken in sich bewegen, sagt er zu ihnen: »Warum denkt ihr so in eurem Herzen? [9]Was ist leichter, zu dem Gelähmten zu sagen: Deine Sünden sind dir vergeben? oder zu sagen: Stehe auf und nimm deine Matte und geh? [10]Damit ihr wisst, dass der Menschensohn Vollmacht hat, auf Erden Sünden zu vergeben – sagt er zum Gelähmten: [11]Ich sage dir: Steh auf, nimm deine Matte und geh nach Hause!« [12]Und er stand auf, und sogleich nahm er seine Matte und ging weg vor den Augen aller, sodass alle außer sich gerieten und Gott priesen und sagten: »So etwas haben wir noch nie gesehen!«

Einige Zeit später kommt Jesus wieder nach Kapernaum (**1**), und sofort *wurde bekannt*: Er ist wieder *zu Hause* (wörtlich *im Hause;* ob Jesus in Kapernaum ein Haus hatte [vgl. Mt 4,13] oder im Haus Simons lebte, lässt Markus offen). Die Menschen drängen ins Haus (**2**), das Haus wird voll, und nicht einmal auf dem Platz vor der Tür finden alle Platz, die ihn sehen und hören wollen. Von Jesus aber heißt es knapp und lapidar: *Und er sagte ihnen das Wort*. So beschreibt Markus Jesu grundlegende Verkündigung der Botschaft vom Kommen des Reiches Gottes (vgl. 4,14). Es ist *das Wort,* das die Menschen hören müssen und sollen.

Aber außerhalb des Hauses kommt Bewegung in die Szene (**3**). Leute versuchen, sich ins Haus zu drängen. Vier von ihnen tragen einen Gelähmten auf einer Matte. Aber es ist kein Durchkommen; die Leute stehen zu dicht (**4**). Entschlossen gehen sie hinter das Haus, schleppen den Kranken die Außentreppe hoch und beginnen, das flache Dach abzudecken, und zwar gerade über der Stelle, an der Jesus stand. Bei einem Haus in Palästina war zunächst die Abdeckung aus festem Lehm abzutragen, dann waren die Reisigbündel herauszunehmen, die zwischen den Dachbalken lagen, und der Lehmmörtel zu entfernen, der alles zusammenhielt. Es ist kaum vorstellbar, dass dies gelang, ohne die im Raum darunter Befindlichen massiv durch herunterfallende Brocken zu stören; doch das kümmert den Erzähler nicht. Er erzählt, wie die Leute, nachdem sie ein genügend großes Loch in das Dach gegraben haben, den gelähmten Mann auf der Matte, an der sie wohl Stricke befestigt hatten, in den Raum darunter hinabließen.

Die Reaktion Jesu, als er den Mann vor sich sieht, ist in doppelter Weise überraschend (**5**). Zunächst sagt der Erzähler: *als Jesus ihren Glauben sieht.* Markus lässt uns also wissen, dass Jesus das hartnäckige und gewagte Verhalten der Gruppe als Ausdruck ihres *Glaubens* ansieht. Dabei sind die Träger ebenso gemeint wie der Gelähmte. Es gibt für Jesus so etwas wie solidarischen Glauben. Das feste Vertrauen dieser Leute, dass Gott durch Jesus dem Kranken helfen würde, und ihre Zuversicht, die alle Hindernisse überwand, das ist für Jesus *Glaube.*

Die zweiter Überraschung aber liegt in den Worten Jesu an den Gelähmten: *Kind, deine Sünden sind vergeben.* Dabei ist die Anrede *Kind* für das antike Judentum nicht so auffällig wie für uns. Es ist die Anrede, die ein Lehrer auch erwachsenen Schülern gegenüber verwendet (vgl. Sir 2,1). Schwer verständlich ist dagegen, warum Jesus diesem Menschen, der offensichtlich auf Heilung hofft, die Vergebung seiner Sünden zuspricht. Zwar kennen Altes Testament und Judentum eine Verbindung zwischen menschlicher Sünde und Krankheit (vgl. Ps 103,3: »der dir alle deine Sünde vergibt und heilet alle deine Gebrechen«; Sir 38,9f; im Neuen Testament Joh 5,14f; Jak 5,16). Jesus aber spricht sonst Kranke nicht auf diesen Zusammenhang an. Auch hier wird nicht erklärt, warum gerade dieser Mann die Vergebung der Sünden brauchte. Jesus spricht sie ihm ohne jede Begründung zu.

Nicht wenige Ausleger nehmen deshalb an, dass diese Aussage (oder zumindest das anschließende Streitgespräch) später eingefügt wurde, um die christliche Sitte, Menschen Vergebung zuzusprechen, zu begründen. Aber warum sollte das gerade hier geschehen sein? Für die Überlieferung, die Markus kannte, war es offensichtlich von Anfang an wichtig, berichten zu können, dass Jesus an *einer* Stelle seines Wirkens einem nach Heilung Suchenden die Vergebung der Sünden zugesprochen hat. So wurde deutlich, wie Jesus den *ganzen* Menschen heilt.

Allerdings erhebt sich gegen diesen Anspruch Jesu sofort Widerspruch (**6f**). Wir erfahren, dass in dem Raum auch einige *Schriftgelehrte* saßen. Von *Schriftgelehrten* war schon in 1,22 die Rede; hier begegnen sie den Lesern erstmals persönlich. Sie nehmen ihr Wächteramt über die rechte Theologie ernst, zumindest durch das Urteil, das sie in ihrem Inneren fällen: *Er lästert Gott.* Gotteslästerung ist ein äußerst schwerer Vorwurf! Denn darauf stand die Todesstrafe (vgl. 24,15f; Num 15,30f). Worauf beruht dieses Urteil? *Wer kann Sünden vergeben außer einem, Gott selbst?* fragen sich die Schriftgelehrten, und ihre Antwort ist klar: Niemand! Wer es dennoch behauptet, greift Gott ins Werk und maßt sich Gottes Vorrecht an. Man kann fragen, ob dieser Vorwurf Jesu Aussage trifft. Denn mit der Formulierung im Passiv: *Kind, deine Sünden sind dir vergeben* umschreibt Jesus Gottes Handeln und sagt: *Gott hat dir deine Sünden vergeben.* Doch für die Schriftgelehrten dürfte damit das Problem nur verschoben gewesen sein. Denn welcher Mensch durfte im Namen Gottes einem anderen Vergebung zusprechen? Nur einmal wird im Alten Testament erzählt, dass der Prophet Nathan dem König David zusagt: »So hat auch Gott deine Sünde weggenommen!« Ansonsten war nach Ps 130,4 Vergebung allein von Gott zu erwarten.

Die Schriftgelehrten behalten ihre Bedenken für sich. Jesus hingegen weiß *sogleich in seinem Geist,* was sie beschäftigt, und er spricht sie darauf an (**8**). *Warum denkt ihr so in eurem Herzen?* fragt er sie und stellt damit die Frage nach den Motiven ihres Urteils und ihres Widerstandes gegen sein Handeln. Diese Frage wird jedoch nicht ausdiskutiert. Jesu stellt daraufhin eine weitere Frage (**9**): *Was ist leichter, zu dem Gelähmten zu sagen: Deine Sünden sind dir vergeben? oder zu sagen: Stehe auf und nimm deine Matte und geh?* Die Fragestellung ist absichtlich doppeldeutig: Es scheint leichter, einem Gelähmten zu versprechen, seine Sünde seien vergeben, als ihm zu sagen: Steh auf! Denn das Erste lässt sich nicht nachprüfen, wohl aber das Zweite. In der Sache aber galt für jüdisches Verständnis die Heilung eines Gelähmten als viel leichter als Sünden zu vergeben. Denn das Erste war eine wunderbare Heilung, wie sie immer wieder vorkam, das Zweite aber griff in das Verhältnis zwischen Gott und Mensch ein. Das aber war den Menschen verwehrt!

Jesus wartet die Antwort der Schriftgelehrten gar nicht erst ab, sondern wertet die Logik seiner Frage für sein eigenes Handeln aus (**10**). Noch zu den Schriftgelehrten gewandt sagt er: *Damit ihr aber wisst, dass der Menschensohn Vollmacht hat, auf Erden Sünden zu vergeben* – und wendet sich dann mitten im Satz zu dem Gelähmten und sagt (**11**): *Ich sage dir: Steh auf, nimm deine Matte und geh nach Hause!* Indem Jesus ausspricht, was schwerer zu sagen (weil leichter nachprüfbar) ist, zeigt er, dass ihm Gott die Vollmacht gegeben hat, in seinem Namen auch die Vergebung der Sünden zuzusprechen. Und tatsächlich (**12**): Der Mann steht auf, nimmt seine Matte und kann gehen! Die Menschen, die das sehen, *geraten außer sich* vor Verwunderung, denn sie spüren: Hier ist uns Gott und seine heilende Kraft begegnet! Deshalb *preisen sie Gott* und geben ihm die Ehre und sagen: *So etwas haben wir noch nie gesehen!* Das völlig Außergewöhnlich dieser Erfahrung ist für sie Hinweis, dass hier Gott gehandelt hat. Das steht in Kontrast zur Anklage der Schriftgelehrten.

In V. 10 spricht Jesus zum ersten Mal vom *Menschensohn*. Diese Redeweise ist typisch für seine Lehre, aber nicht leicht zu deuten. Wen oder was meint Jesus, wenn er vom *Menschensohn* spricht? Der Begriff *Menschensohn* klingt im Griechischen ebenso fremd wie im Deutschen. Es ist die Übersetzung einer aramäischen oder hebräischen Wendung. Während in diesen Sprachen das Wort *Mensch* die Gattung Mensch bezeichnet, bedeutet *Sohn des Menschen*: der einzelne Mensch. Das zeigt schön Ps 8,6: »Was ist der Mensch, dass du seiner gedenkst, und des Menschen Kind (wörtlich: *Sohn*), dass du dich seiner annimmst?« So wird der Begriff als Anrede an den Propheten Ezechiel verwendet (2,1: Du Menschensohn = du Mensch). Die gleiche Bedeutung liegt ursprünglich auch in Dan 7,13 vor: Nach den vier Reichen, die durch wilde Tiere symbolisiert werden, »kam einer mit den Wolken des Himmels wie eines *Menschen Sohn*«, d.h. »einer, der einem *Menschen* glich« (ZB). Er symbolisiert ein *menschliches* Reich. In der apokalyptischen Literatur wurde daraus eine endzeitliche Retter- und Richtergestalt, die das Kommen der Herrschaft Gottes herbeiführt. Ob diese Vorstellung schon zur Zeit Jesu geläufig war und er darauf zurückgreift, ist in der Auslegung umstritten.
Im Neuen Testament findet sich das Wort in allen vier Evangelien und außer in Apg 7,56 nur im Mund Jesu. Das ist ein starkes Indiz dafür, dass die Verwendung des Begriffs auf Jesus selbst zurückgeht. In der Auslegung unterscheidet man zwischen Worten vom (1) gegenwärtig wirkenden, (2) leidenden und auferstehenden und (3) am Ende als Richter erscheinenden Menschensohn. Zur ersten Gruppe gehören z.B. unsere Stelle und 2,28 (vgl. auch Lk 19,10). Bei beiden markinischen Belegen wird von manchen Auslegern erwogen, dass *Menschensohn* für *Mensch* steht, Jesus also in 2,10 zeigen will, dass *der Mensch* Vollmacht hat, Sünden zu vergeben (vgl. Mt 9,8). Dagegen spricht ein doppeltes Argument: 1. Die Argumentation in V. 10f ist ganz auf Jesu Handeln ausgerichtet. 2. An vielen Stellen, an denen Jesus vom Menschensohn spricht, meint er eindeutig sich selbst (so Mk 10,45; Mt 8,20 / Lk 9,58; Mt 11,19 / Lk 7,34; zu Mk 2,28 s. dort). Jesus verbindet offensichtlich die Bedeutung von *Menschensohn* als *(einzelner, besonderer) Mensch* mit der Verwendung des Begriffes in Dan 7,13. So wird das Wort zu einer Selbstbezeichnung, mit der Jesus in verhüllender Weise andeutet, dass er der menschliche Repräsentant Gottes und seiner Herrschaft ist. Darum hat er auch die Vollmacht, Sünden zu vergeben.

Dies ist die erste Geschichte bei Markus, die vom *Glauben* spricht. Sie zeigt sehr schön, was der Evangelist unter Glaube versteht. *Glaube* ist die Erwartung, dass Gott durch Jesus Rettung und Hilfe schenkt. Dieser Glaube lässt sich auch durch unüberwindlich scheinende Hindernisse nicht entmutigen. Denn Glaube an Gottes Handeln im Wirken Jesu ist gelebtes Vertrauen auf Gott.

Wir begegnen hier einem Handeln Jesu, das traditionell mit dem Begriff *Wunder* beschrieben wird. Kennzeichnend dafür ist im neutestamentlichen Zeugnis das tiefe Staunen über das, was an Außerordentlichem geschieht. In großer Verwunderung darüber wird Gott als Quelle des wunderbaren Geschehens gepriesen. Ob damit Naturgesetze außer Kraft gesetzt werden, ist nicht Gegenstand der Überlegung. Wenn wir also verstehen wollen, wie Menschen damals Jesu Wunder erlebt haben, ist es wichtig, diese Fragestellung nicht in den Vordergrund zu stellen, sondern das Wunder in dem zu sehen, was ins Staunen und in das dankbare Lob Gottes führt.
Offen ist freilich die Frage, inwieweit Wunder ein Argument im Ringen um die theologische Wahrheit sein können, wie das hier angedeutet ist. Spätere Rabbinen haben das grundsätzlich abgelehnt. Der Talmud erzählt eine eindrückliche Geschichte, dass Rabbi Eliezer ben Hyrkanus (um 90 n.Chr.) zum Beweis seiner Gesetzesauslegung einen Johannisbrotbaum versetzte und einen Wasserlauf bergaufwärts fließen ließ, seine Kollegen dies aber nicht als Beweis anerkannten (BM 59b). Wunder als solche beweisen nichts, das wird in Mk 13,22 auch Jesus seinen Jüngern einschärfen und sie vor falschen Messiassen warnen. Wunder sind ein wichtiger Hinweis auf das, was Gott durch Jesus tut. Die ganze Bedeutung seines Wirkens aber wird erst erkannt und bekannt werden, wenn er es im Tod vollendet hat.

2,13–17
Jesus beruft den Zöllner Levi

Im nächsten Abschnitt erzählt Markus zwei Begebenheiten, die eng miteinander verbunden sind, aber doch eine unterschiedliche Pointe haben. Die erste ist die Geschichte einer weiteren Berufung in die Nachfolge Jesu. Aus ihr entwickelt sich die zweite, bei der es wieder zu einer Auseinandersetzung um das Verhalten und die Sendung Jesu kommt.

13Und wieder ging er hinaus, am See entlang. Und die ganze Volks-
menge kam zu ihm, und er lehrte sie. 14Und im Vorbeigehen sah er
Levi, den (Sohn) des Alphäus, am Zoll sitzen und sagt zu ihm: »Fol-
ge mir!« Und er stand auf und folgte ihm.
15Und es geschieht, dass er in seinem Haus zu Tisch liegt, und viele
Sünder und Zöllner aßen gemeinsam mit Jesus und seinen Jüngern.
Denn es waren viele, die ihm folgten. 16Und die Schriftgelehrten der
Pharisäer sahen, dass er mit den Sündern und Zöllnern aß und sag-
ten zu seinen Jüngern: »Mit Zöllnern und Sündern isst er?!« 17Und
als Jesus das hört, sagt er zu ihnen: »Nicht die Gesunden brauchen

den Arzt, sondern die Kranken. Ich bin nicht gekommen, die Gerechten zu rufen, sondern die Sünder.«

Jesus verlässt das Haus und damit den Schauplatz der vorigen Erzählung (**13**). Er geht *am See entlang* – eine Situationsangabe, die an 1,16, die Berufung der ersten Jünger, erinnert. Aber jetzt ist er nicht mehr allein. *Die ganze Volksmenge* kommt zu ihm. Markus betont immer wieder, dass Jesu Wirken große Mengen im Volk ansprach und anzog. Aber er begnügt sich auch hier mit der kurzen Bemerkung: *und er lehrte sie.* Der Inhalt seines Lehrens wird nicht entfaltet. Die Zusammenfassung der Verkündigung Jesu in 1,14f gibt die Grundlinien dafür vor.
Von Kapernaum führte eine wichtige Handelsstraße, die *Via Maris,* am See Genezareth entlang nach Norden in Richtung Damaskus. Zur Grenze zwischen dem Herrschaftsgebiet von Herodes Antipas und dem seines Bruders Philippus war es nicht weit. Darum befand sich etwas außerhalb von Kapernaum eine Zollstation, an der die fälligen Wegezölle bzw. Einfuhr- und Ausfuhrabgaben entrichtet werden mussten. Im Vorbeigehen sieht Jesus den diensthabenden Zöllner am Zoll sitzen und sagt zu ihm: *Folge mir!* Er gibt keine Begründung, und es kommt zu keinem Gespräch. Wie bei der Berufung der ersten vier Jünger stellt Markus knapp und klar fest: *Und er stand auf und folgte ihm.* (**14**) Auch von einer Übergabe der Geschäfte an einen Kollegen ist nicht die Rede. Jesu Wort hat die Kraft, einen Menschen aus seinem (nicht unproblematischen) Beruf herauszurufen und ihn zu bewegen, ihm zu folgen.
Was wir erfahren, ist der Name des Mannes: *Levi, (Sohn) des Alphäus.* Beide Namen verweisen auf jüdische Herkunft. Merkwürdig ist aber, dass der Name nicht in der Liste der Zwölf erscheint, die Markus in 3,16–19 mitteilt. Dort wird ein Jakobus, Sohn des Alphäus, genannt, wahrscheinlich ein Bruder Levis, aber nicht dieser selbst. Während der Berufene auch bei Lukas Levi heißt (5,27), nennt das Matthäusevangelium ihn Matthäus (9,9) und fügt in seiner Zwölferliste bei Matthäus »der Zöllner« hinzu. Man hat vermutet, dass der Mann den Doppelnamen Levi Matthäus trug. Aber das ist ungewiss. Sicher ist, dass es Markus nicht wichtig war, Levi mit einem der Zwölf zu identifizieren. Für ihn zeigt die Geschichte, dass Jesus auch Menschen berufen hat, die nicht zu dem besonderen Kreis der Zwölf gehörten.

Zöllner waren zur Zeit Jesu keine angesehenen Staatsbeamte, sondern standen in einem schlechten Ruf. In V. 15f werden *Sünder und Zöllner* in einem Atemzug genannt. Woran liegt das? Das geringe Ansehen der *Zöllner* hing vor allem mit dem System zusammen, durch das in vielen Staaten der Antike und meist auch im Römischen Reich Steuern und Ab-

gaben erhoben wurden. Die Steuern und Zolleinnahmen einer Provinz oder eines kleineren Verwaltungsgebietes wurden an den Meistbietenden gegen Vorkasse verpachtet. Dieser wiederum verpachtete einzelne Bezirke mit einem entsprechenden Aufschlag an andere Steuerpächter, die dann ihrerseits Steuern und Zölle durch weitere Subunternehmer oder Angestellte eintreiben ließen. Da jeder in dieser Kette einen kräftigen Gewinn machen wollte, trieb das die Abgaben in die Höhe. Es gab zwar gewisse Tarife, aber die wurden meist deutlich überzogen. Darum wurden Zöllner nicht nur im Judentum, sondern auch in der griechischen Literatur oft Betrügern und Wegelagerern gleichgestellt und waren entsprechend verachtet. Im jüdischen Gebiet mag dazu auch die Tatsache beigetragen haben, dass die Zöllner und Steuereintreiber indirekt mit der Bsatzungsmacht zusammenarbeiteten, auch wenn im Gebiet um Kapernaum Herodes Antipas, also ein jüdischer Herrscher, die Steuerhoheit hatte.
Die Zusammenstellung *Sünder und Zöllner,* die sich in den Evangelien häufig findet (vgl. Mt 11,19; Lk 15,1), macht klar, dass auch der Begriff *Sünder* zunächst weniger eine theologische als vielmehr eine gesellschaftliche Aussage macht. Man wusste offensichtlich, wer in einem Dorf oder Städtchen als Sünder oder Sünderin galt.
Dafür gab es unterschiedliche Maßstäbe: Einerseits zählte man zum Kreis der Sünder Leute, die einen »unehrenhaften« Beruf hatten, wie man das im Mittelalter nannte, also z.B. Zöllner, aber auch Wucherer oder Hirten. Andererseits galten als Sünder Personen, die für einen moralisch zweifelhaften Lebenswandel bekannt waren. Dazu zählten Prostituierte, aber auch Menschen, die es mit dem Gesetz nicht so genau nahmen. Es waren in jedem Fall Leute, mit denen sich gesetzestreue Menschen nicht einließen. Denn es galt nicht nur, den eigenen guten Ruf zu wahren; nach jüdischem Verständnis machte die Gemeinschaft mit solchen Menschen unrein und damit untauglich für die Gemeinschaft mit Gott.

Obwohl Levi von jetzt auf gleich seine Arbeitsstelle verlassen hatte und Jesus folgte, brach er nicht alle Beziehungen zu seinem bisherigen Freundeskreis ab. In seinem Haus veranstaltet er ein großes Festmahl (dass es sich um ein festliches Mahl handelt, ist durch die Formulierung *zu Tisch liegen* angedeutet). Und dazu lädt er viele seiner bisherigen Kollegen und Leute aus dem gemeinsamen Umfeld ein, die alle zu der Sorte Mensch gehören, die man als *Sünder* bezeichnete (**15**). Und auch Jesus und seine Jünger sind bei diesem Mahl mit dabei, wobei Markus ausdrücklich betont, dass inzwischen viele Menschen Jesus folgten. (Hier taucht zum ersten Mal im Text des Evangeliums das Wort *Jünger* für die Anhänger Jesu auf; siehe die Erklärung bei 1,16–20). Dass Jesus die Gemeinschaft mit Menschen suchte, die am Rande der Gesellschaft und am unteren Ende ihrer religiösen Rangordnung lebten, war offensichtlich typisch für sein Wirken. Er, der die unmittelbare Nähe der Herrschaft Gottes verkündigte, machte damit deutlich, dass Gott gerade

denen nahe sein wollte, die am fernsten von ihm zu sein schienen (vgl. Lk 15,1f). Das aber erregte Anstoß.
Zu den Beobachtern, die Jesu Verhalten in Frage stellen, gehören *die Schriftgelehrten der Pharisäer.* Von den Schriftgelehrten haben wir schon gehört (1,22). Hier begegnen wir erstmals der Gruppe der Pharisäer.

Die *Pharisäer* waren eine einflussreiche Bewegung im Judentum dieser Zeit. Der Name geht auf ein hebräisches Wort für *abgesondert* zurück. Es handelt sich um eine gesetzestreue Heiligungsbewegung, die vor allem von Laien getragen wurde und wohl in der Makkabäerzeit aus den Kreisen der Hasidäer (1Makk 1,42; 7,12) hervorging. Dass Israel »ein Königreich von Priestern und ein heiliges Volk« sein soll (Ex 19,6), führte sie zur Konsequenz, die Anwendung der priesterlichen Reinheitsvorschriften für alle Israeliten zu fordern. Die Notwendigkeit, diese Reinheit zu bewahren, ist auch der Grund dafür, dass sich die Pharisäer vom übrigen Volk in manchen Belangen absondern. Die Auslegung des Gesetzes wird durch die »Überlieferungen der Ältesten« (Mk 7,3) geleitet, die dafür sorgen, dass auch Situationen, die in der Tora noch nicht berücksichtigt sind, dem Gesetz gemäß geregelt werden können. Wegen ihrer ernsthaften Lebensführung genossen die Pharisäer große Achtung im Volk. Dass sie in den Evangelien meist in negativem Licht erscheinen, sollte die positiven Seiten der Bewegung nicht überdecken. Zu Gegnern der Jesus-Bewegung wurden die Pharisäer gerade deswegen, weil sie ihr nahe standen.

Markus sagt uns nicht, wie die Schriftgelehrten der Pharisäer ins Gespräch mit den Jüngern kamen. Sie haben sicher nicht an dem Festessen teilgenommen, sondern das Ganze von außen beobachtet. Auffallend ist auch, dass sie nicht Jesus, sondern die Jünger fragen. Es ist freilich nicht untypisch, dass Angriffe gegen den Lehrer an die Schüler gerichtet werden. Was sie sagen, ist eine Mischung zwischen entrüsteter Feststellung und vorwurfsvoller Anfrage: *Mit Zöllnern und Sündern isst er?!* (**16**) Wie kann er nur! Einer, der die Nähe der Herrschaft Gottes verkündigt, kann doch nicht mit Leuten verkehren, die offensichtlich nicht Gottes Willen tun!
Jesus hört den Vorwurf – auch hier sagt uns Markus nicht, wo und wie dieses Gespräch stattfand. Ihm geht es nicht um Details, sondern um die grundsätzliche Auseinandersetzung. Die erste Antwort Jesu besteht in einer sprichwörtlichen Aussage (**17**). Sie findet sich ähnlich auch in der griechischen Literatur, und zwar vor allem bei kynischen Philosophen wie Diogenes, die sich rechtfertigen mussten, warum sie sich in »schlechte Gesellschaft« begaben. Gerade die Menschen, die von den Anständigen und Angesehenen in der Gesellschaft verachtet und gemieden werden, brauchen Hilfe. Doch ist zu beachten: Die Rede vom Arzt und den Kranken ist ein Bildwort. Es bezieht sich also nicht darauf, dass Jesu Kranke heilt.

Es bezeichnet auch nicht alles, was das Leben dieser Menschen beschädigt und zerstört hat, als Krankheit. Die Schuldfrage wird nicht einfach ausgeklammert. Aber Jesus hält fest: Für ihn, der den Menschen die heilvolle Herrschaft Gottes nahe bringt, sind die am wichtigsten, die Hilfe und Heilung für ihr Leben am nötigsten brauchen.

Daran schließt sich eines der zentralen Worte Jesu über seine Sendung an: *Ich bin nicht gekommen, die Gerechten zu rufen, sondern die Sünder.* Auch wenn Jesus zunächst sagt, wem seine Sendung *nicht* gilt, so ist doch klar, dass er mit seiner Aussage vor allem begründen will, warum er sich mit Leuten einlässt, die man als »Sünder« ansah. Er sah seine Sendung darin, diejenigen in die Gemeinschaft mit Gott zu rufen, die Gott am fernsten zu sein schienen (vgl. die parallele Aussage in Lk 19,10: »Denn der Menschensohn ist gekommen, zu suchen und zu retten, was verloren ist«). Die Frage, ob das die *Gerechten* nicht nötig haben, bleibt zunächst offen. Viele Ausleger nehmen an, dass Jesus den Hinweis auf die *Gerechten* ironisch meinte: Er ist nicht zu denen gesandt, die sich selbst für gerecht halten. Aber nichts deutet auf eine solche Abwertung hin. Die Gerechtigkeit der Gerechten wird nicht in Frage gestellt. Dass die Gerechten, die so nahe bei Gott scheinen, ihm möglicherweise ferner sind als die Sünder, davon spricht Jesus in den Geschichten von dem Vater mit den zwei Söhnen (Lk 15,11–32) und vom Pharisäer und Zöllner (Lk 18,9–14).

In Mk 2,17 betont Jesus zunächst nur, dass seine Sendung darin besteht, die *Sünder* zu Gott zu rufen. Wie aber geschieht das? Lukas hat das in seiner Fassung dieser Geschichte dadurch verdeutlicht, dass er schrieb: »Ich bin gekommen, um die Sünder *zur Umkehr* zu rufen« (Lk 5,32, EÜ). Angesichts dessen, was in Mk 1,15 über den Umkehrruf Jesu steht, ist das eine sachgemäße Ergänzung. Aber sie beschränkt sich auf *einen* Aspekt der Begegnung Jesu mit den Menschen, die man *Sünder* nannte, und verdeckt damit, warum Jesu Handeln so anstößig war. Denn die Pharisäer hätten wohl kaum etwas dagegen einzuwenden gehabt, wenn Jesus diese Leute zur Umkehr und zur Buße aufgerufen und sie, nachdem sie sich glaubwürdig von ihrem falschen Lebensstil abgewandt hatten, in seine Gemeinschaft aufgenommen hätte. Aber dass er sie dadurch zu Gott rief, dass er mit ihnen ein Festmahl hielt, war für sie unannehmbar. Lukas berichtet von dem entsprechenden Vorwurf: »Dieser nimmt die Sünder an und isst mit ihnen« (Lk 15,2). Für Jesus waren Umkehr und Buße nicht die von den Menschen zu leistende Vorbedingung für die heilvolle Nähe Gottes, sondern deren Konsequenz. Auch das schildert Lukas in einer seiner Geschichten, der Begegnung Jesu mit dem Oberzöllner Zachäus (19,1–10). Darin zeigt sich ein wichtiger Aspekt des Wirkens Jesu: Er spricht den Menschen Gottes Nähe und Heil durch die gelebte Gemeinschaft gemeinsamer Mahlzeiten zu. In der Gegenwart Jesu und beim gemeinsamen Essen mit ihm können Menschen »schmecken und sehen«, wie freundlich ihr Gott ist (Ps 34,9).

»Jesus nimmt die Sünder an« – das ist die Botschaft dieser beiden Geschichten. Diese Botschaft ist für die Gemeinde Jesu Ermächtigung und Auftrag, selbst eine offene Gemeinschaft zu sein, in der gerade die Verachteten und an den Rand Gedrängten willkommen sind. Sie ist aber auch Herausforderung, diese Offenheit wie Jesus nicht als beschwichtigende Kumpanei, sondern als kritische Solidarität zu leben, die Veränderung ermöglicht und bewirkt.

2,18–22
Jesus spricht über das Fasten

**18Und die Jünger des Johannes und die Pharisäer pflegten zu fasten.
Und sie kommen und sagen zu ihm: »Warum fasten die Jünger des
Johannes und die Anhänger der Pharisäer, aber deine Jünger fasten
nicht?« 19Und Jesus sagte zu ihnen: »Können denn die Hochzeitsgäste fasten, solange der Bräutigam unter ihnen ist? Solange sie den
Bräutigam bei sich haben, können sie nicht fasten. 20Es werden Tage
kommen, an denen der Bräutigam von ihnen weggenommen werden wird; und dann, an jenem Tag, werden sie fasten.**
**21Niemand näht einen Flicken aus ungewalktem Tuch auf einen al-
ten Mantel. Andernfalls reißt das Füllstück etwas von ihm ab, das
Neue vom Alten, und der Riss wird schlimmer.**
**22Und niemand schüttet neuen Wein in alte Schläuche. Andernfalls
zerreißt der Wein die Schläuche, und der Wein verdirbt und die
Schläuche. Sondern neuer Wein in neue Schläuche!«**

In dieser kurzen Erzählung geht es um das Fasten. Die Einleitung (**18**) stellt fest, dass die Jünger Johannes des Täufers und die Pharisäer sich an regelmäßige Fasttage hielten.

Fasten war in alttestamentlicher Zeit vor allem Zeichen der Trauer (1Sam 31,13) und der Buße und des intensiven Betens angesichts von Notsituationen (1Sam 7,6; Jer 14,12; Joel 1,14; Jon 3,10). Doch warnen die prophetische Stimmen vor einem nur äußerlichen Fasten (Jes 58,1–12). Vom Gesetz geboten war nur ein Fasttag im Jahr am Großen Versöhnungstag (Lev 16,29). Sach 8,19 kennt vier Fasttage im Jahr. Tob 12,8 nennt regelmäßiges Fasten neben Beten und Almosengeben als Ausdruck wahrer Frömmigkeit (vgl. Mt 6,1–18), und die aus pharisäischen Kreisen stammenden Psalmen Salomos sehen in freiwilligem Fasten einen Weg zur Sühnung unwissentlich begangener Sünden. Die Pharisäer fasteten zweimal in der Woche (Lk 18,12), und zwar montags und donnerstags (Did 8,1). Die Jünger des Johannes scheinen sich der asketischen Haltung des Täufers (Mt 11,18) angeschlossen zu haben.

Nicht näher bezeichnete Leute fragen Jesus, warum die Jünger des Johannes und die Anhänger der Pharisäer (wörtlich: *Jünger der Pharisäer*) fasten, aber seine Jünger nicht. Es geht also um das Verhalten der jeweiligen Gemeinschaften. In der Frage steckt die Herausforderung, sich im Wettbewerb um die intensivste Frömmigkeit zu positionieren. Gefragt ist Jesus; sein Wort begründet die Praxis seiner Jünger.

Jesus antwortet in klassisch rabbinischer Weise mit einer Gegenfrage (**19**): *Können denn die Hochzeitsgäste* [wörtlich: *die Söhne des Hochzeitssaals*] *fasten, solange der Bräutigam unter ihnen ist?* Jesus greift auf ein Bild aus dem Alten Testament zurück. Die kommende Heilszeit wird mit einer Hochzeit verglichen. In Jes 62,5 heißt es: »Wie sich ein Bräutigam freut über die Braut, so wird sich dein Gott über dich freuen« (vgl. auch Hos 2,18–22 und Jer 33,11: Die Hochzeit ist Bild für die Zeit der Freude über Gottes Heil). Diese Zeit ist jetzt da, sagt Jesus. Dass er sagt: »Der Bräutigam ist jetzt da!« deutet an, dass in seiner Person Gott gegenwärtig ist. Jesus identifiziert sich nicht direkt mit dem Bräutigam, aber das Bild umschreibt die Bedeutung seiner Person. Er macht klar: Wenn er mit den Seinen Mahlgemeinschaft feiert, erleben Menschen Gottes heilvolle Gegenwart. Darum können die Gäste, die er zu sich lädt, nicht fasten. Jesus lässt sich nicht auf einen Wettbewerb um die radikalste Askese ein. Aber er erhebt den Anspruch, dass dort, wo er mit Zöllnern und Sündern isst und feiert, Gottes Heil geschieht. Das erregt Anstoß. In der Logienquelle (Mt 11,18f / Lk 7,33f) zitiert Jesus den Vorwurf, er sei »ein Fresser und Weinsäufer, ein Freund der Zöllner und Sünder«.

Allerdings folgt dann eine merkwürdig einschränkende Antwort Jesu auf die eigene Frage: *Solange sie den Bräutigam bei sich haben, können sie nicht fasten.* Wird es eine Zeit geben, in der sie wieder fasten werden? V. **20** legt diese Auslegung nahe. Er spricht von *Tagen, an denen der Bräutigam von ihnen genommen werden wird.* In der passivischen Formulierung steckt auch hier ein Hinweis auf Gottes Handeln. Jesus wird nun eindeutig mit dem Bräutigam identifiziert. Gott wird ihn von den Seinen wegnehmen, *und dann, an jenem Tag, werden sie fasten.* Auffallend ist die betonte Feststellung *an jenem Tage.* Viele Ausleger nehmen an, dass dies ein Hinweis auf den Brauch der frühen Christenheit ist, am Karfreitag zu fasten bzw. den Freitag als Fasttag zu betrachten. Dann

wäre V. 20 eine Fortschreibung der ursprünglichen Aussage Jesu und würde die Art des Fastens der frühen Kirche begründen. Andere Ausleger bezweifeln, dass es diesen Brauch schon zur Zeit des Markus gegeben hat. Sie sehen in V. 20 die erste verhüllte Leidensankündigung Jesu. Die Zeit der Freude und der festlichen Mahlzeiten mit ihm ist begrenzt. Dann werden die Jünger trauern und fasten (vgl. Joh 16,16–23). Heißt das, dass Jesu Jünger dann wie die Jünger des Johannes und der Pharisäer fasten werden – nur an anderen Tagen? Wir lassen diese Frage zunächst offen.
Markus fügt zwei Bildworte Jesu an, die den radikalen Wandel unterstreichen, den sein Wirken bringt. Beide nehmen auf Alltagserfahrungen Bezug. Im ersten geht es um eine Erfahrung beim Ausbessern von Kleidern (**21**): *Niemand näht einen Flicken aus ungewalktem Tuch auf einen alten Mantel.* Das scheint eine allgemein anerkannte Einsicht gewesen zu sein. Denn würde man das versuchen, würde der neue, ungewalkte Stoff, *das Füllstück,* mit dem der Riss geflickt wurde, beim ersten Waschen eingehen und ein weiteres Stück vom Mantel abreißen, sodass der Riss schlimmer wird. Die zweite Erfahrung stammt aus dem Weinbau (**22**): *Niemand schüttet neuen Wein in alte Schläuche.* Denn würde man das tun, würde der Wein beim Gären die Schläuche zerreißen und sowohl den Wein verderben als auch die Schläuche zerstören. Vielmehr gilt: *Neuer Wein in neue Schläuche!*
Diese sprichwörtlich gewordene Wahrheit kann auf unterschiedliche Sachverhalte angewandt werden. In unserem Zusammenhang unterstreicht sie die Aussagen von V. 19a: Das Neue, das Jesus gebracht hat, ist Gottes nahegekommenes Heil. Es verträgt sich nicht mit alten, überkommenen Formen der Frömmigkeit wie dem Fasten. Neue Gefäße sind nötig wie das festliche Feiern mit Menschen, die von Gottes Ruf erreicht wurden. Markus lenkt mit diesen Worten noch einmal zu den grundsätzlichen Fragen zurück. Wie immer V. 20 zu verstehen ist, es kann nicht nur darum gehen, an anderen Tagen zu fasten als die Pharisäer. Aber für Markus und seine Gemeinde war auch klar, dass man nicht einfach die Praxis Jesu weiterführen konnte. Wie konnte man das Neue, das Jesus gebracht hatte, bewahren, auch wenn er selbst nicht mehr gegenwärtig war? Ein einfacher Rückgriff auf die alten Formen war nicht möglich, aber durfte das Neue nun selbst zur Tradition werden? Gab es für die Gemeinde eine neue Weise des Fastens? Die Geschichte gibt keine direkte Antwort auf diese Frage, aber sie leitet dazu an, sie immer wieder neu zu stellen und zu beantworten.

Ist alles Neue besser und durch seine Neuheit geheiligt? Es geht in Jesu Worten nicht um Neuerung um jeden Preis. Das Alte wird nicht denunziert. Aber es wird in seiner Begrenzung gesehen. Dahinter stand für die junge Christenheit die zentrale Frage: Konnte das Judentum, in dem Jesus wirkte, Gefäß für das Neue sein, das Jesus brachte? Die Frage führt noch weiter: Müssen auch die Formen christlicher Frömmigkeit immer wieder neu gestaltet werden, um Gefäße für die Freude an der Gegenwart Jesu sein zu können? Und wie können solche Formen auch Ausdruck dafür sein, dass Jesus nicht mehr unter uns ist? Im Bild gesprochen: Wie können wir Weihnachten und Ostern feiern, ohne den Karfreitag zu vergessen?

2,23–28
Jesus – Herr über den Sabbat

**23Und es geschah, dass er am Sabbat durch die Getreidefelder ging,
und beim Gehen begannen seine Jünger, Ähren auszuraufen. 24Und
die Pharisäer sagten zu ihm: »Sieh, warum tun sie am Sabbat, was
nicht erlaubt ist?« 25Und er sagt zu ihnen: »Habt ihr nie gelesen,
was David tat, als er in Not war und er Hunger hatte und die, die mit
ihm waren, 26wie er ins Haus Gottes hineinging zur Zeit des Hohenpriesters Abjatar und die Schaubrote aß, die nur die Priester essen
dürfen, und auch denen, die mit ihm waren, davon gab?« 27Und er
sagte ihnen: »Der Sabbat ist für den Menschen gemacht und nicht
der Mensch für den Sabbat. 28Also ist der Menschensohn auch Herr
über den Sabbat.«**

Die Geschichte reiht sich locker an die vorigen Begebenheiten an. Jesus geht am Sabbat mit seinen Jüngern durch die zur Ernte reifen Getreidefelder, und während sie gingen, begannen die Jünger, Ähren auszuraufen (**23**). Dass sie hungrig waren, wird nicht gesagt, aber im Folgenden vorausgesetzt. Den Hunger so zu stillen, erlaubt die alttestamentliche Sozialgesetzgebung ausdrücklich (vgl. Dtn 23,25f). Das Problem entsteht dadurch, dass die Jünger es am Sabbat tun.

Das Gebot, den Sabbat zu heiligen und an diesem Tag nicht zu arbeiten, ist tief in der alttestamentlichen Gesetzgebung verankert. Beide Fassungen der Zehn Gebote enthalten es, und in beiden Fällen ist es das Gebot, das am ausführlichsten begründet wird (Ex 20,8-11; Dtn 5,12-15). Auf seine Übertretung steht die Todesstrafe (Ex 31,12–17; 35,2; Num 15,32–36). Die älteste Gesetzgebung stellt aber ausdrücklich den humanitären Charakter des Gebots heraus: »Sechs Tage sollst du deine Arbeit tun, am siebten Tag aber sollst du ruhen, damit dein Rind und dein Esel ausruhen und der Sohn deiner Magd und der Fremde aufatmen können« (Ex 23,12). In neutestamentlicher Zeit war das Halten des Sabbats zu einem besonders wichtigen Merkmal der Gesetzestreue geworden. In der *Damaskusschrift* aus Qumran werden sogar lebensrettende Maßnahmen am Sabbat verboten. Für die pharisäischen Gesetzeslehrer galt dagegen, dass Lebensgefahr den Sabbat »verdrängt«. Aber auch sie versuchten ein (unter Umständen unwissentliches) Übertreten des Sabbats durch eine Fülle von Vorschriften zu verhindern. Ährenausraufen galt deshalb als Erntearbeit, die nach Ex 34,21 verboten war.

Woher plötzlich die Pharisäer auftauchen, die Jesus vorwurfsvoll auf das Verhalten seiner Jünger hinweisen, erfahren wir nicht. Es geht um eine grundsätzliche Auseinandersetzung (**24**). Auch hier antwortet Jesus auf die tadelnde Anfrage mit einer Gegenfrage. Er weist auf eine Geschichte in 1Sam 21,1–7 hin, die erzählt, wie David und seine hungrigen Gefährten von den heiligen Broten aßen, die nur Priester essen durften (**25f**). Mit der Frage, wie diese Gebotsübertretung des frommen Davids zu rechtfertigen sei, haben sich auch die Rabbinen beschäftigt. Jesus bzw. der Erzähler zitieren die Geschichte offensichtlich aus dem Gedächtnis, denn nach 1Sam 21 war damals Ahimelech Priester in Nob und nicht sein Sohn Abjatar, der später leitender Priester in Jerusalem war (vgl. 1Sam 22, 20; 2Sam 15,29–35; Matthäus und Lukas übergehen deshalb den Namen, ebenso einige Handschriften bei Markus).
Allerdings geht es in dieser Geschichte nicht um den Sabbat. Was soll sie beweisen? Auf den ersten Blick ist der Vergleichspunkt zwischen dem Verhalten Davids und dem der Jünger, dass es erlaubt ist, ein Gebot zu übertreten, um den Hunger zu stillen. Es gilt: Not kennt kein Gebot! Dieser Gedanke mag eine gewisse Rolle spielen (vgl. auch V. 27), aber er ist nicht das eigentliche Ziel der Beweisführung, zumal gar nicht erwähnt wurde, dass die Jünger hungrig waren. Die Art, wie Jesus die Geschichte erzählt, betont die Initiative und die Autorität Davids, für die Seinen zu sorgen. Ohne dass das Verhältnis Jesu zu David thematisiert wird, zielt der Hinweis auf die Vollmacht Davids auf die Vollmacht Jesu, seinen Jüngern zu gewähren, was sie brauchen – auch am Sabbat.
Der Erzähler fügt noch zwei Worte Jesu zum Sabbat an, die über die vorliegende Auseinandersetzung hinaus Grundsätzliches zum Thema sagen. Das erste Wort ist ein klar formulierter Satz, ein Merkspruch, der unmittelbar einleuchten sollte: *Der Sabbat ist für den Menschen gemacht und nicht der Mensch für den Sabbat* (**27**). Schon im Alten Testament wird der Sabbat als Wohltat für den Menschen gesehen (z.B. Ex 23,12). Das fasst dieser Satz prägnant zusammen. Der Sabbat ist Gabe des Schöpfers an den Menschen und darum dazu bestimmt, alles zu fördern, was dem Wohl von Menschen dient. Dieser Einsicht haben sich auch die Rabbinen nicht verschlossen. Ein häufig zitierter Ausspruch lautet: »Euch ist

der Sabbat übergeben, und nicht ihr seid dem Sabbat übergeben.« In der Praxis diente diese Aussage hingegen nur dazu, ein Übertreten des Sabbats dann zu erlauben, wenn ein Menschenleben in Gefahr war. Jesus aber geht es um mehr. Er möchte die Menschen dazu befreien, im Sabbatgebot den ursprünglichen Willen des Schöpfers zu erkennen und in Freiheit zu leben. Das heißt nicht, dass Jesus das Sabbatgebot aufhebt. Er setzt sich vielmehr für eine befreite und dem Menschen dienende Sabbatpraxis ein. »Jesus proklamiert nicht die Autonomie des Menschen, aber das Heil des Menschen als Ziel des Willens und der Verfügungen Gottes« (Pesch I, 185).

Wo die Menschen Orientierung für ihre Freiheit erhalten, macht V. **28** klar: *Also ist der Menschensohn auch Herr über den Sabbat.* Im jetzigen Zusammenhang steht der Satz parallel zu 2,10: Der Menschensohn hat nicht nur Vollmacht, Sünden zu vergeben, sondern bestimmt auch, wie der Sabbat lebensdienlich und menschenwürdig gelebt werden kann. Aber ähnlich wie in 2,10 ist die Auslegung dieses Verses umstritten. Es gibt drei Varianten:

1. Die erste nimmt an, dass *Menschensohn* im aramäischen Original (wie in Ps 8,5) Umschreibung für den einzelnen Menschen war. V. 27 und 28 ergäben dann die parallele Aussage: Der Sabbat ist für den Menschen (= die Menschheit) gemacht ... Deshalb ist jedes Menschenkind auch Herr über den Sabbat. Erst in der späteren griechischen Fassung habe man dies nicht mehr erkannt und Jesus als den *Menschensohn* gesehen, der als solcher Herr über den Sabbat ist.
2. Die zweite geht davon aus, dass V. 27 das ursprüngliche Wort Jesu zur Sache darstellt. Es wurde in seiner Radikalität bald nicht mehr ertragen (Matthäus und Lukas lassen den Vers aus), weshalb die Markustradition V. 28 hinzufügt, um die Autonomie menschlicher Entscheidung in die Vollmacht Jesu einzubinden.
3. Die dritte sieht in den beiden Aussagen unterschiedliche Gesichtspunkte derselben Wahrheit, die sich gegenseitig interpretieren. Dass der Sabbat für den Menschen gemacht ist, ernennt nicht jeden einzelnen Menschen zum unbeschränkten Bevollmächtigten für die Frage, wie er den Sabbat gestaltet. Der Sabbat bleibt Sabbat »für den Herrn« (Lev 23,3). Es ist aber die tiefe Überzeugung Jesu, dass zwischen der Bestimmung »für den Menschen« und der »für den Herrn« kein Widerspruch besteht. Das zu leben und handelnd und lehrend zu gestalten ist die Aufgabe des *Menschensohns*, des von Gott erwählten Menschen, mit dem sich Jesus auf geheimnisvolle Weise identifiziert. Dass *er* Herr über den Sabbat ist, gewährleistet, dass er Sabbat für die Menschen *und* für den Herrn bleibt. Zweifellos hat Markus Jesu Aussage so verstanden.

Der Streit um den Sabbat ist nicht nur ein Konflikt zwischen der Vollmacht Jesu und jüdischer Gesetzesauslegung. Auch Christen stehen immer wieder neu vor der Aufgabe, den von Gott geschenkten Ruhetag so zu gestalten, dass er als Biotop für ein Leben mit Gott und für mehr Zeit miteinander geschützt bleibt und doch nicht hinter lebensfeindlichen Schutzmauern erstarrt. Das kann nur gelingen, wenn es in Verantwortung vor Jesus und seinem Handeln geschieht.

3,1–6
Jesus heilt am Sabbat. Sein Tod wird beschlossen

[1]Und er ging wieder in die Synagoge. Und dort war ein Mensch mit
einer verkümmerten Hand. [2]Und sie belauerten ihn, ob er ihn am
Sabbat heilen würde, damit sie ihn anklagen könnten. [3]Und er sagt
zu dem Mann mit der verkümmerten Hand: »Steh auf (und komm)
in die Mitte.« [4]Und er sagt zu ihnen: »Ist es erlaubt, am Sabbat Gu-
tes zu tun oder Böses zu tun, Leben zu retten oder zu töten?« Sie
aber schwiegen. [5]Und während er sich voll Zorn von einem zum an-
deren umschaute, tief betrübt über die Verhärtung ihres Herzens,
sagt er zu dem Menschen: »Strecke deine Hand aus!« Und er streck-
te sie aus, und seine Hand wurde wiederhergestellt. [6]Und die Phari-
säer gingen hinaus und fassten sogleich zusammen mit den Herodi-
anern den Beschluss, ihn umzubringen.

Die letzte Begebenheit in der Sammlung von Konfliktgeschichten hat viele Berührungspunkte mit der ersten (2,1–12). In eine Heilungsgeschichte ist ein teils verdeckter, teils offener Disput Jesu mit Menschen eingezeichnet, die ihm vorwerfen, gegen Gottes Willen zu handeln.

V. 1 beschreibt die Situation: Jesus geht wieder in eine Synagoge, wobei stillschweigend vorausgesetzt scheint, dass dies noch am gleichen Tag, also an einem Sabbat, geschieht. Das erinnert an 1,21–28, wo von einer Dämonenaustreibung am Sabbat berichtet wird. In der Versammlung befindet sich ein Mensch mit einer *verkümmerten* (wörtlich: *verdorrten*) *Hand*. Eine heutige Diagnose würde wohl am ehesten von Muskelschwund infolge einer Lähmung oder von einer Sudeck'schen Dystrophie sprechen. V. 2 berichtet weiter, dass sich in der Versammlung auch Leute befanden, die darauf lauerten, ob Jesus den Behinderten am Sabbat heilen würde. Wer diese Leute sind, wird nicht gesagt; aber es liegt nahe, an die in 2,24 und 3,6 genannten Pharisäer zu denken. Sie trauen Jesus zu, dass er den Mann heilen kann. Die offene Frage war, ob er es wagen würde, das am Sabbat zu tun. Denn alles, was in der

Absicht getan wurde, einen Menschen zu heilen, galt nach rabbinischer Lehre am Sabbat als verbotene Arbeit – es sei denn, es bestand Lebensgefahr. Markus nennt auch den Grund für die Aufmerksamkeit: Die Leute suchen einen Anlass, offiziell Anklage gegen Jesus zu erheben. Er war bereits verwarnt worden (2,24); würde er noch einmal öffentlich vor Zeugen den Sabbat entheiligen, war das Grund genug, ihn vor Gericht zu bringen. Der Konflikt hatte sich also zugespitzt.

Nachdem so die äußere und innere Situation beschrieben ist, ergreift Jesus die Initiative (**3**). Er wendet sich an den Behinderten, der irgendwo unter den anderen sitzt, und sagt zu ihm: *Steh auf (und komm) in die Mitte.* Da weder dieser selbst noch andere für ihn um Hilfe gebeten haben, hat diese Aktion Jesu etwas Demonstratives, ja Provokatorisches an sich. Zugleich liegt in der Handlung etwas tief Symbolisches: Gerade dieser Mensch, der durch seine verkrüppelte Hand in seinen Möglichkeiten zu kommunizieren und zu arbeiten stark behindert ist, gehört in die Mitte. Es geht im Folgenden nicht um eine abstrakte Frage der Gesetzesauslegung; es geht um einen Menschen und sein Leben.

Der Erzähler setzt voraus, dass Jesus (wie in 2,6) weiß, welche Gedanken diejenigen bewegen, die ihn belauern (**4**). Und deshalb fragt er sie: *Ist es erlaubt, am Sabbat Gutes zu tun oder Böses zu tun, Leben zu retten oder zu töten?* Jesus scheint die Frage seiner Gegner aufzunehmen: Was darf man am Sabbat tun und was nicht? Aber mit der Art, in der er diese Frage stellt, radikalisiert er sie auf eine Weise, die ihr eine völlig neue Richtung gibt. Es kann nicht darum gehen, in immer detaillierteren Einzelfallregelungen festzulegen, was am Sabbat erlaubt ist und was nicht. Es geht darum klarzumachen, was grundsätzlich dem Willen Gottes entspricht und was nicht und von daher das Verhalten am Sabbat zu bestimmen. Jesus fragt also in Wirklichkeit danach, was am Sabbat zu tun *geboten* ist und was nicht, und bringt das auf die Alternative: *Gutes tun oder Böses tun, Leben retten oder töten? Gutes tun* heißt nach biblischem Verständnis, das tun, was dem Leben dient, und darum heißt *Böses tun,* das tun, was Leben an seiner Entfaltung hindert, es beschädigt oder zerstört. Das wird durch die parallelen Worte unterstrichen: *Leben retten oder töten.* Das griechische Wort, das wir mit *retten* übersetzen, begegnet oft im Zusammenhang mit Heilungen (5,23.28.34; 6,56), heißt also auch *gesund machen, heil werden lassen.* Und hinter dem deutschen Wort *Leben* steckt das griechische Wort *psyche,* das auch *Seele* heißt, hier aber die Bedeutung *Leben, Person* annimmt. Man könnte also statt *Leben retten* auch übersetzen: *einen Menschen wieder herstellen und sein Leben heil machen.* Wenn sich die Gegner Jesu auf eine Diskussion eingelassen hätten, hätten sie darauf hinweisen können, dass auch sie der Meinung waren, dass man am Sabbat das Leben eines Menschen retten dürfe, wenn er sich in Lebensgefahr befand. Gleichzeitig konnten sie darauf verweisen, dass das Leben des Behinderten in keiner Weise in Gefahr war und er auch noch am nächsten Tag hätte geheilt werden können. Deshalb war für sie die Alternative *Leben retten oder töten* in diesem Fall völlig unangemessen.

Aber genau um solche Abwägungen ging es Jesus nicht. Ihm geht es um die Unbedingtheit des Willens Gottes, der gebietet, immer und unter allen Umständen Gutes zu tun. Wie die Liebe ist das Tun des Guten, also dessen, was dem Leben dient, immer geboten. Dass Jesus am Sabbat heilt, auch wenn er die Heilung hätte aufschieben können, ist ein Zeichen, das auf den letzten Sinn des Sabbats aufmerksam macht. Weil der Sabbat Raum für Gott im Leben von Menschen schaffen will, soll er Menschen dienen und der Heilung und Wiederherstellung ihres Lebens. Für Jesus gibt es keinen Widerspruch zwischen dem, was Gott dient und was dem Leben dient. Umgekehrt: Er spricht in der Sorge, dass man dort, wo man Gottes Sache durch immer genauere Vorschriften zu schützen sucht, sie gerade bedroht, indem man Leben beschädigt und erstickt. So hart seine Alternative *Gutes oder Böses tun* und *Leben retten oder töten* klingt, sie trifft die Tiefe des Konflikts – insbesondere, wenn bedacht wird, dass im Hintergrund der Beschluss steht, Jesus zu töten. Es geht nicht nur um eine humanitäre Neuinterpretation der Sabbatvorschriften. Es geht um Jesu Auftrag. Dass er auch am Sabbat heilen muss, ist Ausdruck seiner Überzeugung, dass sich in seinem Handeln Gottes heilvolle Herrschaft unmittelbar und ohne Aufschub zu dulden verwirklicht.

Jesu Gegner schweigen. Sie wollen und können sich nicht auf ein Gespräch einlassen. Dass sie nicht antworten, bewegt Jesus tief (**5**). Markus nennt zwei ganz unterschiedliche Seiten der Reaktion Jesu. Jesus blickt *voll Zorn* von einem zum anderen. In ihrer Gesprächsverweigerung spürt er die Weigerung, sich auf Gottes Willen einzulassen. Das erregt seinen inneren Widerstand, biblisch gesprochen: seinen *Zorn*. Zugleich ist er *tief betrübt* und voller Trauer über ihre Ablehnung dessen, was Gott durch ihn tut, und über die *Verhärtung ihres Herzens*, die sich darin ausdrückt. In diesem Vorwurf wiederholt sich die Klage der Propheten über das *verhärtete und verstockte Herz* der Israeliten. Paulus nimmt diesen Vorwurf angesichts des Unglaubens Israels wieder auf (Röm 11,7), allerdings verbunden mit der Überzeugung, dass bei der »Verstockung« Israels auch Gott seine Hand im Spiel hat (vgl. Röm 9,18). Davon ist hier nicht die Rede. Dennoch wäre es müßig, darüber nachzudenken, ob dieser Konflikt nicht mit etwas mehr gutem

Willen hätte vermieden werden können. Er war letztlich unvermeidlich, weil die Auffassungen über die Art, wie Gottes Wille zu verwirklichen ist, zu unterschiedlich waren.
Aber Markus hält sich nicht mit solchen Überlegungen auf. Jesus wendet sich sogleich dem behinderten Menschen zu, der noch immer in der Mitte steht, und sagt zu ihm: *Strecke deine Hand aus!* Und das Wunder geschieht: Der Mensch streckt seine Hand aus, und sie *wird wiederhergestellt.* Mit dem Stichwort *wiederherstellen* wird nicht nur beschrieben, wie die Lähmung überwunden und die verkümmerte Handlungsfähigkeit dieses Menschen zurückgewonnen wird. Es liegt darin auch der Hinweis auf Wiederherstellung und Heilung aller verkümmerten Menschlichkeit in der anbrechenden Gottesherrschaft und ihrer Vollendung (vgl. Apg 3,21). Jesus hat diesen Menschen allein durch seine persönliche Zuwendung und sein Wort geheilt. Man könnte fragen, ob er damit den Sabbat überhaupt entweiht hat. Spätere rabbinische Gesetzgebung hat festgelegt, dass alles, was mit der Absicht zu heilen getan wurde, Arbeit ist, auch wenn es sonst nicht als Arbeit zählt. Jesus aber veranschaulicht mit seinem Handeln, was Gottes Wille fordert. Er schafft den Sabbat nicht ab, aber wirkt erfolgreich der Verkümmerung menschlicher Handlungsfreiheit entgegen.
Normalerweise endet eine solche Wundergeschichte damit, dass erzählt wird, wie sehr sich die Anwesenden über das Erlebte wundern und Gott darüber preisen (vgl. 2,12). Hier geschieht das Gegenteil (**6**): Die Gegner, jetzt als Pharisäer identifiziert, verlassen die Versammlung und setzen sich mit einer anderen Gruppe in Verbindung, die Markus *Herodianer* nennt. Es handelt sich wohl um Anhänger oder Beauftragte des Landesfürsten, Herodes Antipas. Er übte die Gerichtsbarkeit aus und konnte auch ein Todesurteil verhängen oder – wie im Fall Johannes des Täufers – eine missliebige Person einfach hinrichten lassen. Welche Motive die Herodianer hatten, zusammen mit den Pharisäern den Beschluss zu fassen, Jesus umzubringen, wird nicht gesagt. War er ihnen schon als potentieller Unruhestifter aufgefallen? Jedenfalls werden sich religiöse und politische Führer einig, Jesus zu beseitigen. Er, der sich gerade dafür eingesetzt hat, Leben zu retten, soll getötet werden.

Diese Episode schließt den ersten Abschnitt des ersten Teils des Evangeliums ab. Sie hat eine wichtige Signalwirkung. Schon am Beginn seiner Wirksamkeit erhebt sich Widerstand gegen Jesu Sendung. Gerade der, der in der Vollmacht Gottes Menschen heilt und sie aus der Sklaverei böser Mächte befreit, wird bekämpft. Der Konflikt entzündet sich an einer zentralen Stelle seines Anspruchs. Beansprucht er zu Recht die Autorität, als menschlicher Repräsentant Gottes han-

deln zu dürfen, oder lästert er damit Gott? Dahinter deutet sich eine andere Frage an, die zur Kernfrage des Evangeliums werden wird: Zeigen schon seine Wunder, wer er ist, oder wird das – paradoxerweise – erst an seinem gewaltsamen Tod deutlich werden?
Aus dieser Perspektive gesehen ist der Konflikt auch nicht einfach ein Konflikt zwischen Jesus und *den* Juden. Es ist der fast unausweichliche Konflikt zwischen dem Anspruch Jesu, der im Grunde alle »vernünftigen« menschlichen Möglichkeiten übersteigt, und dem Eifer, Gottes Souveränität gegen solche Maßlosigkeit zu schützen. Darin liegt die bleibende Herausforderung an Leser und Leserinnen: Wie stellen sie sich zu dem Anspruch Jesu, Gottes Souveränität als Mensch unter Menschen zu verwirklichen?

3,7 – 6,6a
Jesu Wirksamkeit weitet sich aus – die Seinen lehnen ihn ab

Mit 3,7 beginnt ein neuer Abschnitt, der manche Parallelen zu 1,14 – 3,6 aufweist (vgl. die Tabelle oben S. 33). Am Anfang steht ein Sammelbericht über Jesu Wirken (3,7–12), der anders als 1,14f vor allem von Jesu Heilungstätigkeit spricht. Darauf folgt mit der Berufung der Zwölf (3,13–19) auch hier eine Jüngergeschichte. In der Mitte steht ein neues Element der Erzählung: der ausführliche Bericht über Jesu Lehre in Gleichnissen (4,1–34). An die Stelle der Sammlung von Konfliktgeschichten (2,1 – 3,6) tritt eine Reihe ausführlich erzählter Wundergeschichten (4,35 – 5,43), die (vergleichbar mit 3,1–6) in die Erzählung von der Ablehnung Jesu in seiner Heimatstadt Nazareth mündet (6,1–6a).

3,7–12
Viele kommen zu Jesus, um geheilt zu werden

7Und Jesus zog sich mit seinen Jüngern zum See zurück, und eine
große Menge aus Galiläa folgte (ihm), und aus Judäa 8und aus Jeru-
salem und von Idumäa und von jenseits des Jordans und der Gegend
um Tyrus und Sidon kam eine große Menge zu ihm, weil sie hörten,
was er tat. 9Und er sagte zu seinen Jüngern, dass wegen der Volks-
menge dauernd ein Boot für ihn bereitstehen solle, damit (die Leu-
te) ihn nicht bedrängten. 10Denn er heilte viele, sodass sie über ihn
herfielen, damit ihn alle berühren konnten, die von schlimmen Pla-
gen geschlagen waren. 11Und die unreinen Geister, wenn immer sie
ihn erblickten, fielen vor ihm nieder und schrien und sagten: »Du
bist der Sohn Gottes.« 12Und er bedrohte sie, damit sie ihn nicht of-
fenbaren sollten.

Jesus ergreift die Initiative und verlässt Kapernaum (**7**). Der »Rückzug« zum See ist keine Flucht vor der in 3,6 genannten Todesdrohung, sondern eröffnet ein neues Wirkungsfeld rund um den See, das bis 8,26 Schauplatz des Wirkens Jesu ist. Wenn dies als Rückzug in die Einsamkeit gedacht war, dann war diesem Plan auch hier kein Erfolg beschieden (vgl. 1,37). Eine *große Menge* von Menschen *aus Galiläa folgte* ihm und seinen Jüngern. Markus verwendet hier das gleiche Wort wie für das *Nachfolgen* der Jünger (1,18). Aber er benutzt dieses Wort auch dort, wo Menschen einfach von der Bewegung zu Jesus hin mitgerissen werden (5,24; 11,9). Hier ist ihm wichtig, den gewaltigen Zulauf zu beschreiben, den Jesu Wirksamkeit findet. Er fügt deshalb hinzu, dass auch *aus Judäa und Jerusalem,* also dem jüdischen Kernland, eine *große Menge* herbeiströmte und dass darüber hinaus aus *Idumäa* im Süden, aus dem Gebiet *jenseits des Jordans* im Osten und aus *der Gegend um Tyrus und Sidon* im Norden viele zu Jesus kamen (**8**). Damit sind die Gebiete des Landes genannt, in denen mehrheitlich oder als größere Minderheit Juden wohnten, mit Transjordanien und der Gegend um Tyrus und Sidon aber auch Bereiche, in denen heidnisch-hellenistische Bevölkerung überwog und die Jesu später besuchen würde (5,20; 7,24.31). Dass Samaria fehlt, ist auffällig. Sosehr betont wird, dass Jesu Ruf grenzüberschreitend wirkt – diese Grenze scheint noch nicht überwunden. Dagegen wird angedeutet, dass Jesu Wirkungskreis den des Täufers (vgl. 1,5) weit überbietet. Die Aufzählung soll die unwiderstehliche Anziehungskraft des Wirkens Jesu und seine überregionale Bedeutung aufzeigen.

Als Grund für diese außerordentliche Wirkung nennt Markus: Die Leute *hörten, was er tat.* Nicht die Verkündigung Jesu, sondern sein helfendes und befreiendes Handeln steht im Mittelpunkt dieses Berichts. Bevor Markus aber darüber mehr erzählt, berichtet er von einer Maßnahme Jesu, die ihn von einem allzu großen Ansturm der Menschen schützen soll: Er weist seine Jünger an, ein kleines Boot für ihn bereitzuhalten, damit er sich dem Andrang der Massen entziehen konnte (**9**). Es wird nicht berichtet, dass dies sogleich geschieht; aber in den weiteren Geschichten spielt dieses Boot eine wichtige Rolle, sei es als »Kanzel« (4,1f), als Fahrzeug zu »neuen Ufern« (4,26; 5,28.31; 6,45; 8,10) oder als Ort der Belehrung der Jünger (8,14). Das Motiv »Jesus und das Boot« ist ein wichtiger roter Faden im zweiten und dritten Abschnitt des ersten Teils des Markusevangeliums!

Markus begründet diese Maßnahme in einem zusammenfassenden Bericht über das Wirken Jesu (**10**). Grund für das Gedränge um Jesus ist, dass er *viele heilte.* Das hatte zur Folge, dass die Menschen regelrecht *über ihn herfielen, damit ihn alle berühren konnten.*

Offensichtlich glaubten die Menschen, dass Jesus so von wunderwirkender und heilender Kraft erfüllt war, dass allein ihn zu berühren genügte, um geheilt zu werden. Wir finden diese Vorstellung auch in Mk 6,56 (vgl. Apg 5,15), vor allem aber in der Geschichte von der Frau, die an unstillbaren Blutungen litt und durch die Berührung von Jesu Mantel geheilt wurde (5,25–34). Dort erzählt der Evangelist sehr anschaulich, wie eine uns fast magisch anmutenden Heilungserwartung sich in der persönlichen Begegnung als rettender Glaube erweist. Hier begnügt er sich mit der einfachen Feststellung, dass Menschen auf diese Weise Hilfe erwarten und erfahren. Dabei betont er freilich auch, dass diese Leute *von schlimmen Plagen geschlagen waren*, also unter Krankheiten litten, die ihnen das Leben zur Qual machten und sie befürchten ließ, von Gott geschlagen zu sein.
Daneben stellt Markus das Leiden derer, deren Leben von *unreinen Geistern* besessen und bestimmt war (vgl. dazu 1,23). Er beschreibt nicht, was dies für die betroffenen Menschen bedeutet. Davon wird er sehr eindrucksvoll in 5,1–20 erzählen. Hier werden die besessenen Menschen geradezu mit den Dämonen und ihrem Verhalten identifiziert. Wenn sie Jesus zu Gesicht bekommen, fallen sie vor ihm nieder und rufen: *Du bist Gottes Sohn* (**11**). Sie unterwerfen sich also Jesus und anerkennen seine Vollmacht – vielleicht, um so verschont zu werden. Markus erzählt nicht, dass Jesus die Dämonen austreibt; er setzt das voraus. Jesus *bedroht* sie, wie immer, wenn er in göttlicher Vollmacht den Mächten des Bösen gebietet (vgl. zu 1,25). Besonders wichtig aber ist, dass Jesus ihnen verbietet, ihr Wissen öffentlich zu machen. Das ist eine merkwürdige Situation: Die Dämonen haben ihr Wissen schon herausgeschrien, und dann gebietet Jesus ihnen, ihr Wissen geheim zu halten! Das Geheimnis um Jesu Person, das »Messiasgeheimnis«, ist also so etwas wie ein offenes Geheimnis. Leser und Leserinnen des Evangeliums sollen erfahren, dass die Mächte des Bösen wissen, mit wem sie es zu tun haben. Aber sie sollen auch erkennen, dass dieses Wissen noch kein echtes Bekenntnis zu Jesus als dem Sohn Gottes sein kann. Wirklich zu verstehen, zu glauben und zu bekennen, was es bedeutet, dass er der Sohn Gottes ist, wird erst möglich sein, wenn sein Weg bis zum Ende gegangen ist.

3,7–12 ist wieder ein Sammelbericht (vgl. 1,32–34; 6,56). Plakatartig fasst Markus das Wirken Jesu zusammen. Er kritisiert nicht das magische Verständnis derer, die durch bloße Berührung geheilt werden wollen; er sieht den Leidensdruck, der dahintersteht. Das Schweigegebot für die Dämonen zeigt aber, dass auch durch die Massenheilungen noch nicht das letzte Wort über die Bedeutung des Wirkens

Jesu gesprochen ist. Aber ein Ausrufezeichen im Blick auf seine Vollmacht ist gesetzt!

3,13–19
Die Einsetzung der Zwölf

[13]Und er steigt auf den Berg und ruft zu sich, welche er selbst wollte, und sie gingen zu ihm hin. [14]Und er setzte Zwölf ein, [die er auch Apostel nannte,] damit sie mit ihm seien und damit er sie aussende, um zu verkündigen [15]und Vollmacht zu erhalten, die Dämonen auszutreiben. [16]Und er setzte die Zwölf ein, und er gab Simon den Namen Petrus, [17]und Jakobus, den Sohn des Zebedäus, und Johannes, den Bruder des Jakobus, und ihnen gab er den Namen Boanerges, das heißt Donnerschläge, [18]und Andreas und Philippus und Bartholomäus und Matthäus und Thomas und Jakobus, den Sohn des Alphäus, und Thaddäus und Simon Kananäus [19]und Judas Iskarioth, der ihn dann auslieferte.

Der Schauplatz ändert sich. Vom See aus, dem Ort der Begegnung mit der Menge, steigt Jesus auf *den Berg* (**13**). Markus gibt keinerlei Hinweis darauf, um welchen Berg es sich handelt. Es geht eher um eine geistliche Ortsangabe als um eine geographische: *Der* Berg ist der Ort der Einsamkeit und des Gebets (6,46), der Nähe zu Gott und der Offenbarung (9,3). Ob auch eine Anspielung auf den Berg Gottes von Ex 19,3; 24,13 vorliegt, ist nicht sicher. An diesem Ort *ruft* Jesus diejenigen *zu sich, welche er selbst wollte.* Markus verzichtet darauf, die Szene auszumalen. Wir wissen also nicht, ob Jesus aus dem Kreis seiner Jünger, die mit ihm auf den Berg gegangen waren, einige besonders herausrief oder ob er beim Hinaufgehen einige aus dieser Gruppe zu sich gerufen und mit sich genommen hatte. Markus ist die Souveränität des Handels Jesu wichtig. Er ruft die, die er will – die Initiative geht allein von ihm aus; keiner meldet sich von sich aus. Aber, so wird betont: Alle *gingen zu ihm hin,* oder – noch wörtlicher übersetzt: *sie gingen weg – hin zu ihm.* Noch einmal ist das Verlassen der bisherigen Lebenswelt und Existenzgrundlage angedeutet, auch wenn es hier nicht wie in 1,16–20 oder 2,13f praktisch veranschaulicht wird.

Dann aber erfolgt eine ganz neue Initiative Jesu (**14**). Wörtlich heißt es da: *Und er machte Zwölf.* Das trägt eine doppelte Bedeutung in sich: (1) *Er schuf (die Gruppe der) Zwölf.* Aber auch (2): *Er setzte Zwölf (in ihre Aufgabe) ein.* In V. 14 liegt die erste Variante näher. Jesus schafft aus zwölf seiner Jünger eine Gruppe, der er einen besonderen Auftrag gibt. Die Zwölf-Zahl lässt an eine Funktion im Blick auf das Volk Israel denken, das ursprünglich aus zwölf Stämmen bestand, deren Wiederherstellung das jüdische Volk erhoffte. Aber Markus sagt zu diesem Hintergrund nichts.

Ob die Erläuterung: *die er auch Apostel nannte* zum ursprünglichen Markustext gehörte, ist eine offene Frage. Zwar steht diese Wendung in einigen der ältesten Handschriften, aber es ist schwer zu erklären, warum so viele andere sie weglassen. Viele Ausleger nehmen deshalb an, dass sie aus Lk 6,13 übernommen wurde, wo sie einhellig bezeugt ist. In der frühen Jesusüberlieferung spielt der Titel *Apostel* noch keine Rolle und wird von Markus nur noch in 6,30 beiläufig erwähnt.

Bei Markus gibt Jesus dem Kreis der Zwölf eine doppelte Bestimmung: Er beruft sie (1), *damit sie mit ihm seien.* Sie sollen sein Leben und seinen Dienst teilen und ständige Begleiter in seiner Nachfolge sein (vgl. 10,32; 11,11; 14,17). Dass Jesu Wirken eine neue Gemeinschaft um ihn begründet, wird durch die Existenz dieses Kreises verleiblicht. Das führt zur zweiten Bestimmung. Jesus beruft die Zwölf (2), *damit er sie sende.* Die Sendung steht also nicht im Widerspruch zu dem Sein mit Jesus. Sie erwächst aus der Gemeinschaft mit ihm. Teilzuhaben an seiner Sendung befähigt und motiviert zur eigenen Sendung. Ihr Auftrag ist es, *zu verkündigen.* Zum Inhalt ihrer Verkündigung wird nichts gesagt. Offensichtlich sollen sie Jesu Botschaft weitertragen (vgl. 1,14f). Speziell genannt aber wird (**15**), dass sie Vollmacht erhalten, die Dämonen *auszutreiben.* Der Satz ist nicht ganz logisch. Dass die Zwölf gesandt werden, *um Vollmacht zu erhalten,* vermischt zwei Aussagen, die dann in 6,7 logisch einwandfrei nebeneinandergestellt werden: Die Zwölf werden gesandt, um Dämonen auszutreiben, und erhalten dazu die Vollmacht. Sie haben teil an Jesu Vollmacht, Menschen aus der Versklavung durch zerstörerische Mächte zu befreien.
V. **16** wiederholt zunächst noch einmal leicht verändert: *Und er machte die Zwölf,* was hier bedeutet: *Und er setzte die Zwölf ein.* Darauf folgen die Namen dieser zwölf Jünger. Sie werden allerdings nicht einfach der Reihe nach aufgezählt. Bei Simon, der in allen diesen Listen den ersten Platz einnimmt, steht statt einer einfachen Namensnennung die Bemerkung: *und gab dem Simon den Namen Petrus.* Markus war offensichtlich der Überzeugung, dass Simon den neuen Namen *Petrus* (latinisierte Form des griechischen *petros: Stein, Fels*) als eine Art Dienstname bei seiner Berufung in den Zwölferkreis erhielt. Er nennt ihn von jetzt an immer Petrus (mit der Ausnahme von 14,37).

Matthäus kennt eine Überlieferung, in der die Neubenennung mit dem Christusbekenntnis des Petrus verbunden war (Mt 16,18), in Joh 1,42 findet sie schon bei der Berufung statt, und heutige Forscher erwägen, ob sie im Zusammenhang mit der Rolle des Simon als erstem Auferstehungszeugen steht (vgl. Lk 24,34 mit 1Kor 15,5). Paulus verwendet den neuen Namen in der aramäischen Fassung *Kephas* (von *kepha*: *Stein, Fels;* so auch Joh 1,42) und nennt Petrus fast immer so (außer Gal 2,7f). In jedem Fall war der Name fest mit der Führungsrolle des Petrus im Zwölferkreis verbunden (5,37; 9,2; 13,3; 14,33). Er ist der Sprecher der Jünger (vgl. 8,27–33; 10,28; 11,21; 14,29.37). Er verleugnet seinen Herrn (14,66–72), und doch gilt ihm der besondere Ruf des Auferstandenen (16,7).

Die nächsten beiden, die genannt werden (**17**), sind *Jakobus, der Sohn des Zebedäus, und sein Bruder Johannes.* Sie gehören mit Petrus zusammen zu einem inneren Kreis der Vertrauten, die Jesus in bestimmten Situationen mit sich nimmt (vgl. 5,37; 9,2, 14,33). Auch sie erhalten von Jesus einen Beinamen, der ihnen gemeinsam gilt. Das Wort *boanerges,* die griechische Umschrift eines aramäischen Wortes, ist schwer zu deuten. Markus nennt als Übersetzung *Donnersöhne,* einen typisch semitischen Ausdruck, den wir am besten mit *Donnerschläge* wiedergeben. Wahrscheinlich trifft dies auch den Sinn des aramäischen Originals, und die meisten Ausleger vermuten, dass damit das feurige Temperament beider charakterisiert wird (vgl. Lk 9,54; Mk 9,38; 10,35–40).
Als nächster wird Andreas genannt (**18**); dass er der Bruder des Petrus ist (1,16f), wird nicht erwähnt. Von ihm ist nur noch in 13,3 zusammen mit den drei Erstgenannten die Rede. Dagegen spielt er in der Überlieferung des Johannesevangeliums eine wichtige Rolle (Joh 1,40f; 6,8; 12,22). Das gilt auch für den nächsten: *Philippus* (vgl. Joh 1,43–46; 6,5–7; 12,21f). Wie Andreas hat er einen griechischen Namen und stammt wie dieser aus Betsaida (Joh 1,44). Über *Bartholomäus* wissen wir nichts, und bei *Matthäus* ist die Frage offen, ob er mit dem in 2,13f berufenen Levi identisch ist. In der Liste der Zwölf im Matthäusevangelium wird Matthäus ausdrücklich »der Zöllner« (Mt 10,3) genannt und damit auf die Berufung des Zöllners in Mt 9,9 verwiesen, der dort nicht Levi sondern Matthäus heißt. Aber bei Markus findet sich kein Hinweis, dass Levi und Matthäus dieselbe Person sind. Als nächster wird Thomas genannt; auch er spielt im Johannesevangelium eine bedeutende Rolle (11,16; 14,5; 20,24–28; 21,2), wird aber bei Markus nicht weiter erwähnt. *Jakobus, Sohn des Alphäus,* könnte ein Bruder des Levi von 2,13 sein (wenn nicht Levi selbst mit einem zweiten Namen). Über *Taddäus* gibt es keine weiteren Angaben. Bei den beiden Letzten sind die Beinamen interessant. *Simon Kananäus* meint wohl nicht: Simon *der Kanaanäer,* sondern: Simon *der Eiferer, der Zelot* (so auch Lk 6,15). Damit wird er als Angehöriger der Zeloten, einer Befreiungsbewegung gegen die Herrschaft der Römer, be-

zeichnet. Manche Ausleger bezweifeln, ob es diese Bewegung bereits zur Zeit Jesu gab; dann würde die Bezeichnung allgemein auf einen Eiferer für das Gesetz und gegen fremde Einflüsse nach dem Vorbild des Pinhas (Num 25,1–9) verweisen.
Oft wird vermutet, dass auch der Beiname von *Judas, Iskariot* (**19**), eine ähnliche Bedeutung hat und ihn als Mitglied der Sikarier ausweist, einer Widerstandsgruppe in der Zeit vor 70 n.Chr., die unliebsame Zeitgenossen im Gedränge mit einem Dolch (*sica*) ermordeten. Aber auch hier ist es zweifelhaft, ob diese Gruppe zu dieser Zeit schon bestand. Eine andere Deutung geht davon aus, dass der Beiname *Mann der Falschheit* bedeutet und ihm nach dem Verrat Jesu beigelegt wurde. Gegen beides spricht aber, dass nach Joh 6,71; 13,26 schon der Vater des Judas *Simon Iskariot* hieß. Das lässt eher auf eine Herkunft der Familie aus dem Ort Kerijot-Hezron bei Hebron schließen. Judas wäre dann der einzige unter den Jüngern Jesu gewesen, der aus Juda stammt. Von besonderer Bedeutung ist aber die Zusatzbemerkung: *der ihn auslieferte.* Traditionell wird die Wendung übersetzt: *der ihn verriet.* Aber wir werden sehen, dass eine Übersetzung mit *ausliefern, preisgeben* angemessener ist (vgl. 14,10). In allen Aufzählungen der Zwölf ist festgehalten, dass einer von ihnen Jesus seinen Feinden auslieferte. Der Verräter gehört zum engsten Kreis.

Der Bericht über die Einsetzung der Zwölf wirft eine Reihe von Fragen auf, die das Markusevangelium selbst nicht beantwortet.
1. Wie kommt es, dass Jesus, der das Hereinbrechen des Reiches Gottes in allernächster Nähe erwartete, noch einen besonderen Kreis gründete, der seine Aufgabe weiterführen konnte? Ist das nicht eher in nachösterlicher Zeit denkbar? Doch ist gerade die Gestalt des Judas Beweis dafür, dass der Kreis schon vor Ostern eingesetzt wurde. Jesu Wirken hat also nicht nur die unmittelbar hereinbrechende Herrschaft Gottes im Blick, sondern auch die Intensivierung seiner Sendung in der verbleibenden Zeit.
2. Was war die wirkliche Bedeutung dieses Kreises? Die Zwölf-Zahl verweist auf die zwölf Stämme (vgl. dazu Mt 19,28 / Lk 22,28–30). Die Schaffung dieses Kreises ist eine Zeichenhandlung Jesu, mit der er sich als Erneuerer des ganzen Gottesvolkes zu erkennen gibt. Bei Markus ist dieser Aspekt ausgeblendet: Die Zwölf sind »Boten aus dem Mit-ihm-Sein«, ein Zeichen der Kontinuität zwischen der Sendung Jesu und dem Auftrag der Kirche.
3. Sind die Zwölf der Kern einer hierarchischen Struktur der Kirche? Historisch betrachtet verschwinden die Zwölf bald aus Jerusalem. Sie waren nicht die Kirchenleitung der Urkirche. Markus wehrt darüber hinaus jeder Heroisierung: Die zwölf Männer versagen, nur

einige Frauen bleiben bei Jesus (14,27.50; 15,40f). 10,35–45 wird noch ein weiteres Signal setzen: Zum Kreis der Zwölf zu gehören begründet keine Machtposition; Leitung bewährt sich als Dienst. Das ist eine wichtige Perspektive für die werdende Kirche.

3,20–35
Die Ablehnung Jesu durch Familie und Schriftgelehrte

Dieser Abschnitt zeigt zum ersten Mal eine Erzähltechnik, die Markus gerne anwendet: das Ineinander-»Schachteln« von zwei Geschichten. Auf die Ankündigung, dass Jesu Angehörige sich auf den Weg machen, um ihn in die Familie zurückzuholen (20f), folgt zunächst eine Auseinandersetzung mit Aussagen Jerusalemer Schriftgelehrter (22–30), bevor die Begegnung mit Jesu Familie zu Ende erzählt wird. Diese Art der Erzählung, die die Spannung steigert und Beziehungen zwischen verschiedenen Begebenheiten knüpft, findet sich bei Markus relativ häufig (5,21–43; 6,6b–30; 11,12–25; 14,1–11; 14,53–72; 15,6–32).

[20]Und er kommt ins Haus, und wieder kommt die Menge zusam-
men, sodass sie nicht einmal Brot essen konnten. [21]Als (das) seine
Angehörigen hörten, machten sie sich auf, um ihn zu ergreifen.
Denn sie sagten: »Er ist verrückt geworden.«
[22]Und die Schriftgelehrten, die von Jerusalem herabgekommen wa-
ren, sagten: »Er hat den Beelzebul!« und: »Er treibt die Dämonen
mit dem Anführer der Dämonen aus!« [23]Da rief er sie zu sich und
sagte zu ihnen in Gleichnissen: »Wie kann Satan den Satan austrei-
ben? [24]Und wenn ein Reich in sich gespalten ist, dann kann jenes
Reich nicht bestehen, [25]und wenn ein Haus in sich gespalten ist,
dann kann jenes Haus nicht bestehen. [26]Und wenn wirklich der Sa-
tan gegen sich selbst aufsteht und (in sich) gespalten ist, wird er
nicht bestehen, sondern ist am Ende. [27]Aber niemand kann in das
Haus des Starken eindringen, um seinen Besitz zu rauben, wenn er
nicht zuerst den Starken gefesselt hat, und dann wird er sein Haus
ausrauben.
[28]Amen, ich sage euch: Alle Verfehlungen werden den Menschen
vergeben werden und die Lästerungen, wie viel sie auch lästern.
[29]Wer aber gegen den Heiligen Geist lästert, hat keine Vergebung in
Ewigkeit, sondern ist ewiger Verfehlung schuldig.« [30]Denn sie hat-
ten gesagt: »Er hat einen unreinen Geist.«
[31]Und es kommen seine Mutter und seine Brüder, und als sie drau-
ßen standen, sandten sie zu ihm, um ihn zu rufen. [32]Und um ihn
herum saßen eine Menge (Leute), und sie sagen ihm: »Schau, deine

Mutter und deine Brüder [und deine Schwestern] draußen suchen dich!« [33]Und er antwortete ihnen und sagt: »Wer ist meine Mutter, und wer sind meine Brüder?« [34]Und indem er um sich blickte auf die, die um ihn herum saßen, sagt er: »Das sind meine Mutter und meine Brüder! [35]Denn wer den Willen Gottes tut, der ist mein Bruder oder (meine) Schwester oder (meine) Mutter.«

Die Erzählung führt uns zum dritten Schauplatz des Wirkens Jesu neben See und Berg: ins Haus. Der griechische Text kann bedeuten: Er kommt *in ein Haus,* aber auch *nach Hause,* und damit ist wohl wie in 2,1 das bekannte Haus in Kapernaum gemeint, in dem Jesus immer wieder einkehrt. Auch hier markiert der Schauplatz, dass es eng wird für Jesus, weil der Ansturm der Menge so groß ist, dass er und seine Jünger nicht einmal *eine Mahlzeit zu sich nehmen* (wörtlich: *Brot essen*) konnten (**20**). Doch plötzlich verlässt der Erzähler die Szene und richtet seine Aufmerksamkeit auf die *Angehörigen* Jesu, von denen bisher nicht die Rede war. Sie leben, wie uns Mk 6,3 erzählen wird, in Nazareth (ca. 45 km von Kapernaum entfernt) und werden auf die Situation Jesu aufmerksam (**21**). *Was* genau sie *hörten,* sagt uns Markus nicht. Jedenfalls erfüllte es sie nicht mit Stolz über seine Erfolge, sondern mit Sorge. Eine Gruppe macht sich auf den Weg, um ihn zurückzuholen (das Wort das Markus hier verwendet, heißt: *festnehmen, ergreifen, in seine Gewalt bringen*; vgl. 6,17; 12,12; 14,1). Jesus, der älteste Sohn der Familie, hat sich seinen Verpflichtungen entzogen und zieht ohne festen Wohnsitz predigend durch das Land. Das war eine kritische Situation, die es zu bereinigen galt. Jesus musste wieder auf den Boden der Realität zurückgeholt werden. Was er sagt und tut, bleibt den Seinen fremd. Sie kommen zum Schluss: *Er ist verrückt geworden.*

Es verwundert nicht, dass Matthäus und Lukas von diesem Aspekt der Begebenheit nichts berichten (vgl. Mt 12,46–50 / Lk 8,19–21). Er wirft ein zu schlechtes Licht auf die »heilige Familie«. Aber Markus, der auch die Jünger nicht schont, übergeht die Tragik nicht, dass auch Jesu eigene Familie seine Sendung nicht versteht. In Jesu Geschick wiederholt sich die Anfeindung, die schon die Propheten zu erleiden hatten (vgl. Jer 12,6; Hos 9,7; Ps 69,9).

Aber bevor die Verwandten bei Jesus eintreffen, wird von einer anderen Auseinandersetzung berichtet. Aus Jerusalem waren Schriftgelehrte *herabgekommen* (man geht immer nach Jerusalem *hinauf* und kommt von dort *herab*) und hatten sich ein Urteil über das Wirken Jesu gebildet (**22**). Ob man sie als religiöse Autoritäten gerufen hatte oder ob sie aus eigenem Antrieb gekommen waren, wird nicht gesagt. Für Markus jedenfalls ist Jerusalem der Ort der

Feindschaft gegen Jesus. Sie waren zu einem klaren Urteil gekommen. Es bestand aus zwei Aussagen: 1. *Er hat den Beelzebul!*, d.h.: *Er ist von einem der obersten Dämonen besessen!* Und daraus folgt: 2. *Er treibt die Dämonen mit dem Anführer der Dämonen aus!*, d.h.: Was wie befreiendes Handeln im Auftrag Gottes aussieht, ist in Wirklichkeit nur eine innere Auseinandersetzung im Reich des Bösen. Damit aber wird Jesu Handeln verteufelt.
Beelzebul war kein geläufiger Dämonenname. Das Wort geht auf 2Kön 1 zurück, wo der Gott von Ekron *Baal-Sebub* (*Baal der Fliegen*) genannt wird, wahrscheinlich verballhornt aus *Baal-Zebul (Baal, der Erhabene)*. Wenn die Schriftgelehrten vom *Anführer* oder *Fürsten der Dämonen* sprechen, setzen sie die Vorstellung eines hierarchisch gegliederten Reichs der Dämonen voraus, an dessen Spitze ein oberster Dämon steht. Diese Vorstellung war im Judentum zur Zeit Jesu verbreitet.
Jesus stellt sich diesem Vorwurf, so hart er ist (**23**). Er ruft die Leute zu sich und spricht zu ihnen, allerdings in *Gleichnissen*. In manchen Situationen ist für Jesus in Gleichnissen zu reden nicht ein Mittel, das um Einverständnis wirbt, sondern ein Weg, gegensätzliche Standpunkte deutlich zu machen (vgl. 12,1). Aber wie oft beginnt er mit einer Frage: *Wie kann Satan den Satan austreiben?* Er setzt dabei *Beelzebul* mit *Satan* gleich und macht damit den Ernst der Auseinandersetzung deutlich. Wie soll es zugehen, dass der Satan sich selbst austreibt? Eine solche Vorstellung ist erstens widersinnig und nimmt zweitens den Grad der Bedrohung nicht ernst. Das sollen die folgenden Gleichnisse deutlich machen.
Das erste ist eine Doppelgleichnis (**24f**), das am Beispiel eines Königreichs und eines Haushalts verdeutlicht: Wenn eine Gemeinschaft in sich gespalten ist, ist sie so geschwächt, dass sie keinen Bestand hat. Das wird dann auf den Satan und sein Gefolge bezogen (**26**): Wenn man wirklich Dämonen mit dem Anführer der Dämonen austreiben könnte, würde das bedeuten, dass das Reich des Bösen in sich gespalten ist und sich selbst zerstören würde. Das aber anzunehmen – so heißt die unausgesprochene Schlussfolgerung – würde die Macht des Satans leichtfertig unterschätzen. Das soll das zweite Gleichnis verdeutlichen (**27**): Wer in den Bereich eines Mächtigen eindringen und ihm wegnehmen will, was er als seinen Besitz beansprucht, muss stärker sein als dieser und ihn überwältigen und fesseln, bevor er seine Beute sichern kann. Es ist nicht ungewöhnlich, dass Jesus negativ klingende Beispiele, wie hier einen Raubüberfall, benutzt, um positive Aussagen zu machen. Manche Ausleger haben auf das Auftreten von Sozialbanditen, also antiken Robin Hoods, in jener Zeit verwiesen, die Reiche beraubten und die Beute mit Armen teilten. Aber Jesu Vergleich ist

ganz von der Sache bestimmt: Wer dem Satan die Menschen, deren Leben er in Besitz genommen hat und die unter seiner Herrschaft zugrunde gehen, als Beute entreißen will, der muss ihn zuerst entmachtet haben. Satan muss durch einen Stärkeren überwunden werden. Im Hintergrund steht wohl ein Wort wie Jes 49,24f: »Kann man auch einem Starken den Raub wegnehmen? Oder kann man einem Gewaltigen seine Gefangenen entreißen? So aber spricht der HERR: Nun sollen die Gefangenen dem Starken weggenommen werden, und der Raub soll dem Gewaltigen entrissen werden.« Was in der Zeit Deuterojesajas auf die Rückführung der Exilierten bezogen war, wird von Jesus auf seinen Kampf gegen die Macht Satans bezogen. Die Logienquelle überliefert in diesem Zusammenhang ein Wort Jesu, das diesen Gedanken positiv und klar ausdrückt: »Wenn ich aber durch Gottes Finger die bösen Geister austreibe, so ist ja das Reich Gottes zu euch gekommen« (Lk 11,20 / Mt 12,28). Mk 3,27 und Lk 11,20 zeigen, warum für Jesus seine Vollmacht, Menschen aus der Macht des Bösen zu befreien, so wichtig war: Es war ein untrügliches Zeichen dafür, dass Gottes heilvolle Herrschaft in seinem Wirken angebrochen war. Darum traf der Vorwurf, er tue das mit Hilfe des Satans oder eines seiner Unterhäuptlinge, ins Mark seines Sendungsbewusstseins.
Dieses Problem wird in den folgenden Versen angesprochen. V. **28** beginnt mit einer feierlichen Beteuerungsformel, die für Jesu Reden charakteristisch war: *Amen, ich sage euch.* Und es folgt ein Satz, der für sich genommen außerordentlich positiv klingt: *Alle Verfehlungen werden den Menschen vergeben werden und die Lästerungen, wie viel sie auch lästern.* Das ist eine ganz unerhörte Zusage! Sie klingt fast wie eine Blankovollmacht zum Sündigen! Dass sie aber ganz anders wahrgenommen wird, liegt daran, dass es nun doch eine Ausnahme gibt, die alle Aufmerksamkeit beansprucht (**29**): Eine Lästerung des Heiligen Geistes kann nicht vergeben werden! Wie V. **30** zeigt, ist das zunächst eine Aussage, die sich auf die aktuelle Auseinandersetzung bezieht: Wer sich dem Wirken Gottes und seines Geistes im Handeln Jesu so entschieden widersetzt, dass er es für das Werk von Dämonen erklärt, der lästert Gottes Geist und damit Gott selbst. Er verweigert sich Gottes Gegenwart so endgültig, dass dies auch endgültige Folgen hat. Damit ist ja auch die umfassende Weite des Vergebens Jesu abgelehnt, und diese *Verfehlung* bzw. *Fehlentscheidung* ist unverzeihlich. Diese Aussage ist für Jesu Botschaft sehr ungewöhnlich und führt seelsorgerlich oft zu tiefen Problemen. Wir müssen darauf noch einmal in unserer Zusammenfassung zurückkommen.
Doch nun greift Markus auf den Anfang seiner Erzählung zurück (**31**). Die Angehörigen Jesu sind eingetroffen, und jetzt erfahren

wir auch, wer sich auf den Weg gemacht hat: seine Mutter und seine Brüder. (Vom irdischen Vater Jesu ist bei Markus nie die Rede; er war wohl zu Beginn der Wirksamkeit Jesu schon verstorben.) Aber sie bleiben draußen und schicken jemand ins Haus hinein, um Jesus herauszurufen. Und hier wird die Szene auf einmal sehr anschaulich (**32**): Die Leute, die um Jesus herumsitzen, unterbrechen ihn und sagen zu ihm: »*Schau, deine Mutter und deine Brüder [und deine Schwestern] draußen suchen dich!*«

Dabei ist die handschriftliche Überlieferung gespalten. In einigen der alten und sonst zuverlässigen Handschriften sind die *Schwestern* genannt, in vielen anderen sind sie nicht erwähnt. Weil in V. 31 von den Schwestern nicht die Rede war und es ganz ungewöhnlich wäre, wenn sie an dieser Unternehmung teilgenommen hätten, nehmen die meisten Ausleger an, dass ihre Erwähnung eine nachträgliche Ergänzung aufgrund von V. 35 (und 6,3) ist, wo Schwestern genannt werden.

Das Entscheidende aber ist die überraschende Fortsetzung der Geschichte: Jesus folgt weder der Aufforderung herauszukommen noch lässt er eine Antwort an seine Angehörigen ausrichten. Seine Antwort besteht in einer Frage an die Anwesenden: *Wer ist meine Mutter und wer sind meine Brüder?* Das ist eine harte Reaktion und klingt fast wie eine Verleugnung der Mutter und der Brüder. Aber die stehen draußen und wollen ihn in Gewahrsam der Familienloyalität nehmen. Das wäre das Ende seiner Sendung. Und daher gibt Jesus selbst die Antwort auf seine Frage. Er schaut um sich auf die, die um ihn herum sitzen, und sagt: *Das sind meine Mutter und meine Brüder!* Nicht diejenigen, die draußen stehen bleiben und ihn für verrückt halten, sondern diejenigen, die um ihn sind und auf ihn hören! Indem sich Jesus von seiner leiblichen Familie – sofern sie draußen bleibt und ihn festhalten will – distanziert, schafft er eine neue Gemeinschaft. Diese Gemeinschaft ist auch nach dem Familienmodell gestaltet, hat ihre Grundlage aber im Hören auf Jesus und sein Wort. Neben die Härte, mit der Jesus seine Mutter und seine Brüder zu behandeln scheint, tritt die Weite, mit der er alle, die sich um ihn drängen, zu Müttern und Brüdern erklärt.
Spätestens nach Jesu Auferstehung stellte sich aber die Frage: Was bedeutet das für eine Gemeinschaft, die sich nicht mehr einfach um Jesus scharen kann? Markus fügt darum noch ein Wort Jesu an, das die Aussage systematisiert und verallgemeinert (**35**): *Denn wer den Willen Gottes tut, der ist mein Bruder oder (meine) Schwester oder (meine) Mutter.* Es ist wichtig, das Verhältnis der beiden Aussagen richtig zu erfassen. Den Willen Gottes zu tun ist das Ziel der Gemeinschaft mit Jesus, das Wesen der Nachfolge. Die Aussage

von V. 35 korrigiert also nicht (oder verfälscht gar) die Weite von V. 34. Sie setzt nicht das eigene Tun an die Stelle der Gemeinschaft mit Jesus und des Hörens auf ihn. Sie benennt das Ziel der Begegnung mit Jesus. Gottes Willen zu tun ist für die Urchristenheit Geschenk der Gnade und Konsequenz der Zugehörigkeit zu Jesus (Röm 12,2; 1Thess 5,18; Hebr 13,21; vgl. die Fassung des Worts in Lk 8,21: »Meine Mutter und meine Brüder sind die, die Gottes Wort hören und tun«). Wichtig ist, dass in V. 35 nun wirklich auch *die Schwestern* genannt werden. Ob die Schwestern Jesu mit nach Kapernaum gekommen waren, mag getrost offenbleiben; wo es aber um die Beschreibung der neuen Familie Jesu geht, können die Schwestern nicht fehlen.

Drei Themen dieses Abschnittes sind zum Weiterdenken wichtig:
1. Die Geschichte zeigt noch einmal, wie wichtig für Jesus seine Vollmacht ist, Menschen aus der Herrschaft böser Geister zu befreien. Sie ist eines der wichtigsten Kennzeichen der hereinbrechenden Herrschaft Gottes. Wir müssen deshalb nicht die damaligen Vorstellungen vom Wesen dämonischer Mächte übernehmen. Aber Jesu Botschaft fordert uns doppelt heraus: zum einen dazu, die Realität der Macht des Bösen nicht zu unterschätzen – in welcher Gestalt auch immer sie uns heute begegnet; zum anderen, darauf zu vertrauen, dass Gottes Kraft, die uns in Jesus begegnet, stärker ist als die Macht des Bösen.
2. Die Lästerung des Heiligen Geistes stellt den Gegenpol dazu da: Es ist die bewusste Verneinung, Herabsetzung und Schmähung der lebendigen und befreienden Gegenwart Gottes im Handeln Jesu und der Gemeinde. Ewige Verfehlung, die nicht vergeben werden kann, ist sie deshalb, weil sie die Trennung von Gott »verewigt«. Für die urchristliche Gemeinde war dies ein wichtiges Warnschild: Achtung! Größte Lebensgefahr. Von ihrer Wirkungsgeschichte muss aber die Bedeutung dieser Aussage noch einmal bedacht werden. (Um im Bild zu reden: Wenn die Warnschüsse einer Alarmanlage zu viele Opfer fordern, muss man diese neu konstruieren!) Die Aussage wurde nicht nur dazu missbraucht, Andersdenkende zu diffamieren; sie wurde auch für viele depressive Menschen zum Anlass für die selbstzerstörerische Anklage: »Ich habe die Sünde gegen den Heiligen Geist begangen. Mir kann nicht vergeben werden!« Als seelsorgerliche Kurzformel gegen diese bohrende Selbstanklage hat sich der Satz bewährt: Wer immer fürchtet, der Sünde gegen den Heiligen Geist schuldig zu sein, hat sie sicher nicht begangen. Blickt man auf Jesu Wirken als Ganzes, wird man sich auch fragen müssen: Kann es aus der Perspektive des Sterbens Jesu für die Sünde *aller* wirklich eine Verfehlung geben, die grundsätzlich nicht vergeben werden kann?

Unser Wort warnt davor, leichtfertig oder lästerlich auf Gottes Vergebung zu spekulieren. Aber es nimmt Gott nicht die Freiheit, jedem um Christi willen zu vergeben.
3. Obwohl später Mitglieder der Familie Jesu, insbesondere sein Bruder Jakobus, eine wichtige Rolle in der Urgemeinde gespielt haben, wird die Auseinandersetzung Jesu mit ihnen nicht verschwiegen. Aber die kritischen Worte über sie, die Jesus für unzurechnungsfähig erklären, haben eine positive Ausrichtung: Wer sich zu Jesus hält, ist für ihn Schwester, Bruder, ja sogar Mutter, und gemeinsam bilden sie die Familie Jesu. Wo man sich nicht mehr leiblich um Jesus scharen kann, da zeigt das Tun des Willens Gottes, wer zu ihm gehört. Aber das heißt nicht, dass *wir* beurteilen, wen wir als Bruder oder Schwester akzeptieren. Dieser Maßstab fordert jede(n) für sich heraus, in der Nachfolge Jesu Gottes Willen zu erkennen und zu leben.

4,1-34
Jesus spricht in Gleichnissen von der Herrschaft Gottes

In die Mitte dieses Erzählabschnittes stellt Markus eine längere Rede. Es ist das erste Mal im Markusevangelium, dass Jesu Lehre inhaltlich entfaltet wird. Das Besondere der Rede ist, dass sie aus Gleichnissen besteht. Ihr Thema aber ist Gottes Reich und Herrschaft.

4,1-2
Die Einleitung

1Und wieder fing er an, am See zu lehren. Und es versammelt sich um ihn eine sehr große Menge, dass er in ein Boot steigen musste, in das er sich auf dem See setzte. Und die ganze Volksmenge lagerte am Seeufer auf der Erde. 2Und er lehrte sie vieles in Gleichnissen und sagte zu ihnen in seiner Lehre:

Die Szene verlagert sich wieder an den See und gewinnt von daher die Weite, um eine große Menge von Menschen zu lehren (**1**). Ohne dass eigens daran erinnert wird, benutzt Jesus jetzt das bereitgestellte Boot (3,9), um vom See aus zu den Menschen zu sprechen. Das Boot schafft eine gewisse Distanz – und das scheint nicht nur akustisch wichtig zu sein! Beim Lehren zu sitzen war für das antike Judentum typisch (vgl. 9,35; 13,3). Typisch für Jesus ist, dass er in Gleichnissen lehrt (**2**). Obwohl auch die Rabbinen es liebten,

Argumente durch Gleichnisse zu stützen, ist die zentrale Stellung der Gleichnisrede in der Lehre Jesu außergewöhnlich.
Die in V. 1f geschilderte Szenerie wird aber nicht für den ganzen Abschnitt durchgehalten. Die V. 10–20/25 berichten von einem Gespräch, das Jesus nur mit seinen Jüngern führt, während in V. 33 wieder die große Zuhörerschaft vorausgesetzt zu sein scheint. Offensichtlich ist die Rede in einem längeren Entstehungsprozess gewachsen. Wahrscheinlich hat eine erste Fassung der Gleichnisrede am See die drei Saatgleichnisse (V. 3–9/26–32) und V. 1f und 33 als Einleitung und Schluss enthalten und ist dann dann Schritt um Schritt erweitert worden. Diese »Ungleichzeitigkeit« verschiedener Elemente ist bei der Auslegung zu beachten, aber auch die Tatsache, dass sie jetzt zu einer Rede zusammengefasst sind.

4,3–9
Das Gleichnis vom Säen

3»Hört zu! Siehe, es ging der, der sät, hinaus (aufs Feld), um zu säen.
4Und beim Säen fiel manches an den Weg, und die Vögel kamen und
fraßen es auf. 5Und anderes fiel auf felsigen Boden, wo es nicht viel
Erde hatte. Und es ging sogleich auf, weil es keine tiefe Erde hatte.
6Und als die Sonne aufging, wurde es versengt, und weil es keine
Wurzeln hatte, verdorrte es. 7Und anderes fiel zwischen dorniges
Unkraut, und das Unkraut schoss hoch und erstickte es, und es
brachte keine Frucht. 8Und alles andere fiel auf den guten Boden
und brachte Frucht, indem es aufging und wuchs, und das eine drei-
ßigfach, das andere sechzigfach und wieder anderes hundertfach
(Frucht) trug. 9Wer Ohren hat zu hören, der höre!«

Das erste Gleichnis beginnt mit einem doppelten Ausrufezeichen (3): *Hört zu!* sagt Jesus und nennt damit ein Schlüsselwort der Gleichnisrede (vgl. V. 9.12.33). Es ist wichtig, genau zuzuhören. Hinzu tritt das formelhafte *Siehe,* das einem *Passt auf!* entspricht. Und dann malt Jesus den Zuhörern und Zuhörerinnen vor Augen, wie es zugeht, wenn einer aufs Feld geht und sät. Vorausgesetzt ist eine Art, das Feld zu bestellen, die nicht der unseren entspricht. Es wird erst nach der Aussaat gepflügt, um den ausgesäten Samen in die Erde einzupflügen. Darum fällt etwas von der Saat an den Wegrand oder auf einen der Trampelpfade, die über ein abgeerntetes Feld verlaufen, und bevor mit dem Unterpflügen begonnen werden kann, kommen die Vögel und fressen es auf (4). Anderes Saatgut fällt auf einen Teil des Ackers, auf dem die Krume nur dünn den darunterliegenden Fels überdeckt (5). Hier geht der Same zwar bald auf, aber da die Pflanzen nicht tief wurzeln können, verdorren sie bald unter der Hitze der Sonne (**6**). Wieder anderes Saatgut fällt auf Stellen, in denen die Wurzeln dornigen Unkrauts verborgen sind; das Unkraut wächst schneller und erstickt die aufgehende Saat (**7**).

Es wäre für uns wichtig zu wissen, wie die Hörer Jesu diesen »Misserfolgsbericht« gehört haben. Haben sie innerlich mit dem Kopf genickt und gesagt: »Ja, so ist es. Es geht viel verloren von dem, was man sät«? Oder haben sie den Kopf geschüttelt und gedacht: »Wie kann man nur so unvorsichtig bei der Aussaat sein!«? Kenner des antiken Palästinas sagen uns, dass Jesu Erzählung typische Probleme damaliger Feldbestellung bündelt. Man kannte also das, was Jesus schildert, aus Erfahrung, war aber wohl doch überrascht von der Häufung des Missgeschicks.

Aber die Erzählung ist noch nicht zu Ende. Der griechische Text setzt sogar für die Fortsetzung ein besonderes Signal, das die deutsche Übersetzung schwer nachahmen kann (**8**). Während die griechischen Worte, die die ersten drei Beispiele einleiten, im Singular stehen (deutsch: *manches – anderes – anderes*), steht das entsprechende Wort beim vierten Beispiel im Plural (im Deutschen: *alles andere*). Die Erzählung ist also nicht vierteilig, sondern zweiteilig: Den drei Beispielen für Saat, die verloren geht, steht der sich dreifach steigernde Ertrag der Saat gegenüber, die auf gutes, fruchtbares Land fällt. Die Fachleute streiten sich darüber, ob die von Jesus genannten Ertragszahlen für die damaligen Zeiten realistisch waren. Man rechnete im Altertum eher mit etwa 10–15-fachem Ertrag des aufgewendeten Saatgutes. Wenn man allerdings davon ausgeht, wie viele Körner eine aus einem Samenkorn entstandene Ähre trägt, sind die Zahlen schon realistischer. Jesus möchte offensichtlich dem auffälligen Misserfolg einen außerordentlich hohen Ertrag gegenüberstellen.

Wer Ohren hat zu hören, der höre! fügt Jesus hinzu (**9**). Das macht deutlich: Das Gleichnis will auf einen wichtigen Sachverhalt aufmerksam machen. Nur: Was will Jesus mit dieser Erzählung veranschaulichen? Das Gleichnis selbst nennt keinen Vergleichspunkt (anders V. 26 und 30), und die in 14–20 gegebene Deutung gehörte nicht von Anfang an zum Gleichnis. Worauf zielte es ursprünglich?

Zwei Beobachtungen zeigen die Richtung: 1. Auffällig ist der starke Kontrast zwischen der ausführlichen Schilderung des Misserfolgs beim Säen und der sich immer mehr steigernden Feststellung des reichen Ertrags der Saat, die auf guten Boden fiel. Der Vergleich mit dem ähnlich aufgebauten Gleichnis vom Senfkorn (V. 30–32) liegt nahe. Jesus hat wohl auch das Gleichnis vom Säen ursprünglich als Gleichnis vom Reich Gottes erzählt, dessen Beginn im Wirken Jesu von Widerstand und Misserfolg gezeichnet zu sein scheint, dessen Vollendung aber so gewiss ist wie der reiche Ertrag dessen, das auf guten Boden fiel. Das Gleichnis würde dann den Blick von den vergeblich scheinenden Mühen des Anfangs auf das gewisse Ziel der Herrschaft Gottes richten. 2. Dass Jesus die Problemseiten des Säens so ausführlich schildert, legt aber nahe, dass er damit auch Hinweise auf die Ursachen des vergeblichen Mühens geben will. Die Art des Erzählens lässt schon etwas von den Erläuterungen der folgenden Deutung durchscheinen.

Doch zunächst eine Zwischenüberlegung. »Der normale Erfolg des Wortes Gottes ist der Misserfolg!« So hat J. Schniewind die Botschaft dieses Gleichnisses beschrieben. Das scheint ein tröstliches Wort für alle zu sein, die sich um Gottes Sache mühen und oft so viel Misserfolg zu verkraften haben. Aber in Wirklichkeit ist damit nur ein Teilaspekt erfasst. Die ganze Botschaft heißt: Auch wo diejenigen, die säen, nur Misserfolg sehen, schenkt Gott überreiche Frucht. Wie ein galiläischer Bauer bei der Ernte immer wieder die freudige Überraschung erlebt, dass das, was aufgeht, vielfältige Frucht bringt, so sollen die, die auf das Kommen des Reiches Gottes hoffen, sich nicht von den Schwierigkeiten entmutigen lassen, die jetzt zu bewältigen sind. Gottes Ernte wird alle Erwartungen übersteigen.

4,10–20
Die Auslegung des Gleichnisses

10Und als er allein (mit ihnen) war, fragten ihn die, die mit den
Zwölfen um ihn herum waren, nach den Gleichnissen. 11Und er sag-
te ihnen: »Euch ist das Geheimnis des Reiches Gottes gegeben wor-
den. Jenen aber, die draußen sind, geschieht das alles in Gleichnis-
sen, 12dass *sie als Sehende sehen und (doch) nicht erkennen und als*
Hörende hören und (doch) nicht verstehen. Vielleicht kehren sie um
***und wird ihnen vergeben*« (Jes 6,9f).**
13 Und er sagt zu ihnen: »Ihr versteht dies Gleichnis nicht, wie wollt
ihr dann all die anderen Gleichnisse verstehen? 14Der, der sät, sät das
Wort. 15Dies aber sind die am Weg: Wo das Wort gesät wird und
wenn sie es hören, kommt sogleich der Satan und nimmt das Wort
weg, das in sie gesät worden ist. 16Und dies sind die, die auf felsigen
Boden gesät werden, die, wenn sie das Wort hören, es sogleich mit
Freuden annehmen, 17aber keine Wurzel in sich haben, sondern
dem Augenblick hingegeben sind, und wenn Bedrängnis oder Ver-
folgung um des Wortes willen eintreten, dann kommen sie sogleich

zu Fall. [18]Und es gibt andere, die zwischen das Dorngebüsch gesät sind. Das sind die, die das Wort hören, [19]aber wenn die Sorgen der Zeit und die Verführung des Reichtums und die sonstigen Begierden hinzukommen, dann ersticken sie das Wort, und es bleibt ohne Frucht. [20]Und jene sind die, die auf den guten Boden gesät sind, die das Wort hören und es aufnehmen und Frucht tragen, die einen dreißigfach und andere sechzigfach und andere hundertfach.«

Die Szene wechselt (**10**): Jesus ist allein mit einer Gruppe von Menschen, zu der auch die Zwölf gehören, die jedoch nicht auf sie beschränkt ist. Es ist also nicht an ein Gespräch im Boot gedacht. Die Formulierung im Plural *nach den Gleichnissen* und die griechische Zeitform von *fragten* weisen auf eine immer wieder vorkommende grundsätzliche Fragestellung hin.
Markus unterbricht häufig eine Erzählung, um von einem Gespräch im kleineren Kreis zu berichten (vgl. 7,17; 9,28; 10,10). Während aber sonst *die Jünger* als Fragesteller genannt werden, fragen hier diejenigen, die *um ihn* sind (vgl. 3,34). Ihre Frage setzt voraus, dass Gleichnisse sich nicht selbst erklären; *Gleichnisse* müssen vielmehr entschlüsselt werden. Jesus antwortet zunächst mit einer grundsätzlichen Aussage (**11**):
Euch ist das Geheimnis des Reiches Gottes gegeben worden.
Jenen aber, die draußen sind, geschieht das alles in Gleichnissen.
Euch – das sind die, die fragen und sich die Bedeutung dessen, was Jesus sagt, erschließen lassen. Ihnen eröffnet sich das *Geheimnis des Reiches Gottes.* Es geht also in den Gleichnissen, wie in allem, was Jesus verkündigt und tut, um das Reich Gottes, um Gottes Herrschaft. Aber wie sie kommt und was sie für die Menschen bedeutet, das erklärt sich nicht von selbst. Darin steckt ein *Geheimnis,* das gelüftet werden muss. Vom Geheimnis des endzeitlichen Handelns Gottes sprechen im Judentum vor allem die apokalyptischen Schriften, die Gottes Plan mit der Welt und seinem Volk aufdecken. Im Zusammenhang des Wirkens Jesu ist das *Geheimnis des Reiches Gottes* seine in Jesu Worten und Taten schon wirksame, aber doch noch verborgene Gegenwart. Davon handeln die Gleichnisse. Wer sich aber dem Anspruch Jesu verschließt, dem verschließt sich auch das Geheimnis, das die Gleichnisse aufdecken wollen. Denen aber, die um Jesus sind, ist dieses Geheimnis *gegeben* (d.h. *anvertraut*) *worden.* Auffallend ist, dass dies im Perfekt, einer Vergangenheitsform, gesagt wird, obwohl Jesus das Gleichnis noch gar nicht erklärt hat. Dies zeigt, dass diese Worte nicht nur in die Szene mit Jesu Rede in Gleichnissen am See Genezareth hineingehören, sondern etwas Grundsätzliches über das Verstehen der Verkündigung Jesu sagen wollen.

Das gilt auch für die Aussage über *jene, die draußen sind.* Das ist nicht einfach das Volk am Ufer. Im Zusammenhang wird man zuerst an Jesu Familie denken, die *draußen* blieb, als sie Jesus holen wollte (3,32); aber auch an die Schriftgelehrten, die sich weigern, in Jesu befreiendem Handeln das Wirken Gottes und seiner Herrschaft zu sehen. Für die Gemeinde, für die Markus schreibt, waren *die draußen* die Menschen, die die Botschaft des Evangeliums ablehnen, weil sie sich nicht auf seinen Anspruch einlassen. Ihnen *geschieht das alles in Gleichnissen* oder, anders übersetzt: *Ihnen wird alles zu Rätseln,* denn das hebräische und griechische Wort für *Gleichnis* hat auch die Bedeutung *Rätsel.* Vielleicht ging es ursprünglich bei diesem Wort nicht nur um das Nichtverstehen der Gleichnisse, sondern grundsätzlich um das Unverständnis für Jesu Botschaft und die Verkündigung der Gemeinde. Wer sich ihr nicht in fragender Erwartung öffnet, dem bleibt sie rätselhaft.
Im jetzigen Zusammenhang erklärt das Wort die seltsame Tatsache, dass die Gleichnisse, die Jesus erzählt, um seine Botschaft zu veranschaulichen und Menschen von ihr zu überzeugen, für viele unverständlich bleiben, weil sie sich der Vollmacht Jesu verschließen, die sich in den Gleichnissen ausspricht.
Dieser Sachverhalt wird durch ein Schriftzitat aus Jes 6,9f erklärt. Sein Verständnis gehört zu den schwierigsten Fragen der Auslegung des Markusevangeliums (**12**). Die herkömmliche Übersetzung dieses Verses lautet: *damit sie es mit sehenden Augen sehen und doch nicht erkennen, und mit hörenden Ohren hören und doch nicht verstehen, damit sie sich nicht etwa bekehren und ihnen vergeben werde* (Luther und die meisten deutschen Bibelübersetzungen). Dies entspricht der naheliegendsten Bedeutung des griechischen Wortlautes und auch dem Sinn des hebräischen Textes in Jes 6,9f. Jesaja bekommt die schwierige Aufgabe, durch seine Verkündigung das Herz seiner Hörer zu verhärten, damit sie sich nicht bekehren, und sie so bei ihrer unbußfertigen Haltung zu behaften. Diese Worte setzten voraus, dass alles Rufen zur Umkehr erfolglos war (vgl. Jes 1; 5,1–7).
Im Zusammenhang der Verkündigung Jesu ist freilich die Aussage, er habe in Gleichnissen gesprochen, *damit* die Menschen ihn nicht verstehen und *damit* sie sich nicht bekehren, sehr schwierig. Man kann allerdings darauf hinweisen, dass sich eben auch an der Botschaft Jesu die Geister scheiden. Zumindest im Rückblick auf die Verkündigung Jesu könnte man darum sagen, dass es eine notwendige Funktion seiner Gleichnisrede wurde, deutlich zu machen, dass das äußere Hören allein nicht genügt. Deshalb bleibt für die, die nicht nach dem tieferen Sinn fragen, das Verstehen verschlossen und die Umkehr verwehrt.

Aber es fällt auf, dass Jes 6,9f weder nach dem hebräischen Urtext noch nach der griechischen Übersetzung zitiert wird, sondern in einer Fassung, die der aramäischen Übersetzung, dem Targum, nahesteht. Wird dies beachtet, ergibt sich für V. 12 eine etwas andere Übersetzung: *dass sie als Sehende sehen und (doch) nicht erkennen und als Hörende hören und (doch) nicht verstehen. Vielleicht kehren sie um und wird ihnen vergeben.* Der Unterschied ist offensichtlich: Das Nichtverstehen derer *draußen* ist nicht das Ziel der Gleichnisrede, sondern die Folge ihrer distanzierten Haltung, die nicht nach Jesu Einweisung in das Geheimnis des Reiches Gottes fragt. So bleibt die Möglichkeit einer Korrektur ihrer Haltung offen. *Vielleicht* kehren sie doch um und finden Vergebung.

Dass für Markus Jesus die Menschen damit nicht in zwei geschlossene Gruppen einteilt, zeigt die Fortsetzung (**13**), die zur Deutung des Gleichnisses überleitet. Jesus fragt vorwurfsvoll: *Ihr versteht dies Gleichnis nicht, wie wollt ihr dann all die anderen Gleichnisse verstehen?* Dieser Vorwurf steht in Spannung zu der Aussage in V. 11: *Euch ist das Geheimnis des Reiches Gottes gegeben worden.* (Darum nehmen manche Ausleger an, V. 13 sei ursprünglich die Fortsetzung von V. 10 gewesen.) Aber Markus stört sich an dieser Spannung nicht. Für ihn muss auch der Jüngerkreis immer wieder neu um das Verstehen des Wirkens und des Weges Jesu ringen. Da gibt es nicht die Insider, die ein für alle Mal alles wissen, und auch nicht die »draußen«, die ein für alle Mal vom Verstehen ausgeschlossen sind. Entscheidend ist, sich von Jesus zum Verstehen führen zu lassen. Und das geschieht nun mit der Deutung des Gleichnisses.

Derjenige, der sät, wird nicht gedeutet; wohl aber der Same (**14**). Es ist *das Wort,* d.h. das verkündigte Evangelium. So wird die Verkündigung Jesu gekennzeichnet (vgl. 2,2; 4,33; 8,32), aber auch die missionarische Predigt der Gemeinde und ihre unterschiedliche Aufnahme (16,20; Apg 4,4; 1Thess 1,6; Gal 6,6; Kol 4,3; Jak 1,21; 1Petr 2,8). Dem geht die Deutung des Gleichnisses weiter nach. Es beschreibt das Schicksal des Wortes bei denen, die es auf unterschiedliche Weise hören. Die erste Gruppe sind *die am Weg* (**15**). Die Deutung identifiziert also nicht einfach die Bodenbeschaffenheit mit den Menschen, stellt aber eine enge Verbindung her. Wenn bei diesen Leuten *das Wort gesät* wird, d.h. das Evangelium verkündigt wird, dann hören sie zwar, aber *sogleich kommt der Satan und nimmt das Wort weg, das in sie gesät ist.* Die Deutung gibt also nicht sosehr dem verhärteten Boden ihres Herzens die Schuld dafür, dass da nichts von der Verkündigung in ihr Leben eindringen kann, sondern dem Teufel, der wie die Vögel im Gleichnis Gelegenheit findet, das Gesäte wegzutragen, d.h. das Gehörte vergessen zu lassen. Die nächsten Gruppen werden noch weniger direkt mit dem Boden, auf den gesät wird, sondern eher mit dem Vorgang des Säens verglichen: *Dies sind die, die auf felsigen Boden gesät werden* (**16f**). Auch sie hören das Wort und nehmen es sogar mit großer Freude auf. Aber es kann sich in ihrem Leben nicht tief verwurzeln, weil sie »Augenblicksmenschen« sind. Wenn Widerstände auftreten und Verfolgung zu bestehen ist, dann kommen sie zu Fall und fallen ab. Die dritte Gruppe bilden die, *die zwischen das Dorngebüsch gesät sind* (**18f**). Auch sie hören das Wort. Aber dann kommen die *Sorgen der Zeit* (wörtlich: *des Äons,* also all dessen, was die gegenwärtige Lebenswelt bestimmt) dazu und die trügerische Anziehungskraft des Reichtums und all die sonstigen Begehrlichkeiten, die das Herz eines Menschen erfüllen können. All das lässt »dem Wort keine Luft« (Pesch I, 244) und erstickt es, sodass es nichts bewirkt.

Dem allem aber steht die letzte Gruppe gegenüber, *jene, die auf den guten Boden gesät sind* (**20**). Auch sie hören, aber – wie unterschiedliche griechische Verbformen andeuten – nicht nur punktuell wie die anderen, sondern ständig. Und sie nehmen das Wort in ihr Leben auf, heißen es willkommen, geben ihm weiten Raum, und deshalb *bringen sie Frucht.* Dieses Bild wird nicht weiter gedeutet. Es ist in der Urchristenheit ein stehendes Bild für den Ertrag eines Lebens, das in der Gemeinschaft mit Gott gelebt wird und deshalb zu einem Verhalten und zu Taten führt, die dem Leben dienen und für andere zur »Nahrung« werden (vgl. Röm 6,22; 7,4; Gal 6,22). Dass dieser Ertrag unterschiedlich groß ausfällt, wird wie im Gleichnis wiederholt, aber nicht weiter ausgedeutet. Es wird nur erwähnt, um zu zeigen, dass der Ertrag in jedem Fall reichlich, ja überwältigend ausfällt, wenn denn das Wort Wurzel fassen und seine Kraft entfalten kann.

Blicken wir auf die Deutung des Gleichnisses, so fällt dreierlei auf:

1. Die Deutung bezieht die Situation der missionarischen Verkündigung der Gemeinde und ihren unterschiedlichen Erfolg ein. Sie nennt die Ursachen für die unterschiedliche Wirkung des Wortes, insbesondere im Blick auf den Misserfolg, ohne die dankbare Feststellung aus den Augen zu verlieren, dass das Wort der Verkündigung im Leben der Gemeinde überwältigend reiche Frucht bringt.
2. Die Deutung beschreibt mehr die unterschiedlichen Bedingungen beim Säen, als dass sie vorschreibt, wie es eigentlich sein müsste. Die ersten drei Gruppen scheinen eher Opfer von schwierigen Umständen zu sein als selbst für den Misserfolg verantwortlich. Manche Ausleger hören deshalb auch in der Deutung vor allem den Ton der Ermutigung und der Vergewisserung. Der teilweise Misserfolg der

Verkündigung ist erklärbar und wird weit übertroffen von dem großen Ertrag dessen, was in Menschenherzen fällt, in denen das Wort wirken kann.

3. Aber ein unausgesprochener und doch deutlich zu hörender Ton der Mahnung ist nicht zu leugnen. Dass die Gruppen nicht einfach mit den verschiedenen Bodenarten verglichen werden, mag daran liegen, dass der Impuls zur Selbstprüfung erkennbar werden soll. Der Boden kann sich ja nicht ändern. Aber die Frage: »Zu welcher Gruppe des Gesäten gehöre ich?« lässt sich beim Hören der Deutung kaum unterdrücken (»Vierfach ist das Ackerfeld; Mensch wie ist dein Herz bestellt?«). Es werden keine Handlungsanweisungen gegeben; aber es erfolgt der ermutigende und einladende Hinweis: Es gibt die, die immer wieder neu hören, die dem Evangelium in ihrem Leben Raum geben und bei denen es sich als Kraft zum Leben für sie selbst und für andere vielfältig entfaltet.

So sind das Gleichnis und seine Deutung ein schönes Beispiel dafür, wie Jesu Worte in der Situation der Gemeinde neu erzählt werden und doch ihre grundsätzliche Aussage bewahren.

4,21–25
Weitere Bildworte

21Und er sagte ihnen: »Wird etwa die Lampe gebracht, um sie unter
den Scheffel oder das Bett zu stellen? Und nicht etwa, um sie auf
den Leuchter zu stellen? 22Denn es gibt nichts Verborgenes, das
nicht offenbar werden soll, und nichts Geheimes, das nicht in die
Öffentlichkeit kommen soll. 23Wenn jemand Ohren hat zu hören,
der höre!« 24Und er sprach zu ihnen: »Achtet auf das, was ihr hört.
Mit dem Maß, mit dem ihr messt, wird euch zugemessen werden,
und es wird euch dazugegeben werden. 25Denn der, der hat, dem
wird gegeben werden; und dem, der nicht hat, wird auch das, was er
hat, genommen werden.«

Markus stellt hier Gleichnisworte zusammen, die um die Themen »Öffentlich werden« bzw. »Geben und Nehmen« kreisen. Es sind zwei Spruchpaare (21f/24b–25), die durch Aufrufe zu rechtem Hören verbunden werden. Lukas bringt einen Teil dieser Gleichnisse in seiner Fassung der Gleichnisrede (8,16–18), Matthäus lässt sie dort weg. In beiden Evangelien aber finden sich diese Worte auch noch an anderen Stellen. Sie standen also auch in der *Logienquelle*, die beide kannten, dort aber in anderem Zusammenhang. Man hat also Gleichnisworte Jesu oder sprichwörtliche Redensarten, die er benutzte, auf unterschiedliche Situationen angewendet. Markus stellt seine kleine Sammlung unter das Thema Verkündigen und Verstehen und knüpft damit an das vorstehende Gleichnis und seine Deutung an.

Das erste Beispiel ist als Frage formuliert (**21**): Bringt man die Öllampe, die den fensterlosen Raum eines galiläischen Hauses erleuchten soll, herein, um sie dann unter einen Scheffel, d.h. ein Getreidemaß, oder gar unter das Bett zu stellen? Dass die Antwort auf diese Frage eigentlich klar ist, macht die Zusatzfrage deutlich: Tut man das nicht, um sie auf den Leuchter zu stellen, damit sie den Raum möglichst gut erleuchten kann? Die Antwort kann nur lauten: »Selbstverständlich!« Diese Art zu fragen ist typisch für Jesu Gewohnheit, Alltagserfahrungen für geistliche Wahrheiten durchsichtig zu machen. In Mt 5,15 begründet das Beispiel die Selbstverständlichkeit der Ausstrahlung des rechten Tuns der Jünger. In unserem Zusammenhang wird damit die Weitergabe des Evangeliums angesprochen. Das Geheimnis des Gottesreichs (4,11) wird den Jüngern nicht aufgeschlossen, damit sie es verstecken! Das Wort des Evangeliums soll als Licht für alle leuchten. Da die Frage im Griechischen recht eigenartig formuliert ist (wörtlich: *Kommt* etwa *die* Lampe ...), nehmen manche Ausleger an, dies sei eine Anspielung auf das Kommen Jesu als das Licht der Welt: Er ist nicht gekommen, um das Licht des Evangeliums zu verstecken, auch wenn es manchmal verborgen zu sein scheint.

Davon spricht das zweite Beispiel (**22**): Auch das, was versteckt und verborgen ist, soll an den Tag kommen. Dasselbe Wort bezieht sich in der Parallele in Mt 10,26 / Lk 12,2 auf die Verkündigung der Jünger, ist dort allerdings etwas anders formuliert: »Es ist nichts verborgen, was nicht offenbar wird, und nichts geheim, was man nicht wissen wird.« Das entspricht der sprichwörtlichen Erfahrung: Die Sonne bringt es an den Tag. Markus formuliert aber anders: *Es gibt nichts Geheimes, das nicht in die Öffentlichkeit kommen soll.* Dass Dinge geheim gehalten werden, damit sie allgemein bekannt werden, entspricht nicht unbedingt alltäglicher Erfahrung, auch wenn man das gelegentlich ironisch sagen mag. Offensichtlich bestimmt das, was gemeint ist, die Formulierung: Auch wenn Jesus seinen Jüngern das Geheimnis des Gottesreiches im kleinen Kreis mitteilt, so nicht, damit es geheim bleiben soll, sondern damit es bekannt gemacht wird. Dies gilt auch für die Herrschaft Gottes selbst: Auch wenn das Gottesreich noch verborgen erscheint, es kommt nicht, um geheim zu bleiben, sondern um für alle sichtbar und erfahrbar zu werden.

Die beiden Gleichnisworte werden durch eine Art Weckruf, wie er auch am Ende des Gleichnisses vom Säen stand, abgeschlossen (**23**). Wer diese Aussagen hören kann, soll sie auch wirklich vernehmen

und in sich aufnehmen. Es ist ein Ruf, der auch denen gilt, denen das Evangelium vorgelesen wird und die seine Worte hören!
Auch das nächste Spruchpaar wird durch einen Aufruf zum rechten Hören eingeleitet: *Achtet auf das, was ihr hört!* (**24**) Jetzt geht es um das rechte Vernehmen und Verstehen. Allerdings steht das erste Sprichwort, das Markus zitiert (*Mit dem Maß, mit dem ihr messt, wird euch zugemessen werden*), in der Logienquelle in einem ganz anderen Zusammenhang (Mt 7,2 / Lk 6,32). Dort geht es um das rechte Verhalten zwischen den Menschen. Warnend wird darauf verwiesen, dass das, was wir anderen zumessen und zumuten, uns auch von Gott zugemessen und zugemutet wird (das Passiv umschreibt Gottes Handeln). Bei Markus aber scheint dies keine Warnung zu sein, sondern eine Verheißung, denn er fügt noch noch hinzu: *es wird euch dazugegeben werden.* Es geht also nicht um das Maß, mit dem wir anderen etwas zumessen, sondern um das Maß, in dem wir Gottes Wort aufnehmen. In dem Maß, in dem wir sein Wort aufnehmen, wird Gott auch unserem Leben Frucht und Gelingen zumessen und wird noch mehr hinzufügen! Gott fragt: »Darf es auch etwas mehr sein?« und gibt reichlich.
Diese Bedeutung nimmt auch der letzte Spruch an (**25**). In der Logienquelle schließt dieses fast zynisch klingende Sprichwort das Gleichnis von den anvertrauten Geldern ab (Lk 19,20 / Mt 25,19). Markus aber bezieht Haben und Nicht-Haben bzw. das, was gegeben und genommen wird, auf das Maß des Hörens und Fruchtbringens und knüpft damit noch einmal an das Gleichnis vom Säen und seine Deutung an. Wer beharrlich hört und aufnimmt, was das Wort sagt, kann überreichen Ertrag erwarten; wer sich aber dem Wort verschließt und seine Botschaft nicht aufnimmt, verspielt alles. Die Betonung liegt dabei ganz auf dem positiven ersten Teil des Wortes, der den Schluss des Gleichnisses unterstreicht.

Die Worte Jesu, die Markus hier zusammenstellt, korrigieren ein mögliches Missverständnis: Das »Geheimnis des Gottesreiches« (V. 11) ist nicht zur Geheimhaltung im inneren Zirkel, sondern zur Verkündigung in der Öffentlichkeit bestimmt. Diese Worte machen zugleich Mut, die Botschaft des Evangeliums weiterzugeben, und sich selbst immer wieder neu von ihr erfüllen zu lassen. Hier lohnt es sich, großzügig im Geben und Nehmen zu sein!

4,26–29
Das Gleichnis von der selbstwachsenden Saat

26Und er sagte: »So ist das Reich Gottes: Wie ein Mensch den Samen auf die Erde wirft 27und schläft und steht auf, Nacht und Tag,

und der Same sprosst und wächst in die Höhe, er weiß nicht wie. 28Von selbst bringt die Erde Frucht, zuerst (wächst) der Halm, dann die Ähre, dann das volle Korn in der Ähre. 29Wenn es aber die Frucht erlaubt, schickt er sogleich die Sichel, denn die Ernte ist da.«

Markus kommt nun zum zweiten der »Saatgleichnisse«, die den Grundstock der Sammlung von Gleichnissen in der Rede Jesu am See gebildet haben. Wichtig ist die Einleitung (**26**). Sie vergleicht ausdrücklich das, was im Folgenden erzählt wird, mit dem *Reich Gottes* oder, anders übersetzt, der *Königsherrschaft Gottes*. Wieder erzählt Jesus ein Beispiel von Saat und Ernte aus dem landwirtschaftlichen Alltag. Aber die Akzente sind anders gesetzt. Zwar beginnt auch diese Geschichte damit, dass ein Mensch zur Aussaat den Samen auf die Erde wirft. Aber dann wird nicht das unterschiedliche Geschick der Samenkörner verfolgt, sondern der Weg dessen begleitet, der gesät hat. (**27**). Er geht nach Hause, legt sich zum Schlafen nieder, steht am nächsten Tag wieder auf, und so geht das Nacht für Nacht und Tag für Tag (die Reihenfolge entspricht semitischem Denken; vgl. Gen 1,5). Und obwohl Bauer oder Bäuerin weiter nichts dazu beitragen, *sprosst der Same und wächst in die Höhe*. Für den, der gesät hat, ist der Vorgang unbegreiflich, er kann ihn nicht erklären, und doch verlässt er sich darauf, dass er geschieht. Man hat viel darüber gerätselt, ob beim galiläischen Getreideanbau tatsächlich so wenig zwischen Saat und Ernte zu tun war und nach der Saat nicht doch geeggt oder gejätet und vielleicht auch bewässert werden musste. Wahrscheinlich zeichnet Jesus ganz bewusst ein relativ einseitiges Bild der Landarbeit. Er will herausarbeiten, dass die Saat in der Erde von sich aus Frucht bringt, ohne dass der Mensch Entscheidendes dazu tun kann. Das unterstreicht der nächste Satz (**28**): *Von selbst,* ohne sichtbare Ursache (griechisch: *automate*) *bringt die Erde Frucht*. Veranschaulicht wird dieses Wunder durch die ausdrückliche Beschreibung der drei Schritte, in denen das geschieht: *zuerst (wächst) der Halm, dann die Ähre, dann das volle Korn in der Ähre*. Man kann nur staunen, wie selbstverständlich sich das Wachstum der Pflanze entfaltet. Wenn es dann soweit ist und *es die* Reife der *Frucht erlaubt,* dann gibt es kein Zögern mehr, dann *schickt er sogleich die Sichel, denn die Ernte ist da* (**29**). *Die Sichel ausschicken* ist ein festes Bild für den Beginn der Erntearbeit und spielt auf Joel 4,13 an: »Legt die Sichel an, denn die Ernte ist reif!«

Inwiefern ist dieser Vorgang ein Beispiel für das Reich Gottes und sein Kommen? Um das zu verstehen, ist es wichtig, auf die besonderen Akzente der Erzählung zu achten. Der Hauptakzent liegt zweifellos in der Gewissheit, dass der Same aufgeht, dass Halm und Ähre wachsen und zur rechten Zeit die Frucht zur Ernte bereit ist. Dass in Gottes Schöpfung die Saat aufgeht und Frucht bringt, auch wenn der Mensch nicht durchschaut, wie das geht, wird zum Gleichnis dafür, dass auch Gottes Reich, das im Wirken Jesu und seiner Jünger beginnt, zu seinem Ziel kommt und Gott seine große Ernte halten wird. Die Verkündiger des Reiches Gottes stehen nicht unter Erfolgszwang. Gottes Herrschaft setzt sich durch mit der Kraft des gottgeschenkten Lebens, die auch ein Samenkorn erfüllt. Darauf weist ein zweiter Akzent: Menschen können nur in sehr begrenzter Weise beim Wachsen des Reiches Gottes mitwirken. Die Verkündiger gleichen denen, die den Samen ausstreuen. Selbst wenn es mehr zu tun geben sollte, um das Wachstum der Saat zu fördern, als Jesu Gleichnis sagt, das Entscheidende, dass die Saat wächst und Frucht bringt, geschieht »von selbst«, d.h. durch die lebendig machende Kraft Gottes.

Dieses Gleichnis ist ein Beispiel dafür, dass man nicht alle Einzelheiten eines Gleichnisses strikt mit Sachverhalten und Personen auf der Ebene der gemeinten Sache identifizieren kann. So weist der *Mensch* zu Beginn des Gleichnisses eher Züge der verkündigenden Gemeinde auf und kann kaum mit dem *Menschensohn* verglichen werden (*er weiß nicht wie* passt trotz Mk 13,32 nicht zu ihm). Dagegen gleicht der, der die Sichel aussendet, eher dem kommenden Menschensohn bzw. Gott selbst. Doch steht bei dem Bild der *Ernte* nicht das Gericht im Vordergrund (so Mt 13,30.39f; Offb 14,15), sondern die Fülle des von Gott geschenkten Ertrags missionarischer Arbeit (vgl. Lk 10,2 par; Joh 4,35).

Helmut Thielicke hat in einer Predigt über dieses Gleichnisses dessen Botschaft mit einem Wort Luthers illustriert: »Wenn ich mit Magister Philipp mein wittenbergisch Bier trinke, läuft das Evangelium.« Diese Auslegung hat vielen gestressten Pastoren und Pastorinnen Trost zugesprochen (und vielleicht auch einigen faulen ein gutes Gewissen verschafft). Wenn man aber einerseits bedenkt, was moderne Agrartechnik für Anstrengungen erfordert, um eine gute Ernte zu garantieren, und andererseits berücksichtigt, welchen Einsatz heutige Gemeindewachstumskonzepte voraussetzen, kann man fragen, ob Jesu Gleichnis noch so gedeutet werden kann. Aber die Pointe des Gleichnisses Jesu stimmt immer noch: Das Entscheidende können nicht wir Menschen machen. Es geschieht im Reich Gottes auch nicht »von selbst«, sondern ist Gottes Werk. Darauf dürfen sich die, die Gott zum Säen und Pflanzen berufen hat, verlassen. Die Sorge um die Ernte, um den Ertrag ihres Wirkens, muss ihnen keine schlaflosen Nächte bereiten. Sie dürfen sie Gott überlassen.

4,30-34
Das Gleichnis vom Senfkorn. Schluss der Gleichnisrede

**30Und er sagte: »Womit sollen wir das Reich Gottes vergleichen,
oder mit welchem Gleichnis sollen wir es darstellen? 31(Es verhält
sich mit ihm) wie mit einem Senfkorn. Wenn es in die Erde gesät
wird, ist es das kleinste aller Samenkörner auf der Erde. 32Aber
wenn es gesät ist, sprosst es und wird größer als alle Gartengewächse
und treibt große Zweige, sodass in seinem Schatten die Vögel des
Himmels nisten können.«**
**33Und in vielen solchen Gleichnissen sagte er ihnen das Wort, wie
sie es hören konnten. 34Aber ohne Gleichnisse sprach er nicht zu
ihnen; war er aber mit seinen Jüngern allein, erklärte er ihnen alles.**

Ein letztes Gleichnis in dieser Reihe wird mit einer Doppelfrage eingeleitet: Womit kann das Reich Gottes verglichen und wodurch sein Kommen veranschaulicht werden? (**30**) Diesmal ist es keine kleine Geschichte, sondern der Vergleich mit einem Vorgang aus der Natur, der Hilfe zum Verstehen der Herrschaft Gottes bieten soll. Auch hier geht es um Samen, und zwar um ein Senfkorn (**31**). Es wird als das kleinste aller Samenkörner bezeichnet. Das ist botanisch nicht ganz richtig (Orchideensamen ist noch sehr viel kleiner); aber die Kleinheit des Senfkorns war sprichwörtlich. Ein Samenkorn des schwarzen Senfs (*Brassica nigra*) wiegt 1 mg und hat einen Durchmesser von 1 mm. Aber wenn es gesät wird, entsteht daraus eine große Pflanze. Auch hier wird dieser Vorgang in drei Schritten geschildert: Der Same geht auf und sprosst, die Senfstaude wird größer als alle anderen Gartengewächse (1,5–3 m), und sie treibt große und feste Zweige, sodass in ihr sogar Vögel ihre Nester bauen können. Hier geht der Vergleich mit der Senfstaude in ein Bild über, das immer wieder im Alten Testament auftaucht: der Baum, der vielen Tieren Lebensraum und Schutz bietet (**32**). Er wird zum Bild für Israel (Ez 17,23) oder für einen Herrscher und sein Reich (Ez 31,6; Dan 4,8f). Damit wird das Reich Gottes verglichen, und als erster Vergleichspunkt drängt sich der Kontrast zwischen winzigem Anfang und riesigem Ende auf. Dieselbe Pointe hat das Gleichnis vom Sauerteig, das in der Logienquelle mit dem vom Senfkorn zusammenstand (Mt 13,30–32 / Lk 13,18–21). Dem unscheinbaren Anfang des Kommens der Herrschaft Gottes in der Verkündigung Jesu und seiner Jünger entspricht ihre Vollendung in einem Reich, in dem Raum für alle ist.
Das aber verweist auf den Schluss des Gleichnisses, in dem die eigentliche Pointe stecken dürfte: Im Reich Gottes gibt es Raum für alle Geschöpfe Gottes. Vermutlich hat man in der Gemeinde Jesu,

in der man dieses Gleichnis weitererzählt hat, eine erste Erfüllung dieser Erwartung darin gesehen, dass Menschen aus den (Heiden-) Völkern Platz im Volk Gottes gefunden haben. Aber das Gleichnis lässt sich nicht auf diese Deutung einengen. Dass der Vergleich ganz im Bereich von Pflanzen und Tieren bleibt und nicht wie bei dem Bild der Ernte auf menschliche Nützlichkeitserwägungen anspielt, zeigt die Weite der Aussage: Gottes Reich wird ein gastfreundlicher Ort für alle sein.

Die beiden letzten Verse, die den Bericht über die Rede Jesu in Gleichnissen abschließen, stellen noch einmal die beiden unterschiedlichen Aspekte der Gleichnisrede heraus:

V. **33** verweist darauf, dass Jesu zu den Menschen gern und oft in Gleichnissen sprach. Er tat dies, um ihnen zum Verstehen zu verhelfen (*wie sie es hören konnten*). Jesu Gleichnisse sind Einladungen zum Verstehen und nicht bewusste Verschlüsselung der Botschaft. *Das Wort*, das Evangelium vom Kommen der Herrschaft Gottes, soll verstanden werden.

V. **34** bedenkt dagegen noch einmal die Erfahrung, dass viele die Gleichnisse nicht verstehen, weil sie sich dem Anspruch dessen, der sie erzählt, verschließen und so nicht begreifen können, worum es eigentlich geht. Das aber muss den Jüngern erklärt werden, und Markus wird davon noch berichten. Er wird aber nicht verschweigen, dass auch sie oft nicht verstehen.

Zwei Wirkungsweisen der Gleichnisse Jesu stellt uns Markus vor Augen: Sie reden anschaulich mit Beispielen aus dem Alltag, also ganz menschlich, von Gott und seinem Wirken. Sie sind Verstehenshilfen, leisten Überzeugungsarbeit und machen Mut zum Vertrauen. Indem sie menschlich von Gott reden, umschreiben sie auch das Geheimnis von Gottes Gegenwart in dem Menschen Jesus. Das ist das »Geheimnis des Gottesreiches«, das viele nicht verstehen, weil sie es ablehnen. Jesus erzählt eben nicht nur nette Geschichten mit Weisheiten aus der Landwirtschaft. In den Geschichten steckt der Anspruch, dass im Wirken Jesu Gottes endzeitliches Werk begonnen hat. Das bleibt bis heute eine Herausforderung, an der sich die Geister scheiden.

4,35 – 5,43
Jesus erweist sich als Herr über Sturm, Dämonen und Tod

Ans Ende des zweiten Abschnitts des ersten Hauptteils stellt Markus eine Sammlung eindrucksvoller Geschichten von Jesu wunderbarem Wirken. Schließen wird der Abschnitt aber mit dem Bericht von der Ablehnung Jesu in Nazareth (6,1–6a).

4,35–41
Jesus stillt den Sturm

35 Und er sagt zu ihnen an jenem Tag, als es Abend geworden war: »Lasst uns zum anderen Ufer hinüberfahren.« 36 Und sie lassen die Volksmenge gehen und nehmen ihn mit, wie er im Boot war. Und auch andere Boote waren bei ihnen. 37 Und es erhob sich ein gewaltiger Sturmwind und die Wellen schlugen ins Boot, sodass das Boot schon volllief. 38 Und er war am Heck und schlief auf dem Sitzkissen. Und sie wecken ihn und sagen zu ihm: »Rabbi, kümmert es dich nicht, dass wir umkommen?« 39 Da stand er auf, bedrohte den Wind und sagte zu dem See: »Schweig, verstumme!« Und der Wind ließ nach, und eine große Windstille trat ein. 40 Und er sagte zu ihnen: »Warum seid ihr (so) feige? Habt ihr (immer) noch keinen Glauben?« 41 Und es befiel sie große Furcht, und sie sagten untereinander: »Wer ist dieser, dass ihm selbst Wind und Wellen gehorchen?«

Die erste längere Rede Jesu, von der Markus berichtet, ist zu Ende. Obwohl es sich dabei um eine nachträgliche Zusammenstellung von Worten Jesu handelt, ist es dem Evangelisten wichtig, das Szenario von V. 1f weiter zu führen. Es ist Abend geworden, und Jesus sucht jetzt die Distanz zur Menge (**35f**). Er möchte ans andere Ufer hinüberfahren.

Die Jünger übernehmen die Aufgabe, die Leute zum Gehen zu bewegen. Jesus kann im Boot bleiben, und so fahren sie mit ihm los. Die anderen Boote, die Markus erwähnt, spielen im weiteren Ablauf keine erkennbare Rolle.

Aber kaum waren sie ein Stück vom Ufer weggefahren, als sich ein gewaltiger Sturm erhob (**37**). Der See Genezareth liegt tief zwischen hohen Bergen und ist für plötzlich auftretende Fallwinde berüchtigt. Die relativ kleinen Fischerboote liefen bei einem solchen Sturm schnell voll mit Wasser.

Der Erzähler verzichtet darauf, die Aufregung der Jünger und ihre Bemühungen, mit der Situation fertig zu werden, zu schildern. Er richtet vielmehr den Blick auf Jesus: Der liegt im Heck des Schiffs und schläft auf dem Sitzkissen, das sonst der Steuermann benutzt (**38**). Die Art, wie das erzählt wird, erweckt einen doppelten Eindruck: Jesus war so erschöpft, dass er sofort einschlief. Aber auch: Jesus war völlig ohne Angst, sodass er mitten im Sturm schlafen konnte.

Die Jünger sind entsetzt und wecken ihn. Vorwurfsvoll sprechen sie zu ihm. Zwar reden sie ihn wie gewohnt respektvoll mit *Lehrer, Rabbi* an. Aber in dem, was sie sagen, liegt ein tiefer Vorwurf:

Kümmert es dich nicht, dass wir umkommen? Es ist nicht klar, ob sie von ihm Hilfe erwarten. Was kann ein Rabbi im Sturm helfen? Aber ein wenig Solidarität im Mit-Ängsten und Mit-Hoffen wäre doch hilfreich. Es geht um Leben oder Tod.
Jesus antwortet ihnen zunächst nicht. Er steht auf, mitten im Sturm (**39**). Er *bedroht* den Wind so, wie er die Dämonen bedroht, die in Besessenen hausen. Er spricht mit den Wogen des Sees wie mit einem lebendigen Wesen oder einem Dämon: *Schweig, verstumme!* Und sofort lässt der Wind nach und eine große Windstille tritt ein, so plötzlich, wie vorher der große Sturm einsetzte.
Daraufhin wendet er sich den Jüngern zu und fragt sie: *Warum seid ihr (so) feige? Habt ihr (immer) noch keinen Glauben?* (**40**) Das ist eine harte Rede. Ist es nicht natürlich, im Sturm Angst zu bekommen? Ist das Feigheit? Welchen Glauben hätte Jesus erwartet? Für Markus sind diese Worte ein wichtiges Signal dafür, was Nachfolge bedeutet: Auch dort, wo sich die Jünger alleingelassen fühlen, können sie darauf vertrauen, dass Jesus sie nicht zugrunde gehen lässt.
Die Jünger verteidigen sich nicht. Es befällt sie große Furcht (**41**). Warum? Sie sind der Macht Gottes begegnet. Darauf reagieren Menschen in der Bibel mit Furcht und Zittern. Nur eine Frage bewegt sie: *Wer ist dieser, dass ihm selbst Wind und Wellen gehorchen?* Wind und Wogen zu wehren ist Gottes Sache. Wer aber kann so handeln wie Gott? Die Antwort bleibt offen, aber die Frage nach Jesu Wesen und Vollmacht begleitet die weitere Erzählung.

Dass Jesu Vollmacht auch tödlichen Naturgewalten Einhalt bietet, ist die erste Pointe dieser Geschichte. Eine rationale Erklärung dafür wird nicht geboten. Würde man heute eine solche suchen, würde man die eigentliche Botschaft der Geschichte verfehlen. Sie bezeugt die Erfahrung, dass Jesu Wort auch in der Bedrohung von Sturm und Wellen rettet. Wie das geschieht, ist zunächst zweitrangig. Und der Glaube, zu dem die Geschichte einladen möchte, ist streng genommen nicht der Glaube, dass Jesus einen Sturm stillen kann. Sie ermutigt, darauf zu vertrauen, dass die Nachfolger Jesu auch im Sturm und in Situationen, in denen er sich nicht um sie zu kümmern scheint, bei ihm geborgen sind. Das ist eine Botschaft, die gerade für die spätere Gemeinde wichtig war und ist. Auch in den Stürmen der Verfolgung ist Jesus da und wird seine Gemeinde vor dem Untergang bewahren, selbst dann, wenn sie sich von ihm verlassen fühlt. Die christologische Frage: »Wer ist dieser?« ist daher nie nur eine theoretische Frage nach der richtigen Dogmatik, sondern eine Überlebensfrage: Was dürfen wir von ihm erwarten? Was können wir glauben?

5,1–20
Jesus heilt einen von vielen Dämonen Besessenen

1 Und sie kamen ans andere Ufer des Sees in das Gebiet der Gerase-
ner. 2 Und als er aus dem Boot stieg, lief ihm sogleich von den Grä-
bern her ein Mensch mit einem unreinen Geist entgegen. 3 Der hatte
seine Behausung in den Grabhöhlen, und niemand konnte ihn fes-
seln, nicht einmal mit einer Kette. 4 Denn er war oft mit Ketten und
Fußfesseln gebunden worden, aber die Ketten waren von ihm zer-
rissen und die Fußfesseln zerrieben worden, und niemand war stark
genug, ihn zu bändigen. 5 Und die ganze Zeit, Nacht und Tag, ver-
brachte er schreiend in den Grabhöhlen und auf den Bergen und
schlug sich selbst mit Steinen. 6 Und als er Jesus von weitem sah, lief
er zu ihm und fiel vor ihm nieder 7 und schrie mit lauter Stimme:
»Was habe ich mit dir zu tun, Jesus, Sohn des höchsten Gottes? Ich
beschwöre dich bei Gott: Quäle mich nicht!« 8 Er hatte nämlich zu
ihm gesagt: »Fahre aus, unreiner Geist, aus dem Menschen!« 9 Und er
fragte ihn: »Was ist dein Name?« Und er sprach zu ihm: »Legion ist
mein Name, denn wir sind viele.« 10 Und er bat ihn vielmals, sie nicht
aus der Gegend wegzuschicken. 11 Es weidete aber dort am Berg eine
große Herde von Schweinen, 12 und sie baten ihn: »Schicke uns in die
Schweine, damit wir in sie fahren können.« 13 Und er erlaubte es ih-
nen. Und die unreinen Geister fuhren aus und fuhren in die Schwei-
ne, und die Herde stürmte den steilen Abhang hinunter in den See,
ungefähr zweitausend (Tiere), und sie ertranken im See.
14 Und ihre Hirten ergriffen die Flucht und berichteten in der Stadt
und in den Dörfern davon. Und (die Leute) kamen, um zu sehen,
was da passiert war, 15 und sie kommen zu Jesus und sehen den Be-
sessenen dasitzen, bekleidet und vernünftig, ihn, der die Legion
(unreiner Geister) gehabt hatte, und sie fürchteten sich. 16 Und die
es gesehen hatten, berichteten ihnen, was mit dem Besessenen ge-
schehen war und über die (Sache mit den) Schweine(n). 17 Und sie
fingen an, ihn zu bitten, aus ihrer Gegend wegzugehen. 18 Und als er
in das Schiff stieg, bat ihn der, der von Dämonen besessen gewesen
war, dass er bei ihm bleiben dürfe. 19 Aber er ließ ihn nicht, sondern
sagt ihm: »Geh nach Hause zu den Deinen und berichte ihnen alles,
was der Herr dir getan hat und wie er sich deiner erbarmt hat.«
20 Und er ging weg und verkündigte in der Dekapolis alles, was Jesus
für ihn getan hatte, und alle staunten.

Die zweite Geschichte, die Markus in diesem Zusammenhang berichtet, handelt von einer Dämonenaustreibung. Sie wird sehr ausführlich und farbig erzählt. Allerdings weist sie einige Unebenheiten auf, was von manchen auf verschiedene Entwicklungsstufen

zurückgeführt wird. Wir legen die Geschichte so aus, wie sie von Markus überliefert wird.
Nach der Sturmstillung kommen Jesus und seine Jünger am jenseitigen Ufer an, d.h. am Ostufer des Sees (**1**; vgl. 4,35). Ob das Folgende noch am gleichen Abend oder am nächsten Morgen geschieht, sagt Markus nicht.

Die Ortsangabe *ins Gebiet der Gerasener* macht allerdings Schwierigkeiten. *Gerasa*, das heutige *Jerash*, ist fast 60 km vom See Genezareth entfernt und sein Gebiet reichte nicht bis an den See. Schon Matthäus ändert deshalb in *Gadara* (das heutige *Umm Queis*), das nur etwa 10 km vom See entfernt liegt. So verbessern auch viele spätere Handschriften des Markusevangeliums. Aber auch dieser Ort ist eigentlich zu weit weg. Origenes, ein Theologe des 3. Jahrhunderts, hat darauf hingewiesen, dass der Ort Gergesa (wahrscheinlich die Ruinenstätte *el-kursi*) ganz nahe am See liegt und es etwa 2 km entfernt einen ca. 40 m hohen Uferhang gibt, der steil zum See abfällt. Eine Reihe späterer Handschriften liest deshalb *Gebiet der Gergesener.* Wir stehen also vor dem Problem, dass der älteste Text des Markusevangeliums *Gerasener* las, die Geographie der Erzählung aber nach Gergesa weist. Vielleicht wurde schon in der mündlichen Überlieferung aus dem unbekannten Gergesa das bekannte Gerasa.

Merkwürdigerweise wird nur von Jesus erzählt, dass er aus dem Boot stieg (**2**). Wollten die Jünger an diesem unheimlichen Ort auf heidnischem Gebiet nicht an Land gehen? Tatsächlich kommt es sofort zu einer schwierigen Begegnung. Von den Gräbern her, die am Ufer in den Fels gehauen waren, kommt ein Mensch auf Jesus zu, dessen Verhalten darauf schließen lässt, dass er von einem *unreinen Geist,* also einem Dämon, besessen ist. Der Erzähler schiebt deshalb eine genauere Beschreibung seines Leidens ein (**3–5**): Er lebt in den Grabhöhlen – noch lebend schon unter den Toten. Alle Versuche, ihn zu bändigen, scheitern an den unbändigen Kräften, die er entfaltet. So schreit er die ganze Zeit in den Gräbern und auf den Bergen und schlägt sich selbst mit Steinen. Sein unbändiger Freiheitsdrang richtet sich gegen sich selbst, und die Kräfte, die in ihm stecken, zerstören ihn selbst.
Nach dieser Erläuterung beginnt die eigentliche Erzählung. Als der Mensch Jesus schon von weitem sah, kam er angerannt und warf sich vor ihm nieder (**6**). Die zerstörerischen Kräfte in ihm anerkennen die Hoheit Jesu. Aber dann ruft es in höchster Angst aus dem Menschen heraus: *Was habe ich mit dir zu tun, Jesus, Sohn des höchsten Gottes?* (**7**). Die Stimme des unreinen Geistes versucht sich mit einer Art Abgrenzungsformel von Jesus und seiner Vollmacht zu distanzieren (vgl. 1,24). Der Dämon weiß, wer Jesus ist: *der Sohn des höchsten Gottes.* Die Formulierung *höchster Gott*

kommt in der Bibel immer im Mund von Nichtjuden vor (vgl. Gen 14,18–20; Num 24,16; Apg 16,17). In hellenistischer Zeit wird es zur Bezeichnung für den einen, alles umfassenden Gott. Auch das »Bekenntnis« des Dämons zeigt: Wir befinden uns auf heidnischem Gebiet, und doch ist klar, wer dieser Jesus ist! Aber nicht Jesus beschwört den Dämon, sondern der Dämon versucht Jesus unter Anrufung Gottes zu beschwören, ihn nicht zu quälen. Auch Dämonen leiden nicht gerne.

Markus schiebt eine Erklärung für diese Reaktion nach: Jesus habe zu dem Dämon gesagt: *Fahre aus, unreiner Geist, aus dem Menschen!* (**8**) Davon war zunächst nicht die Rede; es schien so, als habe die reine Anwesenheit Jesu den Dämon in Angst versetzt. Diese nachträgliche Erklärung leitet jedoch etwas ganz Außergewöhnliches ein. Es kommt zu einem Dialog zwischen Jesus und den Dämonen. Jesus nimmt die Stimmen, die aus dem besessenen Menschen herausdringen, ernst und überwindet so ihre Macht über ihr Opfer.

Die erste Frage gilt dem Namen des unreinen Geistes (**9**). Er muss ihn preisgeben und damit etwas von seinem Wesen verraten. Er heißt *Legion,* denn – so fügt der Dämon hinzu – *wir sind viele. Legion,* das war die grundlegende Truppeneinheit des römischen Heeres mit einer Sollstärke von 5600 Fußsoldaten und 120 Reitern. Der Name signalisierte also sowohl eine große Zahl als auch militärische Stärke, die, wenn es sein musste, mit brutaler Gewalt durchgesetzt wurde. Auch wenn die Erzählung durch nichts andeutet, dass mit diesem Namen auf die römische Besatzungsmacht Bezug genommen wird, werden spätere Leser die Anspielung fast zwangsläufig wahrgenommen haben, zumal die 10. Legion, die im Jüdischen Krieg gekämpft hatte und dann in den Trümmern Jerusalems stationiert war, das Zeichen des Ebers trug. Die römischen Legionen waren Signale der Fremdbestimmung.

Aber daran rührt die Geschichte nicht. In ihr erklärt der Name die Menge der Dämonen und die Zerrissenheit des betroffenen Menschen (vgl. den Wechsel zwischen Singular und Plural!). Zunächst steht das Selbstmitleid der Dämonen im Vordergrund, die inständig darum bitten, nicht aus dem angestammten Gebiet vertrieben zu werden (**10**). Der Dämon, der den betroffenen Menschen aus der menschlichen Gemeinschaft vertrieben und zum unbehausten Fremden gemacht hat, jammert, um seine Heimat nicht zu verlieren, und bittet darum, in die Schweine einer großen Herde fahren zu dürfen, die an dem Berghang auf der Weide war (**11–13**). Jesus erlaubt es, und die Dämonen fahren in die Schweine, und diese rasen, wie vom Teufel besessen, den Abhang hinunter, stürzen in den See und sind – obwohl Schweine normalerweise schwimmen können – von den (selbst)zerstörerischen Kräften der Dämonen so erfüllt, dass alle ertrinken. 2000 Schweine sind vernichtet. Für Judenchristen, die das hörten oder lasen, war das ein köstlicher Schwank: Die unreinen Geister vernichten die unreinen Schweine und stürzen dabei selber in den Abgrund. Offen konnte höchstens die Frage sein, ob die Dämonen damit in die selbst gestellte Falle gelaufen waren oder ob sie dort angekommen waren, wo sie eigentlich hingehören: in den Abgrund der Tiefe.

Dass die Hirten voller Schrecken flohen und von dieser Katastrophe berichteten, versteht sich von selbst (**14**). Und so machen sich (nicht näher bezeichnete) Leute auf, um zu sehen, was passiert war. Sogleich treffen sie auf Jesus und den Menschen, der besessen gewesen war (**15**). Er war inzwischen ordentlich gekleidet und sprach vernünftig mit Jesus. Seine neu gewonnene Freiheit zeigt sich darin, dass er die Kleidung nicht mehr als Einengung und Zwang, sondern als Schutz versteht und dass er eine Beziehung in Rede und Antwort aufbauen kann. Diese radikale Lebenswende versetzt die Menschen in Furcht! Sie spüren die göttliche Kraft, die dahintersteckt, aber auch, was sie die befreiende Heilung eines Menschen kosten kann. Das aber ist die andere Seite des Ereignisses, die von den Augenzeugen (den mitgekommenen Hirten?) noch einmal erläutert wird (**16f**): Die Befreiung des einen Menschen kostete 2000 Schweinen das Leben. Die Reaktion ist knapp und klar: *Sie fingen an, ihn zu bitten, aus ihrer Gegend wegzugehen.* Die Folgekosten dieser Art von Heilung sind einfach zu hoch.

Eine letzte Szene beschließt die Geschichte. Als Jesus wieder ins Boot steigt, bittet ihn der, der von Dämonen besessen gewesen war, bei ihm bleiben zu dürfen (**18**). Es wird nicht gesagt, dass er als Verursacher der Schweinekatastrophe Angst hatte, zu Hause zu bleiben. Er will *mit ihm* (Jesus) *sein,* also sein Jünger werden. Aber Jesus lässt das nicht zu (**19**). Er hat zwei wichtige Aufgaben für diesen Menschen: (1) *Geh nach Hause zu den Deinen* – die Wiedereingliederung und Integration in Familie und Gesellschaft ist eine wichtige letzte Phase der Heilung und Befreiung, die bewältigt werden muss – (2) *und berichte ihnen alles, was der Herr dir getan hat und wie er sich deiner erbarmt hat.* Damit deutet sich eine neue Form der Nachfolge an, die nicht mehr darin besteht, alles zu verlassen und hinter Jesus herzugehen, sondern im eigenen angestammten Umfeld das weiterzugeben, was Gott im eigenen Leben bewirkt hat, und sein Erbarmen zu rühmen. Das tut der Mensch dann auch, und zwar nicht nur am eigenen Ort, sondern im ganzen Gebiet der *Dekapolis* (**20**). Das war ein Gebiet von *zehn Städten* im Ostjordanland zwischen Damaskus und Amman, die durch Pompejus 67 v.Chr. das Recht weitgehender Selbstverwaltung bekommen hatten. Sie waren mehrheitlich hellenistisch-heidnisch gepägt, jedoch auch von einer starken jüdischen Minderheit bewohnt. Hier – das macht die Geschichte deutlich – beginnt eine erste Mission, angestoßen von der Befreiung und Heilung eines Menschen, der schon in den Gräbern gelebt hatte. In der Schilderung seiner Botschaft hat Markus noch eine kleine Pointe versteckt. Während in den Worten des Auftrags Jesu sich das Wort *Herr* auf Gott bezieht, wird nun erzählt, dass der Mann verkündigte, was *Jesus* für ihn getan hatte. Gottes Erbarmen war ihm im Handeln Jesu begegnet. Das musste er weitersagen. Und das führt die, die das hören, ins *Staunen*. Von Glauben ist noch nicht die Rede; aber es wird signalisiert: Auch die Nichtjuden öffnen sich für das, was Jesus tut.

Diese Geschichte zeigt etwas vom Wesen der zerstörerischen Mächte, gegen die Jesus kämpft. Der Freiheitsdrang, der jede Bindung ablehnt, richtet sich letztlich gegen sich selbst und führt in die Einsamkeit der Gräber. Die Geschichte macht aber auch das Wesen des befreienden Handelns Jesu anschaulich: Er nimmt die Stimmen dieser Mächte ernst und lässt sich doch nicht von ihnen fesseln, sondern verweist sie in ihre Schranken. So findet der Besessene zu sich und in die menschliche Gemeinschaft und erkennt in Jesu Handeln Gottes Wirken. Die Wahrheit dieser Geschichte erschließt sich darum nicht in dem Versuch, sie historisch oder medizinisch genauer zu erklären, sondern durch die Überzeugungskraft des Erzählten und seiner tieferen Bedeutung. Die Geschichte verkündigt den Einbruch von Gottes Heil in die menschliche Heillosigkeit. Das ist eine Botschaft, die ihre Gültigkeit und Kraft behält, auch wenn wir die Entfremdung und die Besessenheit von Menschen nicht mehr auf Dämonen zurückführen, sondern auf andere Kräfte im Menschen und in der Gesellschaft, die das Streben nach Freiheit und Unabhängigkeit missbrauchen, um die Identität von Personen und das Miteinander in der Gemeinschaft zu zerstören. Die Erscheinungsformen der Macht des Bösen sind vielfältig. Die Gegenwart Gottes und seiner heilvollen Herrschaft aber durchbricht ihre Macht und ermöglicht »vernünftiges« Leben: Leben im Einklang mit Gott, mit sich selbst und mit anderen.

5,21–43
Jesus heilt eine kranke Frau und holt ein Mädchen ins Leben zurück

21Und als Jesus wieder mit dem Boot ans andere Ufer hinübergefahren war, versammelte sich eine große Volksmenge bei ihm. Und er war am See.
22Und es kommt einer der Synagogenvorsteher mit Namen Jairus, und als er ihn sieht, fällt er vor seinen Füßen nieder

**[23]und bittet ihn sehr: »Mein Töchterchen liegt im Sterben. Komm
und lege ihr die Hände auf, damit sie gerettet wird und am Leben
bleibt.« [24]Und er machte sich mit ihm auf den Weg. Und es folgte
ihm eine große Volksmenge, und sie drängten sich um ihn.
[25]Und eine Frau, die schon zwölf Jahre an Blutungen litt und
[26]unter vielen Ärzten viel gelitten hatte und ihr ganzes Vermögen
ausgegeben hatte – aber es hatte nichts genutzt, sondern es war eher
noch schlimmer mit ihr geworden –, [27]die hatte von Jesus gehört,
kam in der Menge von hinten und berührte seinen Mantel. [28]Denn
sie hatte sich gesagt: Wenn ich auch nur seine Kleider berühre, werde ich gerettet werden. [29]Und sogleich versiegte die Quelle ihrer
Blutung, und sie spürte an ihrem Körper, dass sie von der Plage geheilt war. [30]Und Jesu spürte sogleich in sich, dass Kraft von ihm
ausgegangen war, und blickte sich in der Menge um und fragte:
»Wer hat meine Kleider berührt?« [31]Und seine Jünger sagten ihm:
»Du siehst, wie dich die Menge umdrängt, und fragst: Wer hat mich
berührt?« [32]Aber er schaute sich um, um die zu sehen, die das getan hatte. [33]Die Frau aber, weil sie wusste, was an ihr geschehen
war, kam voll Furcht und Zittern und fiel vor ihm nieder und sagte ihm die ganze Wahrheit. [34]Er aber sagte zu ihr: »Tochter, dein
Glaube hat dich gerettet. Geh in Frieden und sei von deiner Plage
geheilt.«
[35]Als er noch redet, kommen Leute des Synagogenvorstehers und
sagen: »Deine Tochter ist gestorben. Warum bemühst du den Rabbi
noch?« [36]Aber Jesus, der mithörte, was sie sagten, sagt zu dem Synagogenvorsteher: »Fürchte dich nicht, glaube nur!« [37]Und er ließ
niemand mit sich kommen außer Petrus und Jakobus und Johannes,
den Bruder des Jakobus. [38]Und sie kommen in das Haus des Synagogenvorstehers, und er sieht die Aufregung und wie sie weinen und
laut klagen, [39]und er geht hinein und sagt zu ihnen: »Warum regt ihr
euch auf und weint. Das Kind ist nicht gestorben sondern schläft.«
[40]Und sie lachten ihn aus. Er aber schickt alle hinaus und nimmt den
Vater des Kindes und seine Mutter und seine Begleiter und geht
hinein, wo das Kind war. [41]Und er ergreift die Hand des Kindes und
sagt zu ihr: »Talitha kum«, das heißt übersetzt: »Mädchen, ich sage
dir, steh auf.« [42]Und sogleich stand das Mädchen auf und ging umher. Sie war nämlich (schon) zwölf Jahre alt. Und die Leute gerieten
sogleich völlig außer sich. [43]Und er schärfte ihnen dringend ein, die
Sache niemand wissen zu lassen, und er sagte, man solle ihr zu essen
geben.**

Markus (oder die Sammlung, die er benutzt) fügt eine dritte Geschichte an. In ihr sind zwei Ereignisse zusammengefasst, und zwar als eine Art Ringkomposition, wie sie Markus liebt: Die Geschichte von der Heilung einer Frau mit Blutungen ist in die Erzählung von Jairus und seiner Tochter eingeschoben und erklärt so das verzögerte Eingreifen Jesu.

Der Bericht knüpft an die vorhergehende Geschichte an. Jesus befindet sich wieder am anderen Ufer im Gebiet der jüdischen Bevölkerung (**21**). Er bleibt am See, und erneut versammelt sich eine große Menge von Menschen um ihn. Einer der Synagogenvorsteher der Gegend nähert sich Jesus (**22f**). Ein solcher Leiter der Gemeindeversammlung hatte nicht nur im Synagogengottesdienst, sondern auch in der kommunalen Verwaltung wichtige Aufgaben wahrzunehmen. Sein Name Jairus ist überliefert. Er ist eine der wenigen jüdischen Führungspersönlichkeiten, die im Markusevangelium positiv geschildert werden. Er fällt zu Jesu Füßen nieder, anerkennt so dessen Vollmacht und macht seine Bitte dringlich. Seine Tochter liegt im Sterben, und er bittet Jesus, zu ihr zu kommen und ihr die Hände aufzulegen, damit sie wieder gesund wird und am Leben bleibt. Wörtlich übersetzt heißt das: *damit sie gerettet wird,* und die breite Bedeutung dieses Wortes zwischen *gesund* und *gerettet* werden ist für diese und andere Erzählungen wichtig.

Jesus sagt nichts, macht sich aber mit Jairus auf den Weg (**24**). Die Menge folgt ihm, und die Leute drängen sich in gespannter Erwartung auf das, was er tun würde, um ihn. (Hier wird *nachfolgen* neutral im Sinn von *hinterhergehen* gebraucht.)

Mit dem Hinweis auf das Gedränge der Leute ist das Stichwort für die nächste Geschichte gegeben. In der Menge befindet sich auch eine Frau, deren Krankengeschichte knapp, aber eindrücklich referiert wird (**25f**). Seit zwölf Jahren leidet sie an chronischen Blutungen. (Die heutige Diagnose wäre vermutlich Endometriose). Bei den Ärzten, die sie in großer Zahl konsultiert hat, hat sie keine Hilfe gefunden, vielmehr unter deren Behandlungsmethoden gelitten und ihr ganzes Vermögen für die Kosten aufgebraucht. Aber es war nur schlimmer geworden. Das ist ein typischer »Notbericht« einer Kranken. Was er nicht sagt, war zumindest für jüdische Leser und Leserinnen klar. Nach Lev 19 sind Frauen nicht nur sieben Tage nach der Menstruation unrein, sondern während der ganzen Zeit, in der ungewöhnliche Blutungen andauern. In dieser Zeit wurde alles unrein, was eine solche Frau berührte (Lev 15,19–33). Zu der körperlichen und seelischen Schwächung kam also auch die soziale und kultische Isolation. Die Frau wurde zur »Unberührbaren«. Viele Ausleger sehen diese Situation als das eigentliche Problem an, das in der Geschichte bewältigt wird. Allerdings deutet die Erzählung davon nichts an, sondern konzentriert sich ganz auf die körperliche Heilung. Markus spricht auch nicht davon, was die

Krankheit für das Frausein der Kranken bedeutet. Mitfühlende Leserinnen (und Leser) mögen das ergänzen.

Die Frau hat von Jesus und seiner Heiltätigkeit gehört (**27f**) und setzt alle ihre Hoffnung auf ihn. Sie sieht in ihm einen Menschen, der so stark mit göttlicher Kraft erfüllt ist, dass es schon genügt, seine Kleider zu berühren, um *gerettet* bzw. *gesund zu werden*. Die Vorstellung von einer heilenden Berührung der Kleider finden wir auch sonst im Neuen Testament, ohne dass sie kritisiert würde (vgl. 3,13; 6,56; Apg 5,15; 19,12). Dass die Frau diesen Weg wählt, könnte damit zusammenhängen, dass sie weiß, sie müsste eigentlich Menschen meiden. Aber mit dem Vorsatz, Jesus heimlich zu berühren, begibt sie sich ebenfalls in Konflikt mit dem Gesetz!

So nähert sie sich Jesus vorsichtig von hinten und berührt sein Obergewand. Sofort spürt sie, dass die Blutung aufgehört hat und sie von der *Plage* (wörtlich: *Geißel*) der Krankheit, die ihr Leben zwölf Jahre gequält hatte, geheilt ist (**29**). Aber auch Jesus spürt, dass eine Kraft von ihm ausgegangen ist, und fragt, wer ihn berührt hat (**30**). Die Jünger finden diese Frage angesichts der Menschenmenge, die Jesus umlagert, müßig, aber Jesus will diese Person finden (**31f**). Die Frau, die weiß, dass sie gemeint ist und dass sie seiner Frage nicht ausweichen kann, reagiert mit *Furcht und Zittern* (**33**). Das liegt nicht nur an ihrem schlechten Gewissen. Sie spürt, dass sie Gottes Kraft in besonderer Weise begegnet ist, und die angemessene Reaktion auf diese Begegnung ist erschrockene Ehrfurcht. Aber dann fasst sie Mut, fällt vor Jesus nieder und *sagt ihm die ganze Wahrheit*. Damit sind ganz unterschiedliche Dimensionen des Geständnisses der Frau umschrieben: Indem sie sagt, was geschehen ist, gesteht sie ein, dass sie sich heimlich an ihn herangemacht und ihm ohne seine Erlaubnis Kraft geraubt hat, und wohl auch, dass sie ihn als unreine Frau berührt und ihre Unreinheit auf ihn übertragen hat. Aber sie bekennt damit zugleich, dass sie durch ihn geheilt und aus ihrem Elend gerettet wurde.

Jesu Antwort (**34**) macht das, was in der fast magisch anmutenden Heilung schon verborgen geschehen ist, bewusst und öffentlich. Die (für uns etwas merkwürdig klingende) Anrede *Tochter* spricht sie als vollwertiges Mitglied der Familie Gottes an. Die Zusage: *Dein Glaube hat dich gerettet* ist mehr als eine Bestätigung dessen, was gerade geschehen ist. Ihr festes Vertrauen darauf, dass es bei Jesus auch in hoffnungsloser Lage Hilfe gibt, ist der Glaube, der ihr den Weg zu Heilung und Heil geöffnet hat. Solcher Glaube schreckt auch vor gewagter Grenzüberschreitung nicht zurück, ähnlich wie beim Verhalten der Begleiter des Gelähmten in 2,1–12. Jesus spricht der Frau diesen Glauben zu und hebt damit das Geschehen aus der Dimension einer rein magischen Kraftübertragung auf die Ebene der Begegnung mit Gott und seinem Heil. Darum haben wir Jesu Antwort nicht mit *Dein Glaube hat dir geholfen* (LÜ 56) oder *hat dich gesund gemacht* übersetzt, was durchaus korrekt wäre, sondern mit *hat dich gerettet*. Jesus meint nicht, dass der Glaube die Kraft war, die die Heilung bewirkt hat, wohl aber, dass der Glaube die Tür ist, durch die Gottes Kraft wirken konnte. Jesu Segenswort spricht ihr beides zu: den *Frieden* Gottes, der ihr Leben mit seinem heilvollen Segen begleitet, und die Bestätigung ihrer Heilung, der Befreiung von der *Geißel* ihrer Krankheit, der *Plage*, von der sie gequält und zermürbt wurde. Heilung durch Jesus ist mehr als die Reparatur eines falsch funktionierenden Körpers. Es schließt das Heilwerden des Menschen ein. Lk 17,12–19, der Bericht von dem dankbaren Aussätzigen, erzählt eine ähnliche »zweistufige« Heilungsgeschichte.

Doch unsere Geschichte geht weiter. Während Jesus mit der Frau spricht, kommen Leute des Jairus und sagen ihm: *Deine Tochter ist gestorben. Warum bemühst du den Rabbi noch?* (**35**) Hier scheint auch Jesu Vollmacht an ihre Grenzen gekommen zu sein. Aber Jesus, der mithört, sagt zu Jairus: *Fürchte dich nicht, glaube nur!* (**36**) Angesichts der Gegenwart göttlichen Lebens im Wirken Jesu ist die Furcht vor der Macht des Todes nicht am Platz, wohl aber das Vertrauen auf Gottes lebendig machende Kraft. Auf den Weg ins Haus des Jairus nimmt Jesus nur Petrus, Jakobus und Johannes mit sich (**37**), die Jünger, die bei ihm sind, wenn es um besondere Erfahrungen göttlicher Gegenwart in Jesu Handeln geht (vgl. 9,2–8; aber auch 14,32–42). Das Haus des Jairus ist schon voll von dem lauten Klagen und der Aufregung in einem orientalischen Trauerhaus (**38**). Jesus stellt dieses Verhalten mit dem Hinweis in Frage: *Das Kind ist nicht gestorben, sondern schläft* (**39**). Manche Ausleger haben daraus abgeleitet, dass Jesus aus irgendeinem Grund wusste, dass das Mädchen nicht gestorben war, sondern nur in einer tiefen Ohnmacht lag. Aber die Erzählung will damit nicht andeuten, dass das Kind gar nicht tot war. Jesu Wort soll signalisieren, dass für Gott der irdische Tod vorläufig ist, ein Schlaf, aus dem Gott auferweckt. Für die Leute im Trauerhaus muss das unverständlich bleiben; sie lachen Jesus aus, eine Reaktion, die nicht nur ihren Unglauben, sondern auch ihre Verzweiflung angesichts der Wirklichkeit des Todes zeigt (**40**).

Jesus schickt die Leute hinaus, nimmt aber Vater und Mutter des Mädchens sowie seine Begleiter mit sich in dessen Kammer – ein bemerkenswerter Unterschied zu den vergleichbaren Geschichten, die von Elia und Elisa erzählt werden (1Kön 17,19–24; 2Kön 4,32–35). Trotz der dramatischen Situation begnügt sich Jesus damit, die Hand des Mädchens zu ergreifen – eine Geste, die die Übertragung

von Lebensmacht symbolisiert – und sie mit einem schlichten Wort ins Leben zurückzurufen (**41**). Dieses Wort wird in Aramäisch überliefert, der Sprache, die Jesus gesprochen hat. Der Wortlaut in den ältesten Handschriften ist allerdings nicht ganz korrekt. Die Form *Talitha kum,* die sie bezeugen, wäre die Anrede an einen Jungen; die richtige Form für eine Mädchen ist *Talitha kumi,* was die Mehrzahl der späteren Handschriften dann auch verbessert hat. Markus kennt aber die korrekte Übersetzung des Wortes und fügt sie an: *Mädchen, steh auf!* Die christlichen Hörer und Hörerinnen der Geschichte haben in diesen Worten sicher eine doppelte Bedeutung gehört: *Steh auf* – das ist die natürliche Aufforderung an jemand, der schläft. Aber das griechische Wort für *aufstehen* bedeutet auch *auferstehen.* Im Weckruf an das Mädchen geschieht der Ruf dessen, der aus dem Tod auferweckt.
Und das Wunder geschieht: Das Mädchen steht auf und geht umher (**42**). Sie ist völlig wiederhergestellt. Hier trägt der Erzähler nach, dass das Mädchen kein Säugling oder Kleinkind war, sondern schon zwölf Jahre alt; er erklärt damit, dass sie schon gehen konnte. Dass Mädchen mit zwölf Jahren damals als heiratsfähig galten und die Tochter des Jairus also an der Schwelle des Erwachsenwerdens stand, hat manche Überlegungen zur Art ihrer Erkrankung und zur Bedeutung der Heilung als Ablösung aus einer tödlichen Vaterbindung ausgelöst. Die Geschichte deutet davon nichts an. Eher liegt ein beabsichtigter Gedankenanstoß darin, dass das Mädchen so alt ist, wie die Frau an Blutungen erkrankt war.
Dass die Zeugen dieses Ereignisses völlig außer sich geraten vor Verwunderung über das, was hier geschehen ist, ist verständlich und gehört zur Art, wie solche Dinge erzählt werden. Umso merkwürdiger ist Jesu strenger Befehl, niemand davon wissen zu lassen (**43**). Angesichts der Situation ist das völlig unrealistisch. Aber der Bericht darüber ist ein Signal an Leser und Leserinnen: Was hier geschieht, lässt sich erst wirklich nach Jesu Tod und Auferstehung verstehen! Sehr viel lebensnaher ist die letzte Anweisung Jesu, dem Mädchen etwas zu essen zu geben. Das ist wohl kaum ein Hinweis auf eine überwundene Magersucht, sondern soll noch einmal zeigen, dass das Mädchen wirklich ins Leben zurückgekommen ist.

Dies ist die erste und einzige Geschichte, in der Markus erzählt, dass Jesu Vollmacht auch vor den Schrecken des Todes nicht haltmacht. In der Markusfassung geht es um ein Mädchen, das noch an der Schwelle des Todes steht und von Jesus ins Leben zurückgeholt wird. Matthäus wird dann – anders als Markus und Lukas – die Geschichte so erzählen, als ob Jairus von vorneherein um die Auferweckung seiner Tochter gebeten hätte (Mt 9,18). Hier prägt der Auferstehungsglaube der Gemeinde die Art, wie die Geschichte weitererzählt wurde. In die Erzählung spielen auch Züge der Wiederbelebung von Kindern durch die Propheten Elia und Elisa hinein, aber es zeigen sich auch charakteristische Unterschiede (vgl. 1Kön 17,19–24; 2Kön 4,32–35). Für die Gemeinde bestätigt diese Geschichte die Gewissheit, die ihren letzten Grund in der Botschaft von der Auferweckung Jesu hat: Gott, der die Toten lebendig macht, handelt durch und an Jesus Christus, um den Menschen das Leben zu schenken.

Das Ineinander der beiden Frauengeschichten gibt beiden eine tiefere Bedeutung. Die erwachsene Frau, die zwölf Jahre an einer sie demütigenden Krankheit litt und durch ihren schlichten Glauben Heilung erfuhr, steht neben dem zwölfjährigen Mädchen, dessen Leben zu Ende zu gehen scheint und dessen verzweifelter Vater zum Glauben ermutigt wird. *Glaube nur* – dieses ermutigende Wort Jesu ist die jesuanische Fassung des *allein aus Glauben – sola fide.*

6,1–6a
Jesus wird in Nazareth abgelehnt

[1]Und er ging von dort weg und kommt in seinen Heimatort, und sei-
ne Jünger folgen ihm. [2]Und als es Sabbat wurde, begann er in der
Synagoge zu lehren, und als sie ihn hörten, gerieten viele außer sich
und sagten: Woher hat der das, und was ist das für eine Weisheit,
die ihm gegeben wurde? Und was für Machttaten geschehen durch
seine Hände? [3]Ist das nicht der Zimmermann, der Sohn der Maria
und Bruder des Jakobus und des Joses und des Judas und des Simon?
Und leben nicht seine Schwestern hier bei uns? Und sie nahmen an
ihm Anstoß und lehnten ihn ab. [4]Und Jesus sagte zu ihnen: Nirgends
ist ein Prophet so wenig wert wie in seiner Heimat und bei seinen
Verwandten und bei sich zu Hause. [5]Und er konnte dort keine ein-
zige Machttat tun; nur einigen Kranken legte er die Hände auf und
heilte sie. [6a]Und er wunderte sich über ihren Unglauben.

Ans Ende des zweiten Abschnitts des ersten Teils des Evangeliums stellt Markus eine Geschichte, die in scharfem Kontrast zu den großen Wundertaten steht, die er gerade erzählt hat. So wie am Ende des ersten Abschnittes die Ablehnung durch Jesu Gegner steht, so steht am Ende des zweiten die Ablehnung Jesu durch Nachbarn und Bekannte in seinem Heimatort.

Vom See Genezareth bricht Jesus in seinen Heimatort auf (1). Aus 1,9 weiß der Leser, dass dies Nazareth ist, ein kleines Dorf, etwa 45 km von Kapernaum entfernt. Dass seine Jünger ihm folgen, wird ausdrücklich betont, obwohl sie in der Geschichte keine Rolle spielen. Das hat zwei Gründe: Jesus kommt in seine Heimat als Wanderrabbi, dem eine stattliche Anzahl von Schülern und Anhängern folgt. Diese werden Zeugen der Ablehnung, die er dort erlebt. Sie wissen also, worauf sie sich einlassen, wenn sie sich von ihm aussenden lassen (6,7–12)!

Am folgenden Sabbat geht Jesus in die Synagogenversammlung und beginnt dort zu lehren (**2**). Die Szene gleicht in vielem der Erzählung in 1,21–28 von Jesu Lehren in der Synagoge in Kapernaum. Die beiden Orte, Kapernaum und Nazareth, stehen für zwei gegensätzliche Weisen, die Botschaft Jesu aufzunehmen. Was Jesus lehrt, wird auch hier nicht gesagt. Markus geht davon aus, dass die knappe Zusammenfassung der Verkündigung Jesu in 1,14f auch Inhalt seiner Lehre in Nazareth war. Und wie in Kapernaum wird auch von denen, die ihn in Nazareth hörten, gesagt, dass viele *außer sich gerieten* vor Verwunderung über das, was Jesus lehrte.

Aber sie geben diesem Staunen nicht weiter Raum, sondern beginnen zu fragen: *Woher hat er das?* Das ist in dieser Situation eine naheliegende Frage. Wenn einer, der nur die bescheidene Schulbildung dieses Dorfes genossen hat, zurückkommt und redet wie ein Schriftgelehrter – oder noch viel eindrücklicher –, dann liegt die Frage nahe: *Woher hat er das?* Dahinter steckt die tiefer liegende Frage, die Jesus selbst in 11,27 stellen wird: Stammt diese Vollmacht vom Himmel (also von Gott) oder von Menschen? Das wird noch deutlicher bei der nächsten Frage: *Was ist das für eine Weisheit, die ihm gegeben wurde?* Dass Jesus sich diese Gedanken nicht selbst ausgedacht hat, scheint klar. Aber wer hat sie ihm gegeben? Ist es Gott? Begegnet in Jesus der »Geist der Weisheit«, der dem Messias gegeben werden wird (Jes 11,2)? Oder war diese Weisheit Blendwerk anderer Mächte? Das führt zur letzten Frage: Welche Macht steckt hinter den Wundern, wörtlich: den *Machttaten,* von denen man so viel hört? (Vorausgesetzt ist, dass die Nazarener von Jesu Wirken am See gehört haben.)

Bis dahin waren diese Fragen auch für eine positive Antwort offen. Die nächsten Fragen aber sind nur noch rhetorischer Natur und sollen den Anspruch, Jesu wirke in göttlicher Vollmacht, abwehren (**3**): *Ist das nicht der Zimmermann?* Man kannte Jesus als gelernten *Bauhandwerker,* der Häuser erstellte, also nicht nur mit Holz, sondern auch mit Stein arbeitete. Anders als bei den Griechen galt es im Judentum nicht als ehrenrührig, ein Handwerk auszuüben; aber wer es tat, konnte nichts »Besonderes« sein. Zudem kennt man doch die ganze Verwandtschaft: Ist er nicht *der Sohn Marias und Bruder des Jakobus und des Joses und des Judas und des Simon?* Die Benennung nach der Mutter ist im Judentum sehr ungewöhn-

lich. Man hat darüber spekuliert, ob das ein Hinweis auf eine ungeklärte Herkunft Jesu ist oder daher rührt, dass Maria schon lange Witwe war. Letzteres ist wahrscheinlicher, denn man lehnt Jesus nicht wegen einer zweifelhaften Abstammung ab, sondern weil man seine Herkunft kennt. Deshalb werden auch seine Brüder genannt, von denen Jakobus später in der Urgemeinde eine führende Rolle einnahm. Sie sind nach Jakob und seinen Söhnen benannt, was auf eine traditionsbewusste Familie schließen lässt. Auch die Schwestern werden erwähnt, wenn auch nicht mit Namen. Sie scheinen in Nazareth verheiratet, aber der Gemeinde nicht namentlich bekannt gewesen zu sein. Weil sie zu wissen meinen, woher Jesus stammt, *nehmen* die Nazarener *Anstoß* an seinem Vollmachtsanspruch und lehnen ihn ab.
Jesus spürt das und antwortet mit einem Sprichwort (**4**): *Nirgends ist ein Prophet so wenig wert wie in seiner Heimat* (vgl. Lk 4,24; Joh 4,44), und Markus verstärkt das durch den Zusatz: *und bei seinen Verwandten und bei sich zu Hause*. Die Tragik ist, dass Menschen mit einer prophetischen Botschaft gerade von denen abgelehnt werden, die sie am besten kennen müssten (vgl. Jer 11,23).
Die Ablehnung führt zu einer bemerkenswerten Konsequenz (**5**): Jesus *konnte dort keine einzige Machttat tun* (wenn Markus positiv von Wundern spricht, nennt er sie *Machttaten*). Wenn Menschen ihn ablehnen, kann auch Jesus nicht aus der Vollmacht Gottes heraus handeln. Das heißt nicht, dass Jesus den Glauben der Kranken als psychologische Voraussetzung braucht, um heilen zu können. Wenn er Besessene befreit, ist von deren Glauben nicht die Rede (vgl. auch 9,14–27). Aber in einer Atmosphäre des Misstrauens und der Ablehnung kann er nicht wirken (vgl. 8,11). Markus korrigiert allerdings diese Feststellung sogleich und nennt Ausnahmen: *nur einigen Kranken legte er die Hände auf und heilte sie.* Es ist unklar, worauf diese Ausnahmen beruhen: Gab es doch Leute in Nazareth, die an Jesus glaubten? Sah Markus die Heilung durch Handauflegung als etwas anderes (leichteres?) an als die *Machttaten*? Oder weisen die Ausnahmen darauf hin, dass der Bann kollektiven Unglaubens nicht so undurchdringlich ist, dass Jesu Hilfe nicht doch Menschen erreichen kann?
Die Frage bleibt offen. Die Geschichte endet damit, dass sich nicht die Menschen in Nazareth über Jesu Vollmacht wundern, sondern Jesus über ihren Unglauben (**6a**). Sie zeigt sehr klar, worin der *Unglaube* besteht. Es ist ja nicht so, dass die Leute in Nazareth daran gezweifelt hätten, dass Jesus Wunder getan hat. Ihr Unglaube bestand darin, dass sie nicht anerkennen wollten, dass Gott es ist, der sie bewirkt. Damit verschließen sie sich Jesu Wirken, in dem ihnen schon jetzt das Heil Gottes und seines Reiches begegnet.

Nach allem, was in 3,7 – 6,6a erzählt wurde, wird die Frage: *Wer ist der?* (4,41) immer dringlicher. In 4,35 – 5,43 wird in eindrucksvoller Weise gezeigt, dass Jesus Macht über die Elemente, über das Heer böser Mächte und über Krankheit und Tod hat. Das legt eigentlich unausweichlich den Schluss nahe, dass er im Auftrag Gottes handelt und das endzeitliche Heil bringt, das die jüdischen Menschen so sehnlichst erhofften. Aber 6,1–6a zeigt: Wunder allein führen nicht zu dieser Antwort. Wer nicht bereit ist, in dem Menschen Jesus Gottes Gegenwart zu erkennen, verschließt sich dem, was Gott durch ihn und in ihm tut.

6,6b – 8,26
Jesu Wirken bis zu den Heiden – seine Jünger bleiben unverständig

Der dritte Abschnitt des ersten Teils des Evangeliums beginnt wieder mit einem ganz kurzen Sammelbericht über Jesu Wirksamkeit in der Gegend um Nazareth (6,6b), erzählt dann von der Aussendung der Jünger und der Hinrichtung Johannes des Täufers und einer Reihe von Wundern Jesu (6,7–56). In der Mitte des Abschnittes stehen Lehr- und Streitgespräche über Reinheitsvorschriften (7,1–23). Diese Thematik öffnet den Weg zu Jesu Wirken in heidnischem Gebiet, von dem in 7,24 – 8,10 berichtet wird. Der Abschnitt endet mit Streitgesprächen mit Schriftgelehrten. In ihnen zeigt sich, dass auch die Jünger Jesus nicht verstehen (8,11–21). Doch ist dies nicht das letzte Wort. Der erste Teil schließt mit einer Blindenheilung (8,22–26), die zum zweiten Teil überleitet, in dem mehr von Jesu Weg und Wesen sichtbar wird.

6,6b–13
Jesus sendet die Zwölf aus

6b Und er zog durch die Dörfer im Umkreis und lehrte.
7 Und er ruft die Zwölf zu sich und begann, sie zwei und zwei auszusenden und gab ihnen Vollmacht über die unreinen Geister 8 und gebot ihnen, nichts auf den Weg mitzunehmen außer einem Stock, kein Brot, keinen Reisesack, kein Kupfergeld im Gürtel, 9 nur Sandalen an den Füßen, und zieht keine zwei Untergewänder an. 10 Und er sagte ihnen: »Wenn ihr irgendwo in ein Haus eintretet, bleibt dort, bis ihr von dort weiterzieht. 11 Und wenn ein Ort euch nicht aufnimmt und man euch nicht hört, von dort geht weg und schüttelt den Staub ab, der unter euren Fußsohlen ist, zum Zeugnis für sie.«

[12]Und sie zogen aus und verkündigten, man solle umkehren, [13]und trieben viele Dämonen aus und salbten viele Kranke mit Öl und heilten sie.

Der Abschnitt beginnt mit einer knappen Zusammenfassung der Wirksamkeit Jesu im Umfeld von Nazareth (**6b**). Auch hier wird nichts über den Inhalt der Lehre erzählt. 1,14f bleibt die inhaltliche Vorgabe für alles Verkündigen und Lehren Jesu.
Wie in den anderen beiden Abschnitten des ersten Teils folgt darauf eine Jüngergeschichte, hier die Aussendung der Zwölf. Die Erzählung greift zurück auf die Parallele in 3,13–15. Dort setzt Jesus die Zwölf ein, *damit sie mit ihm seien und damit er sie aussende, um zu verkündigen und Vollmacht zu erhalten, die Dämonen auszutreiben.*
Jetzt, nachdem sie eine Zeit lang bei ihm waren und seine Lehre gehört und sein Handeln erlebt haben, beginnt Jesus, sie auszusenden, und zwar immer zwei zusammen (**7**). Das entspricht urchristlicher Missionspraxis und gibt die Möglichkeit zu gegenseitiger Hilfe, nimmt aber auch die Regel auf, dass für eine glaubwürdige Aussage zwei Zeugen nötig sind (Dtn 19,15). Jetzt verleiht Jesus den Zwölfen die in 3,15 angekündigte Vollmacht, Dämonen auszutreiben. Seine Jünger haben an seinem Kampf mit dem Satan Anteil. In einer Welt, in der so viele Menschen besessen und gebunden sind, hat die Vollmacht, Menschen aus der Herrschaft destruktiver Mächte zu befreien, hohe Bedeutung. Merkwürdigerweise wird zunächst nichts von einem Auftrag zur Verkündigung gesagt. Das ist anders in der Parallele der Logienquelle, die Lukas als Aussendung der 72 in Lk 10,1–12 aufgenommen und Matthäus in seinen Bericht über die Aussendung der Zwölf eingearbeitet hat. Hier werden die Jünger auch beauftragt, die Nähe des Reiches Gottes zu verkündigen (vgl. Lk 9,2; 10,9; Mt 10, 7). Wollte Markus den Auftrag der Jünger von dem Jesu unterscheiden, weil es erst nach Ostern ihre Aufgabe sein würde, das Evangelium von Jesus Christus zu verkündigen? Aber wie V. 12 zeigt, haben die Jünger auch den Auftrag zur Verkündigung; Markus hebt nur die Bevollmächtigung, unreine Geister auszutreiben, besonders hervor.
Im Blick auf die äußere Ausrüstung der Missionare erklärt Jesus zunächst kategorisch, dass sie *nichts auf den Weg mitnehmen* sollten (**8f**). Merkwürdig ist dann freilich, dass die Liste der verbotenen Gegenstände gleich mit einer Ausnahme beginnt: *außer einem Stock* (manche übersetzen auch: *Knüppel*). Es geht um den kräftigen Reisestock, den man als Stütze und auch als Waffe gegen Hunde und Wegelagerer brauchte. Ein Blick in die Überlieferung der Logienquelle zeigt den Grund dafür. Dort wird auch der Stock

verboten, ebenso die bei Markus später genannte Ausnahme der Sandalen (vgl. Mt 10,10; Lk 9,3; 10,4). Es hat hier offensichtlich eine Entwicklung gegeben. Während die Logienquelle noch die kleinräumigen galiläischen Verhältnisse im Auge hat, in denen Jesus und die ersten Jünger gelebt haben, hat die Überlieferung des Markus Anpassungen an die Erfordernisse weiterer Reisen urchristlicher Missionare vorgenommen. Man hat also Jesu Anweisungen als Leitlinien gesehen, die auch verändert werden konnten, wenn es die Mission erforderte. Die Radikalität der Anforderungen Jesu wird dadurch kaum gemildert. Die Zwölf sollen keinen Proviant mitnehmen, auch keinen Reisesack, in dem sie ähnlich wie die kynischen Wanderprediger milde Gaben hätten sammeln können, kein Kupfergeld im Gürtel tragen (von Silbergeld ist gar nicht erst die Rede) und auch kein zweites Hemd zum Wechseln überziehen (man trug damals ein *Untergewand,* eine Art langes Hemd, als Hauptkleidungsstück und hatte ein *Obergewand* oder *Mantel* für schlechtes Wetter und als Decke zum Schlafen). Die Sendboten Jesu sollen nur mit dem Allernötigsten losziehen und sich darauf verlassen, dass Gott durch gastfreundliche Menschen für sie sorgen werde.

Dafür gibt es dann eine weitere Regel: Wenn sie in einem Ort in einem Haus Aufnahme gefunden haben, sollen sie das Quartier nicht wechseln, wenn sich ein besseres anbietet (**10**). Das erregt Ärger und korrumpiert. Auch diese Regel spiegelt wohl schon die Erfahrung späterer Missionspraxis wider. Wenn aber die Menschen in einem Ort die Botschaft nicht aufnehmen, dann sind die Sendboten nicht verpflichtet, immer wieder neu zu versuchen, sie zu überzeugen (**11**). Mit dem Abschütteln des Staubes von den Fußsohlen, einer Geste, die sowohl die Verantwortung ablegt als auch die Gemeinschaft aufkündigt (Neh 5,13; Apg 13,51; 18,6), sollen sie weiterziehen *zum Zeugnis für sie* (vgl. 1,44; 13,9). Gemeint ist damit ein letzter demonstrativer Ruf zur Umkehr, aber auch ein belastendes Zeugnis im Endgericht.

Die Zwölf ziehen aus (**12f**), und von ihrer Tätigkeit werden drei Dinge berichtet: Sie verkündigen, die Menschen sollten umkehren und sich zu Gott wenden. Damit tragen sie ein Grundthema der Verkündigung Jesu aus 1,15 weiter. Sie treiben viele Dämonen aus – für Markus scheint das der Kern ihres Auftrags zu sein. Und sie salben viele Kranke mit Öl, sodass sie gesund werden. Das ist ein ganz neues Thema und verweist darauf, dass neben die Dämonenaustreibung auch der Heilungsauftrag tritt. Öl wird hier wohl weniger als Wund- und Heilmittel, sondern eher als Symbol des Heilens Gottes verwendet; doch weist dieser Teil ihrer Mission auf eine Form von Krankenheilung, die auch mit Pflege und therapeutischer Begleitung verbunden ist. Die Praxis der späteren Gemeinde, von der Jak 5,14f berichtet, wird hier schon sichtbar.

Jesus schließt die Jünger in seine Sendung mit ein. Das war das Ziel ihrer Berufung, darum sendet er die Zwölf jetzt aus. Aber welche Bedeutung diese kurze, eigenständige Wirksamkeit der Zwölf für Jesu Wirken hatte, ist schwer zu sagen. Sie bleibt eine Episode (vgl. 6,30) und ist nicht Teil einer erkennbaren Missionsstrategie. Langfristig ist die Aussendung der Zwölf ein Signal: Sie verankert die Mission der nachösterlichen Gemeinde im Wirken des irdischen Jesus. Jesu Auftrag gilt nicht erst seit Ostern, sondern beruht auf der Bevollmächtigung durch Jesus. Zwar sind die Zwölf nach Ostern wohl nicht einzeln als Missionare in die ganze Welt aufgebrochen, wie die Legende erzählt, aber sie sind die Repräsentanten der Sendung des Volkes Gottes, das die befreiende Botschaft des Evangeliums in Tat und Wort weiterträgt.

Zwei Einzelzüge der Geschichte sind noch zu bedenken:

Da ist (1) der Verzicht auf jede Absicherung, den Jesus fordert. Wir sahen, dass bei Markus anders als bei Matthäus Stock und Sandalen erlaubt sind. Die Überlieferung der Worte Jesu erfolgt also nicht sklavisch dem Buchstaben getreu; neue Herausforderungen eines Aktionsradius der Verkündiger über Galiläa hinaus erfordern neue Vorgaben. Paulus hat Jesu Forderung auf seine Weise interpretiert: Er wahrte seine Unabhängigkeit durch den Grundsatz, sich möglichst von eigener Hände Arbeit zu ernähren. Was wären vergleichbare Herausforderungen für Menschen, die sich heute von Jesus senden lassen?

Was aber bedeutet (2) die zentrale Stellung der Dämonenaustreibung im Sendungsauftrag der Jünger heute? Schon die nachösterlichen Sendeworte Jesu nennen diese Aufgabe nicht mehr (vgl. Mt 28,18f; Lk 24,47; Apg 1,8; der spätere Markusschluss 16,17 erwähnt sie als bekräftigendes Zeichen für die eigentliche Aufgabe, die Verkündigung des Evangeliums). Sie tritt auch in der Praxis der missionierenden Kirche zurück, ohne jedoch völlig zu verschwinden (vgl. Apg 16,18). Zentrum der Mission bleibt der Auftrag, die frohe Botschaft des Evangeliums in der Vollmacht Jesu als befreiende und heilende Kraft zu leben und weiterzugeben.

6,14–29
Der Tod Johannes des Täufers

[14]Und der König Herodes hörte (von ihm), denn sein Name war bekannt geworden, und man sagte, dass Johannes der Täufer von den

Toten auferweckt worden sei und deshalb solche Kräfte in ihm wirkten. [15]Andere aber sagten: »Er ist Elia«, wieder andere: »ein Prophet wie einer der (früheren) Propheten.« [16]Als es aber Herodes hörte, sagte er: »Johannes, den ich enthaupten ließ, der ist auferweckt worden.«

[17]Herodes selbst hatte nämlich veranlasst, dass Johannes verhaftet wurde, und ihn im Gefängnis in Fesseln legen lassen wegen der Herodias, der Frau seines Bruder Philippus, denn er hatte sie geheiratet. [18]Denn Johannes hatte zu Herodes gesagt: »Es ist dir nicht erlaubt, die Frau deines Bruders zu haben.« [19]Herodias aber war wütend auf ihn und wollte ihn töten lassen, konnte es aber nicht. [20]Denn Herodes fürchtete Johannes, denn er wusste, dass er ein gerechter und heiliger Mann war, und hielt ihn gut verwahrt. Und wenn er ihn hörte, geriet er in große Verlegenheit, und doch hörte er ihm immer wieder gerne zu.

[21]Und es kam eine günstige Gelegenheit, als Herodes an seinem Geburtstag ein Festmahl für seine Großen und die Offiziere und die führenden Leute von Galiläa ausrichtete, [22]da kam seine Tochter, d.h. die der Herodias, und tanzte. Und sie gefiel dem Herodes und denen, die mit ihm zu Tisch waren. Der König sagte zu dem Mädchen: »Bitte von mir, was du willst, und ich werde es dir geben.« [23]Und er schwor ihr: »Was immer du von mir erbittest, ich werde es dir geben bis zur Hälfte meines Reiches!« [24]Und sie ging hinaus und sagte zu ihrer Mutter: »Was soll ich für mich erbitten?« Sie aber sagte: »Den Kopf Johannes des Täufers.« [25]Und sogleich ging sie in aller Eile wieder hinein zum König und trug ihm ihre Bitte vor und sagte: »Ich will, dass du mir auf der Stelle den Kopf Johannes des Täufers auf einer Platte gibst.« [26]Und der König wurde traurig, aber wegen seines vor den Tischgästen geleisteten Schwurs wollte er sie nicht abweisen. [27]Und sogleich schickte der König einen Henker und befahl, seinen Kopf zu bringen. Und er ging und enthauptete ihn im Gefängnis [28]und brachte den Kopf auf einer Platte und gab ihn dem Mädchen, und das Mädchen gab ihn ihrer Mutter. [29]Und als seine Jünger das hörten, kamen sie und holten seinen Leichnam und legten ihn in ein Grab.

Zwischen die Aussendung der Zwölf und ihrer Rückkehr schiebt Markus die Geschichte vom Tod Johannes des Täufers ein. Nachdem er schon in 1,14 von der »Auslieferung« des Täufers, also seiner Festnahme, berichtet hat, ist dies eine Art Rückblende. Es wird sich zeigen, dass Markus sehr bewusst gerade an dieser Stelle das Geschick des Täufers in Erinnerung bringt.

Als Überleitung dient eine Notiz, dass *der König Herodes* von Jesus *hörte,* weil sein Name immer mehr bekannt wurde (**14**). Wahr-

scheinlich spielt damit Markus indirekt auch auf die Wirkung der Arbeit der ausgesandten Jünger an. Bei *Herodes* handelt es sich um *Herodes Antipas*. Er war der 7. Sohn Herodes des Großen, von seiner 4. Ehefrau, der Samaritanerin Malthake, geboren 20 v.Chr., der gemäß dem Testament des Herodes nach dessen Tod im Jahre 4 v.Chr. Galiläa und Peräa (Ostjordanland) erbte und von den Römern als Landesfürst *(Tetrarch)* dieses Gebiets bestätigt wurde (vgl. Lk 3,1). Den Titel *König* erbte er nicht; er wurde vielmehr 39 n.Chr. nach 43-jähriger Herrschaft von den Römern abgesetzt und verbannt, weil er auf Betreiben seiner zweiten Frau Herodias in Rom um diesen Titel nachsuchte! Dass er hier dennoch *König* genannt wird, entspricht volkstümlichem Sprachgebrauch.
Herodes hört auch, was die Leute über Jesus sagen: Manche meinen, Gott habe Johannes den Täufer wieder zum Leben erweckt und mit wunderbaren Kräften ausgestattet. Da von Johannes keine Wunder berichtet werden (vgl. Joh 10,41), scheint dahinter die Erwartung zu stehen, dass in der Endzeit ein Prophet getötet, aber von Gott auferweckt und durch Wunder beglaubigt werden würde. Es gibt aber auch andere Ansichten (**15**): Manche sagen, Jesus sei der wiedergekommene Elia, den Mal 3,23 ankündigt, und wieder andere halten ihn für einen Propheten, wie sie früher in Israel aufgetreten sind. Auch hinter dieser Meinung steht eine endzeitliche Erwartung: Nachdem im Judentum die Prophetie seit Esra als erloschen galt, hoffte man, dass in der Endzeit Gottes Geist wieder Propheten erwecken würde. Herodes, der das hörte, schließt sich der Meinung an, die ihn am meisten trifft (**16**). Er sagt: *Johannes, den ich enthaupten ließ, der ist auferweckt worden.* Markus berichtet das, um anzudeuten, dass Herodes von seinem schlechten Gewissen geplagt wird. Deshalb trägt der Evangelist in einer Rückblende die Geschichte vom Tod des Täufers nach.
Es ist eine der wenigen Geschichten im Evangelium, in denen Jesus nicht vorkommt. Sie ist sehr farbig, aber auch sehr grausam. Sie verrät Kenntnisse über die Situation der Familie des Herodes, gibt aber auch Rätsel im Blick auf die historische Genauigkeit auf.
Markus berichtet zunächst, dass Johannes auf Veranlassung des Herodes verhaftet und gefangen gesetzt worden war (**17**). Grund dafür war ein Konflikt im Blick auf die zweite Ehe des Herodes mit seiner Nichte und Schwägerin Herodias. Diese war mit einem der Halbbrüder des Herodes verheiratet gewesen, hatte sich aber scheiden lassen, um Herodes zu heiraten, der seinerseits deshalb seine erste Frau, eine nabatäische Prinzessin, entließ.

Nach Markus hieß der Bruder Philippus. Das lässt zunächst an den Landesfürsten von Ituräa denken (Lk 3,1). Dagegen nennt der jüdische Geschichtsschreiber Josephus ihn Herodes Boethus, ein Sohn des Herodes, der kein politisches Amt hatte. Manche meinen, auch er könnte den Beinamen Philippus getragen haben. Aber das ist wenig wahrscheinlich. Eher hat die Überlieferung, die Markus übernimmt, den bekannteren Philippus für seinen unbekannten Bruder eingetragen.

Aber wo lag das Problem? Johannes hatte zu Herodes (wahrscheinlich sogar öffentlich) gesagt: *Es ist dir nicht erlaubt, die Frau deines Bruders zu haben* (**18**). Johannes bezog sich dabei auf Bestimmungen des Gesetzes (Lev 18,16; 20,21), die Geschlechtsverkehr und Ehe mit der Frau des Bruders verboten, es sei denn, der Bruder sei kinderlos gestorben (Dtn 25,5f). Dieser Fall aber lag hier nicht vor. Der Bruder lebte noch, und er und Herodias hatten eine Tochter, die laut Josephus Salome hieß und ihren Onkel Philippus heiraten würde. Johannes trat Herodes gegenüber und hielt ihm sein Unrecht vor wie einst Elia König Ahab (1Kön 21,20). Das brachte ihm aber die Feindschaft der Herodias ein, die darin Isebel, der Frau Ahabs, gleicht (**19**). Sie wollte Johannes gerne töten lassen. Aber Herodes ließ das nicht zu, denn er fürchtete und achtete Johannes insgeheim (**20**). Er wusste im Grunde seines Herzens, dass Johannes *ein gerechter und heiliger Mann* war, dass er Gottes Willen folgte und Gottes Beauftragter war.
So hinderte ihn seine Haft nicht nur daran, öffentlich gegen Herodes Stellung zu nehmen, sondern schützte ihn auch vor den Nachstellungen der Herodias. Herodes aber ließ ihn immer wieder einmal zu sich kommen und sprach mit ihm. Und obwohl er angesichts der Vorwürfe des Johannes nichts zu seiner Rechtfertigung erwidern konnte, hörte er ihm doch gerne zu. Es ist ein merkwürdiger, aber nicht untypischer Zwiespalt, der hier zum Ausdruck kommt. Unter vier Augen lässt sich ein Mächtiger gerne die Wahrheit sagen. Wenn der Nerv der Sache getroffen wird, tut das zwar weh, aber es tut auch gut. Aber Konsequenzen zieht Herodes nicht daraus.
Bald aber ergab sich für Herodias eine günstige Gelegenheit, Rache zu üben (**21**). Herodes veranstaltete eine Geburtstagsparty, was eigentlich jüdischer Sitte widersprach, und lud dazu Leute seines Hofs, Militärs und die angesehensten Leute aus Galiläa ein. Vor dieser Männergesellschaft tanzte die Tochter der Herodias (**22**). So spannend das erzählt wird, stellt der Text doch vor schwierige historische Fragen.

Das erste Problem stellt die Textüberlieferung in V. 22 dar. Wörtlich übersetzt lautet der Text der ältesten Handschriften: *da kam seine Tochter Herodias.* Das Mädchen ist also die Tochter des Herodes und heißt Herodias. Im folgenden Text ist aber immer nur von ihrer Mutter die Re-

de, was nahe legt, dass sie die Stieftochter des Herodes war und wohl kaum auch Herodias hieß. Vielleicht muss man deshalb übersetzen: *seine Tochter, d.h. die der Herodias.* Die Mehrzahl der Handschriften hat dann in *die Tochter der Herodias selbst* verbessert (so auch Mt 14,6).
Das zweite Rätsel ist die Frage, ob es denkbar ist, dass eine Prinzessin vor einer Männergesellschaft tanzte. Das war Sache von Tänzerinnen, die kaum geachteter als Prostituierte waren. Dass die Mutter des Mädchens nicht im Raum war, lässt darauf schließen, dass bei dem Fest keine Frauen anwesend waren. Allerdings spricht Markus ausdrücklich von einem *Mädchen,* was auf ein Alter von höchstens 12 Jahren schließen lässt. Vielleicht wurde das Ganze noch als Darbietung eines Kindes angesehen, was die unterschwellige Sexualität der Szene und die Grausamkeit ihrer Fortsetzung nicht harmloser macht.
Das dritte Problem ist der Ort der Handlung. Nach Josephus wurde Johannes von Herodes in der Festung Machärus am Ostufer der Toten Meeres gefangen gehalten und hingerichtet. Obwohl bei Ausgrabungen in dieser Festung zwei Speisesäle gefunden wurden, würde man sich das Fest eher in einem Palast in Tiberias, der neugebauten Hauptstadt, die mitten in Galiläa lag, vorstellen. Sind die Gäste alle nach Machärus gereist oder hat Herodes den Johannes mit sich geführt, um mit ihm reden zu können, oder hat Markus das, was sich zwischen Tiberias und Machärus abgespielt hat, im Zeitraffer erzählt? Wir wissen es nicht.

Aber Markus geht es gar nicht um größtmögliche historische Genauigkeit. Er erzählt die eindrückliche und ergreifende Geschichte, wie Johannes zu Tode kam. Angeregt vom Tanz der Tochter der Herodias verspricht Herodes ihr alles, worum sie bittet – bis zur Hälfte seines Königreiches (**23**). Das ist ein beliebtes Erzählmotiv, das auch in Est 5,3.6 auftaucht. Das Mädchen bespricht sich mit seiner Mutter, diese sieht die Chance, sich an Johannes zu rächen und rät ihrer Tochter, dessen Kopf zu fordern, was diese dann auch verlangt (**24f**). Herodes tut das leid, aber er sieht sich im Wort und schickt den Henker los (**26**). Der kommt zurück und präsentiert dem Mädchen den abgeschlagenen Kopf auf einer Platte, die diese an ihre Mutter weiterreicht (**27f**). Eine grausige Szene, und es ist ein nur wenig versöhnlicher Schluss der Geschichte, dass die Jünger des Johannes seinen Leib ordnungsgemäß in einem Grab bestatten konnten (**29**).

Diese Geschichte ist mehr als geschichtliche Information über das Ende des Täufers. Sie ist zugleich ein Hinweis auf das Geschick, das Jesus bevorsteht. Eingefügt zwischen der Aussendung der Zwölf und ihrer Rückkehr, bei der sie von ihrem erfolgreichen Tun berichten werden, hält der Bericht vom Martyrium des Täufers fest: Boten Gottes müssen sich auf Widerstand und Tod gefasst machen. Schon hier wird deutlich: Nachfolge ist Kreuzesnachfolge!

6,30–44
Jesus gibt 5000 Menschen zu essen

30 Und die Apostel kommen bei Jesus zusammen und berichteten
ihm alles, was sie getan und was sie gelehrt hatten. 31 Und er sagt zu
ihnen: »Kommt doch, ihr ganz allein, an einen einsamen Ort und
ruht ein wenig aus.« Denn viele kamen und gingen, und sie hatten
nicht einmal Zeit, um zu essen.
32 Und sie fuhren mit dem Boot an einen einsamen Ort, ganz für sich
allein. 33 Und man sah sie weggehen, und viele erfuhren es und liefen
aus all den Städten zu Fuß zusammen und kamen vor ihnen an.
34 Und als er ausstieg, sah er eine große Menge, und er bekam tiefes
Mitleid mit ihnen, denn sie waren wie Schafe, die keinen Hirten haben. Und er begann, sie vieles zu lehren.
35 Und als es schon spät geworden war, traten seine Jünger zu ihm
und sagten: »Das ist eine einsame Gegend, und es ist schon spät.
36 Lass die Leute in die umliegenden Dörfer und Orte gehen, damit
sie sich etwas zu essen kaufen.« 37 Er aber antwortete: »Gebt ihr ihnen zu essen!« Und sie sagen ihm: »Sollen wir etwa weggehen und
für 200 Denare Brote kaufen und ihnen zu essen geben?« 38 Er sagt zu
ihnen: »Wie viele Brote habt ihr? Geht und seht nach.« Nach dem
sie es in Erfahrung gebracht hatten, sagen sie: »Fünf, und zwei Fische.« 39 Und er forderte sie auf, sich in Tischgemeinschaften auf
dem grünen Gras zu lagern. 40 Und sie ließen sich in Gruppen zu
hundert und zu fünfzig nieder. 41 Und er nahm die fünf Brote und
die zwei Fische, blickte auf zum Himmel, sprach den Lobpreis,
brach die Brote und gab sie seinen Jüngern, damit sie sie ihnen vor-
legten, und die zwei Fische verteilte er an alle. 42 Und sie aßen alle
und wurden satt. 43 Und sie hoben Brocken auf, zwölf Körbe voll,
und auch (die Reste) von den Fischen. 44 Und es waren 5000 Männer,
die gegessen hatten.

Viele Ausleger sind der Meinung, dass V. **30** den Abschnitt 6,7–30 beschließt, sodass der Tod des Täufers von der Aussendung und Rückkehr der Jünger gerahmt wird. Aber V. 30 bildet zugleich die Einleitung für den Bericht in V. 30–33, der seinerseits nahtlos in die Geschichte von der Speisung der 5000 übergeht.

Vom Inhalt dessen, was die zurückkehrenden Jünger berichtet haben, erfahren wir nichts. Es ist dies die einzige Stelle (möglicherweise neben 3,14), an der Markus die Zwölf *Apostel* nennt, was ursprünglich »Bote, Beauftragter« bedeutete. Markus erzählt, dass die Zwölf in der Vollmacht Jesu gehandelt und in ihrer Lehre seine Botschaft weitergegeben haben. Aber offensichtlich kannte er keine Berichte, die das näher entfalteten. So bleibt die kurze Mission der

Zwölf merkwürdig konturen- und folgenlos. Sie zeigt in ihrem jetzigen Zusammenhang, dass die Nachfolger Jesu in Gestalt der Zwölf schon früh in die Mission Jesu eingebunden waren, die sie später als Apostel der Kirche auf neue Weise fortsetzen sollten.
V. **31** erzählt von einem ganz ungewöhnlichen Zug im Wirken Jesu: So wie er selbst in Zeiten hoher Beanspruchung die Einsamkeit zur Ruhe und für das Gebet sucht (vgl. 1,35.45), so gilt nun seine Fürsorge den Jüngern. Auch Apostel brauchen ein Mindestmaß an Ruhe (vom Gebet ist nicht die Rede); und Jesus sorgt dafür, dass sie das bekommen. Die Begründung wird nachgeschoben: *Denn viele kamen und gingen* – es gibt ein lebhaftes Ein und Aus von Hilfesuchenden –, sodass *sie nicht einmal Zeit hatten, um zu essen.* Der Stress eines »heilenden« Berufes wird knapp umrissen und damit auch schon auf die kommende Speisung hingewiesen.
Jesus und die Jünger betreten wieder das bereitliegende Boot (vgl. 3,9; 4,1; 5,21) und suchen *einen einsamen Ort, ganz für sich allein* (**32**). Aber das gelingt nicht. Die Leute am Ufer sehen, wohin sie fahren, und aus verschiedenen Ortschaften laufen die Leute an der Stelle zusammen, wo Jesus und seine Jünger landen würden (**33**). Das setzt voraus, dass das Boot nicht auf die andere Seite des Sees fuhr, sondern um eine Landspitze herum in eine einsame Bucht, die auf dem Landweg aber schneller zu erreichen war.
Als Jesus aus dem Schiff steigt, sieht er sich mit einer großen Menge Leute konfrontiert, die auf ihn und die Jünger warten (**34**). Ihre Erwartung und Situation bewegt ihn zutiefst. Markus benutzt hier das gleiche griechische Wort wie bei Jesu Reaktion auf die Bitte des Aussätzigen (1,41); vgl. auch die Reaktion des Samariters in Lk 10,33. Es beschreibt ein Erbarmen und eine Zuwendung, die (wörtlich genommen) aus dem »Bauch« kommt oder (wie wir sagen) aus der Tiefe des Herzens. Vielleicht müsste man übersetzen: *Es drehte sich ihm vor Mitleid das Herz im Leibe herum.* Markus begründet das: *denn sie waren wie Schafe, die keinen Hirten haben.* In dieser Lagebeurteilung steckt ein alttestamentliches Zitat. In Num 27,17 begründet Mose seine Bitte um einen Nachfolger damit, dass »die Gemeinde des HERRN nicht *wie die Schafe ohne Hirten* sei«. Und in 1Kön 22,17 beschreibt der Prophet Micha ben Jimla die Situation Israels: »Ich sah ganz Israel zerstreut auf den Bergen wie Schafe, die keinen Hirten haben« (ähnlich Ez 34,5). Umgekehrt wird im Alten Testament Gott oft als der beschrieben, der »sich seiner Herde annimmt«, sie sammelt und recht führt (Ez 34,11; vgl. Ps 23; 80,1–8; Jes 40,11; 49,9f). Jesus sieht in den Menschen, die bei ihm Hilfe suchen, das zerstreute, orientierungslose Volk, das die Verbindung zu Gottes Führung und Leitung verloren hat. Er selbst erweist sich als der verheißene endzeitliche Hirte (Jer

23,4; Ez 34,23), durch den Gott sein Volk sammelt und auf den rechten Weg führt.
Jesus übt diesen Hirtendienst aus, indem er das Volk *vieles lehrt*. Wieder zeigt sich die ganzheitliche Auffassung von Jesu Wirken, die Markus vertritt. Soviel er von Jesu wunderbarem Heilen berichtet, das den Ansturm der Menge auslöst, an entscheidenden Stellen betont er, dass Jesus den Menschen durch seine Lehre hilft. Was Jesus lehrt, berichtet er jedoch nicht. Was darüber in 1,14f und 4,1–33 gesagt wurde, genügt. Das aber heißt: Gott kommt den Menschen ganz nahe und ruft sie zu sich. Darin liegt die entscheidende Hilfe und Orientierung für ihr Leben. Dass dies nicht nur den Geist oder die Seele berührt, wird sich gleich zeigen; der gute Hirte sorgt auch für die Nahrung. Im Zusammenhang der ganzen Erzählung ist auch die wunderbare Speisung Teil des Lehrens Jesu.
Nachdem Jesus geendet hat, weisen ihn seine Jünger auf ein Problem hin und machen auch gleich einen praktischen Lösungsvorschlag. Nachdem Jesus den Menschen geistliches Brot gegeben hat, sollen sie nun selbst für die leibliche Nahrung sorgen (**35f**). Das scheint auch durchaus möglich. Aber Jesus ist gegen eine solche Arbeitsteilung. Er sagt zu den Jüngern: *Gebt ihr ihnen zu essen!* (**37**) Die Jünger sehen sich überfordert und fragen zurück: *Sollen wir etwa weggehen und für 200 Denare Brote kaufen und ihnen zu essen geben?* Ein Denar (Luther: *Silbergroschen*) entspricht etwa dem Tageslohn eines Arbeiters (vgl. Mt 20,9). Ob 200 Denare gereicht hätten, um mehr als 5000 Leute zu verköstigen, ist fraglich. Aber die Frage ist rhetorisch gemeint. Die Jünger hatten sicher nicht soviel Geld bei sich. Jesus verlangt etwas Unmögliches!
Aber Jesus gibt nicht nach. Er will wissen, wie viele Brote vorhanden sind (**38**). Man fragt herum und findet heraus: *Fünf Brote*, zudem *zwei Fische*. Es ist außerordentlich wichtig für die Symbolik dieser Geschichte, dass nicht erzählt wird, Jesus habe Brot aus Steinen gemacht oder aus dem Nichts geschaffen, sondern dass er das Wenige nutzt, was da ist, um alle satt zu machen. Markus erzählt auffällig ausführlich und liebevoll, wie Jesus das Volk *auf dem grünen Gras* (vgl. Ps 23,2) lagern lässt. Sie sollen *Tischgemeinschaften* (das griechische Wort ist *symposion*!) bilden, und sie lassen sich in Gruppen zu 100 und 50 Leuten nieder (**39f**). Die Zahlen erinnern an die Lagerordnung des Gottesvolkes nach Ex 18,21 und an die Ordnung des messianischen Festmahls in den Schriften von Qumran (1QSa 2,11–22). Indem Jesus die Menschen versorgt, stellt er die Ordnung des Gottesvolkes wieder her.
Und dann wird in schlichten Worten erzählt, wie Jesus Brote und Fische nimmt, zu Gott aufblickt, den Tischsegen als Lobgebet über

den Broten spricht, die Brotfladen zerteilt und dann an seine Jünger weiterreicht (**41**). Jesu Gesten erinnern an das Abendmahl; die Gemeinsamkeit dürfte aber daher kommen, dass Jesus bei beiden Gelegenheiten tut, was ein jüdischer Hausvater bei einer Mahlzeit mit Gästen tut. Wichtig ist, dass die Jünger austeilen. Jesus befähigt sie, seinen Auftrag: *Gebt ihr ihnen zu essen!* zu erfüllen. Die ganze Szene hat nichts Mirakulöses an sich; das Wunder wird dadurch offenbar, das es heißt (**42**): *Sie aßen alle und wurden satt.* Unterstrichen wird das durch den Bericht, dass zwölf Körbe mit restlichem Brot aufgesammelt wurden (**43**). Damit ist sowohl die Fülle dessen, was Jesus gibt, beschrieben, als auch der sorgsame Umgang mit diesen Gaben demonstriert. Auch wenn Gott in Fülle gibt, soll nichts verderben! Das erinnert an ein alttestamentliches Vorbild der Speisungsgeschichte in 2Kön 4,42–44: Als der Diener Elisas bezweifelt, dass 100 Mann von 20 Gerstenbroten satt werden können, sagt der Prophet: »Gib den Leuten, dass sie essen! Denn so spricht der HERR: Man wird essen, und es wird noch übrig bleiben.« Die Erzählung von der Versorgung der hungernden Menge durch Jesus überbietet noch, was von dem Propheten berichtet wird. Das wird besonders durch die Zahl derer deutlich, die gegessen haben: 5000 Männer (**44**)! Schwer zu erklären ist, warum Markus nur Männer nennt. (Mt 14,21 ergänzt: »ohne Frauen und Kinder« und zeigt damit an, dass diese auch mit dabei waren.) Vielleicht hängt es mit den Anspielungen auf Israel in der Wüste zusammen, wo meist nur die Männer gezählt wurden (vgl. Num 11,21, aber auch Ex 12,37). Möglicherweise steckt auch in der Zahl der Körbe ein Hinweis auf die zwölf Stämme Israels.
Markus berichtet nichts über die Reaktion des Volkes. Fast scheint es, als habe man den Vorgang als etwas ganz Selbstverständliches erlebt. Für die Leserschaft aber verschärft sich die immer noch offene Frage: Wer ist dieser?

Das ist eine Geschichte, die von einer richtigen Mahlzeit berichtet, bei der die Menschen wirklich satt geworden sind. Es ist aber auch eine Geschichte, die voll von symbolischen Anspielungen ist. Sie berichtet von einer wunderbaren Brotvermehrung, aber erzählt davon so, als handle es sich um die Verteilung dessen, was da ist. Die Erklärung der rationalistischen Bibelauslegung, das Wunder habe darin bestanden, dass durch das Vorbild Jesu alle ihre Vorräte herausgeholt und verteilt hätten, trifft zwar nicht den Kern dessen, was Markus erzählen will, aber berührt doch einen wichtigen Aspekt der Geschichte. Gegen die Mentalität, die sagt: »Das, was wir haben, reicht doch nicht!« steht die Aufforderung Jesu, das, was da ist, zu nehmen, es ihm in die Hand zu legen und aus seinen segnenden Händen zu

nehmen und weiterzugeben – im Vertrauen darauf, dass es mehr bewirkt, als wir uns vorstellen können.
Die Geschichte hat also eine doppelte Pointe: Sie zeigt die Weite des Erbarmens Jesu, der für Seele und Leib sorgt, *und* sie beschreibt die Aufgabe der Jünger, als Mitarbeiter Jesu mit den wenigen Mitteln, die sie haben, im Vertrauen auf Jesu Wort zu helfen. »Es geht durch unsere Hände, kommt aber her von Gott« (Matthias Claudius).

6,45–52
Jesus erscheint seinen Jüngern auf dem See

**45 Und sogleich drängte er seine Jünger, ins Boot zu gehen und ans
andere Ufer in Richtung Betsaida vorauszufahren, während er selbst
die Menge entließ. 46 Und nachdem er sich von ihnen verabschiedet
hatte, ging er weg auf den Berg, um zu beten. 47 Und als es Abend
geworden war, befand sich das Boot mitten auf dem See, und er war
allein an Land. 48 Und als er sieht, wie sie sich beim Rudern abquäl-
ten – denn der Wind stand ihnen entgegen –, kommt er um die vierte Nachtwache zu ihnen, indem er auf dem See geht, und wollte an
ihnen vorbeigehen. 49 Als sie aber sahen, wie er auf dem See ging,
meinten sie, es sei ein Gespenst, und schrien auf. 50 Denn alle sahen
ihn und erschraken. Er aber sprach sogleich mit ihnen und sagt zu
ihnen: »Fasst Mut, ich bin es, fürchtet euch nicht.« 51 Und er stieg zu
ihnen ins Boot, und der Wind legte sich. Und sie gerieten völlig außer sich und waren fassungslos. 52 Denn sie waren nicht zur Einsicht
gekommen über den Broten, sondern ihr Herz war verhärtet.**

Die Geschichte von Jesu Erscheinung vor seinen Jüngern auf dem See ist früh mit der Erzählung von der wunderbaren Speisung verbunden gewesen. Das zeigt sich u.a. daran, dass auch das Johannesevangelium beide Geschichten zusammen erzählt. Dennoch gibt es in der zeitlichen und geographischen Zuordnung der beiden Berichte einige offenen Fragen.
Jesus drängt seine Jünger, ohne ihn wegzufahren (**45**). Der Grund wird nicht erklärt. Die Fortsetzung legt nahe, dass er zum Beten allein sein wollte. Die Jünger sollen *ans andere Ufer* nach Betsaida (bzw. genau übersetzt: in diese Richtung) fahren. Betsaida (*Fischhausen*), nach Joh 1,44 die Heimat von Andreas, Petrus und Philippus, was Markus aber nicht erwähnt, lag im Nordosten des Sees. Die ganz genaue Ortslage ist umstritten, aber am wahrscheinlichsten ist ein Ort am Ostufer des Jordans, etwa einen Kilometer vom heutigen Seeufer entfernt. Wenn die Speisung am westlichen Ufer stattgefunden hat, konnte man das als das *andere Ufer* ansehen.

Während die Jünger losfahren, *entlässt* Jesus *die Volksmenge* – ob mit einem Reisesegen oder der schlichten Ermahnung, sich auf den Weg nach Hause zu machen, sagt Markus nicht (**46**). Und nachdem er sich von ihnen verabschiedet hat (ob von den Jüngern oder den Leuten bleibt offen), geht Jesus weg *auf den Berg, um zu beten.* Wie wir schon in 3,13 sahen, ist für Markus *der Berg* die Stätte der Begegnung Jesu mit Gott. Die Fortsetzung unserer Geschichte lässt dann auch an eine Anspielung auf den Berg Gottes als Stätte der Erscheinung Gottes denken (vgl. Ex 19,20; 34,2; 1Kön 19,11). Zunächst aber spricht Markus davon, dass sich die Jünger, *als es Abend geworden war,* mitten auf dem See befanden, während Jesus allein an Land war (**47**). Diese Zeitangabe steht in einer gewissen Spannung zu dem Hinweis in 6,35, *dass es schon spät geworden war.* Wie viel Zeit kann dazwischen liegen? Sind hier zwei ursprünglich voneinander unabhängige Ereignisse zusammengestellt worden? Für Markus hatte die Speisung der 5000 wohl am späten Nachmittag stattgefunden, und die Jünger sind bei Einbruch der Dunkelheit auf dem See. Aber seine Zeitangaben scheinen nicht nur die Uhrzeit anzuzeigen.

Jesus sieht (obwohl es Nacht ist), wie sich die Jünger mit Rudern abquälen und wegen starken Gegenwindes doch nicht weiterkommen (**48**). *Um die vierte Nachtwache* macht sich Jesus auf, um zu ihnen zu kommen. Es war bei den Römern üblich, die Nacht in vier *Wachen* einzuteilen. Damit ist die Zeit zwischen 3 und 6 Uhr morgens gemeint, also die »Morgenfrühe«, nach alttestamentlicher Tradition die Zeit der Hilfe Gottes (Ps 46,6). Jesus kommt zu den Jüngern, und zwar, indem *er auf dem See* (wörtlich: *Meer*) *geht.* Die Fähigkeit, auf dem Wasser zu gehen, wird in der griechischen Welt gelegentlich ganz außergewöhnlichen Menschen (z.B. Xerxes) zugesprochen. Für die Juden ist damit aber ein Merkmal des Wirkens Gottes angesprochen: Er »geht auf den Wogen des Meeres«, heißt es in Hiob 9,8. Damit wird deutlich, dass hier nicht von einem außergewöhnlichen Schaustück die Rede ist, wie es auch ein Fakir produzieren könnte, sondern von der Souveränität Gottes, der über den chaotischen Mächten des Meeres steht. Auf diesem Hintergrund erzählt Markus diese Geschichte. Allerdings nimmt die Erzählung eine merkwürdige Wendung. Nachdem es zunächst heißt, dass Jesus zu seinen Jüngern kommt, geht der Satz weiter: *und wollte an ihnen vorbeigehen.* Warum das? Die griechische Zeitform für *wollen* legt nahe, zu übersetzen: *schien er vorbeigehen zu wollen.* Die Jünger hatten also den Eindruck, Jesu gehe auf dem Wasser an ihnen vorbei.

Das erschreckte sie zutiefst. Für sie sah das aus wie die Begegnung mit einem Gespenst (**49**). Sie sahen ihn alle und schrien vor Schrecken (**50**). Für spätere Leser (und Kenner des Alten Testaments) steckte aber in dem *Vorbeigehen* Jesu ein ganz anderer Hinweis: Gott erscheint Menschen, die die direkte Begegnung mit ihm nicht aushalten könnten, indem er an ihnen *vorbeigeht* (vgl. Ex 33,19–23; 34,6; 1Kön 19,11–13). Aus dem *Vorbeigehen* Jesu wird daher sogleich eine Anrede, die alle Kennzeichen der Begegnung mit Gottes Nähe aufweist. Jesus sagt: *Fasst Mut* – das ist der Zuspruch für Menschen in Sorge und Angst (vgl. Zeph 3,16; Mk 10,49; Apg 23,11); *ich bin es* – das ist die Selbstvorstellung Jesu, der seinen Jüngern sagt: *Ich bin es wirklich* und nicht ein Gespenst. Darin klingt aber auch die Selbstvorstellung Gottes an, der seinem Volk in Not sagt: *Ich bin es* (Ex 3,14; Jes 43,10–13). Und daraus erwächst das *Fürchtet euch nicht,* das Menschen von Gottes Boten zugesprochen wird (Lk 1,13.30; 2,10; Mt 28,5).

Die Begegnung mit Jesus, der ihnen über das Wasser entgegenkommt, ist also für die Jünger eine Begegnung mit Gott. Und darum legt sich der Wind, der ihnen so heftig entgegengeweht hat, als er ins Boot steigt (**51**). Die Jünger aber *gerieten völlig außer sich und waren fassungslos.* Das ist oft die Reaktion von Menschen auf die Gegenwart Gottes im Handeln Jesu (vgl. Mk 2,12; 5,42).

Der Schrecken wird zu fassungslosem Staunen; aber Markus hält diese Reaktion für die Jünger nicht für angemessen (**52**). Er formuliert einen scharfen Tadel: *Denn sie waren nicht zur Einsicht gekommen über den Broten* – sie haben nicht erkannt, wer Jesus wirklich ist, obwohl das Speisungswunder ihnen eigentlich die Augen dafür hätte öffnen müssen. Markus findet auch dafür eine Erklärung: *ihr Herz war verhärtet.* Das ist ein Vorwurf, der bisher nur Jesu Gegnern gegenüber erhoben wurde (3,5). In 8,17 erscheint diese Diagnose dann auch im Mund Jesu. Die passivische Formulierung, dass *ihr Herz verhärtet worden ist,* deutet an, dass dies nicht ohne Gottes Willen geschehen ist. Dass die Jünger nicht verstehen, weist auf die Grenze aller Wunder hin: Um wirklich zu begreifen, wer Jesus ist und wie Gott durch ihn handelt, muss Gott erst seinen ganzen Weg und Auftrag erschließen.

Diese Geschichte ist mit Mitteln historischer Forschung nicht zu erfassen. Was die Jünger damals erlebt haben, entzieht sich unseren Nachforschungen. Die Erfahrung, die in Form dieser Geschichte mit ihren Anspielungen auf das Alte Testament bezeugt wird, lautet: In Jesus begegnet Gott. Allerdings betont Markus, dass die Jünger damals nicht in der Lage waren, die Bedeutung dieser Erfahrung zu erfassen. Matthäus sieht das anders. Bei ihm endet die Geschichte mit dem Bekenntnis der Jünger: »Du bist wahrhaftig Gottes Sohn« (Mt 14,33). Auf der Ebene der Fakten ist das ein Widerspruch. Auf der

Ebene geistlicher Erfahrung zeigt es zwei mögliche Reaktionen auf eine solche Begegnung: Bestürzung oder Bekenntnis. Dass Markus die erste Variante wählt, übermittelt eine wichtige Einsicht. Das wirkliche Verstehen Jesu und seines Weges erschließt sich nicht in den ganz spektakulären Erfahrungen, selbst wenn sie noch so wunderbar erscheinen und eigentlich eindeutig zeigen sollten: Hier begegnet Gott. Denn sie tragen etwas Gespenstisches in sich, das an der wirklichen Not des Lebens vorbeizugehen scheint. Gott in Jesus wird dort erkannt, wo er für uns in den Tod geht. Und doch ist die Geschichte für Markus wichtig: Gerade dass das Wunderbare so erschreckend wirkt und unverstanden bleibt, ist Zeichen für Gottes Gegenwart, auch wenn das die Jünger oder die Leser und Leserinnen (noch) nicht verstehen.

6,53–56
Jesus heilt viele Menschen in Genezareth

53Und als sie zum Land hinübergefahren waren, kamen sie nach Genezareth und liefen in den Hafen ein. 54Und als sie aus dem Boot ausstiegen, erkannten ihn die Leute sogleich 55und liefen in der ganzen Gegend umher und fingen an, die Kranken auf (ihren) Matten dorthin zu bringen, wo sie hörten, dass er gerade war. 56Und überall, wo er hinkam, in Dörfer und Städte und Gehöfte, legten sie die Kranken auf die Marktplätze und (die) baten ihn, wenigstens die Quaste seines Gewandes berühren zu dürfen. Und alle, die ihn berührten, wurden geheilt.

Aus Gründen, die wir nicht erfahren, kommen die Jünger und Jesus nicht wie geplant (6,45) in Betsaida an, sondern in Genezareth. Der Ort, der dem See und der fruchtbaren Region in seinem Nordwesten den Namen gab, ist nicht eindeutig identifiziert. Vielleicht ist er mit dem alttestamentlichen Kinneret identisch. Das ist in jedem Fall jüdisches Gebiet, was für die kommende Auseinandersetzung mit den Pharisäern wichtig ist. Das Kommen Jesu hat die gleiche Wirkung wie in den vorigen Geschichten: Menschen strömen von überall her zusammen und bringen Kranke zu ihm in der Hoffnung, dass er sie heilen würde. Wo immer Jesus hinkommt, in kleine und größere Orte, werden die Kranken auf ihren Bahren oder Matten auf öffentliche Plätze, wo Jesus vorbeikommen muss, gelegt. Nur die Quaste (oder den Saum) seines Obergewandes möchten sie berühren, um wie die Frau, die von Blutungen geheilt worden war, gesund zu werden. Das Wort, das wir mit Quaste übersetzen, bezeichnet in Num 15,38f; Dtn 22,12 die Troddeln aus blauen Schnüren, die ein Jude an den vier Zipfeln seines Obergewandes trägt; es kann aber auch einfach Saum bedeuten, wenn es wie hier im Singular gebraucht wird. Es geht Markus vor allem darum, deutlich zu machen, dass schon die Berührung mit dem letzten Zipfel der Kleider Jesu heilende Wirkung hat. Und voll Staunen stellt der Evangelist fest: *alle, die ihn berührten, wurden geheilt.*

Markus deutet keinerlei Kritik an diesen Berichten an, die für uns einen fast magisch geprägten Glauben bekunden. Für ihn war wichtig, die umfassende Ausstrahlung der heilenden Kraft Jesu zu veranschaulichen. Dass damit die Bedeutung der persönlichen Begegnung nicht ausgeblendet ist, zeigt die Heilung der Frau, die unter Blutungen litt (5,25–34), die hinter diesem Sammelbericht steht. Im Mittelpunkt steht Jesu Person. Auf ihn und nicht auf die Quaste seines Gewandes möchte Markus das Interesse richten.

7,1–23
Gespräche über Reinheit vor Gott

[1]Und es versammeln sich bei ihm die Pharisäer und einige der Schriftgelehrten, die von Jerusalem gekommen waren. [2]Und sie sahen einige seiner Jünger, dass sie mit unreinen, d.h. mit ungewaschenen Händen das Brot aßen. [3]Denn die Pharisäer und alle Juden essen nicht, wenn sie die Hände nicht wenigstens mit einer Handvoll (Wasser) gewaschen haben, und halten so die Überlieferung der Ältesten. [4]Auch (nach der Rückkehr) vom Markt essen sie nicht, ohne sich gewaschen zu haben, und so gibt es noch vieles, was sie zu halten übernommen haben, wie das Abwaschen von Bechern, Krügen und Kupfergeschirr.
[5]Und die Pharisäer und Schriftgelehrten fragten ihn: »Warum leben deine Jünger nicht nach der Überlieferung der Ältesten, sondern essen das Brot mit unreinen Händen?« [6]Er aber sagte zu ihnen: »Treffend hat Jesaja über euch, ihr Heuchler, geweihsagt, wie geschrieben steht: *Dieses Volk ehrt mich nur mit den Lippen; ihr Herz aber hält sich fern von mir.* [7]*Vergeblich verehren sie mich, indem sie als Lehren Menschengebote lehren* (Jes 29,13). [8]Während ihr das Gebot Gottes aufgebt, haltet ihr an der Überlieferung der Menschen fest.«
[9]Und er sagte zu ihnen: »Hervorragend, wie ihr Gottes Gebot für ungültig erklärt, um eure Überlieferung in Kraft zu setzen! [10]Denn Mose hat gesagt: *Ehre deinen Vater und deine Mutter* (Ex 20,12), und: *Wer Vater oder Mutter schmäht, soll des Todes sterben* (Ex 21,17). [11]Ihr aber sagt: Wenn ein Mensch zu Vater oder Mutter sagt:

Korban – d.h. Weihgeschenk – soll sein, was dir von mir zusteht, [12]dann lasst ihr zu, dass er nichts mehr für Vater und Mutter tut. [13]So macht ihr Gottes Wort ungültig durch eure Überlieferung, die ihr weitergebt. Und ähnliche Dinge tut ihr vielfältig.«
[14]Und wieder rief er die Volksmenge zusammen und sagte ihnen: »Hört alle auf mich und versteht: [15]Es gibt nichts, was von außen in den Menschen hineinkommt, das ihn verunreinigen kann, sondern die Dinge, die aus dem Menschen kommen, die verunreinigen den Menschen.«
[17]Und als sie in ein Haus hineingegangen waren, weg von der Volksmenge, fragten ihn seine Jünger nach dem Gleichnis. [18]Und er sagte zu ihnen: »Also seid auch ihr unverständig? Begreift ihr nicht, dass nicht das, was von außen in den Menschen hineingeht, ihn verunreinigen kann, [19]weil es nicht ins Herz eingeht, sondern in den Bauch und (von dort) in den Abort hinausgeht?« Damit erklärte er alle Speisen für rein. [20]Er sagte aber: »Was aus dem Menschen heraus kommt, das verunreinigt den Menschen. [21]Denn aus dem Herzen der Menschen kommen die bösen Gedanken heraus: unzüchtige Handlungen, Diebereien, Morde, [22]Fälle von Ehebruch, habsüchtige Begehrlichkeiten, Bosheiten, Arglist, Schwelgerei, Missgunst, Lästerung, Hochmut, Unverstand. [23]All das Böse kommt von innen und macht den Menschen unrein.«

Dieser Abschnitt behandelt ein Thema, das nicht nur für das Leben in der jüdischen Gesellschaft zur Zeit Jesu wichtig war, sondern auch für das Zusammenleben von Christen jüdischer und nichtjüdischer Herkunft in den christlichen Gemeinden. Deswegen wird es so ausführlich behandelt.
Gesprächspartner sind aber zunächst die Pharisäer und einige der Schriftgelehrten, die aus Jerusalem gekommen waren (vgl. 3,22). Sie legten strenge Maßstäbe an, und ihr Urteil hatte Gewicht. Sie kommen mit Jesus und seinen Jüngern zusammen und essen wohl auch mit ihnen (**1**). Der Dialog ist noch nicht abgebrochen. Aber sie beobachten dabei, dass *einige der Jünger* das Brot *mit unreinen, d.h. ungewaschenen Händen essen* (**2**). Die Schilderung ist in mehrfacher Hinsicht aufschlussreich: 1. Es sind nur *einige* der Jünger, die sich nicht an die Reinheitsvorschriften halten. Das weist auf die unterschiedliche Haltung in der späteren Gemeinde voraus. 2. Markus muss seinen Lesern relativ ausführlich erklären, worin das Problem besteht, und unterbricht dazu sogar den angefangenen Satz (**3f**). Zunächst erläutert er das Wort, das wir mit *unrein* übersetzt haben, wörtlich aber *gemein* im Sinne von *allgemein* bedeutet. Diese Bedeutung stellt eine Sonderentwicklung im jüdischen Griechisch dar: Was in einer gemischten Bevölkerung *allgemein*

zugänglich, profan war, das wurde im religiösen Sinn als *unrein* angesehen. Es war eines der Kennzeichen pharisäischer Frömmigkeit, dass die alttestamentlichen Reinheitsvorschriften für Priester auf alle Juden bezogen wurden. Alle sollten ja für die Begegnung mit Gott rein sein. Die entsprechenden Vorschriften waren in den *Überlieferungen der Ältesten* für das tägliche Leben weiter entwickelt worden. Das betraf dann nicht nur das Waschen der Hände (*mit einer Handvoll* [*Wasser*] – wörtlich: *mit der Faust*), sondern auch die Reinigung der benutzten Gefäße. Für all das waren weniger hygienische, sondern religiöse Gesichtspunkte maßgebend. Der Vorwurf der Pharisäer, dass sich die Jünger nicht an die Überlieferungen halten und mit unreinen Händen essen, stellt also nicht ihre Reinlichkeit, sondern ihre Frömmigkeit infrage (**5**).

Die Antwort Jesu, die Markus überliefert, geht nicht auf den direkten Vorwurf ein (**6f**). Mit einem Zitat aus Jes 29,13 greift Jesus die Haltung der Frager an. Er nennt sie *Heuchler*, weil ihr Leben nicht mit ihrem Anspruch übereinstimmt. Allerdings entspricht der Wortlaut des Zitats eher der griechischen Übersetzung als dem hebräischen Original. Das zeigt, dass die Diskussion über diese Fragen auch in der griechisch sprechenden Gemeinde weiterging. Das Zitat hat angesichts der Vorwürfe der Pharisäer eine doppelte Spitze: Es zielt 1. darauf, dass bei ihnen offizielle Lehre und innere Haltung nicht übereinstimmen, 2. auf das Problem, dass menschliche Gebote den Willen Gottes verdecken (**8f**). Dass dieser Vorwurf die Gesprächspartner zu Recht trifft, wird an einem Beispiel veranschaulicht (**10–12**). Es hat nichts mit der Frage von *rein* und *unrein* zu tun, wohl aber damit, dass die praktische Auslegung von Geboten Gottes ihren Sinn verdunkelt oder ins Gegenteil verkehrt. Dabei schlägt Jesus einen ausgesprochen ironischen Ton an (*Hervorragend, wie ihr Gottes Gebote außer Kraft setzt!*). Zunächst wird aus dem Gesetz das Gebot zitiert, die Eltern zu ehren (was ihre Versorgung im Alter einschließt), und dann das Verbot, schlecht über die Eltern zu reden (Ex 20,12; 21,17). Dem wird eine Bestimmung der rabbinischen Gesetzgebung gegenübergestellt: Wenn ein Sohn den Teil seines Vermögens, der eigentlich der Versorgung seiner Eltern dienen sollte, dem Tempel als Weihgeschenk (hebräisch: *korban*) gelobt, ist das Kapital deren Nutzungsrecht entzogen – selbst dann, wenn der Sohn es weiter für sich nutzt. Den Rabbinen war die Problematik dieser Regelung bewusst. Aber für sie brach Gottes Recht – selbst wenn es nur formal bestand – das Recht der Eltern. Für Jesus aber konnte es keinen Widerspruch geben zwischen Gottes Gebot, für Alte und Bedürftige zu sorgen, und Gottes Anspruch auf das, was ihm geweiht war. So wurden in der Diskussion zwischen christlicher Gemeinde und jüdischer Schriftgelehrsamkeit die Korban-Bestimmungen zu einem Musterbeispiel dafür, wie menschliche Überlieferung Gottes Wort und Gebot außer Kraft setzt, und zwar gerade auch dort, wo man sich formell an den Vorrang der Sache Gottes gebunden sieht.

Nachdem so das problematische Verhältnis von deutender Überlieferung und ursprünglichem Willen Gottes angesprochen ist (**13**), kehrt die Erzählung zum Thema *rein* und *unrein* zurück. Was Jesus hier zu sagen hat, gilt allen, und so berichtet Markus, wie Jesus wieder das Volk zusammenruft und seine Worte mit dem Aufruf beginnt: *Hört alle auf mich und versteht* (**14**). Es geht um eine grundlegende Aussage der Lehre Jesu. Nicht die Dinge, die von außen den Menschen berühren oder von ihm beim Essen aufgenommen werden, *verunreinigen* ihn, d.h. machen ihn kultisch unrein und für eine Begegnung mit Gott untauglich. Vielmehr gilt umgekehrt: Das, was aus dem Menschen herauskommt – seine Gefühlsregungen, seine Worte und seine Handlungen –, macht ihn *unrein* und zerstört sein Verhältnis zu Gott (**15**). Den zweiten Teil dieser Aussage würde auch ein jüdischer Gesprächspartner bejahen; mit dem ersten Teil widerspricht Jesus jedoch einer Grundvoraussetzung antiken religiösen Denkens. Dass es Dinge gibt, die einfach dadurch, dass man sie berührt oder isst, einen Menschen für die Begegnung mit dem Göttlichen und ebenso für die menschliche Gemeinschaft untauglich, also *unrein* machen, gehört zu den Grundlagen vieler Religionen. *Rein* und *unrein* sind Kategorien, nach denen das menschliche Zusammenleben geordnet, aber auch Machtgefälle (z.B. zwischen den Geschlechtern) bestimmt wird. Auch für das Alte Testament gehört diese Unterscheidung zu den Grundgegebenheiten der Gesetzgebung (vgl. Lev 11–15). Jesus rührt also an ein Tabu der ganzen antiken Gesellschaft und stellt zugleich die Autorität des mosaischen Gesetzes in Frage. Das hatte für die christliche Gemeinde und ihre Mission große Bedeutung: Paulus »ist überzeugt in dem Herrn Jesus, dass nichts an sich unrein ist« (Röm 14,14; vgl. 1Tim 4,4; Tit 1,15) und nach Apg 10 wird für Petrus der in einer Vision empfangene Befehl, Unreines zu essen, zum Impuls für den Beginn der Heidenmission.

Die Mehrzahl der späteren Handschriften fügt hier als V. **16** den Satz ein: *Wer Ohren hat zu hören, der höre* (vgl. 4,9.23). Er würde gut zur Einleitung *Hört alle auf mich und versteht!* passen, fehlt allerdings in einigen der ältesten Handschriften.

Von dem, was Jesus dem Volk sagt, berichtet Markus nur diesen einen, zentralen Satz. Erläutert wird er in der folgenden Belehrung der Jünger, die *im Haus* nach der Bedeutung dieses *Gleichnisses*, d.h. des Bildwortes von V. 15 fragen (**17**). Markus deutet damit an, dass diese Erklärung innergemeindliche Bedeutung hat. Die tadelnde Frage: *Also seid auch ihr unverständig?* soll Lesende und Hörende zu erhöhter Aufmerksamkeit führen. Die folgenden Sätze (**18f**) erklären V. 15 zunächst im Blick auf die Speisegebote. Was der Mensch isst, berührt sein Verhältnis zu Gott nicht, weil es nicht in sein *Herz,* also nicht in das Zentrum seiner Person eingeht, sondern im Verdauungsapparat verarbeitet und ausgeschieden wird. Damit – so erläutert Markus – hat Jesus grundsätzlich alle Speisen für rein erklärt.

Anders aber verhält es sich mit dem, was aus dem *Herzen* – dem fühlenden, denkenden und wollenden Innersten des Menschen – herauskommt (**20–23**). Es sind Gefühlsregungen, Gedanken und Taten, die die Gemeinschaft mit Gott und den Menschen zerstören. Das wird mit einem »Katalog« von Lastern veranschaulicht. Solche Kataloge finden sich häufig in den Briefen des Neuen Testaments, aber sonst nirgends in den Evangelien. Sie gehen auf vergleichbare Listen im griechisch sprechenden Judentum zurück. Mit Hilfe solcher Aufzählungen hat man in den griechisch sprechenden christlichen Gemeinden den Grundsatz Jesu erläutert. Die Liste zeigt zunächst auf, wie die *bösen Gedanken* schnell zu schlimmen Taten werden. Sechs Formen des Fehlverhaltens werden aufgezählt und zwar immer im Plural, um die einzelnen Taten hervorzuheben (was die deutsche Übersetzung vor gewisse Herausforderungen stellt): *Unzüchtige Handlungen* (wörtlich: *Hurereien*) sind sexuelle Übergriffe, die die Menschenwürde anderer beschädigen. Mit *Diebereien, Morden, Ehebrüchen* und *habsüchtigen Begehrlichkeiten* sind Bestimmungen der Zehn Gebote aufgegriffen, und das Stichwort *Bosheiten* benennt alles Handeln, was andere schädigen soll und kann. Hinzu treten im Singular sechs weitere Laster, die Ausdruck einer falschen Einstellung zum Leben und zu anderen sind: *Arglist* (also heimtückisches Verhalten), *Schwelgerei* (Unfähigkeit, das rechte Maß einzuhalten), *Missgunst,* die anderen nichts gönnt, *Lästerung* (üble Nachrede und Verleumdung), *Hochmut* (Überheblichkeit, die andere nichts gelten lässt), *Unverstand* (Fehlen wirklicher Lebensweisheit). All das kommt aus dem Inneren der Menschen, und das macht sie unfähig zur Gemeinschaft mit Gott und zum wahren Gottesdienst (also *unrein*).

Rein und unrein – das sind Grundkategorien menschlichen Zusammenlebens und der Beziehung zu Gott. Wo sie rein äußerlich gehandhabt und streng durchgesetzt werden, droht die Gefahr, dass sie steril wirken, das Leben miteinander und füreinander behindern oder zur Machtausübung über andere missbraucht werden. Jesu Grundsatz durchbricht formale Tabus und weist auf die wirklich gefährliche »Lebensweltverschmutzung« durch das hin, was Menschen in ihrem Inneren aushecken. Für die urchristliche Gemeinde war die Aufhebung der äußerlichen Scheidung zwischen rein und unrein auch die Voraussetzung dafür, sich der Verkündigung unter Nichtjuden zu öffnen (Apg 10).

Das wird in Mk 7 noch nicht thematisiert. Jesus wird die Bitte der Syrophönizierin zunächst ablehnen, dann aber doch den Schritt über diese Grenze vollziehen (7,24–30). Alle drei folgenden Geschichten in 7,24 – 8,9 spielen in nichjüdischem Gebiet!

7,24–30
Jesus heilt die Tochter einer Syrophönizierin

**24Und er stand auf und ging von dort weg in die Gegend von Tyrus.
Und als er in ein Haus ging, wollte er, dass niemand es wisse, aber er
konnte nicht verborgen bleiben, 25sondern sogleich hörte eine Frau
von ihm, deren Tochter einen unreinen Geist hatte, und kam und
fiel ihm zu Füßen. 26Die Frau aber war eine Griechin, eine geborene
Syrophönizierin, und sie bat ihn, den Dämon aus ihrer Tochter auszutreiben. 27Und er sagte zu ihr: »Lass zuerst die Kinder satt werden, denn es ist nicht recht, das Brot der Kinder zu nehmen und es
den Hunden vorzuwerfen.« 28Sie aber antwortet und sagt zu ihm:
»Herr, und doch essen die Hunde unter den Tischen von den Brosamen der Kinder.« 29Und er sagte zu ihr: »Um dieses Wortes willen
geh, der Dämon ist aus deiner Tochter ausgefahren.« 30Und sie ging
weg in ihr Haus und fand das Kind auf dem Bett liegen, und der
Dämon war ausgefahren.**

Der weitere Weg Jesu mutet etwas unentschlossen an. Jesus macht sich auf, offensichtlich ohne seine Jünger, und geht in die Gegend der Küstenstadt Tyrus, nordwestlich von Galiläa (**24**). Tyrus, ursprünglich eine Stadt der Phönizier, war nach der Eroberung durch Alexander den Großen hellenisiert worden. In der Gegend um Tyrus wohnten auch Juden, aber sie stellten eine Minderheit dar. Die Erzählung setzt wohl voraus, dass Jesus im Haus eines Juden eingekehrt war. Er will sich zurückziehen und bittet darum, seinen Aufenthalt nicht publik zu machen.

Aber auch hier im Heidenland kann seine Anwesenheit nicht verborgen bleiben. Eine Frau hörte von ihm und von seiner Vollmacht, Kranke zu heilen (**25**). Wir erfahren, dass sie eine *Griechin* war, d.h. dass sie Griechisch sprach und in der hellenistischen Kultur lebte (**26**). Ihrer Abstammung nach aber war sie eine Syrophönizierin, gehörte also zur einheimischen phönizischen Bevölkerung. Das zeigt sehr schön, dass *Grieche* zu sein im Neuen Testament nicht die Herkunft aus Griechenland, sondern die Zugehörigkeit zur griechisch geprägten Kultur des östlichen Mittelmeerraums bedeutet.

Diese Frau hat eine Tochter, von der man sagt, sie hätte *einen unreinen Geist.* Wie sich das zeigt, wird nicht erzählt. Vielleicht würde man heute von einer Verhaltensstörung sprechen. Diese Frau dringt zu Jesus vor, wirft sich ihm zu Füßen und bittet ihn, den Dämon aus ihrer Tochter auszutreiben. Jesus aber weist sie ziemlich harsch ab (**27**). Er tut das mit einem bildhaften Vergleich: *Lass zuerst die Kinder satt werden, denn es ist nicht recht, das Brot der Kinder zu nehmen und es den Hunden vorzuwerfen.* Der Vergleich nimmt einerseits die Situation eines orientalischen Dorfes auf, in dem die Hunde nicht versorgt werden, sondern sehen müssen, was sie im Abfall finden, denn Brot und sonstige Nahrung braucht man, um die Familie zu ernähren. Andererseits steckt in dem Vergleich ein stehendes Bild zeitgenössischen jüdischen Denkens, das die Heiden mit Hunden vergleicht, während die Juden als Kinder (Gottes) gelten. Beide Aspekte des Vergleichs waren für die Frau äußerst kränkend. Die Ausleger sind sich nicht einig, ob dieser harte Ton dadurch gemildert wird, dass Jesus von *Hündlein* spricht, also in der Verkleinerungsform, die man für Haushunde benutzte. Die bittende Frau wird jedenfalls in ihrer Erwiderung diesen Aspekt aufgreifen. Auch dass Jesus *zuerst* sagt, lässt die Möglichkeit eines Danach offen. Wo man diese Geschichte in der heidenchristlichen Gemeinde erzählt hat, wird man dieses *zuerst* und seine unausgesprochene Folgerung sehr bewusst gehört und ähnlich wie Röm 1,17 (»die Juden zuerst und ebenso die Griechen«) verstanden haben. Und so lässt sich die Frau von Jesu Wort nicht kränken, sondern erwidert (**28**): *Herr, und doch essen die Hunde unter den Tischen von den Brosamen der Kinder.* Sie akzeptiert den kränkenden Vergleich; aber aus dem Erfahrungshorizont eines heidnischen Haushalts, in dem es auch Haushunde gab, weist sie darauf hin, dass auch noch die Hunde von dem satt werden, was an Brocken und Brosamen vom Tisch der Kinder fällt. Indem sie Jesu Vergleich aufnimmt, hält sie ihm vor, dass es bei Gott wie in einem ordentlichen Haushalt auch noch für die das Nötige gibt, die nicht an erster Stelle stehen. Diese Mischung von Demut und Schlagfertigkeit überwindet die ablehnende Haltung Jesu. Er sagt zu ihr: *Um dieses Wortes willen geh, der Dämon ist aus deiner Tochter ausgefahren* (**29**). Eine Austreibung des Dämons ist nicht nötig. Die Zusage Jesu genügt; die Frau geht nach Hause und findet ihre Tochter ruhig auf dem Bett liegen, befreit von der dämonischen Macht, die sie gequält hatte (**30**).

Matthäus gibt einen ersten Kommentar zu dieser Geschichte. Bei ihm (15,28) reagiert Jesus auf die Erwiderung der Frau mit dem Satz: »Frau, dein Glaube ist groß«. Auch wenn Jesus bei Markus nicht vom Glauben spricht, sagt er das Gleiche. Die Frau steht in einer Reihe mit den Freunden des Gelähmten (2,5) und der Frau, die von Blutungen geheilt wird (5,34). Glaube ist festes, hartnäckiges Vertrauen, das sich auch durch Widerstände nicht abschrecken lässt. Das Besondere ist, dass es hier um eine Nichtjüdin geht, die sogar den Widerstand Jesu gegen ein Wirken unter den Heiden überwindet (vgl. bei Matthäus und Lukas die Geschichte vom Hauptmann zu Kapernaum, Mt 8,5–13 / Lk 7,1–10). Hier beginnt das Wunder, dass das Evangelium gerade bei den Heiden Glauben findet. Paulus wird es theologisch durchdenken. Die künftige Heidenmission wird vorbereitet.
Heutige Leserinnen und Leser mögen freilich fragen: War es richtig, dass die Frau sich so demütigen ließ? Hätte sie nicht gegen die Geringschätzung protestieren müssen? Wir empfinden ihre Haltung nicht mehr ganz so vorbildlich, wie das Jahrhunderte hindurch gesehen wurde. Sieht man allerdings genau hin, stellt man fest: Indem die Frau den herabsetzenden Vergleich Jesu akzeptiert, durchbricht sie seine diskriminierende Pointe. Im Hause Gottes gibt es für alle das, was sie brauchen, auch wenn ihnen äußerlich sehr unterschiedliche Plätze zugewiesen scheinen.

7,31–37
Jesus heilt einen Taubstummen

**31Und er ging wieder aus der Gegend von Tyrus weg und kam über Sidon an den See von Galiläa mitten in das Gebiet der Zehnstädte.
32Und sie bringen einen zu ihm, der war taub und stumm, und sie bitten ihn, dass er ihm die Hand auflege. 33Und er nahm ihn beiseite, von der Volksmenge weg, und legte seine Finger in seine Ohren und berührte seine Zunge mit Speichel 34und blickte zum Himmel auf und seufzte und sagt zu ihm: »Ephata!«, das heißt: »Sei geöffnet!« 35Und sogleich öffneten sich seine Ohren, und das Band seiner Zunge löste sich, und er sprach richtig. 36Und er befahl ihnen, niemand etwas davon zu sagen. Aber je mehr er ihnen das befahl, desto mehr verkündigten sie es. 37Und sie gerieten völlig außer sich und sagten: »Gut hat er alles gemacht. Er macht, dass die Tauben hören und die Sprachlosen reden.«**

Die Schilderung des Reiseweges Jesu, mit der diese Geschichte beginnt, gibt einige Rätsel auf (**31**). So wie die Stationen beschrieben sind, macht Jesus einen großen Umweg, zunächst von Tyrus nach

Norden an der Küste entlang nach Sidon und von dort südöstlich am Fuß des Libanon und Hermon entlang in das Gebiet der Dekapolis, der Zehnstädte, um dann von Osten her wieder den See Genezareth zu erreichen. Diese umständliche Reiseroute scheint nicht für die geographischen Kenntnisse des Markus zu sprechen und eher auszuschließen, dass er aus Palästina stammt. Aber wir können schwer beurteilen, wie das geographische Vorstellungsvermögen zu einer Zeit ausgebildet war, als man noch nicht mit Landkarten lebte. Vielleicht möchte Markus einfach andeuten, dass Jesus auch das Land nördlich Galiläas bereist hat, auch wenn er darüber nichts im Einzelnen berichten konnte. So scheint die nächste Geschichte im Grenzgebiet zwischen dem Gebiet der Zehnstädte und Galiläa angesiedelt zu sein.

Man bringt einen Menschen zu Jesus, der taubstumm ist (**32**). Der griechische Text schildert sehr genau die Art dieser Behinderung: Der Mensch ist *taub und mit Mühe redend,* d.h. weil er nicht hören kann, kann er auch nicht verständlich artikulieren, obwohl er eigentlich sprechen könnte. Leute, die sich um den Behinderten kümmern, bitten Jesus, *ihn zu berühren,* weil man sich davon Heilung versprach. Während aber bei der vorigen Geschichte ein Wort Jesu aus der Ferne genügte, um die Tochter der Syrophönizierin von dem unreinen Geist zu befreien, nimmt Jesus hier den Taubstummen zur Seite, weg von der Menge, und beginnt mit einer regelrechten »Behandlung« (**33**). Er legt zunächst seine Finger in die Ohren des Mannes und berührt dann, nachdem er Speichel auf seine Hand getan hat, dessen Zunge. Das erscheint uns ziemlich unhygienisch, aber eine gewisse antibakterielle Wirkung des Speichels (Tiere lecken sich ihre Wunden!) hat dazu geführt, dass man Speichel generell für heilkräftig hielt. So wird von Kaiser Vespasian erzählt, dass er in Alexandrien mit seinem Speichel einen Blinden geheilt habe. Jesus lässt es aber nicht bei dieser Art »Naturheilkunde« bewenden, sondern blickt in einem zweiten Schritt seiner therapeutischen Bemühung (**34**) zum Himmel auf und seufzt, er sucht also intensiv die Verbindung mit Gott, solidarisiert sich mit dem Leiden des Kranken und sagt dann auf Aramäisch: *Ephata!* Markus übersetzt das für seine des Aramäischen unkundigen Leser mit *Sei geöffnet!* Drei Kennzeichen heilenden Handelns werden hier von Jesus berichtet: Die körperliche Be*hand*lung, das mitleidende Gebet und der befreiende Zuspruch. Die Evangelien geben keine Erklärungen dafür, warum Jesus unterschiedliche Wege des Heilens wählt. Aber es wird deutlich, dass es auch für Jesus Formen heilenden Handelns gab, die eine intensive körperliche Zuwendung einschlossen. Auch die Heilung wird in Schritten erzählt (**35**): *Die Ohren öffnen sich,* der Mann kann also hören; *das Band*

der Zunge löst sich, er kann somit artikulieren; und er *spricht richtig*, kann sich also verständlich ausdrücken.
Wieder befiehlt Jesus dem Geheilten und seinen Freunden, die Sache nicht hinauszuposaunen (**36**), und wieder einmal muss der Erzähler feststellen: *Aber je mehr er ihnen das befahl, desto mehr verkündigten sie es.* Jesus will keine Propaganda für sein Wirken, weil es jetzt noch gar nicht richtig verstanden werden kann. Aber Jesu heilendes Handeln kann nicht verborgen bleiben. Es schließt eine Botschaft ein, die weitergetragen wird, weil Menschen darin Gottes Handeln erleben.
Das zeigt der Schluss der Erzählung (**37**). Diejenigen, die das erlebt oder davon gehört hatten, *gerieten völlig außer sich* – eine Reaktion auf die Begegnung mit Gottes Gegenwart. Und sie bekannten: *Gut hat er alles gemacht.* Das ist eine Aussage, die an die Schöpfungserzählung und ihre Feststellung: »Es war sehr gut!« (Gen 1,31) erinnert. Und das wird begründet: *Er macht, dass die Tauben hören und die Sprachlosen reden.* Dass Menschen kommunizieren können, ist eine Schöpfungsgabe, die Jesus neu schenkt. Damit werden auch die prophetischen Verheißungen erfüllt, die für die kommende Heilszeit erwarten, dass »die Augen der Blinden aufgetan und die Ohren der Tauben geöffnet werden« (Jes 35,5; vgl. 29,18). Und wer aufmerksam las, mag auch einen Hinweis darauf entdeckt haben, dass die Hörunfähigkeit und Sprachlosigkeit gegenüber Jesu Botschaft heilbar ist.

Zwei Züge zeichnen diese Geschichte aus: 1. Sie bietet eine sehr genaue Diagnose der Krankheit und schildert eine Behandlung, die sehr intensiv auf den Kranken bis hin zur körperlichen Berührung eingeht. Das Ineinander von therapeutischem Handeln, Gebet und Zuspruch hat für den Heilungsauftrag der Gemeinde modellhafte Bedeutung. 2. Jesus will keine Reklame für sich als Wunderheiler. Aber es kann nicht verborgen bleiben, dass in seinem Handeln der Schaden, unter dem die Menschen leiden, wieder gut gemacht wird, so wie Gott es in seiner Schöpfung gewollt hat.

8,1–9
Jesus gibt 4000 Menschen zu essen

In jenen Tagen, als wieder viel Volk da war und sie nichts zu essen hatten, ruft er seine Jünger zu sich und sagt zu ihnen: »[2]Ich habe tiefes Mitleid mit den Leuten, denn sie sind schon drei Tage bei mir und haben nichts zu essen, [3]und wenn ich sie hungrig in ihre Häuser wegschicke, werden sie auf dem Weg zusammenbrechen. Und

einige von ihnen sind von weither gekommen.« [4]Und seine Jünger entgegneten ihm: »Woher soll jemand diese Leute mit Brot satt machen hier in der Einöde?« [5]Und er fragte sie: »Wie viele Brote habt ihr?« Sie sagten: »Sieben.« [6]Und er befiehlt der Menge, sich auf der Erde zu lagern. Und er nahm die sieben Brote, sprach das Dankgebet, brach sie und gab sie seinen Jüngern, damit sie (sie) verteilten, und sie verteilten sie an die Menge. [7]Und sie hatten auch ein paar kleine Fische. Und er sprach den Lobpreis über sie und sagte ihnen, auch sie zu verteilen. [8]Und sie aßen und wurden satt und sammelten die übrig gebliebenen Brocken, sieben Körbe voll. [9]Es waren aber etwa Viertausend gewesen. Und er ließ sie gehen.

Diese Geschichte setzt eine neue Situation voraus. Jesus ist mit vielen Menschen zusammen, die schon einige Tage bei ihm in der *Einöde,* einer unbewohnten, einsamen Gegend, verbracht haben. Auch seine Jünger sind wieder bei ihm. Die Ausleger sind sich nicht einig, ob diese Szene noch in dem mehrheitlich von Nichtjuden bewohnten Gebiet der Zehnstädte spielt oder wieder im jüdischen Galiläa. Es gibt Indizien dafür, dass für Markus die Geschichte noch zu Jesu Wirken in heidnischem Gebiet gehörte. Eine andere Frage ist, ob es sich wirklich um eine zweite Speisung handelt oder um eine Parallelüberlieferung zur Speisung der 5000, nur mit anderen Zahlen. Es gibt Unterschiede in Details, aber die Grundstruktur der Erzählungen ist fast identisch.

Die Eingangsformulierung *als wieder viel Volk da war* (**1**) erinnert an die erste Speisungsgeschichte in 6,35–44 und zeigt, dass es sich für Markus um zwei verschiedene Ereignisse handelt. Im Unterschied zur Speisung der 5000 ergreift diesmal Jesus die Initiative. Auch dort ist davon die Rede, dass Jesus *tiefes Mitleid* mit den Menschen bekam; dies wird aber mit der Situation des Volkes (*wie Schafe, die keine Hirten hatten*) begründet. In V. **2** dagegen bezieht sich das Erbarmen Jesu auf die aktuelle Situation der Leute. Sie harren schon drei Tage bei ihm aus, haben ihre Vorräte aufgebraucht, aber noch einen weiten Nachhauseweg, sodass die Gefahr besteht, dass sie unterwegs zusammenbrechen, wenn man sie wegschickt (**3**). Die organisatorische Alternative, die Leute in die umliegenden Dörfer zu schicken, um Brot zu kaufen (so 6,36), besteht hier nicht. Es herrscht eine echte Notsituation. Erstaunlich ist dann allerdings die Frage der Jünger: *Woher soll jemand diese Leute mit Brot satt machen hier in der Einöde?* (**4**) Müssten sie, wenn sie kurze Zeit zuvor die Speisung der 5000 erlebt hatten, nicht wieder mit einer solchen Möglichkeit rechnen? Dass sie es nicht tun, spricht dafür, dass unsere Geschichte ursprünglich eine selbständige Parallelüberlieferung zu ersten Geschichte war. Markus aller-

dings sieht in dieser Frage einen Hinweis auf das Nichtverstehen der Jünger, das er im nächsten Abschnitt thematisieren wird.
Jesus fragt auch hier, wie viele Brote noch vorhanden sind (**5**). Diesmal sind es *sieben.* Und nachdem Jesus die Menge aufgefordert hatte, sich zu lagern (hier ohne die Lagerordnung des Volkes Gottes in 6,40), nimmt er die sieben Brote, spricht über ihnen das Dankgebet, zerteilt sie und gibt sie seinen Jüngern, dass sie sie an die Menge verteilten (**6**). Wieder fällt die Nähe des Wortlauts zu den Abendmahlsworten Jesu auf. Aber während sich die Worte in 6,41 eng mit denen im Bericht von der Feier des Mahls in 14,21 berühren, stehen die in 8,6 dem Bericht des Paulus in 1Kor 11,22f nahe. Um die Anspielung auf das Abendmahl nicht zu beeinträchtigen, trägt der Erzähler erst im nächsten Satz nach, dass auch einige Fische da waren, die Jesus segnete und weitergab (**7**). Wieder kann festgestellt werden: *Und sie aßen und wurden satt* (**8**), und auch hier wird erzählt, dass man *die übrig gebliebenen Brocken* aufsammelte, diesmal *sieben Körbe voll* (**9**). Die Zahlen *zwölf* (so in 6,43) und *sieben* sind jeweils Symbole der Fülle und Vollendung; auffallend ist, dass die Zwölf der Zahl der Stämme Israels (und damit auch der Apostel) entspricht, während die Sieben bei der Zahl der Diakone, der Führer der aus der Diaspora stammenden Christen in Apg 6,3 wieder auftaucht. So scheint die Speisung der 5000 auf ein Mahl des Volkes Gottes auf jüdischem Gebiet hinzuweisen, während die Speisung der 4000 der Diaspora, den Zerstreuten, und vielleicht auch den Heiden, die sich in der *Einöde* um Jesus sammeln, gilt. Die Zahl 4000 hat wohl keine symbolische Bedeutung. Beachtenswert ist, dass hier nicht nur die Männer gezählt werden. Bei der zweiten Speisung wurden also weniger Menschen mit etwas mehr Broten und Fischen gesättigt. Die Evangelienüberlieferung ist nicht an Effektsteigerungen interessiert. Dass alle satt wurden, bleibt wunderbar genug.

Wiederholt wird deutlich: Jesus kümmert sich auch um die leiblichen Nöte derer, die zu ihm kommen. Wenn das, was vorhanden ist, mit Dank gegenüber Gott und der Bitte um seinen Segen geteilt und weitergegeben wird, bewirkt es viel mehr, als wir zu hoffen wagen.

8,10–21
Auseinandersetzungen um das Wirken Jesu

[10]Sogleich stieg er mit seinen Jüngern ins Boot und kam in das Gebiet von Dalmanutha. [11]Und die Pharisäer kamen (zu ihm) heraus und begannen mit ihm zu streiten, indem sie ein Zeichen vom Him-

mel von ihm forderten, um ihn zu versuchen. [12]Und er seufzte in seinem Geist auf und sagt: »Warum sucht dies Geschlecht ein Zeichen? Amen, ich sage euch: Auf keinen Fall wird diesem Geschlecht ein Zeichen gegeben werden.« [13]Und er schickte sie weg und stieg wieder ins Boot und fuhr weg ans andere Ufer.
[14]Und sie hatten vergessen, Brot mitzunehmen, und außer einem einzigen Brot hatten sie nichts mit sich im Boot. [15]Und er schärfte ihnen dringend ein: »Passt auf, hütet euch vor dem Sauerteig der Pharisäer und dem Sauerteig des Herodes.« [16]Und sie berieten untereinander, (ob Jesus das sagte,) weil sie kein Brot hatten. [17]Und als er das merkt, sagt er zu ihnen: »Was sprecht ihr darüber, dass ihr kein Brot habt? Begreift und versteht ihr immer noch nicht? Sind eure Herzen verstockt? [18]*Obwohl ihr Augen habt, seht ihr nicht, und obwohl ihr Ohren habt, hört ihr nicht?* (Jer 5,21) Und erinnert ihr euch nicht: [19]Als ich die fünf Brote für die Fünftausend brach, wie viele Tragkörbe voll Brocken habt ihr aufgesammelt?« Sie sagen zu ihm: »zwölf.« [20]»Als die sieben (Brote) für Viertausend, wie viele Körbe voll mit Brocken habt ihr da aufgesammelt?« Sie sagen zu ihm: »sieben.« [21]Und er sagte zu ihnen: »Versteht ihr noch immer nicht?«

In diesem Abschnitt sind zwei Begebenheiten zusammengefasst: die Zeichenforderung der Pharisäer und das Unverständnis der Jünger. Trotz allem, was Jesus getan hat, wird er von Freund und Feind missverstanden. Diese Problemanzeige steht sehr bewusst am Schluss des ersten Teils des Markusevangeliums.
Zunächst aber berichtet Markus von einem Ortswechsel (**10**). Jesus und seine Jünger fahren mit dem Boot nach *Dalmanutha.* Leider wissen wir nicht, wo dieser Ort lag. Matthäus verändert in Magadan, das aber auch unbekannt ist, weshalb viele Handschriften (bei Markus und Matthäus) Magdala schreiben. Man wird in jedem Fall an das Westufer denken, da dies der Ort der Auseinandersetzung mit den Pharisäern ist. Eine Gruppe von ihnen kommt aus dem Ort zu Jesus heraus (**11**) und verwickelt ihn in ein Streitgespräch. Sie fordern von ihm *ein Zeichen vom Himmel,* d.h. ein Beglaubigungswunder, das eindeutig beweist, dass er von Gott gesandt ist. Der jüdische Geschichtsschreiber Josephus berichtet von Theudas, der einige Zeit nach Jesus als endzeitlicher Prophet auftrat (vgl. Apg 5,36) und versprach, dass sich die Wasser des Jordans auf seinen Befehl hin teilen würden (Ant XX,5,1). Ebenso behauptete ein Prophet aus Ägypten, dass auf sein Wort hin die Mauern Jerusalems einstürzen würden (Bell II,161–163). Das sollten *Zeichen vom Himmel* sein, die eindeutig von Gott kamen. Solche Zeichen waren es, zu denen nach Mt 4,1–11 / Lk 4,1–13 der Satan Jesus verführen

wollte. Indem die Pharisäer Jesu Vollmachtsanspruch auf die Probe stellen, sind sie Sprachrohr der *Versuchung*. Jesus weist sich nicht durch Zeichen aus, die nur dazu da sind, seinen Anspruch zu beglaubigen. Seine vollmächtigen Taten dienen dazu, Menschen zu helfen. Sie sind Zeichen der hereinbrechenden Herrschaft Gottes und nicht von Jesu Herrschaftsanspruch.

Dass Jesus *in seinem Geist aufseufzt*, ist Ausdruck seiner tiefen Erschütterung über die Haltung der Pharisäer (**12**). Die Formel *dieses Geschlecht* nimmt eine Überzeugung der zeitgenössischen jüdischen Apokalyptik auf, dass die letzte Generation vor dem Ende die Botschaft Gottes besonders hartnäckig ablehnen werde (vgl. Mt 23,36). Aber gerade diesem Geschlecht wird kein Zeichen gegeben werden – außer dem Zeichen, das Jesus und sein Wirken darstellt (vgl. die Variante dieses Wortes in der Logienquelle [Mt 12,39 / Lk 11,29]). Man kann sich Gottes Nähe nicht beweisen lassen; man muss sich ihr anvertrauen. Darum schickt Jesus diese Leute weg (**13**) und fährt mit seinen Jüngern *ans andere Ufer* (nach V. 22 fahren sie zum nördlich gelegenen Betsaida).

Aber zunächst berichtet Markus von einem Gespräch Jesu mit seinen Jüngern. Es verläuft auf zwei Ebenen: Die Jünger stellen fest, dass sie nur ein Brot dabei haben, und das beschäftigt sie, weil dies zu wenig Proviant für eine so große Gruppe ist (**14**). Jesus aber warnt sie eindringlich vor *dem Sauerteig der Pharisäer und dem Sauerteig des Herodes* (**15**). Anders als in Mt 13,33 ist hier die durchdringende Kraft des Sauerteigs negativ und als Gefahr gesehen (vgl. 1Kor 5,9: »Ein wenig Sauerteig durchsäuert den ganzen Teig«). Sich auf die Denkweise der Pharisäer und die Umtriebe der Gefolgsleute des Herodes einzulassen gefährdet das Verhältnis zu Jesus. Die Jünger aber verstehen diese bildhafte Rede nicht und beziehen Jesu Wort auf ihr Problem, dass zu wenig Brot da ist (**16**). Vielleicht meinten sie, es sei eine Warnung, Brot bei Pharisäern oder Anhängern des Herodes zu kaufen (**17**). Jesus ist ungehalten und traurig, dass die Jünger sich darum sorgen, dass zu wenig Brot da ist. Er erinnert sie an beide Speisungswunder und lässt sie ausdrücklich wiederholen, wie viel Körbe an Resten man gesammelt hat (**18f**). Auch die Jünger sind Leute, die, obwohl sie Augen haben, nicht wirklich sehen, und obwohl sie Ohren haben, nicht wirklich hören und verstehen. Wenn Markus hier Jesus ein Wort aus Jer 5,21 zitieren lässt, macht er deutlich: Auch die Jünger sind noch Teil des unverständigen Volkes (**20**). So schließt dieser Abschnitt mit der traurigen Frage Jesu: *Versteht ihr noch immer nicht?* (**21**)

Man kann versuchen, das Nichtverstehen der Jünger psychologisch zu erklären oder sie für besonders begriffsstutzig halten. Aber darum geht es Markus nicht. Er betont das Unverständnis der Jünger nicht deshalb, um diese als dumm darzustellen, sondern um die Leser und Leserinnen zu einer Antwort auf die Frage zu provozieren: Versteht denn ihr, was in Jesu Wirken geschieht? Seid ihr eher bereit, euch auf Jesu Vollmacht einzulassen als die Pharisäer? Seht und vernehmt ihr besser als die Jünger, was sein Wirken für euch bedeutet? Oder seid auch ihr verstockt?

8,22–26
Jesus heilt einen Blinden

22Und sie kommen nach Betsaida. Und sie bringen ihm einen Blin-
den und bitten ihn, dass er ihn berühre. 23Und er nahm die Hand des
Blinden und führte ihn aus dem Dorf, spuckte in seine Augen, legte
ihm die Hände auf und fragte ihn: »Siehst du etwas?« 24Und er
blickte auf und sagte: »Ich sehe Menschen – wie Bäume sehe ich sie
herumgehen.« 25Da legte er wieder die Hände auf seine Augen, und
er sah scharf und war wiederhergestellt und erkannte alles ganz
deutlich. 26Und er schickte ihn in sein Haus und sagte: »Geh aber
nicht in das Dorf hinein.«

Diese Geschichte weist viele Parallelen zur Heilung des Taubstummen in 7,31–37 auf. Wer beide Geschichten liest, wird sie unschwer entdecken. Sie bilden damit eine Art »Zwillingsgeschichten«, die den ganzen letzten Abschnitt rahmen und ein positives Gegenstück zu dem Vorwurf darstellen, dass auch die Jünger Augen haben und nicht sehen und Ohren und nicht hören! 8,22–26 leitet damit auch zum Bekenntnis des Petrus und zum zweiten Teil des Evangeliums über, der wiederum durch eine Blindenheilung abgeschlossen werden wird (10,46–52).

Die Geschichte spielt in Betsaida am Nordufer des Sees, nach Joh 1,44 Heimat des Petrus, Andreas und Philippus. Der Ort gehört bereits zum Herrschaftsgebiet des Herodessohnes Philippus, war aber ganz jüdisch geprägt. Von dort bringen Leute einen Blinden herbei und bitten Jesus, *dass er ihn berühre*, zweifellos in der Erwartung, dass er dadurch geheilt werde (**22**).

Es gibt wenig Heilungsgeschichten, in denen Jesus einen Menschen so intensiv auf dem Weg der Heilung begleitet (**23**). Das beginnt damit, dass er den Blinden an der Hand nimmt und ihn behutsam aus dem Dorf führt. Dann spuckt er ihm auf die Augen – auch hier wird Speichel als eine Art Naturheilmittel verwendet wie in 7,33 und dem dort genannten Beispiel von Kaiser Vespasian. Jesus heilt nicht nur durch das Wort, sondern auch durch therapeutische Mit-

tel, selbst wenn es andere sind als die, die wir heute verwenden. Dann legt er dem Blinden in einer heilenden Gebärde die Hände auf und fragt ihn: *Siehst du etwas?* Seine Mitarbeit ist gefragt. Und der Mann antwortet (**24**): *Ich sehe Menschen – wie Bäume sehe ich sie herumgehen.* Der Blinde, der wohl nicht von Geburt an blind gewesen war und wusste, wie Bäume und Menschen aussehen, sieht noch so unscharf, dass er Menschen nicht von Bäumen unterscheiden kann. Jesus legt ihm ein zweites Mal die Hände auf die Augen (**25**). Nun sieht der Mann alles scharf. Heilung kann Zeit brauchen und sich in Stufen vollziehen. Warum das gerade bei diesem Menschen so ist, wird nicht gesagt. Aber dass auch diese Art des Heilens von Jesus berichtet wird, ist eine Ermutigung für alle, die andere in Therapie und Pflege begleiten.
Auch hier will Jesus die Tat verborgen halten. Er schickt den Mann nach Hause, weist ihn aber an, nicht in das Dorf hineinzugehen (**26**). Das soll wohl verhindern, dass aus der Heilung im Verborgenen eine Sensationsgeschichte wird.

Dass Markus gerade an dieser Stelle eine solche Geschichte erzählt, mag auch mit der symbolischen Bedeutung zusammenhängen, die sie im Zusammenhang gewinnt. In Kontrast zu der Blindheit und Taubheit der Jünger für die Bedeutung des Wirkens Jesu stehen die Geschichten von der Heilung eines Taubstummen und eines Blinden. Dass auch das Unverständnis der Jünger nur schrittweise geheilt wird, davon handeln die folgenden Geschichten, in denen das mutige Bekenntnis des Petrus und sein Unverständnis für Jesu Leiden in schmerzlicher Spannung einander gegenübertreten.
Diese Geschichte hat eine doppelte Bedeutung: Als Erzählung von einer Heilung spricht sie uns durch ihre Intimität und das intensive Miteinander von Heiler und Heilungssuchendem an. Auch Wunder können Schritt für Schritt geschehen. In der Schilderung der Heilung liegt eine tiefe Symbolik. Sie erinnert an den Ausspruch jenes Rabbis, der auf die Frage, wann der Tag beginnt, antwortet: »Der Tag beginnt, wenn du das Gesicht eines Menschen erkennst.« Wer Menschen nicht mehr als »Sache« sieht, sondern als lebendiges Gegenüber, ist nicht mehr blind!
Mit diesem Hinweis auf das, was es heißt, wirklich zu »sehen«, stoßen wir auf die zweite Ebene der Bedeutung dieser Geschichte als Abschluss des ersten Teils des Evangeliums. Markus hat an vielen Beispielen gezeigt, wie Jesus in der Vollmacht der kommenden Gottesherrschaft Kranke heilt, Besessene befreit, Hungrige speist, Sünden vergibt und Grenzen überschreitet, um den Menschen, die Gottes Heil brauchen, nahe zu sein. So lebt er die frohe Botschaft, so vertritt er Gott und sein Reich menschlich. Aber Markus hat schon sehr

früh darauf hingewiesen, dass dies nicht nur die Massen Hilfsbedürftiger mobilisiert, sondern auch den Widerstand bestimmter Interessenvertreter erregt. Die eigene Familie und die früheren Nachbarn verstehen Jesus nicht, und auch seine Jünger, die mit ihm sind, erkennen nicht wirklich, wer er ist und was seine Sendung bedeutet. Dass die Beschreibung dieser Situation mit der Erzählung von der Heilung eines Blinden schließt, ist ein Hoffnungssignal: Auch für geistliche Blindheit gibt es Hilfe und Heilung.

II

8,27 – 10,52
Jesu Lehre von seinem Leiden auf dem Weg nach Jerusalem

Mit der Erzählung von der Heilung eines Blinden ist der Übergang zu einem neuen Abschnitt des Wirkens Jesu markiert. Die Unausweichlichkeit seines Weges ins Leiden und Sterben kommt in den Blick, und zwar gerade deshalb, weil die Frage: »Wer ist Jesus?« immer dringlicher wird. Den Auftakt bildet das Bekenntnis des Petrus, dem aber sofort die erste Ankündigung des Leidens, Sterbens und Auferstehens Jesu folgt. Drei solche Leidensankündigungen gliedern den folgenden zweiten Teil des Evangeliums. Jeder von ihnen folgen Worte Jesu zum Wesen der Nachfolge und des Jünger seins. An sie schließen sich weitere Begebenheiten oder Gespräche an. Berichte von Wundern treten zurück. Es wird von der Befreiung eines Jungen von einem Dämon erzählt, damit werden aber grundsätzliche Aussagen zur Ohnmacht der Jünger und der Vollmacht der Glaubenden verbunden (9,14–29). Wie der erste Teil des Evangeliums schließt auch der zweite mit der Heilung eines Blinden (10,46–52).
Ein Überblick macht die Struktur deutlich:

8,27–30	Das Bekenntnis des Petrus				
8,31–33	1. Leidensankündigung	9,30–32	2. Leidensankündigung	10,32–34	3. Leidensankündigung
8,34 – 9,1	Die Leidensnachfolge	9,33–50	Konsequente Nachfolge	10,35–45	Nachfolge und Dienst
9,2–13	Jesu Verklärung				
9,14–29	Die Kraft des Gebets	10,1–31	Ehe, Kinder, Besitz	10,46–52	Heilung eines Blinden

8,27–33
Das Bekenntnis des Petrus und die erste Leidensankündigung Jesu

[27]Und Jesus und seine Jünger gingen weg in die Dörfer bei Cäsarea Philippi. Und unterwegs fragte er seine Jünger und sagte ihnen: »Wer sagen die Leute, dass ich bin?« [28]Sie aber sagten zu ihm: »Johannes der Täufer, und andere Elia, und wieder andere einer der Propheten.« [29]Und er fragte sie: »Ihr aber, wer sagt denn ihr, dass

ich bin?« Petrus ergreift das Wort und sagt zu ihm: »Du bist der Messias.« [30]Und er bedrohte sie, dass sie niemandem etwas über ihn sagen sollten.
[31]Und er begann sie zu lehren: »Der Menschensohn muss viel leiden und verworfen werden von den Ältesten und Hohenpriestern und Schriftgelehrten und getötet werden und nach drei Tagen auferstehen.«
[32]Und er sagte das ganz offen. Und Petrus nahm ihn beiseite und begann, ihn zu bedrohen.
[33]Und Jesus wandte sich um und sah seine Jünger und bedrohte Petrus und sagt: »Geh weg, hinter mich, Satan, denn du hast nicht das im Sinn, was Gott entspricht, sondern das, was Menschen entspricht.«

Der Bericht vom Bekenntnis des Petrus zu Jesus als dem Messias ist wie eine Überschrift über den zweiten Teil des Evangeliums und entspricht so der Zusammenfassung der Verkündigung Jesu zu Beginn des ersten Teils (1,14f). Die Frage, wer Jesus ist, wird unausweichlich. Aber die Bedeutung dieses Bekenntnisses ist eng mit dem Hinweis Jesu auf sein Leiden verbunden und kann sachgemäß nur in diesem Zusammenhang ausgelegt werden.
Äußerlich wird der Neuansatz der Erzählung durch die geographische Angabe bezeichnet: *Jesus und seine Jünger gingen weg in die Dörfer bei Cäsarea Philippi* (**27**).

Cäsarea Philippi, das heutige Baniyas, liegt im Norden Galiläas, südwestlich vom Hermon, an einem der Quellflüsse des Jordans. In einer Quellgrotte befindet sich ein altes Heiligtum des griechischen Gottes Pan, daher der alte Name des Ortes Paneas. Philippus, Sohn des Herodes und Tetrarch, machte den Ort 3 v.Chr. zur Hauptstadt seines Herrschaftsgebietes, baute einen Tempel für Augustus und nannte die Stadt ihm zu Ehren *Cäsarea Philippi.* Später wurde sie von Agrippa II. nach Nero benannt, war also immer ein Zentrum der Herrscherverehrung. Die Stadt war kulturell und religiös vom heidnischen Hellenismus geprägt. Dagegen dürfte in den Dörfern im Umfeld der jüdische Einfluss stärker gewesen sein.

Das ist der Hintergrund, vor dem Jesus seine Jünger fragt: *Wer sagen die Leute, dass ich bin?* Es ist ungewöhnlich, dass Jesus diese Frage stellt. Bisher waren es die Jünger und das Volk, das verwundert fragte: »Wer ist der?« (4,41). Den Dämonen verbot Jesus, ihr Wissen über seine Identität preiszugeben. Jetzt aber macht Jesus die Frage, wer er sei, zum Thema. Die Antwort darauf ist entscheidend, weil nur so seine Botschaft verstanden werden kann. Die Auskünfte der Jünger entsprechen dem, was in 6,14f als Meinung der Leute über Jesus berichtet wird (**28**). Man hält ihn für den wiedererstandenen Johannes den Täufer oder – was sehr hohe Wert-

schätzung bezeugt – für Elia, der nach Mal 3,23 von Gott vor dem Tag des Gerichts gesandt werden wird, »um das Herz der Väter zu den Söhnen und das Herz der Söhne zu ihren Vätern zu bekehren«, damit nicht die Erde als Ganze dem Bann der Vernichtung verfalle. Andere sind etwas vorsichtiger und halten Jesus für einen Menschen, in dem die erloschen geglaubte Stimme der Prophetie wieder neu hörbar wurde.
Alle diese Meinungen waren Ausdruck einer außergewöhnlichen Hochschätzung Jesu. Aber genügten sie, um das Wesen der Person Jesu und seines Wirkens zu kennzeichnen? Darum fragt Jesus die Jünger direkt: *Ihr aber, wer sagt denn ihr, dass ich bin?* (**29**) In der Frage, wer Jesus ist, geht es nicht um das, was die Leute sagen, sondern um die eigene Meinung. Da ergreift Petrus das Wort und sagt – wohl als Sprecher des Jüngerkreises: *Du bist der Messias* (deutsch: *der Gesalbte,* und als griechisches Fremdwort: *der Christus*).

Mit diesem Stichwort wird die Person gewordene Hoffnung Israels angesprochen. Im Alten Testament sind die *Gesalbten Gottes* Menschen, die er in besonderer Weise für seinen Dienst erwählt und kennzeichnet. Das sind (Hohe-)Priester (Lev 4,5; Num 3,3; Dan 9,25f), gelegentlich auch Propheten (1Kön 19,16; Ps 105,15), vor allem aber der König (1Sam 9,16; 12,3; 1Sam 24,7; 26,9; 2Sam 22,51; 23,1; Ps 2,2; 18,51; 20,7; 28,8; 84,10; Hab 3,13). Doch kann auch der persische König Kyros als Werkzeug von Gottes Handeln in der Geschichte »sein Gesalbter« genannt werden (Jes 45,1). Dagegen wird die Hoffnung auf den *endzeitlichen* König aus dem Haus Davids, der Israel in eine Zeit des Heils und Friedens führen wird, noch nicht mit dem Begriff *Gesalbter/Messias* verbunden (vgl. Jes 8,23 – 9,6; 11,1–5; Jer 23,5f). Diese Zusammenschau findet sich erstmals in den Psalmen Salomos (17–18), die aus der Mitte des 1. Jh. v.Chr. stammen und populäre Hoffnungen bezeugen. Auch in der Gemeinschaft von Qumran erwartet man einen »Spross Davids«, den »Gesalbten der Gerechtigkeit«, als endzeitliche Rettergestalt. Man kannte aber in Fortführung der Aussage von den »beiden Gesalbten« (Sach 4,14) auch die Erwartung eines Messias aus Aaron und aus Israel, also einer priesterlichen und einer königlichen Gestalt, die mit der Hoffnung auf das Kommen »des Propheten« verbunden ist (1QS IX,11). Die Messiashoffnung des zeitgenössischen Judentums ist also nicht einheitlich, sondern kreist um unterschiedliche Elemente des Motivs vom *Gesalbten.* Geeint werden diese verschiedenen Ausprägungen der Hoffnung auf den (oder die) Gesalbten dadurch, dass sie auf eine Gestalt hoffen, die in einzigartiger Weise von Gott beauftragt und uneingeschränkt Werkzeug seines rettenden Handelns ist.

All das klingt an, wenn Petrus auf Jesu Frage: *Wer sagt ihr, dass ich bin?* antwortet: *Du bist der Messias.* Das heißt: Du bist der, in

dem Gott zu uns kommt und ein Reich der Gerechtigkeit und des Friedens aufrichtet. In dir kommt Gottes Herrschaft zu uns.
Die Reaktion Jesu ist überraschend. Anders als in der parallelen Erzählung bei Matthäus (16,17f) beglückwünscht Jesus Petrus nicht zu dieser Erkenntnis. Er *bedroht* vielmehr die Jünger, *dass sie niemandem etwas über ihn sagen sollten* (**30**). Das ist die gleiche Reaktion wie gegenüber dem »Bekenntnis« der Dämonen. Wie dort bedeutet das Schweigegebot keine Ablehnung des Bekenntnisses und seines Inhalts. Im Gegenteil: Es unterstreicht, dass damit das Richtige gesagt, es aber noch nicht an der Zeit ist, dieses Bekenntnis öffentlich zu machen. Man hat immer wieder vermutet, dass Jesus ein politisches Missverständnis befürchtete und deshalb das Schweigegebot aussprach. Doch ist umstritten, wie sehr die Erwartung eines als politischer Befreier auftretenden Messias damals im Judentum verbreitet war. Dafür, dass das Missverständnis in der Luft lag, spricht aber, dass Jesus von den Römern zum Tod verurteilt wurde, weil er sich zum »König der Juden« gemacht habe (15,26). 100 Jahre später wird Rabbi Akiba den Befreiungskämpfer Bar Kochba als »Königsgesalbten« begrüßen.
Aber Jesus greift diese Frage nicht auf. Für ihn ist wichtig, dass erkannt wird: Gerade Gottes Beauftragter muss leiden und sterben. Es ist bezeichnend, dass Jesus dabei nicht vom *Messias,* sondern vom *Menschensohn* spricht. Der von Gott erwählte Mensch muss den Weg des Leidens gehen. Das ist die Botschaft, die Jesus seinen Jüngern dreimal feierlich eröffnet.
Die Leidensansagen Jesu folgen einem klaren Muster, das deutlich vor Augen tritt, wenn man alle drei nebeneinanderstellt.

8,31	*9,31*	*10,33f*
Der Menschensohn muss viel leiden	Der Menschensohn wird ausgeliefert in die Hände der Menschen,	[33]Der Menschensohn wird den Hohenpriestern und Schriftgelehrten ausgeliefert werden, und sie werden ihn zum Tod verurteilen und werden ihn den Heiden ausliefern,
und verworfen werden von den Ältesten und Hohenpriestern und Schriftgelehrten und getötet werden	und sie werden ihn töten,	[34]und sie werden ihn verspotten und ihn auspeitschen und töten,
und nach drei Tagen auferstehen	und nachdem er getötet wurde, wird er nach drei Tagen auferstehen.	und nach drei Tagen wird er auferstehen.

Jede der Leidensankündigungen spricht davon, dass Jesu Leiden bzw. sein *Ausgeliefert werden* unausweichlich ist. Die erste und dritte verweisen dabei besonders auf die Rolle der Führer des Volks. Alle stellen fest, dass Jesus *getötet werden* wird, und kündigen an, dass er *nach drei Tagen auferstehen* wird. Die Texte sind also von der überliefernden Gemeinde mitgeprägt worden, und insbesondere in die dritte Ansage sind auch Einzelereignisse der Passion aufgenommen worden. Aus den Leidensansagen spricht die Überzeugung, dass Jesus sein Leiden vorausgesehen und angekündigt hat und darin einen notwendigen Weg sah.

Die erste Leidensansage (**31**) spricht knapp, aber eindringlich von dem göttlichen *Muss* des Leidensweges des *Menschensohns,* des von Gott auserwählten Menschen. Dieses Muss wird nicht begründet. Es ist eine Notwendigkeit, die sich aus der Sendung Jesu in die Not des Menschseins ergibt. Im Hintergrund steht die Überzeugung, die sich schon im Alten Testament findet, dass der Gerechte leiden muss. Das Motiv, dass der Menschensohn *vieles erdulden* muss, erinnert an die Tradition vom leidenden Gerechten (Ps 34, 20; vgl. Weish 2,18–20). In 10,45 wird Markus dann berichten, wie Jesus und die älteste Jesustradition die Bedeutung seiner Lebenshingabe erklärt haben. Auch dass der Menschensohn von den führenden Vertretern des Volkes *verworfen werden* wird, steht unter dem Vorzeichen dieses *muss,* ist aber zugleich deren schuldhafte Verantwortung. Die Urchristenheit sah in dem Stichwort *verworfen werden* eine Anspielung auf Ps 118, 22 (»Der Stein, den die Bauleute verworfen haben, ist zum Eckstein geworden«), einer Stelle, die für den christlichen Schriftbeweis eine große Rolle spielte (vgl. Mk 12,10; Apg 4,11; 1Petr 2,4.7).

Als Verantwortliche werden die Gruppen genannt, die den Hohen Rat (das *Synedrion*) bildeten, der unter römischer Aufsicht in Judäa beschränkte Selbstverwaltungsfunktionen wahrnahm. Die *Ältesten* sind Vertreter der Laienaristokratie Jerusalems, die *Hohenpriester* sind Mitglieder der hohenpriesterlichen Familien, die leitende Funktionen in der Tempelhierarchie ausübten, und die *Schriftgelehrten* sind die Gesetzesausleger, die für die Klärung juristischer und theologischer Fragen zuständig waren.

Dass der Menschensohn hingerichtet wird, steht ebenso unter dem göttlichen Muss, wie seine Auferstehung *nach drei Tagen.* Diese im Neuen Testament ungewöhnliche Formulierung meint nach jüdischer Zählung von Zeiträumen nichts anderes als die sonst übliche Formel *am dritten Tage.* Deren alttestamentliche Basis ist Hos 6,2: »am dritten Tag wird er uns aufrichten«, während *nach drei Tagen* auf Jon 2,1 anspielen könnte. Beide Formulierungen sind eine »theologische Zeitansage« (Pesch II, 52).

In deutlichem Kontrast zu dem bisherigen Bemühen, das Bekenntnis zu Christus geheim zu halten, stellt Markus hier fest: *Und er sagte das ganz offen* (**32**). Wörtlich steht da: *Er sagte das Wort freimütig.* Vielleicht liegt darin ein tieferer Sinn. Mit *das Wort* fasst Markus oft die ganze Botschaft Jesu zusammen (vgl. 2,2). In

4,33 hieß es noch, dass Jesus *das Wort in Gleichnissen* redete. Jetzt aber, in den Leidensansagen, verkündigt er die Botschaft in aller Offenheit. Das ist die Art und Weise, in der Markus das »Wort vom Kreuz« als Mitte der Verkündigung herausstellt!
Wie schwierig es ist, das zu verstehen, zeigt die Reaktion des Petrus. Er nimmt Jesus *beiseite* – er möchte also gerade dieses Thema nicht öffentlich verhandeln – *und bedroht ihn.* Das heißt, er redet heftig auf Jesus ein und widersetzt sich mit aller Macht dieser Perspektive des Weges Jesu. Für Petrus war das, was Jesus sagte, das Gegenteil von dem, was er in seinem Bekenntnis zu ihm als dem Messias/Christus hatte aussagen wollen. Nicht Leiden und Tod, sondern Sieg und Herrschaft war das, was er für ihn erwartete. Dass Markus für das Verhalten des Petrus gegenüber Jesus das Wort *bedrohen* wählt, das sonst in der Konfrontation mit den Dämonen benutzt wird, soll andeuten: Hier geht es um mehr als eine persönliche Meinungsverschiedenheit, hier geht es um den Kampf entgegengesetzter Mächte. Das zeigt auch die Reaktion Jesu (**33**). Jesus wendet sich um und schaut seine Jünger an, als deren Sprecher sich Petrus fühlt, und *bedroht Petrus* seinerseits, das heißt: Er herrscht ihn vor allen anderen an und sagt zu ihm: *Gehe weg, hinter mich, Satan!* Das ist ein sehr hartes Wort. Es zeigt: Aus den Worten des Petrus spricht für Jesus der Versucher, der ihn von seinem Weg ins gottgewollte Leiden abbringen will. Jesus begründet seine harsche Reaktion: *Du hast nicht das im Sinn, was Gott entspricht, sondern das, was Menschen entspricht.* Das Menschlich-Allzumenschliche, dem Petrus verfallen ist, meint hier den Egoismus, der sich selbst retten will, der leidensscheu nur die eigenen Interessen sieht und deshalb Gottes Willen und Weg, der auch durch das Leiden führt, nicht versteht. Dass mit dieser Zurückweisung keine Verwerfung des Petrus verbunden ist, zeigt die Aufforderung: *Hinter mich.* Der Platz des Petrus ist in der Nachfolge hinter Jesus her und nicht als Platzanweiser an Jesu Seite.

Die Bedeutung dieses Abschnitts für das Markusevangelium kann kaum überschätzt werden. Zum ersten Mal spricht einer der Jünger aus, dass Jesus der Messias ist, also der, durch den Gott die Hoffnung Israels auf Freiheit, Gerechtigkeit und Frieden erfüllt. Aber noch will Jesus dieses Bekenntnis nicht laut werden lassen und stellt ihm die Ansage des Leidens und Auferstehens des Menschensohns gegenüber. Der, durch den Gott seine Herrschaft aufrichten wird, muss das Leid und den Tod der Menschen auf sich nehmen, um ihnen Gott ganz nahezubringen.
Petrus spricht nicht nur das entscheidende Bekenntnis aus; er vertritt auch das Unverständnis und den Widerstand gegen diesen Weg Jesu.

So wird er für Jesus zur Stimme des Versuchers, die klar und scharf zurückgewiesen wird. Besonders spannend wird diese Darstellung, wenn sie mit dem Bericht des Matthäus von der gleichen Begebenheit verglichen wird (16,13–20). Dort werden Petrus und sein Bekenntnis ohne Einschränkung zum Fundament der Kirche Jesu Christi erklärt. Wer in Petrus den Gewährsmann für das Markusevangelium sieht, müsste dessen Version den Vorzug geben. Das würde auch zur Vorsicht mahnen, aus der Matthäusfassung allzu grundlegende Folgen für ein bleibendes Petrusamt in der Kirche zu ziehen. Aber auch, wenn man Petrus nicht als Garanten für die historische Treue des Markus in Anspruch nimmt, ist anzunehmen, dass der Bericht des Markus keine böswillige Erfindung ist, sondern im Kern auf einen historischen Konflikt zwischen Jesus und Petrus zurückgeht. Das eigentliche Anliegen des Markus ist es aber nicht, Petrus herabzusetzen. Er bleibt für ihn, trotz allen Versagens, der Erstberufene, an dem Jesus festhält (vgl. 16,7). Wichtig ist Markus die sachliche Aussage: Um zu erkennen und zu bekennen, wer Jesus wirklich ist, reicht es nicht, den richtigen christologischen Titel zu nennen. Wer Jesus ist, erschließt sich nur aus seinem Leben und Leiden – und nur für die, die ihm auf diesem Weg nachfolgen. Davon werden die nächsten Worte Jesu sprechen.

8,34 – 9,1
Der Preis der Nachfolge

Und er rief die Volksmenge samt seinen Jüngern zu sich und sagte
zu ihnen: »Wenn jemand mir nachfolgen will, verleugne er sich
selbst und nehme sein Kreuz auf sich und folge mir. 35Denn wer sein
Leben retten will, der wird es verlieren. Wer aber sein Leben um
meinet- und des Evangeliums willen verliert, der wird es retten.
36Denn was nützt es einem Menschen, die ganze Welt zu gewinnen
und dabei sein Leben einzubüßen? 37Denn was könnte ein Mensch
zum Tausch für sein Leben geben? 38Denn wer sich meiner und mei-
ner Worte angesichts dieses ehebrecherischen und sündigen Ge-
schlechts schämt, dessen wird sich auch der Menschensohn schä-
men, wenn er in der Herrlichkeit seines Vater mit den heiligen En-
geln kommt.« 9,1Und er sagte zu ihnen: »Amen ich sage euch: Unter
denen, die hier stehen, gibt es einige, die den Tod nicht schmecken
werden, bis sie Gottes Reich kommen sehen in Kraft.«

Nach der Zurückweisung des Petrus bringt Markus eine Sammlung von Worten, die sich mit den Herausforderungen konsequenter Nachfolge beschäftigen. Drei dieser Worte lasen Matthäus und

Lukas in etwas anderem Wortlaut und Zusammenhang auch in der Logienquelle. Sie finden sich bei ihnen darum zweimal (außer in den Markusparallelen Mt 16,24–27 / Lk 9,23–26 auch in Mt 10,33. 38f / Lk 12,9; 14,27; 17,33); eines der Worte wird auch im Johannesevangelium überliefert (12,25). Es handelt sich also um einen Grundbestand von Worten Jesu, die den Gemeinden sehr wichtig waren. Markus betont, dass das, was Jesus hier sagt, allen gilt; Jesus ruft *die Volksmenge samt seinen Jüngern zu sich.*

Das erste Wort (**34**) handelt von der Nachfolge und der Notwendigkeit, *sein Kreuz auf sich zu nehmen.* Die Markusfassung ist wohl eine Erweiterung des Wortes vom Kreuztragen, wie es in der Logienquelle zu lesen war (vgl. Mt 10,38 / Lk 14,27, wo die grundsätzliche Bedeutung für das Jüngersein stärker herausgestellt wird). Die Art, wie Markus den Satz beginnt (wörtlich: *wenn einer hinter mir nachfolgen will*), deutet an, dass er nicht nur für diejenigen gilt, die Jesus auf seinem irdischen Weg folgten, sondern dass mit *Nachfolge* auch das Leben als Jünger und Jüngerin Jesu in der nachösterlichen Gemeinde angesprochen wird. Drei Bedingungen nennt Jesus für echte und konsequente Nachfolge:

1. *Sich selbst zu verleugnen.* Was *verleugnen* heißt, zeigt die Verleugnung des Petrus, der sagt: »Ich kenne diesen Menschen nicht.« Was aber heißt: sich selbst nicht kennen? Es bedeutet nicht, sich selbst zu verneinen oder sein Ich zu zerstören, wie das nicht selten verstanden und gelebt wurde. Es meint vielmehr, von sich selbst absehen, Distanz zum eigenen Ich gewinnen und eigene Belange zurückstellen zu können. Paulus beschreibt das positiv: »Nicht mehr ich lebe, sondern Christus lebt in mir« (Gal 2,20).
2. *Sein Kreuz auf sich zu nehmen.* Für die Zeitgenossen Jesu hatte diese Aussage eine konkrete und grausame Bedeutung. Wer zum Tod am Kreuz verurteilt worden war, musste den schweren Querbalken, an dem er aufgehängt werden würde, selbst zur Hinrichtungsstätte tragen. Die Aufforderung zur Bereitschaft, *sein Kreuz auf sich zu nehmen,* rief also dazu auf, als Konsequenz der Nachfolge auch den Tod am Kreuz in Kauf zu nehmen. Allerdings wurde diese Mahnung bald auch im übertragenen Sinn verstanden. Das zeigt die Lukasparallele (Lk 9,24), die ein *täglich* einfügt. Es geht folglich auch um die Bereitschaft, Nachteile, Widerstände und Schwierigkeiten, die durch konsequente Nachfolge entstehen, auf sich zu nehmen. Das Verständnis, das man heute oft antrifft, es gehe darum, jedes Leiden als von Gott auferlegt anzunehmen, war dagegen ursprünglich nicht im Blick. Doch ist dies eine seelsorgerlich nicht unwichtige Fortschreibung – wenn sie nicht dazu missbraucht wird, berechtigten Widerstand gegen das Leiden zu unterdrücken.

3. *Jesus zu folgen.* Das scheint zunächst eine Doppelung des einleitenden Satzes zu sein. Aber während dort *Nachfolge* im Sinne von Jüngersein gemeint ist, geht es hier ganz praktisch um ein Leben in den »Spuren« Jesu (1Petr 2,21). Jesus so zu folgen, wie er gelebt hat, ist auch noch für die möglich, die sich ihm nach seiner Auferstehung anschließen. Der Weg eines Lebens für andere ist gebahnt; wir müssen ihn nicht mehr selbst frei machen. Es geht darum, seinen Spuren zu folgen. Der Slogan WWJD (What would Jesus do?), den junge Christen als Armband tragen, weist auf eine Möglichkeit, das heute zu tun.
Leben in der Nachfolge beschreibt also auch den Weg der nachösterlichen Gemeinde. In Rom war es unter Nero zum ersten Mal zu einer größeren Verfolgung gekommen, bei der viele Christen, wahrscheinlich auch Petrus und Paulus, mit ihrem Leben für ihr Bekenntnis zu Christus bezahlten. Aber die Gemeinde blieb überzeugt: Dieser Einsatz des Lebens lohnt sich. Das sagen die nächsten Worte, die Markus anfügt (**35–37**). Sie werden durch ein Stichwort zusammengehalten, dessen Übersetzung uns vor sprachliche Probleme stellt. Griechisch heißt dieses Wort *psyche.* Es ist uns als Fremdwort wohlbekannt (z.B. Psychologie) und wird meist mit *Seele* wiedergegeben. Aber schon Luther hat das Wort in V. **35** mit *Leben* übersetzt, während er in 36f *Seele* wählte. Das zeigt das Dilemma. Hinter dem griechischen Wort steht der hebräische Begriff *näfäsch,* der meist mit *Leben* oder *lebendiges Wesen* übersetzt wird (vgl. Gen 2,7 und zu Mk 3,4). Aber weil es von Gott geschenktes Leben ist, wird damit nicht einfach das physische Leben bezeichnet, sondern das wahre, dem Menschen von Gott verliehene Leben. Das macht die Übersetzung schwierig: Das Wort *Seele* ist zu eng; es geht nicht nur um eine innerliche Dimension des Menschseins. Das Wort *Leben* dagegen könnte den Eindruck erwecken, es sei nur vom Erhalt der physischen Lebendigkeit die Rede. V. **35** zeigt, dass beide Aspekte gemeint sind. Sein *Leben zu retten,* gehört zu den Grundinstinkten geschöpflichen Lebens. Aber Menschen erfahren immer wieder, dass sie dann, wenn sie sich nur um das eigene Leben sorgen und es um jeden Preis zu bewahren suchen, ihr *eigentliches Leben* verlieren. Vor lauter Sorge um eigene Sicherheit bunkern sie sich ein und ersticken das, was wirklich Leben ist: Leben in der Gemeinschaft, Leben für andere und für Gott. Nur wer bereit ist, sein Leben zu riskieren, wird erfahren, was wirkliches Leben ist. Allerdings meint Jesus etwas anderes als »No risk, no fun«. Es geht um mehr als darum, sein Leben für ein aufregendes Erlebnis aufs Spiel zu setzen. Jesus fragt nach dem Risiko *um meinet- und des Evangeliums willen.* Jesus und die frohe Botschaft, die er bringt, lohnen den Einsatz des Lebens. Diese Zusam-

mengehörigkeit von Jesus und dem Evangelium wird Markus noch einmal in einem ähnlichen Zusammenhang hervorheben (10,29; vgl. auch V. 38). Für die nachösterliche Nachfolge vertrat die Botschaft des Evangeliums den körperlich abwesenden Jesu. Damit ist auch das Ziel beschrieben, wofür es sich lohnt, das Leben einzusetzen. Es geht um die Sache Jesu, die Gegenwart Gottes unter den Menschen, für die er mit seinem Leben und Sterben eintrat. Die Zusage, dass diejenigen, die dafür ihr Leben einsetzen, es in Wirklichkeit *retten* und *gewinnen*, bezieht sich also nicht nur auf die Verheißung des ewigen Lebens. Sein Leben für Jesu Sache einzusetzen, führt in die Gemeinschaft mit Gott: Sie bedeutet Leben – jetzt und in Ewigkeit.

Das wird durch zwei Worte unterstrichen, die zunächst wie allgemeine Weisheiten klingen, aber in unserem Zusammenhang eine besondere Bedeutung gewinnen. V. **36**: *Was nützt es einem Menschen, die ganze Welt zu gewinnen und (dabei) sein Leben* einzubüßen*?* scheint zunächst einfach darauf hinzuweisen, dass (anders als Schiller das sah) das Leben das höchste aller Güter ist. Aller Besitz der Welt nutzt nichts, wenn man dafür sein Leben verliert. Das unterstreicht V. **37**: *Was könnte ein Mensch zum Tausch für sein Leben geben?* Es gibt nichts, was so wertvoll ist wie das Leben selbst. Aber hinter diesem Wort steckt wohl eine Anspielung auf Ps 49,8f. Hier heißt es: »Für das Leben ist jeder Kaufpreis zu hoch«. Und dem wird hinzugefügt: »Loskaufen kann doch keiner den anderen noch an Gott für ihn ein Sühnegeld zahlen« (EÜ). Es geht also um das Leben vor und mit Gott, das sich der Mensch mit nichts erkaufen kann. Darum hat Luther *psyche* hier mit *Seele* übersetzt. Kein irdischer Besiz wiegt den Wert wirklichen Lebens mit Gott auf.

V. **38** spricht von den endzeitlichen Konsequenzen einer *Verleugnung* Jesu und seiner Botschaft. Das Wort gehört zu den Grundworten der Evangelienüberlieferung. Seine ursprünglichste Fassung steht wohl in Lk 12,8f, wo auch eine Verheißung Jesu für das *Bekenntnis* zu ihm zitiert wird. Es ist eines der Worte, die vom *kommenden* Menschensohn sprechen. Hintergrund dafür ist die Vision in Dan 7,13. Nach den durch Tiere symbolisierten, also »bestialisch« dargestellten vier Weltreichen werden Gottes Gericht und der Anbruch des ewigen Reiches Gottes durch das Kommen einer Gestalt, die »einem Menschen(sohn) glich«, veranschaulicht. Gottes Herrschaft wird menschlich sein.

Vom endzeitlichen Kommen des *Menschensohns in der Herrlichkeit seines Vaters mit den Engeln* spricht auch Jesus. Er verbindet damit die Gestalt des danielschen *Menschensohns* mit der des *Sohnes Gottes* der jüdischen Messiaserwartung. Der menschliche Repräsentant der Herrschaft Gottes wird *in der Herrlichkeit seines Vaters,* also durchdrungen von göttlicher Gegenwart und Macht, zum Gericht erscheinen. Jesus identifiziert sich nicht offen mit dieser Gestalt. Aber das Verhalten der Menschen zu Jesus findet seine endgültige Entsprechung im Verhalten des Menschensohns zu ihnen. Die Markusfassung dieses Wortes betont die Situation der angefochtenen Jüngergemeinde. *Sich meiner und meiner Worte schämen* heißt, das Bekenntnis zu Jesus und seiner Sache zu verweigern und sich von ihm zu distanzieren, und zwar nicht nur unter Verfolgung vor Gericht, sondern auch im Alltag. Die Wendung *meiner Worte* zeigt: Das Bekenntnis zu Jesus wird in der Treue zum Evangelium konkret (vgl. V. 35 und Röm 1,16: »Ich schäme mich des Evangeliums nicht«).

Der Verweis auf *dieses ehebrecherische und sündige Geschlecht* betont den Ernst der Gefährdung durch die herrschende Gesellschaft (vgl. zu 8,12 und Mt 12,39; 16,4). Die Formulierung nimmt die prophetische Kritik an der Treulosigkeit des Volkes auf (vgl. Ez 16) und kennzeichnet die jetzige Generation: Sie lebt ohne Bindung an Gott und ohne Verantwortung vor ihm. Das bedroht das Leben der Jünger und Jüngerinnen Jesu und bringt sie in Gefahr, sich von ihm und dem Evangelium loszusagen. Davor warnt das Wort Jesu. Denn wer sich von Jesus und seinen Worten distanziert und durch Wort und Tat die Verbindung zu ihm leugnet, von dem wird sich auch der himmlische Richter distanzieren und nichts mit ihm zu tun haben wollen. Das ist nicht Androhung von Strafe, sondern Konsequenz des eigenen Verhaltens: Wer sich der Gemeinschaft mit Jesus und dem Evangelium entzieht, der findet sich auch nicht in der Gemeinschaft dessen vor, der Gottes Reich vollenden wird.

Hinter dieses mahnende Wort Jesu stellt Markus aber noch ein weiteres, das die Zuversicht der Jünger stärken soll (**9,1**). Mit der Bekräftigungsformel *Amen, ich sage euch* wird eine Zusage eingeleitet, die das baldige Kommen des Reiches Gottes in Aussicht stellt: *Unter denen, die hier stehen, gibt es einige, die den Tod nicht schmecken werden, bis sie Gottes Reich kommen sehen in Kraft.* Was heißt das? *Den Tod nicht schmecken* ist zweifellos eine Umschreibung dafür, nicht sterben zu müssen (vgl. Joh 8,52), und das *Reich Gottes kommen sehen in Kraft* kann kaum etwas anderes als die endzeitliche Vollendung von Gottes Herrschaft bedeuten. Aber wie konnte Jesus ein solches Versprechen geben? Es gibt drei mögliche Erklärungen für diese Aussage.

1. Jesu erwartete das Kommen des Reiches Gottes in naher Zukunft. Darum war er überzeugt, dass Gott seine Herrschaft noch zu Lebzeiten einiger seiner Zeitgenossen aufrichten würde. (Eine ähn-

liche Aussage findet sich auch in 13,30; eine entgegengesetzte, die jede zeitliche Einschätzung ablehnt, in 13,32.) Jesus hätte sich dann in dieser Vorhersage geirrt; er war im Blick auf solche zeitliche Vorstellungen auch Kind seiner Zeit.

2. Die Form der Aussage (*Einige von denen, die hier stehen ...*) lässt eher an ein prophetisches Wort im Namen Jesu denken, durch das in der Zeit des Markus, als die Generation der Zeitgenossen Jesu sich zu lichten begann, die Naherwartung aufrechterhalten werden sollte. Diese Vorhersage ist nicht eingetroffen. Jesus selbst aber hat sich an die in 13,32 gebotene Zurückhaltung im Blick auf den Termin der Vollendung des Reiches gehalten.

3. Die Wendung *das Reich Gottes kommen sehen in Kraft* bezieht sich nicht auf das endzeitliche Kommen der Gottesherrschaft, sondern auf ein Ereignis der näheren Zukunft. Vorgeschlagen werden von unterschiedlichen Auslegern die Verklärung Jesu, seine Auferstehung oder das Pfingstgeschehen. Aber es gibt keinen Anhaltspunkt dafür, dass eines dieser Ereignisse als das *Kommen des Reiches Gottes in Kraft* angesehen wurde. Auch die Formulierung, dass *einige unter denen, die hier stehen, den Tod nicht schmecken werden*, wäre für ein Ereignis der nahen Zukunft völlig unangemessen. Im Grunde ist das einzige Argument für diese Lösung, dass es die Möglichkeit vermeidet, Jesus könne sich geirrt haben.

Manche Ausleger meinen, zumindest Markus habe die Verklärung als Erfüllung dieses Wortes angesehen. Aber auch dafür gibt es keinen eindeutigen Hinweis. Für den Ursprung des Wortes selbst dürfte die zweite Erklärung die wahrscheinlichste sein. So spricht man, wenn es gilt, eine schwindende Hoffnung neu zu beleben. Aber auch die erste Erklärung ist möglich.

Theologisch gilt es zu bedenken, dass die zeitlich formulierte Naherwartung im Neuen Testament die Dringlichkeit der Erwartung und die Gewissheit der Hoffnung unterstreicht. Schon die Urchristenheit lernte, entsprechende Aussagen nicht mehr chronologisch, sondern als Ausdruck der sachlichen Nähe Gottes und seiner Herrschaft zu verstehen. So kann Mk 9,1 (ähnlich wie 1Thess 4,13–18) als Vergewisserung verstanden werden, dass auch der Tod der ersten Generation die Wirklichkeit der kommenden Gottesherrschaft nicht in Frage stellt.

Diese kleine Sammlung von Worten Jesus hat bei Markus eine wichtige Funktion. Sie verbindet *erstens* das Geschick Jesu mit dem seiner Jünger. Sie müssen nicht den gleichen Weg gehen wie er. Sein Leiden und Sterben hat eine einzigartige Bedeutung. Aber sie sind auch nicht einfach Zuschauer und Nutznießer des Kampfs, den er in seinem Tod besteht, und des Sieges, der ihm in der Auferstehung von

Gott geschenkt wird. Von sich selbst abzusehen und das Leben für die Sache Jesu einzusetzen ist auch für sie die Voraussetzung dafür, mit Jesus ans Ziel des wahren Lebens zu kommen (auf seine Weise spricht davon auch Paulus in Röm 8,17; Phil 3,10f). Diese Worte sprechen deshalb *zweitens* auf recht paradoxe Weise vom Preis und vom Lohn der Nachfolge. Paradox deshalb, weil das große Ziel menschlicher Existenz, sein Leben zu retten, zu bewahren, ja es in seiner ganzen Fülle zu gewinnen, nur von denen erreicht wird, die bereit sind, ihr Leben einzusetzen und zu riskieren, und zwar nicht für den Kick eines ultimativen Bungee-Sprungs oder die Chance, ein Riesenvermögen zu gewinnen, sondern für Jesus und seinen Auftrag. Sein Leben für Jesus zu riskieren bedeutet, es Gott anzuvertrauen und es so für andere zu leben. Wer sein Leben mit Jesus für andere verliert, findet es in Gott wieder. Bei ihm ist es gut aufgehoben.

9,2–13
Jesu Verklärung

**[2]Und nach sechs Tagen nimmt Jesus Petrus und Jakobus und Johan-
nes mit sich und führt sie auf einen hohen Berg, (und zwar) nur sie
ganz allein. Und er wurde vor ihnen verwandelt, [3]und seine Kleider
wurden ganz leuchtend weiß, so weiß, wie sie kein Walker auf Erden weiß machen kann. [4]Und es erschien ihnen Elia mit Mose, und
sie redeten mit Jesus. [5]Und Petrus ergreift das Wort und sagt zu Jesus: »Rabbi, es ist gut, dass wir hier sind; und wir wollen drei Zelte
errichten, dir eines und Mose eines und Elia eines.« [6]Denn er wusste
nicht, was er da sagte; denn sie waren in große Furcht geraten. [7]Und
es kam eine Wolke und überschattete sie, und aus der Wolke kam
eine Stimme: »Dieser ist mein geliebter Sohn, hört auf ihn!« [8]Und
plötzlich, als sie um sich blickten, sahen sie niemand mehr außer Jesus allein bei ihnen.**

**[9]Und als sie vom Berg herabstiegen, befahl er ihnen, niemandem
zu erzählen, was sie gesehen hatten, bevor der Menschensohn von
den Toten auferstanden sei. [10]Und sie hielten das Wort fest und berieten miteinander darüber, was »von den Toten auferstehen«
bedeute.**

**[11]Und sie fragten ihn und sagten: »Warum sagen die Schriftgelehr-
ten, Elia müsse zuerst kommen?« [12]Er aber sagte zu ihnen: »Gewiss,
Elia kommt zuerst und stellt alles wieder her. Aber wieso steht über
den Menschensohn geschrieben, dass er viel leiden und verächtlich
behandelt werden wird? [13]Aber ich sage euch: Elia ist ja gekommen,
und sie haben mit ihm gemacht, was immer sie wollten, wie über ihn
geschrieben steht.«**

Markus schließt eine Erzählung an, die eine tiefe symbolische Bedeutung hat. Das beginnt schon mit der Zeitangabe: *nach sechs Tagen* (**2**). Was gleich erzählt werden wird, geschieht also am siebten Tag nach dem Bekenntnis des Petrus. Das verweist auf eine besondere Beziehung beider Ereignisse. Eine Verbindung gibt es auch zu Ex 24, wo erzählt wird, dass Mose mit drei Begleitern auf den Berg Sinai stieg und am siebten Tag von Gott zu sich gerufen wurde.
Jesus nimmt Petrus, Jakobus und Johannes mit sich, wie oft, wenn es um eine besondere Gottesbegegnung geht (vgl. 5,37; 14,33), und zwar, wie betont wird, *nur sie ganz allein.* Er *führt sie auf einen hohen Berg.* Die Tradition identifiziert ihn mit dem Tabor, der als hohe Kuppe inmitten der Ebene Jesreel liegt. Heutige Ausleger denken wegen der Nähe zu Cäsarea Philippi eher an den Hermon, den höchsten Berg in Israel. Aber dieser Berg kann und soll gar nicht geographisch identifiziert werden. Er ist der Berg der Gottesbegegnung, der Ort, an dem man Gott ganz nahe ist.
Das zeigt sich an dem, was mit Jesus geschieht. *Er wurde vor ihnen verwandelt.* Das Passiv umschreibt auch hier die dahinterstehende Aussage: *Gott* hat ihn vor ihren Augen verwandelt. Luther übersetzt *verwandelt* mit *verklärt,* ein Wort, mit dem er auch *verherrlicht werden* wiedergibt. Damit deutet er die Bedeutung des Geschehens an. Die Erzählung tut dies, indem sie die Verwandlung seiner Kleidung in ein strahlendes Weiß beschreibt (**3**). Keine noch so intensive Kleiderreinigung, wie sie damals durch Bleichen von den *Walkern* durchgeführt wurde, könnte hier *auf Erden* ein solch helles Weiß erzeugen. Weiße, hellglänzende Kleider sind Zeichen der Zugehörigkeit zur himmlischen Welt (vgl. Mk 16,5; Apg 1,10; Offb 3,4f; 19,14). All das zeigt: Jesus ist in Gottes Welt aufgenommen. Die drei Vertrauten dürfen ihn schon in seiner himmlischen Herrlichkeit sehen. (Ob Markus darin die Erfüllung der Vorhersage Jesu in 9,1 sah, wie manche Ausleger annehmen, ist fraglich; es gibt keinen klaren Hinweis darauf.)
Die Vision erweitert sich (**4**): *Es erschien ihnen Elia mit Mose.* Die beiden sind die Repräsentanten der Prophetie und des Gesetzes. Ihr *Erscheinen* wird mit demselben Wort beschrieben wie später die Erscheinungen des Auferstandenen (Lk 24,34; 1Kor 15,4f). Auch sie werden aus der Dimension des Lebens bei Gott heraus sichtbar. Auffallend ist, dass Elia als erster und Mose als sein Begleiter genannt werden. Wie die V. 10f zeigen, richtet sich auf Elia als Vorläufer des »Tages des HERRN« (Mal 3,23; vgl. Mk 6,15; 8,28) besonderes Interesse. Aufgrund seiner Entrückung (2Kön 2,1–18) galt er als Gestalt der himmlischen Welt. Neben ihn tritt Mose, der dem Volk das Gesetz gab, der aber als Sprecher Gottes auch zum Vorbild für den endzeitlichen Propheten wurde, den Gott senden wür-

de (Dtn 18,15). Obwohl Dtn 34,5f von seinem Tod und seinem Begräbnis durch Gott berichtet, war man im frühen Judentum überzeugt, dass auch er von Gott zu sich geholt worden sei. Die herausragenden Vertreter der Begegnung Gottes mit Israel reden mit dem in himmlischen Glanz verwandelten Jesus. Was sie sagen, wird nicht berichtet; wichtig ist die Tatsache der Kommunikation zwischen Jesus und denen, durch die Gott zu Israel geredet hat.

Wieder einmal ist es Petrus, der reagiert und das Empfinden der Jünger in Worte fasst (**5**). Zum ersten Mal erscheint hier bei Markus die Anrede *Rabbi* (wörtlich: *mein Großer, mein Herr* oder *mein Lehrer*). Sie ist ehrfurchtsvoll, aber klingt in dieser Situation doch ein wenig unpassend, fast kumpelhaft, wie im Deutschen *Meister*. Wichtig ist, was Petrus sagt: Es *ist gut* (oder: *schön*), an diesem Ort zu sein, an dem der Himmel offensteht. Hier sollte man bleiben und diese herrliche Erfahrung festhalten. Daher sein Vorschlag: *Wir wollen drei Zelte* (oder: *Hütten*) errichten, eines für jede der drei Personen. Da es um *drei* Zelte geht, liegt wohl keine Anspielung auf die Stiftshütte (das Zelt der Begegnung, Ex 25–31) vor, auch nicht auf das Laubhüttenfest, an dem ganz Israel sieben Tage in Laubhütten wohnen sollte (Lev 23,34–43). Aus Petrus spricht das tiefe religiöse Bedürfnis, die Erfahrung einer Begegnung mit der himmlischen Welt festzuhalten, ja lokal dingfest zu machen. Diesem Bedürfnis verdanken viele Wallfahrtsorte ihre Existenz. Der Erzähler sieht diesen Vorschlag kritisch (**6**): Petrus *wusste nicht, was er da sagte, denn* – so wird seine Unzurechnungsfähigkeit begründet – *sie waren in große Furcht geraten.* Gerade die Furcht, die typisch für die Begegnung mit dem Göttlichen ist, versperrt Petrus die richtige Einsicht in das, was hier geschieht.

Eine Reaktion Jesu auf den Vorschlag des Petrus wird nicht berichtet. Er ist in einer anderen Welt. Auf dieser Ebene fährt die Erzählung fort: *und es kam eine Wolke und überschattete sie* (**7**). Die *Wolke* ist in der Bibel in vielfältiger Weise Zeichen der Gegenwart Gottes. So heißt es in Ex 40,35 in der griechischen Übersetzung, dass Mose nicht in das Zelt der Begegnung gehen konnte, »weil die Wolke es überschattete und das Zelt erfüllt war von der Herrlichkeit des Herrn« (vgl. Ex 14,24; 16,10; 33,9f). Aus der Wolke redet Gott (Ex 24,16; Num 12,5f). Die Stimme, die aus der Wolke kommt, ist also auch hier Gottes Stimme. Sie sagt: *Dieser ist mein geliebter Sohn, hört auf ihn!* Die enge Beziehung zu der Himmelstimme, die Jesus bei seiner Taufe hörte (1,11), ist unverkennbar. Dort galt ihm die Zusage: »Du bist mein geliebter Sohn, dich habe ich erwählt«. Dies bedeutete (in Anlehnung an Ps 2,7) die *Einsetzung* in seine Aufgabe als königlicher Messias und die Bevollmächtigung, als Gottes Beauftragter seine Herrschaft heraufzuführen.

Hier richtet sich die Stimme an die Jünger. Es erfolgt die Proklamation und *Vorstellung* des messianischen Herrschers – noch nicht vor allem Volk, wohl aber für die kleine Gruppe der engsten Vertrauten. Sie erfahren, wer Jesus ist: *Gottes geliebter Sohn,* der, in dessen Wirken Gott selbst gegenwärtig ist. Und von ihm heißt es: *Hört auf ihn!* Indirekt ist das auch die Antwort auf den unbedachten Vorschlag des Petrus. Diese Erfahrung wird nicht dadurch festgehalten, dass man für himmlische Gestalten irdische Zelte errichtet, sondern dadurch, dass man auf Jesus und seine Botschaft hört. Die Aufforderung: *Hört auf ihn!* macht auch klar: Nachdem Gott in früheren Zeiten durch Mose und Elia geredet hat, redet er jetzt durch seinen Sohn (vgl. Hebr 1,1f). Und damit wird auch den Leserinnen und Lesern des Markusevangeliums deutlich gemacht, wie sie, die Jesus nicht sehen, sich an ihn halten: Im Hören auf sein Wort!

Das unterstreicht die nächste Bemerkung (**8**): Die Jünger sahen plötzlich *niemand mehr außer Jesus allein.* So wichtig der visionäre Blick auf die himmlische Kommunikation zwischen Jesus und Elia und Mose war; in der irdischen Wirklichkeit verbürgt Jesus allein Gottes Gegenwart. An ihn müssen sie sich halten.

Was das bedeutet und wie ihr Erlebnis einzuordnen ist, davon handelt das Gespräch Jesu mit den Jüngern beim Abstieg vom Berg. Für Markus gehört diese Szene eng mit der Geschichte von Jesu Verklärung zusammen. Die Logik des Gesprächs ist nicht immer klar. Wir haben nicht einfach das Protokoll einer einmaligen Unterhaltung vor uns, sondern eine Zusammenstellung von Worten, die sich auf die Thematik der Verklärungsgeschichte beziehen.

Am Anfang steht ein Schweigegebot (**9**). Die Jünger sollen niemand erzählen, was sie auf dem Berg gesehen und gehört haben. Aber anders als in 8,30 ist dieses letzte Schweigegebot im Markusevangelium befristet. Erst *wenn der Menschensohn von den Toten auferstanden ist,* kann er als Gottes Sohn proklamiert werden. Denn seine göttliche Bestimmung und Würde kann in ihrer ganzen Bedeutung erst nach seiner Kreuzigung verstanden werden. Was die Jünger auf dem Berg erfahren haben, war also eine Vorwegnahme der Wirklichkeit von Ostern.

Markus berichtet von einer doppelten Reaktion der drei Jünger (**10**): Einerseits *halten sie das Wort fest,* das Jesus zu ihnen gesagt hatte. Andererseits rätseln sie darüber, was in diesem Zusammenhang *von den Toten auferstehen* bedeuten könne. Totenauferstehung war für sie ein Geschehen am Ende der Tage. Wie konnte damit ein geschichtliches Ereignis gemeint sein, das diesen geheimnisvollen Menschensohn – also wohl Jesus selbst – betreffen würde und nach dem sie diese Erfahrung weitererzählen durften?

Der Hinweis auf Jesu Auferstehung, der auch in allen Leidensankündigungen Jesu steht, bleibt für die Jünger dunkel.
Aber sie greifen ein anderes Thema auf, das die Gestalt Elias betrifft (**11f**). Mal 3,23 heißt es: »Siehe, ich will euch senden den Propheten Elia, ehe der große und schreckliche Tag des HERRN kommt.« Musste also nicht – wie das auch die Schriftgelehrten sagten – Elia zuerst kommen und seine Aufgabe erfüllen, bevor die Totenauferstehung und das Gericht Gottes stattfinden würden? Jesus antwortet mit einer Gegenfrage. Sie verweist auf die Spannung zwischen der herkömmlichen Vorstellung vom endzeitlichen Kommen Elias und den Hinweisen der Schrift auf das Leiden des endzeitlichen Beauftragten Gottes.
Die Hoffnung darauf, dass Elia *alles wiederherstellt,* beruht auf Mal 3,24, wo es in der griechischen Übersetzung heißt, dass er »wiederherstellen wird das Herz des Vaters für den Sohn und das Herz des Menschen für seinen Nächsten«. Sir 48,10 erweitert dies noch: Elia komme, »um die Stämme Jakobs zu ordnen«. Leiden hat in dieser Perspektive keinen Platz. Elia bringt alles in Ordnung. Wie aber passen dazu die Hinweise der Schrift auf das Leiden von Gottes endzeitlichen Beauftragten? Zwar gibt es keine Stelle im Alten Testament, an der wörtlich *über den Menschensohn geschrieben steht, er werde viel leiden und verachtet werden.* Aber Jesus und die christliche Gemeinde denken an Stellen wie Ps 22,7; 89,39; 118,22, wo gesagt wird, dass der Gerechte oder der Gesalbte Gottes verachtet und verworfen wird. Vielleicht steht auch Jes 53, das Leiden des Gottesknechts, im Hintergrund. Keine dieser Stellen spricht vom *Menschensohn,* aber sie besagen, dass Gottes Beauftragter leiden wird und muss.
In V. **13** löst Jesus diese Spannung auf. Er sagt: *Elia ist auch gekommen;* damit ist zweifellos Johannes der Täufer gemeint, denn er fährt fort: *und sie haben mit ihm gemacht, was immer sie wollten,* womit auf 6,14–29 angespielt wird. Schwierig dagegen ist der Zusatz: *wie über ihn geschrieben steht.* Es gibt keine Stelle im Alten Testament, die von einer Passion des kommenden Elia spricht. Wahrscheinlich wird hier die alttestamentliche Aussage von der Tötung der Propheten (vgl. 1Kön 19,10; Neh 9,26) auch auf das Geschick des endzeitlichen Propheten Elia bezogen. Die Umkehrpredigt des Täufers war die Chance zur Wiederherstellung des Volkes Gottes. Aber die politische und religiöse Führung des Volkes hat ihn abgelehnt, und er wurde ohne Gerichtsurteil, aus reiner Willkür, getötet.

So unterschiedlich die beiden Teile dieses Abschnitts sind, für Markus gehören sie eng zusammen und dürfen nicht getrennt behandelt werden. Da ist die Begebenheit auf dem Berg, die Verklärung Jesu. Wie plötzlich der dunkel mit Wolken verhangene Himmel aufreißt und die durchbrechenden Strahlen des Lichts zeigen, dass die Sonne noch da ist, so sehen die Jünger in der »Verwandlung« Jesu, dass das Dunkel der Leidensansage die Wirklichkeit der Gegenwart Gottes in seinem Leben nicht auslöscht. Über seinem Leben steht die Proklamation der Stimme Gottes: Dieser ist mein geliebter Sohn. Das gilt, was immer an ihm geschieht! Wie andere Geschichten, in denen Gottes Gegenwart in Jesu Person und Wirken besonders deutlich aufscheint, ist auch diese Geschichte historisch nicht zu fassen. Es handelt sich um eine Art theologischer Vision. Gerade das macht der zweite Teil deutlich. Die Botschaft von der Verklärung überstrahlt nicht einfach die Notwendigkeit des Leidens. Sie gibt diesem Leiden seinen inneren Sinn, der sonst dunkel bleiben würde.

9,14–29
Die Austreibung eines sprachlosen Dämons

**14Und als sie zu den (anderen) Jüngern kamen, sahen sie eine große Menge um sie herum und Schriftgelehrte mit ihnen diskutieren.
15Und sogleich, als ihn die ganze Menge sah, gerieten sie in Schrecken und liefen zu ihm und begrüßten ihn. 16Und er fragte sie: »Was diskutiert ihr mit ihnen?« 17Und einer aus der Menge antwortete ihm: »Lehrer, ich habe meinen Sohn zu dir gebracht, weil er einen sprachlosen Geist hat. 18Und wo immer er ihn packt, wirft er ihn zu Boden, und er schäumt und knirscht mit den Zähnen und wird starr. Und ich habe deinen Jüngern gesagt, sie sollten ihn austreiben, und sie konnten (es) nicht.« 19Er aber antwortete ihnen und sagt: »O ungläubiges Geschlecht, bis wann soll ich noch bei euch sein? Bis wann soll ich euch ertragen? Bringt ihn zu mir!« 20Und sie brachten ihn zu ihm. Und als ihn der Geist sah, riss er ihn sogleich hin und her, und er fiel zu Boden, wälzte sich und schäumte. 21Und er fragte seinen Vater: »Wie lange schon ist es her, dass das mit ihm passiert?« Der aber sagte: »Von Kindheit an, 22und oft hat er ihn auch ins Feuer oder ins Wasser geworfen, um ihn umzubringen. Aber wenn du kannst, dann hilf ihm und erbarme dich unser!« 23Und Jesus sagte zu ihm: »Was das ›Du kannst‹ angeht: Alles ist möglich dem, der glaubt!« 24Sofort schrie der Vater des Kindes (auf) und sagte: »Ich glaube, hilf (mir in) meinem Unglauben!« 25Als aber Jesus sah, dass die Menge zusammenläuft, bedrohte er den unreinen Geist und sagte zu ihm: »Du sprachloser und tauber Geist, ich gebiete dir: Fahre aus ihm aus und gehe nicht mehr in ihn hinein!« 26Und er schrie und zerrte ihn gewaltig hin und her und fuhr aus. Und er war wie tot, so-**

dass alle sagten: »Er ist gestorben.« [27]Jesus aber ergriff seine Hand,
richtete ihn auf, und er stand auf.
[28]Und nachdem sie ins Haus hineingegangen waren, fragten ihn sei-
ne Jünger für sich allein: »Warum konnten wir ihn nicht austrei-
ben?« [29]Und er sagte zu ihnen: »Diese Art kann durch nichts ausfah-
ren außer durch Gebet.«

Die Fortsetzung der Erzählung führt wieder ins Tal, sozusagen in die Niederungen des Alltags. Um die zurückgelassenen Jünger hat sich eine große Menschenmenge versammelt (**14**), unter ihnen auch Schriftgelehrte, die heftig mit ihnen diskutieren. In Jesu Abwesenheit stehen die Jünger in der Auseinandersetzung mit ihren Kritikern, wahrscheinlich wegen ihres Versagens, von dem gleich berichtet werden wird. Mit dem Hinweis, dass die Volksmenge, die sich Jesus zuwendet, *in Schrecken gerät* (**15**), zeigt Markus, wie Menschen auf die Erfahrung der Gegenwart Gottes in ihm reagieren (vgl. 1,27). Man *begrüßt* in ihm den Helfer in der Not und erschrickt doch vor der unerklärlichen Macht, die von ihm ausgeht. Als Jesus nach der Ursache der Auseinandersetzung fragt (**16**), tritt ein Mann aus der Menge hervor und berichtet, dass er seinen Sohn, der von einem *sprachlosen Geist* besessen ist, zu Jesus gebracht habe (bzw. bringen wollte). Das Leiden des Kindes wird relativ ausführlich beschrieben (**17f**): *Wo immer er* (der Geist) *ihn packt, wirft er ihn zu Boden, und er schäumt und knirscht mit den Zähnen und wird starr.* Da der Junge während eines solchen Anfalls nicht schreit, spricht der Vater von einem *sprachlosen* Geist.

Diese Schilderung der Symptome des Leidens des Kindes ist die präziseste Krankheitsbeschreibung, die wir im Neuen Testament finden. Zusammen mit den Angaben in V. 20 und 22 weist sie eindeutig auf das Krankheitsbild, das wir heute *Grand-Mal-Epilepsie* nennen. Die Krankheit wurde auch schon in der Antike in ihrer Besonderheit erkannt und auf göttliche oder dämonische Einwirkung zurückgeführt. Man nannte sie »heilige Krankheit (*morbus sacer*)«. Eine dem Hippokrates zugeschriebene Schrift mit diesem Titel wendet sich jedoch gegen diese Auffassung und plädiert für eine natürliche Ursache. Für den Bericht des Markus aber ist es eine dämonische Macht, die diesen Jungen befällt und aufs Äußerste gefährdet. Trotz der eindeutigen heutigen Diagnose sollten wir also nicht von der Heilung eines epileptischen Knaben sprechen. Das entsprach nicht der Weltsicht Jesu oder des Erzählers. Sie sahen in dem Krankheitsbild eine Auswirkung von Mächten, die das Leben der Menschen zerstören und von Jesus durch die Kraft Gottes überwunden werden. Umgekehrt wäre es unangemessen, heute von einer Epilepsie zu sagen, sie habe dämonische Ursachen. Das entspricht nicht unserer Weltsicht. Aber auch wir sind gefragt, dem Leiden und der zerstörerischen Kraft dieser Krankheit unter Berufung auf Gottes heilende Kraft zu begegnen: durch sachgemäße medizinische Behandlung, durch persönliche Begleitung und durch das Einstehen vor Gott.

Da der Mann Jesus selbst nicht angetroffen hat, hat er die Jünger gebeten, sie sollten den Dämon austreiben. Aber: *Sie konnten (es) nicht.* Damit stehen wir an einer ersten Pointe der Geschichte: die Ohnmacht der Jünger in der Abwesenheit Jesu. Man liest wohl nicht zu viel in die Geschichte hinein, wenn man darin auch eine Anspielung auf die Situation der Gemeinde nach Ostern sieht. Jesus reagiert sehr harsch (**19**). Sein Seufzer: *O ungläubiges Geschlecht!* bezieht sich auf die Jünger und erinnert an den Vorwurf in 4,40: *Habt ihr noch keinen Glauben?* Das Versagen der Jünger führt zu einem Urteil, hinter dem ein Wort aus Dtn 32,20 steht, wo Mose das Volk »ein verkehrtes Geschlecht« nennt, »in denen keine Treue (bzw. kein Glaube) ist«. Dass die Jünger keine Vollmacht haben, liegt daran, dass sie kein Vertrauen haben. Damit steht die Jüngergemeinde in der gleichen Gefahr wie Israel. Dieser Hintergrund erklärt auch die merkwürdig klingende Fortsetzung: *Bis wann soll noch ich bei euch sein? Bis wann soll ich euch ertragen?* »In dieser Klage klingt die Klage des Gottes Israels über sein Volk an, das seine Güte und Geduld enttäuscht hat« (Eckey, 309; vgl. Num 14,27; Jes 65,2; Jer 5,3). Jesus ist mit diesen Worten als der Gesandte Gottes gezeichnet, der einen befristeten Auftrag unter den Menschen hat. Werden die Jünger je reif dafür sein, diesen Auftrag weiterzuführen?
Doch dann ergreift Jesus die Initiative und befiehlt, den Jungen zu ihm zu bringen. Als dies geschieht (**20**), führt das zu einer typischen Reaktion. Da der Geist stumm ist, kann er sich nicht durch einen Angriff auf seinen Bezwinger wehren. Stattdessen demonstriert er seine Herrschaft über sein Opfer, indem er den Jungen hin und her reißt, sodass dieser hinfällt, sich auf dem Boden wälzt und Schaum vor seinen Mund tritt. Die Symptome, die der Vater in V. 18 geschildert hatte, treten denen, die die Geschichte lesen oder hören, somit anschaulich vor Augen. Das wird noch verstärkt durch die Rückfrage Jesu, wie lange der Junge schon an diesen Anfällen leide (**21**). Der Vater antwortet: *Von Kindheit an* und unterstreicht damit die Schwere des Leidens. Und um die Gefährlichkeit des Dämons zu betonen, fügt er hinzu (**22**): *Oft hat er ihn auch ins Feuer oder ins Wasser geworfen, um ihn umzubringen.* Feuer und Wasser – das sind die nächstliegenden häuslichen Gefahren für Kleinkinder, aber sie sind auch Ursymbole für die elementaren Mächte, die menschliches Leben bedrohen (vgl. Jes 43,2).
Dann aber setzt der Mann noch einmal zu seiner Bitte an: *Wenn du kannst,* sagt er, und in dieser Formulierung klingt beides an:

Seine Enttäuschung darüber, dass die Jünger nicht helfen konnten, aber auch noch ein Rest der Hoffnung, die ihn ursprünglich dazu geführt hat, seinen Sohn zu Jesus zu bringen. Aus diesem angefochtenen Vertrauen auf die Macht Jesu zu helfen bittet er: Hilf meinem Sohn, *indem du dich unserer erbarmst* (so wörtlich). Es geht nicht nur um Jesu Können, sondern darum, dass er sich von der Not der ganzen Familie bewegen lässt (Markus verwendet wieder jenes starke Wort für das innerste Mitleiden, das sich auch in 1,41; 6,34; 8,2; Lk 10,33 findet).

Jesus greift aber zuerst die einschränkende Bemerkung des Vaters *wenn du kannst* auf (**23**) und entgegnet: *Alles ist möglich dem, der glaubt!* oder, zugespitzt übersetzt: *Wer glaubt, kann alles*. Auf den ersten Blick scheint damit auf die Quelle der Vollmacht Jesu hingewiesen zu sein. Doch von Jesu Glauben wird bei Markus nie gesprochen. Geht es also um den Glauben des Vaters als Voraussetzung dafür, dass Jesus heilen kann, vergleichbar der Problematik in Nazareth (6,1–6)? Auch diese Deutung dürfte zu eng sein. Jesus will grundsätzlich Hilfe für »die Not menschlichen Un- und Halbglaubens … anbieten« (Schweizer, 106). Daher die steile Formulierung. Sie erinnert an Aussagen über Gottes Allmacht (vgl. Gen 18,3; Hiob 42,2; Mk 10,27: »Alles ist möglich bei Gott«). Es geht bei Jesu Aussage über den Glauben nicht um die Macht des positiven Denkens. Glauben heißt offen zu sein für Gottes unbegrenzte Möglichkeiten. So wie das Wort: »Dein Glaube hat dich gerettet« das Vertrauen auf Gottes Handeln beschreibt (vgl. zu 5,34), so ermutigt die Aussage: *Wer glaubt, kann alles* dazu, sich ganz Gottes Allmacht anzuvertrauen (vgl. zu 11,24).

So versteht der Vater des Kindes Jesu Wort nicht nur als Tadel, sondern auch als Ermutigung (**24**). In seiner Not schreit er geradezu (vgl. Röm 8,15; Gal 4,6, wo dies Kennzeichen des geistgewirkten Gebets ist): *Ich glaube, hilf (mir in) meinem Unglauben! Ich glaube* – damit spricht der Mann seine Hoffnung und sein Vertrauen darauf aus, dass Gott ihm und seinem Kind durch Jesu Wirken helfen werde. Mit der Bitte *hilf meinem Unglauben* bekennt er zugleich, dass dies ein zutiefst angefochtener Glaube ist. *Unglaube* ist hier nicht die bewusste, sich distanzierende Verweigerung des Vertrauens in Jesu Vollmacht, wie dies von den Leuten in Nazareth erzählt wird. *Unglaube* bezeichnet hier die Unfähigkeit, angesichts der Schwere und Länge des Leidens und der Enttäuschung über das Versagen der Jünger vertrauen und glauben zu können. Zu wahrem Glauben gehört also auch, die Unfähigkeit zu glauben Gott anzuvertrauen. Der Vater bittet Jesus um Hilfe, ihm in seinem Unglauben und aus ihm heraus zu helfen. Daran zeigt sich, was sein Glaube mit Jesus zu tun hat. Auch wenn nicht vom Glauben *an* Jesus gesprochen wird, so ist Jesus doch Mittler und Helfer zum rettenden Glauben. Mit seinem Ruf wird der Vater darum zum Gegenbild der ungläubigen Jünger: nicht als einer, der unangefochten Gott vertraut, sondern als einer, der auch Unglauben, Zweifel und Anfechtung in seine Begegnung mit Gott hineinnimmt und sich mit aller Not seinem Handeln öffnet.

Jesus aber drängt zum Handeln, denn er sieht, *dass die Menge zusammenläuft* (**25**). Dies verwundert, denn eigentlich ist die Menge schon seit V. 15 mit dabei. Möglicherweise ist diese Doppelung (wie die der Krankheitsbeschreibung in V. 18 und 20) ein Hinweis darauf, dass die Geschichte aus unterschiedlichen Fassungen zusammengewachsen ist. Vielleicht kommt daher ihre Vielfalt und Farbigkeit. Jedenfalls *bedroht* Jesus nun den *unreinen Geist,* wie er das immer mit Dämonen tut, spricht ihn direkt als *sprachlosen und tauben Geist* an und gebietet ihm nicht nur, aus dem Jungen auszufahren, sondern auch, nie mehr zurückzukommen. Der Dämon wehrt sich ein letztes Mal (**26**) und zerrt den Jungen hin und her, sodass dieser, als der unreine Geist ihn verlässt, wie tot am Boden liegt. Die Leute sagen: *Er ist gestorben,* als habe das Leben des Jungen nur noch an der fremden Macht gehangen, die ihn gefangen hielt. Aber Jesus befreit nicht nur von der lebensfeindlichen Macht, sondern schenkt auch neues Leben: Er ergreift die Hand des Jungen (so auch 1,31; 5,41) und richtet ihn auf (**27**). Und der Junge steht auf, herausgeholt aus dem Machtbereich des Todes (Ps 30,4). Christlichen Leserinnen und Lesern wird hier kaum entgangen sein, dass in dem *aufrichten* und *aufstehen* die gleichen griechischen Worte stecken wie in *auferwecken* und *auferstehen* (vgl. 5,41f). Obwohl die Geschichte nicht sagt, der Junge sei wirklich tot gewesen, erscheint Jesus als Herr über Leben und Tod.

Statt von der Reaktion des dankbaren Vaters oder der allgemeinen Verwunderung über den Vorgang erzählt Markus von einem Nachgespräch Jesu mit seinen Jüngern. Das zeigt, dass die Jüngerbelehrung das eigentliche Ziel der Erzählung ist. Das ist einer der Gründe dafür, dass sie im zweiten Hauptteil des Evangeliums steht. In der Geborgenheit *des Hauses* fragen die Jünger, ganz *für sich allein: Warum konnten wir ihn nicht austreiben?* (**28**) Die Antwort Jesu geht nicht direkt auf die Frage ein. Er sagt nicht, was sie falsch gemacht haben und kommt auch nicht auf den Vorwurf des Unglaubens zurück. Die Antwort Jesu lautet (**29**): *Diese Art kann durch nichts ausfahren außer durch Gebet.* Die Einleitung des Satzes lässt erwarten, dass es sich bei dem unreinen Geist um eine besonders widerstandsfähige Sorte von Dämon handelt, die nur durch eine besondere Technik ausgetrieben werden kann. Aber der Antwort: *nur durch das Gebet* fehlt alles Spektakuläre.

In den Ausgaben der Lutherbibel vor der Revision von 1975/84 las man hier: nur durch Gebet *und Fasten.* So steht es auch in den meisten Handschriften des Evangeliums. Nur in zwei der ältesten und zuverlässigsten (Sinaiticus und Vaticanus) und wenigen anderen Handschriften fehlt das *und Fasten.* Dennoch nehmen die meisten Ausleger an, dass bei Markus ursprünglich nur *durch das Gebet* stand und das Fasten in den anderen Handschriften ergänzt wurde, weil man eine besondere Anweisung Jesu erwartete. Diese Tendenz findet sich auch noch an weiteren Stellen in der Apostelgeschichte.

Merkwürdig ist, dass in der Geschichte selbst vom Gebet nicht die Rede war – es sei denn, man sieht in dem Ruf des Vaters ein Gebet. Das Wort Jesu weist also über diese Geschichte hinaus in die Wirklichkeit der Jüngergemeinde hinein.
Jesus bietet keine garantiert erfolgreiche Technik der Dämonenaustreibung an. Er teilt keine besonderen Gebetsformeln mit. Er verweist schlicht auf das Gespräch mit Gott und auf die Verbindung, die zwischen Gott und denen, die in Not sind, im Gebet geschaffen wird. Wie das Beispiel des Vaters zeigt, darf im Gebet auch um Hilfe in Zweifel und Unglauben gebeten werden. Jesu Hinweis auf das Gebet betont, »dass alle Macht bei Gott liegt« (Schweizer, 107).

Dies ist eine Geschichte, die vom Unvermögen und Unglauben der Jünger spricht und damit auch auf Anfechtung und Ohnmacht der nachösterlichen Gemeinde vorausblickt. Es ist eine Geschichte, die in herausfordernder Weise von der Macht des Glaubens spricht, der Anteil an Gottes Allmacht bekommt. Das ist keine Blankovollmacht; es geht vielmehr um den Kampf gegen all das, was Leben bedroht und zerstört. Denn diese Geschichte erzählt auch anschaulich und einfühlend vom Leiden eines Kindes und zeigt, wie die Befreiung von Mächten, die das Leben gefährden, neues Leben schenkt. Am Verhalten des Vaters wird deutlich, wie solidarisch Eltern mit dem Leiden eines schwerkranken Kindes sind, wie sie mitleiden und wie sehr sie zwischen Hoffnung und Verzweiflung hin und her gerissen sind. Am Beispiel des Vaters wird aber auch deutlich, dass wahrer Glaube nicht in der heldenhaften Unterdrückung jeden Zweifels besteht, sondern darin, dass auch Zweifel und Fragen in das Vertrauen zu Gott hineingenommen werden.
Und nicht zuletzt zeigt die Geschichte, dass die Jünger ihre Vollmacht aus nichts anderem schöpfen als aus dem vertrauensvollen Gebet. Gerade das Einfachste und Selbstverständlichste ist das Größte, »weil es ganz von sich weg auf Gott hin schaut« (Schweizer, 107). Keine Spezialvollmacht ist nötig, sondern Offenheit zu Gott. Dazu wird bei 11,23–24 noch mehr zu sagen sein.

9,30–32
Die zweite Leidensankündigung

[30]Und sie gingen weg von dort und durchzogen Galiläa, und er woll-
te nicht, dass es jemand wusste. [31]Denn er lehrte seine Jünger
und sprach zu ihnen: »Der Menschensohn wird ausgeliefert in die
Hände der Menschen, und sie werden ihn töten, und nachdem er
getötet wurde, wird er nach drei Tagen auferstehen.« [32]Sie aber ver-
standen die Rede nicht, aber sie scheuten sich, ihn zu fragen.

Nachdem das Geschehen seit 8,27 in der Gegend um Cäsarea Philippi verortet war, zieht Jesus jetzt von dort weg und wandert mit seinen Jüngern wieder durch Galiläa (**30**). Aber von einem öffentlichen Wirken wird nichts berichtet. Im Gegenteil: Jesus möchte nicht, dass sein jeweiliger Aufenthaltsort bekannt wird. Jetzt ist die Zeit, seine Jünger zu lehren (**31**). Markus fasst den Inhalt der Lehre Jesu in der zweiten Leidensansage zusammen. Sie entspricht in der Grundstruktur der ersten Vorhersage (vgl. die Tabelle oben S. 154), weist aber charakteristische Unterschiede auf. An Stelle des »der Menschensohn muss viel leiden« heißt es jetzt: *Der Menschensohn wird ausgeliefert (werden).* Das *Ausgeliefert werden* Jesu ist ein Grundmotiv des Markusevangeliums. Es wird vorweggenommen durch den Hinweis auf die Verhaftung des Täufers (1,14), taucht in der Tradition vom »Verrat« (dem »Ausliefern«) des Judas auf und durchzieht die ganze Passionsgeschichte (14,10f.18.42; 15, 1.15). Der alttestamentliche Hintergrund dieses Motivs wird in der griechischen Übersetzung von Jes 53,12 besonders deutlich, wo es von dem Gottesknecht heißt, »dass seine Seele in den Tod *dahingegeben* wurde und er unter die Gesetzlosen gerechnet wurde; und er selbst nahm die Sünden von vielen auf sich, und um ihrer Sünden willen wurde er *dahingegeben.*« Dass Jesus an die Besatzungsmacht zur Verurteilung *ausgeliefert* wird, ist die äußere Seite der Tatsache, dass er um der Sünde der Menschen willen in den Tod *dahingegeben* wird.

Auch hier deutet die Formulierung im Passiv an, dass Gott hinter diesem Geschehen steht (vgl. Jes 53,6 LXX: »Der Herr *lieferte* ihn unseren Sünden *aus*«). Das ist sein Weg, das menschliche Elend in seiner ganzen Tiefe zu teilen und zu tragen.

Die menschliche Verantwortung für den Justizmord ist deswegen nicht ausgeschaltet. *In die Hände der Menschen* wird Jesus ausgeliefert werden. Wurden bei der ersten Leidensansage die jüdischen Führer als Verantwortliche benannt, so hier *die Menschen* schlechthin. Jedem christlichen Sündenbockdenken sollte hier gewehrt werden. Nicht *die* Juden oder deren Anführer sind am Tod Jesu schul-

dig, Jesus ist den Menschen und ihrer Sünde in die Hände gefallen, und sie haben ihn getötet. Was der römische Statthalter und seine Soldaten taten, die das Todesurteil gefällt und vollstreckt haben, steht stellvertretend für das, was *Menschen* dem *Menschensohn*, dem menschlichen Repräsentanten Gottes, antun.
Auch am Ende dieser Leidensansage steht der Hinweis auf Jesu Auferstehung. Und auch hier muss der Erzähler feststellen, dass die Jünger nicht verstehen, was Jesus sagt (**32**). Aber sie scheuen sich, mit ihm darüber ins Gespräch zu kommen und danach zu fragen. Das liegt für Markus nicht daran, dass sie die harte Antwort Jesu an Petrus verschreckt hat (vgl. 8,33). Vielmehr fürchten sie, sich wirklich auf seinen Weg ins Leiden einzulassen.

In Jesu Ankündigung seines Todes und seiner Auferstehung steckt die An-Deutung von deren Sinn. Jesus wird ausgeliefert in die Hände der Menschen und an ihre Sünde und Gottesfeindschaft, um diese auf sich zu nehmen. Das ist das Geheimnis seines Weges in den Tod. Verstehen lässt sich das erst von der Auferstehung her. Sie zeigt, dass Sünde und Tod überwunden sind, und gibt Jesu Passion ihren Sinn.

9,33–37
Von wahrer Größe

**33Und sie kamen nach Kapernaum. Und als sie im Haus waren, frag-
te er sie: »Worüber habt ihr unterwegs verhandelt?« 34Sie aber
schwiegen, denn sie hatten unterwegs verhandelt, wer (von ihnen)
der Größte sei. 35Und er setzte sich und rief die Zwölf und sagt ihnen: »Wer der erste sein will, der soll der Letzte von allen sein und
aller Diener.« 36Und er nahm ein Kind zu sich und stellte es in die
Mitte und nahm es in die Arme und sagte zu ihnen: 37»Wer eines
dieser Kinder in meinem Namen aufnimmt, der nimmt mich auf.
Und wer mich aufnimmt, nimmt nicht (nur) mich auf, sondern den,
der mich gesandt hat.«**

Zum letzten Mal ist Jesus mit seinen Jüngern in Kapernaum. Erneut ist *das* Haus der geschützte Raum, in dem Jesus mit seinen Jüngern Fragen besprechen kann, die das Leben in der Nachfolge berühren. Wie in 8,34 und dann wieder in 10,35 folgt nach der Leidensankündigung eine Sammlung von Worten Jesu zum Thema Nachfolge. Diese Zusammenstellung umfasst den ganzen Abschnitt 9,33–50; aber zwischen V. 37 und V. 38 liegt ein thematischer Einschnitt, der es erlaubt, den Text in zwei Schritten zu bedenken.

Der erste Unterabschnitt beginnt mit einer Frage Jesu (**33**). Er will wissen, worüber die Jünger unterwegs miteinander verhandelt haben. Diese möchten nicht antworten (**34**). Der Erzähler verrät uns, worum es ging: Sie haben darüber verhandelt, *wer (von ihnen) der Größte sei* (wörtlich: *der Größere*, was hier die Bedeutung des Superlativs annimmt). Es ist ihnen peinlich, dass Jesus das gemerkt hat, denn sie spüren selbst, dass diese Frage für Jünger Jesu unangemessen ist.

Jesus setzt sich – das ist die Haltung des Lehrenden – und ruft besonders die Zwölf zu sich. Sie stehen stellvertretend für alle, die in Gemeinde und Kirche Leitungsaufgaben haben und in Gefahr sind, die *Größten* sein zu wollen. Ihnen gibt Jesus eine Grundregel mit für das, was in seiner Nachfolge Leitung und Führung bedeutet: *Wer der Erste sein will, der soll der Letzte von allen sein und aller Diener* (**35**). Diese Regel war für Markus und seine Sicht der Lehre Jesu wichtig, denn sie wird in 10,44 fast wörtlich noch einmal zitiert.

Die Absicht, Leitungsaufgaben anzustreben, wird nicht grundsätzlich verurteilt. Aber die Energie dieses Strebens wird gewissermaßen umgeleitet. Sie soll sich nicht darauf richten, vorne zu sein, sondern sich darum mühen, hinter alle anderen zurückzutreten und so *der Letzte von allen* zu werden (Paulus formuliert das so: »In Demut achte einer den anderen höher als sich selbst«, Phil 2,3). Damit das aber nicht zu einer rein formalen Demuts- oder Selbsterniedrigungsübung wird, die doch wieder dem Ziel dient, als der Demütigste groß dazustehen (»in meiner Demut lasse ich mich von niemandem übertreffen«), fügt Jesus an: *und aller Diener*. Die Anweisung, *der Letzte von allen* zu werden, wird inhaltlich gefüllt. Es geht darum, die anderen aus der Perspektive von »unten« so in den Blick zu bekommen, dass sichtbar und spürbar wird, was sie brauchen, und dann für sie da zu sein. Für das Wort *Diener* steht im Griechischen das Wort, das im deutschen Fremdwort *Diakon* steckt. Damit werden Leute bezeichnet, die ganz unterschiedliche Aufträge erfüllen, von der Bedienung bei Tisch bis zur Übernahme diplomatischer Missionen. Wer bereit ist, der *Diakon* aller zu sein, wird es mit sehr unterschiedlichen Aufgaben zu tun bekommen, solchen, die als ehrenvoll, und zugleich solchen, die als erniedrigend gelten. (Dazu noch einmal die Auslegung des Paulus: »ein jeder sehe nicht auf das Seine, sondern auf das, was dem anderen dient«, Phil 2,4).

Jesus führt seinen Gedanken auf anschauliche Weise weiter (**36**): *Er nahm ein Kind zu sich und stellte es in die Mitte*. Kinder gehörten in der Rangordnung der antiken Gesellschaft zu den Geringsten und am wenigsten Geachteten. Ein solches Kind wird ins Zentrum des Jüngerkreises gestellt. Aber es wird nicht zum Demonstrationsobjekt. Jesus *nahm es in die Arme.* Er nimmt es als Person wahr und identifiziert sich mit ihm. Was Jesus dann sagt, ist etwas überraschend.

Man würde vom Zusammenhang her ein Wort erwarten wie: »Wenn ihr nicht werdet wie die Kinder« (Mt 18,3). Aber das Kind dient hier nicht als Vorbild für das Kleinwerden, sondern als Beispiel dafür, was es heißt zu dienen: *Wer eines dieser Kinder in meinem Namen aufnimmt, der nimmt mich auf.* Griechen und Römer setzten neugeborene Kinder aus oder töteten sie. Das war ihre Form der Familienplanung und zeigt, wie wenig das Leben eines Kindes galt.

Die Aufforderung, ein Kind *aufzunehmen* oder, wie auch übersetzt werden kann, es *anzunehmen,* hat also ein breites Bedeutungsspektrum. Darin steckt die Mahnung, ein neugeborenes Kind anzunehmen, und die Aufforderung, ein ausgesetztes oder verwaistes Kind aufzunehmen, aber auch der Hinweis, im Leben der Gemeinde Kinder auf- und anzunehmen. Jesus identifiziert sich mit einem solchen Kind. Wer auch nur eines dieser Kinder *in meinem Namen,* also unter Berufung auf ihn und sein Vorbild, *aufnimmt, der nimmt mich auf* (**37**). Jesus begegnet in den Geringen und Hilfsbedürftigen (vgl. Mt 25,40).

Jesus geht noch einen Schritt weiter: *Wer mich aufnimmt, nimmt nicht (nur) mich auf, sondern den, der mich gesandt hat.* In einem Kind begegnet Gott. Das entspricht einer allgemeinen Regel der Gastfreundschaft, die im Urchristentum als Zusage Jesu bekannt war: »Wer euch aufnimmt, nimmt mich auf, und wer mich aufnimmt, nimmt den auf, der mich gesandt hat« (Mt 10,40). Dahinter steht ein rabbinischer Grundsatz: »Der Gesandte (d.h. der Beauftragte) eines Menschen ist wie dieser selbst«. Dieser Grundsatz wird hier aber nicht zu der Entwicklung einer »Botentheologie« verwendet wie im Johannesevangelium, sondern als Hinweis darauf, dass Christus, und durch ihn Gott selbst, sich mit den Geringsten, also gerade auch mit den Kindern identifiziert. Das aber gibt der Art und Weise, wie in der Nachfolge Jesu und damit in der christlichen Kirche und Gemeinde Leitung geübt wird, eine grundsätzlich andere Richtung, als das sonst im Streben nach Größe und Macht üblich ist.

Leitung in der christlichen Gemeinde ist immer Dienst, ist »servant leadership«. Der Hinweis auf die Kinder hilft, dass das nicht nur Phrase bleibt, sondern sich in der Sorge für die Kleinen und Geringen bewährt! Das sind herausfordernde Prioritäten für die Leitung in Kirche und Gemeinde.

9,38–50
Nachfolge und ihre Konsequenzen

[38]Johannes sagte zu ihm: »Lehrer, wir haben einen gesehen, der in deinem Namen die Dämonen austrieb, und wir wollten ihn daran hindern, denn er folgt uns (ja) nicht.« [39]Jesus aber sagte: »Hindert ihn nicht. Denn es gibt niemand, der in meinem Namen eine Machttat tun wird und mich gleich darauf wird schmähen können. [40]Denn wer nicht gegen uns ist, der ist für uns. [41]Denn wer immer euch einen Becher Wasser trinken lässt aus dem Grund, dass ihr Christus gehört, amen, ich sage euch, der wird seines Lohnes nicht verlustig gehen.

[42]Und wer immer einen dieser Kleinen, die an mich glauben, zu Fall bringt, für den wäre es viel besser, wenn ihm ein Mühlstein um den Hals gehängt und er ins Meer geworfen würde. [43]Und wenn dich deine Hand zu Fall bringt, haue sie ab. Es ist besser, dass du verstümmelt in das Leben eingehst, als zwei Hände zu haben und in die Hölle zu kommen, in das unauslöschliche Feuer. [45]Und wenn dein Fuß dich zu Fall bringt, haue ihn ab. Es ist besser, dass du lahm in das Leben eingehst, als zwei Füße zu haben und in die Hölle geworfen zu werden. [47]Und wenn dein Auge dich zu Fall bringt, reiß es aus. Es ist besser, dass du einäugig ins Reich Gottes eingehst, als zwei Augen zu haben und in die Hölle geworfen zu werden, [48]wo *ihr Wurm nicht stirbt und das Feuer nicht erlischt.* (Jes 66,24) [49]Denn jeder wird durch Feuer gesalzen werden. [50]Gut ist das Salz, wenn aber das Salz salzlos wird, womit wollt ihr ihm seine Salzkraft wiedergeben? Habt Salz bei euch und haltet untereinander Frieden.«

Ausnahmsweise ist es Johannes, der sich zum Sprecher der Jünger macht (**38**). Ehrerbietig spricht er Jesus als *Lehrer* an und berichtet von einer Problemsituation. Die Jünger trafen auf einen, der im Namen Jesu Dämonen austrieb, aber nicht zur Gruppe derer gehört, die *uns nachfolgt*. Das fanden sie unangemessen und *wollten ihn daran hindern*. Wie die Formulierung »*uns* nachfolgt« zeigt, ist damit auch ein Problem der urchristlichen Gemeinde angesprochen: Wer darf im Namen Jesu handeln? Wie sehr muss eine Person in die Struktur der Kirche eingebunden sein, um sich auf Jesus berufen zu können? Wie Apg 19,13–16 berichtet, kam es vor, dass auch Nichtchristen Dämonen im Namen Jesu austrieben, dort allerdings mit zweifelhaftem Erfolg.

Auf diesem Hintergrund ist die Antwort Jesu überraschend (**39**): *Hindert ihn nicht,* sagt er, und die Begründung klingt ziemlich pragmatisch: Wer in Jesu Namen eine »Machttat«, also eine wunderbare Heilung oder Dämonenaustreibung vollbringt, wird nicht so schnell schlecht von ihm reden können. Er steht letztlich auf Jesu Seite. Das wird durch einen sprichwörtlichen Grundsatz begründet: *Denn wer nicht gegen uns ist, der ist für uns* (**40**).

Sehr viel bekannter ist die umgekehrte Variante dieses Satzes in der Logienquelle (Mt 12,30 / Lk 11,23): *Wer nicht für mich ist, ist gegen mich.* Wie ist der Gegensatz der beiden Aussagen zu erklären? In der zweiten Aussage geht es um Jesus. Ihm gegenüber ist eine klare Entscheidung nötig. Wer sich nicht auf die Seite Jesu stellt, wird sich bald auf der Seite der Gegner vorfinden. Für »uns«, also die Jüngergemeinde, gilt nicht das Gleiche. Die Ausschließlichkeit Jesu überträgt sich nicht auf seine Nachfolger.

Auch hier zeigt das *uns*, in dem sich Jesus mit den Zwölfen zusammenschließt, dass es um Fragen der späteren Gemeinde geht. Für sie ist es wichtig, dass es Menschen gibt, die positiv über Jesus denken, auch wenn sie sich noch nicht der Gemeinde anschließen. Die Gemeinde braucht einen »Vorhof«, der offen ist für Suchende und solche, die es mit dem Vertrauen auf Jesus versuchen wollen. Dass man den Namen Jesu auch als magische Formel missbrauchen kann (s. Apg 19,13ff), bleibt zunächst unberücksichtigt.
Auch das nächste Jesuswort (**41**) öffnet den Blick für Menschen, die die christliche Gemeinde unterstützen, ohne zu ihr zu gehören oder sich selbst zu Christus zu bekennen. Aber sie helfen denen, die *zu Christus gehören* (auch diese Formulierung ist ein Hinweis auf die nachösterliche Gemeindesituation). Wer auch nur einem oder einer von ihnen einen Becher Wasser zu trinken gibt, wird nicht ohne *Lohn* bleiben. Die Jesusüberlieferung vermeidet den Lohngedanken nicht; *Lohn* ist Gottes Anerkennung für das, was Menschen Gutes tun – gerade dort, wo sie es nicht um des Lohnes willen tun.
Die nächsten Worte Jesu, die hier gesammelt sind, sprechen ganz andere Themen an. Das Stichwort, das sie verbindet, heißt *zu Fall bringen* oder *verführen*. Früher las man hier in der Lutherübersetzung überall *ärgern*. Im heutigen Deutsch erweckt das einen völlig falschen Eindruck. Es geht nicht darum, dass jemand oder etwas einen anderen ärgert. Das hier verwendete griechische Wort und der Zusammenhang sprechen das Problem an, dass jemand auf dem Weg des Lebens *zu Fall gebracht* und zur Sünde oder zum Abfall vom Glauben *verführt wird* (vgl. 4,17; 6,3).
Zunächst warnt Jesus davor, *einen dieser Kleinen* zu Fall zu bringen (**42**). Offen ist, ob damit noch einmal wie in V. 36f die Fürsorge für Kinder thematisiert wird oder ob der Zusatz *die an mich glauben* zeigt, dass hier die Geringen, die Niedrigen und wenig Beachteten in der Jüngergemeinde unter den besonderen Schutz Jesu gestellt werden. Manches deutet darauf hin, dass Jesu Wort ursprünglich dem Schutz der Kinder gegolten hat. Dann könnte die

Warnung, sie zu *verführen*, auch auf die Problematik des sexuellen Missbrauchs verweisen. Gerade Knaben waren ja in der Antike besonders gefährdet.

In seiner jetzigen Form schützt das Wort Jesu darüber hinaus alle, deren geringer sozialer Status sie besonders der Gefahr aussetzt, zur Sünde oder zum Abfall vom Glauben verführt zu werden. Wer so das Vertrauen und die Verletzlichkeit von Menschen ausnutzt, die sich schlecht wehren können, muss sich auf ganz harte Bestrafung gefasst machen. Jesus sagt nicht, was solchen Leuten bevorsteht; er sagt nur in einem seiner charakteristisch drastischen Bildworte, dass es für so jemand *viel besser wäre, wenn ihm ein Mühlstein um den Hals gehängt würde und er ins Meer geworfen würde.* Bei einem *Eselsmühlstein* (so wörtlich) handelt es sich um den oberen Mühlstein der großen Getreidemühlen, die von Eseln gedreht werden. Der Tod durch Ertränken, der die sichere Folge eines solchen Verfahrens wäre, galt im Judentum als besonders schändlich, da der Leichnam nicht beerdigt werden konnte. Und doch wäre eine solche irdische Bestrafung besser als das, was die Betreffenden an ewiger Strafe zu erwarten haben! Dabei ist zu beachten, dass diese Aussage ein in sehr kräftigen Farben gemaltes Warnplakat und nicht einen Auszug aus dem Strafgesetzbuch des Reiches Gottes darstellt!

Das gilt auch für die Fortsetzung, in der in drei gleichlautenden Mahnungen vor der Gefahr der Verführung durch die eigene Hand, den eigenen Fuß oder das eigene Auge gewarnt und der Rat gegeben wird, lieber eines dieser Glieder dranzugeben, als sich durch sie in die Hölle bringen zu lassen (**43.45.47**). Der drastische Rat ist offensichtlich von vorneherein symbolisch gemeint, denn von der zweiten Hand oder dem anderen Auge würde ja die gleiche Gefahr ausgehen. Der sachliche Sinn ist klar: Es gilt der Verführung schon dort zu wehren, wo man die erste Berührung mit ihr hat. Auf der einen Seite wird in der Jesusüberlieferung klargestellt, dass die eigentliche Gefahr aus dem Inneren eines Menschen kommt (vgl. 7,21f). Aber es gibt auch Worte Jesu, die darauf hinweisen, wie die Gefährdung konkret wird: die Hand, die nach dem Begehrten greift, der Fuß, der den falschen Weg einschlägt, das Auge, das verführerische Bilder in das Innere einlässt. Der Rat Jesu zu konsequentem Handeln sagt: Wehret den Anfängen! Nicht indem Glieder abgehauen oder ausgerissen werden, wie das psychisch kranke Menschen in einem wörtlichen Missverständnis der Worte Jesu gelegentlich meinten tun zu müssen. Wohl aber, indem Ansatzpunkte der Verführung beseitigt und gemieden werden. Die Auslegungsgeschichte hat hier vor allem das Problem sexueller Verführung hervorgehoben. Das ist sicher mit eingeschlossen. Aber auch die Verführung, sich unrechtmäßig mehr Besitz oder mehr Macht anzueignen, benutzt Hand und Fuß und Auge und Ohr für ihre Zwecke.

Außergewöhnlich ist, dass Jesus hier von der *Hölle* spricht. Das griechische Wort, das er benutzt, heißt *Gehenna* und geht seinerseits auf die hebräische Ortsbezeichnung *ge-hinnom* (Tal Hinnoms) zurück. Das Tal liegt im Süden Jerusalems. Dort wurden unter Ahas und Manasse Kinder geopfert (2Kön 16,3; 21,6). Deshalb wurde es von Josia entweiht (2Kön 23,10). Es gilt daher als Stätte des Gerichts (Jer 7,32; 19,6). In der Apokalyptik wird in Anlehnung an Jes 31,9; 66,24 dort das Feuer des Gerichts lokalisiert (äthHen 26,4; 27,1–3). Daher wird *Gehenna* allgemein zur Bezeichnung für die erwartete Feuerhölle (4Esr 7,36; syrBar 59,10). Im Neuen Testament kommt das Wort außer in Jak 3,6 nur in den drei ersten Evangelien vor (vgl. Mt 5,22; 10,28; 23,33). Es markiert in der Überlieferung der Worte Jesu die Realität des göttlichen Gerichts (vergleichbar mit dem Begriff Zorn Gottes bei Paulus). Der Hinweis darauf hat immer Warnfunktion; eine »Lehre von der Hölle« wird nirgends entfaltet.

Der dreimalige Hinweis, dass es besser sei, ohne Hand, Fuß oder Auge ins Reich Gottes zu kommen als unversehrt in die Hölle, schärft in bildhafter Rede ein, dass die Integrität eines Lebens vor Gott wichtiger ist als körperliche Unversehrtheit. Bei der letzten Erwähnung der Hölle wird die Intensität des Gerichts durch ein Zitat aus Jes 66,24 unterstrichen, das die Schrecken des Gerichtsortes beschreibt (**48**). Verwesung, die nicht endet (das ist mit *Wurm* gemeint), und *Feuer,* das nicht *erlischt,* sind abschreckende Bilder für Gottes unausweichliches Gericht und die endgültige Vernichtung der Gottlosen (vgl. Sir 7,17; Judith 16,17). In V. 48 dient das Zitat als kräftiges Ausrufezeichen, um den Ernst des Gerichtes Gottes zu unterstreichen. (Spätere Handschriften haben es auch nach V. 43 und 45 eingefügt. Diese Zusätze zählten früher als V. 44 und 46, fehlen aber in neueren Bibelausgaben.)
An diese Mahnungen schließt Markus weitere Worte Jesu an, die jedoch schwer zu verstehen sind. Das erste (**49**) knüpft an das Stichwort *Feuer* an. Dass hier auf die Verwendung von Feuer und Salz zur Wundreinigung bei Amputationen hingewiesen wird, wie manche Ausleger meinen, ist ganz unwahrscheinlich. Vermutlich sind die läuternde Funktion des Feuers und die reinigende Kraft des Salzes im Blick, und das bezieht sich nicht auf das Höllenfeuer, sondern auf Leiden, Entbehrungen und Verletzungen, die Menschen in der Nachfolge Jesu auf sich nehmen. Zum Stichwort *Salz* werden zwei weitere Worte Jesu angefügt (**50**). Das erste ist eine Variante des bekannten Wortes Jesu aus der Bergpredigt: »Ihr seid das Salz der Erde« (Mt 5,14). Ob Salz *salzlos* werden kann, ist um-

stritten. Chemisch ist das nicht möglich, aber man verweist gerne darauf, dass das nicht ganz reine Salz aus dem Toten Meer, das in Palästina verwendet wurde, durch die Verunreinigungen verderben oder fade werden konnte. Aber vielleicht spricht Jesus bewusst paradox von der »unmöglichen Möglichkeit«, dass das Evangelium seine heilende und reinigende Kraft verliert, weil es im Leben der Jünger verdorben wird. Die Feststellung: *Gut ist das Salz* verweist darauf, dass das Salz lebensnotwendig ist. Das aber gilt auch für das Evangelium. Sollte dies im Leben der Jünger seine Kraft verlieren, womit ließe sich seine lebensrettende Wirkung wiederherstellen? Darum folgt die Mahnung, das Salz des Evangeliums immer bei sich zu haben und den *Frieden,* den die frohe Botschaft schenkt, auch untereinander im Leben der Gemeinde zu bewahren. Wie Jesu Jünger miteinander umgehen, hat große Bedeutung für die Wirkung des Evangeliums!

In dreifacher Richtung werden die Jünger herausgefordert: 1. Zur *Offenheit* gegenüber Menschen, die etwas von Jesus erwarten, aber sich nicht der Gemeinde anschließen. 2. Zur *Radikalität* in der Abwehr der Gefahr der Verführung, sowohl im Blick auf Menschen, die verletzlich sind, als auch angesichts der eigenen Verwundbarkeit. Die Integrität vor Gott zu bewahren ist wichtiger, als jede Chance nutzen zu können, alles zu machen, was sich machen lässt, und alles gesehen zu haben, was es zu sehen gibt. 3. Zur *Entschlossenheit,* die Botschaft des Evangeliums auch unter schwierigen Bedingungen zu bewahren. Die Drohung mit der Hölle befremdet uns. Das hat auch mit dem Missbrauch dieser Drohung als Waffe gegen kritische Stimmen zu tun. Wichtig aber bleibt der Hinweis: Das Leben anderer zu gefährden und die eigene Integrität vor Gott aufs Spiel zu setzen, ist ein Spiel mit dem Feuer.

10,1–31
Jesus spricht über Ehe, Kinder und Reichtum

1Und nachdem er aufgestanden war, geht er von dort in das Gebiet von Judäa und jenseits des Jordans, und wieder kommen Mengen von Leuten bei ihm zusammen; und wie er gewohnt war, lehrte er sie erneut.

V. 1 markiert einen wichtigen Einschnitt. Jesus verlässt Galiläa und macht sie auf den Weg nach Judäa und das Gebiet jenseits des Jordans. Die Reihenfolge der Aufzählung ist einer der Gründe, warum viele Ausleger bezweifeln, dass Markus Palästina aus eigener Anschauung kannte. Denn wenn man nach Jerusalem will, ohne durch Samarien zu kommen, muss man zuerst durch Transjordanien reisen und kommt dann nach Judäa. Es scheint aber eine Angewohnheit des Markus zu sein, in Aufzählungen zuerst das Ziel und erst dann die Zwischenstation zu nennen (vgl. 11,1). Mit welchem Ziel Jesus diesen Weg einschlägt, sagt Markus nicht. Aber für seine Leser und Leserinnen ist klar: Es geht nach Jerusalem, und es geht ins Leiden (vgl. 8,31). Dennoch kommen auch hier die Massen zusammen. Aber nicht von Wundern erzählt Markus, sondern davon, dass Jesus, *wie er gewohnt war*, die Menschen *lehrte*. Wieder nennt der Evangelist den Inhalt der Lehre Jesu nicht. Aber es liegt nahe, in den folgenden Begegnungen und Gesprächen wichtige Elemente des Lehrens Jesu zu erkennen. Es geht um Ehe und Ehescheidung, die Stellung der Kinder und die Abhängigkeit vom Reichtum. Die einzelnen Geschichten sind ganz unterschiedlich geprägt, sodass wohl nicht – wie manche meinen – eine Art urchristlicher Katechismus vorliegt. Aber für Markus ist es wichtig, gerade in Verbindung mit Jesu Weg nach Jerusalem von Jesu Lehre über Grundfragen menschlicher Gemeinschaft zu berichten.

10,2–12
Über Ehe und Ehescheidung

2Und Pharisäer kamen zu ihm und fragten ihn, ob es einem Mann erlaubt sei, seine Frau zu entlassen, wobei sie ihn auf die Probe stellen wollten. 3Er aber antwortete ihnen und sagte: »Was hat euch Mose geboten?« 4Sie aber sagten: »Mose hat gestattet, einen Scheidebrief zu schreiben und (sie) zu entlassen.« 5Aber Jesus sagte zu ihnen: »Wegen eurer Hartherzigkeit hat er für euch dieses Gebot aufgeschrieben. 6Von Anfang der Schöpfung an hat *er* [Gott] *sie männlich und weiblich gemacht. 7Deshalb wird ein Mensch seinen Vater und seine Mutter verlassen, 8und die beiden werden ein Fleisch sein.* (Gen 2,24) Deshalb sind sie nicht mehr zwei, sondern ein Fleisch. 9Was also Gott zusammengefügt hat, soll der Mensch nicht trennen.«
10Und im Haus fragten ihn die Jünger wieder danach. 11Und er sagt ihnen: »Wer seine Frau entlässt und eine andere heiratet, begeht ihr gegenüber Ehebruch, 12und wenn sie ihren Mann entlässt und einen anderen heiratet, begeht sie Ehebruch.«

Dass die Pharisäer Jesus fragen, *ob es einem Mann erlaubt sei, seine Frau zu entlassen*, ist merkwürdig (2). Das Recht eines Mannes, sich von seiner Frau zu scheiden, war im Judentum unbestritten.

Diskutiert wurde nur, unter welchen Umständen ein Mann dieses Recht ausüben könne und ob auch eine Frau das Recht habe, sich von ihrem Mann zu trennen.

Bei Matthäus fragen darum die Pharisäer, ob ein Mann seine Frau aus jedem beliebigen Grund entlassen könne (Mt 19,3). Hintergrund dieser Diskussion war die Formulierung in Dtn 24,1, die eine Entlassung der Frau erlaubt, wenn ihr Mann »etwas Schändliches an ihr gefunden hat«. Die Rabbinen diskutierten, was damit gemeint sei. Die strenge Schule Schammais ließ nur einen Ehebruch der Frau als Scheidungsgrund gelten, die Schule Hillels dagegen sah auch in einem angebrannten Essen »etwas Schändliches«, und für Rabbi Akiba genügte dazu sogar, wenn dem Mann eine andere Frau besser gefiel.

Die Art der Frage der Pharisäer an Jesus wird verständlich, wenn ihnen die völlig andere Haltung Jesu zu dieser Frage bekannt war. Wie der Erzähler anmerkt, wollen sie Jesus *auf die Probe stellen,* d.h. mit einer Fangfrage zeigen, dass Jesu Lehre von den Vorschriften des Gesetzes abweicht. Wahrscheinlich ist die Art der Fragestellung auch von entsprechenden Diskussionen zwischen jüdischen und christlichen Gemeinden geprägt.
Jesus antwortet wie häufig mit einer Gegenfrage (**3**): *Was hat euch Mose geboten?* Er zielt nicht zuerst auf das, was *erlaubt,* sondern auf das, was *geboten* ist, und damit letztlich auf die Frage nach Gottes Willen zur Ehe. Die Frager lassen sich aber nicht von ihrer Denkrichtung abbringen (**4**). Sie antworten: *Mose hat gestattet, einen Scheidebrief zu schreiben und* (damit eine Frau) *zu entlassen.* Damit weisen sie auf Dtn 24,1–4. Diese Stelle handelt eigentlich vom Verbot der Wiederheirat eines Mannes und seiner geschiedene Frau. Aber der Text setzt die Praxis der Entlassung der Frau durch einen Scheidebrief voraus. Rechtlich war der Scheidebrief für eine entlassene Frau wichtig: Er gab ihr Rechtssicherheit und die Möglichkeit, erneut zu heiraten. Das wird von Jesus in seiner Antwort auch nicht in Frage gestellt (**5**). Aber er bezweifelt, dass dies der Ausdruck des Willens Gottes ist. Es ist vielmehr eine Konzession des Mose an die *Hartherzigkeit* der Menschen (nicht etwa nur der Pharisäer). Wenn Ehen scheitern, weil die Partner nicht fähig sind, wirklich füreinander da zu sein, dann soll das Auseinandergehen wenigstens rechtlich sauber geregelt sein. Aber das stellt keinesfalls den eigentlichen Willen Gottes dar. Den findet Jesus in der Geschichte von der Erschaffung der Menschen (**6f**): Gott hat *sie männlich und weiblich gemacht* (Gen 1,27). Die Bindung von Mann und Frau in einer Paarbeziehung hat ihren Grund in der geschlechtlichen Polarität des Menschseins. Ihre unauflösliche Zusammengehörigkeit wird mit einem Satz aus dem zweiten Schöp-

fungsbericht begründet: *Deshalb wird ein Mensch seinen Vater und seine Mutter verlassen, und die beiden werden ein Fleisch sein.*

In den ältesten Handschriften des Markusevangeliums fehlen die Worte: *und seiner Frau anhangen.* Wie die griechischen Übersetzung von Gen 2,24 spricht der Text nicht nur vom *Mann,* sondern vom *Menschen,* also von Frau und Mann, die Vater und Mutter verlassen, und *beide* ein Fleisch werden.

Im alttestamentlichen Kontext wird mit diesem Satz nicht die Unauflöslichkeit der Ehe begründet. Aber dass Mann und Frau unabdingbar aufeinander angewiesen sind, zeigt für Jesus und die christliche Gemeinde, dasss zwei Menschen, die in der Ehe zusammenfinden, nach dem Willen des Schöpfers unauflöslich zusammengehören. Jesus wiederholt noch einmal die Konsequenz dieser Beziehung: *Deshalb sind sie nicht mehr zwei, sondern ein Fleisch* (**8**). Hier ist die geschlechtliche Vereinigung von Mann und Frau einerseits als Ziel göttlichen Schöpferhandelns gesehen, zugleich aber auch als Ausdruck eines Zusammengehörens von Mann und Frau, das weit über das Geschlechtliche hinausgeht und zu einem Ineinander des Lebens beider führt, das aus zwei Individuen *ein* Paar macht, das unaufgebbar zusammengehört.
Daraus folgt für Jesus (**9**): *Was also Gott zusammengefügt hat, soll der Mensch nicht trennen.* Das griechische Wort für *zusammenfügen* heißt wörtlich übersetzt: *zusammen ins Joch spannen.* Es trägt zwei Aspekte in sich: Es ist *Gott,* der ein Paar zusammenführt und zusammenspannt. Und: Die beiden sind für eine Aufgabe miteinander verbunden, sie tragen eine gemeinsame Verantwortung, der sie sich nicht entziehen können. Darum sollen Menschen nicht trennen, was Gott verbunden hat. Das ist Gottes ursprünglicher Wille (vgl. Mal 2,16: »Denn ich hasse es, wenn man sich scheidet, spricht der HERR«, ZB). Die Frage, ob wirklich *alle* von Menschen geschlossenen Ehen von Gott zusammengefügt sind, wird allerdings nicht angesprochen.
Im Schutz des Hauses fragen die Jünger nach, wie Jesu Aussagen gemeint waren (**10**). (Auch hier, wo mit *im Haus* nicht wie in Kapernaum ein bestimmtes Haus gemeint ist, beschreibt die Wendung den Schutzraum, in dem die Jünger Jesus befragen können.) Als Antwort zitiert Markus einen Grundsatz Jesu, der zwar eine Scheidung der Partner nicht ausschließt, aber ihre bleibende Zusammengehörigkeit betont (**11**): *Wer seine Frau entlässt und eine andere heiratet, begeht ihr gegenüber Ehebruch,* denn – so ist die Logik – sie mögen sich zwar trennen, weil ein Zusammenleben nicht mehr möglich ist, aber sie gehören weiterhin zusammen (ei-

ne vergleichbare Auffassung – auch unter Berufung auf Gen 1,27 – findet sich in der Gemeinde von Qumran [CD 4,20f]). Gleiches gilt aber auch für die Frau (**12**): Auch *wenn sie ihren Mann entlässt und einen anderen heiratet, begeht sie Ehebruch.* Dass eine Frau die Scheidung veranlassen und ihren Mann entlassen konnte, war nach römischem Recht möglich, im jüdischen Eherecht aber ungewöhnlich und umstritten. Deshalb ändern an dieser Stelle viele Handschriften. Matthäus (19,9) lässt diesen Vers weg. Falls nicht schon Jesus von solcher Gleichberechtigung ausging, hat die Gemeinde, die seine Worte weitergab, es für wichtig und richtig angesehen, den Sinn seiner Aussage auch in neue Rechtsverhältnisse hinein zu übertragen.

Die Ablehnung der Ehescheidung durch Jesus und die urchristliche Gemeinde steht in der Antike einzigartig da. Lediglich in der Damaskusschrift (CD 4,20f), die auch von der Qumrangemeinde benutzt wurde, zeigt sich mit dem Verbot der Wiederverheiratung Geschiedener eine vergleichbare Auffassung. Jesu Ablehnung der Ehescheidung findet sich auch in der Bergpredigt (Mt 5,32), und Paulus zitiert dieses Verbot ausdrücklich als Wort des Herrn (1Kor 7,10f). Sosehr man aber darum wusste, dass dies Verbot von Jesus autorisiert war, sosehr hat man schon in der Urchristenheit darum gerungen, es mit der gelebten Wirklichkeit in Einklang zu bringen. Matthäus z.B. fügt an beiden Stellen, an denen er Jesu Wort zitiert, die sog. »Unzuchtsklausel« ein, nach der Jesu Verbot »außer im Falle von Unzucht« (d.h. sexuellem Fehlverhalten) gilt. Paulus bedenkt den Fall, dass der ungläubige Partner die Scheidung begehrt, und meint, der betroffene Christ sei dann nicht unbedingt verpflichtet, die Ehe aufrechtzuerhalten. Er kennzeichnet das aber ausdrücklich als persönliche Meinung. Man hat also versucht, Jesu Gebot nicht als rigides Gesetz auszulegen, das in bestimmten Fällen zu untragbaren Verhältnissen führt, sondern als Weisung, die hilft, Gottes Willen für die Partnerschaft von Mann und Frau in der Ehe zu erfüllen.

Die heutige Christenheit steht angesichts der Worte Jesu in einer ähnlichen Spannung. In der römisch-katholischen Kirche und auch in biblizistisch geprägten evangelischen Bewegungen und Gemeinden versucht man möglichst genau der Anweisung Jesu zu folgen und akzeptiert weder Ehescheidung noch die Wiederheirat Geschiedener. Man hält so an der Auslegung des Willens Gottes durch Jesus fest. Aber auch die Ehen von Christen scheitern, und die wenigsten derer, die getrennt leben oder geschieden sind, können als eine Art verheirateter Single leben. Sie finden neue Partner, mit denen nicht selten die Partnerschaft besser gelingt. Aber sie werden durch diese Handhabung der Weisung Jesu aus der Gemeinschaft der Kirche

verbannt und der Möglichkeit beraubt, unter Gottes Vergebung einen neuen Anfang zu machen. Deshalb tolerieren die meisten protestantischen Kirchen die Scheidung einer Ehe und sind auch bereit, Geschiedene bei einer Wiederheirat zu segnen – was angesichts der klaren Ablehnung dieses Schrittes durch Jesus eine gewagte Entscheidung ist. Sie berufen sich darauf, dass auch Jesu Gebote *für* die Menschen auszulegen sind und nicht gegen sie. Diese Praxis bewirkt aber, dass in evangelischen Kirchen Scheidung und Wiederheirat heute oft als »Normalvariante« des Verlaufs einer Ehe angesehen wird. Dagegen hat Jesus jedoch klar Stellung bezogen.
Was nottut, ist also eine evangelische Auslegung der Weisung Jesu, die seine Sicht der schöpfungsmäßigen Bestimmung der Zusammengehörigkeit von Mann und Frau als Ermutigung und Ermächtigung zu verantwortlicher Treue versteht. Die Ehe ist kein unbefristeter Partnerschaftsvertrag mit eingebauter Kündigungsklausel; sie ist jedoch auch kein Gefängnis, in dem zwei Menschen lebenslänglich aneinandergekettet sind. Sie ist eine auf lebenslange Dauer angelegte Verantwortungsgemeinschaft, in der das miteinander Verschmelzen in der geschlechtlichen Vereinigung die Basis zur Überwindung abgrenzender Individualität und zum Aufbau schöpferischer Gemeinsamkeit wird. Aber da Ehen nicht im Himmel geschlossen, sondern unter irdischen Bedingungen eingegangen werden, können sie scheitern. Wo dieses Scheitern mit der Bitte um Vergebung und der Hoffnung auf Versöhnung aufgearbeitet wird, darf auch eine neue Partnerschaft gewagt werden.

10,13–16
Die Kinder und das Reich Gottes

**13Und sie brachten Kinder zu ihm, damit er sie berühren sollte.
Aber die Jünger bedrohten sie. 14Als aber Jesus das sah, wurde er
zornig und sprach zu ihnen: »Lasst die Kinder zu mir kommen und
hindert sie nicht; denn solchen (Leuten) gehört das Reich Gottes.
15Amen, ich sage euch: Wer das Reich Gottes nicht annimmt wie ein
Kind, wird nicht in es hineinkommen.« 16Und er schloss sie in die
Arme und segnete sie, indem er die Hände auf sie legte.**

Diese Szene scheint noch im Haus stattzufinden. Leute, die nicht näher beschrieben werden, versuchen, Kinder zu Jesus zu bringen, *damit er sie berühren sollte* (**13**). Mehr wird über das Ziel ihres Tuns nicht gesagt. Der Versuch, Jesus zu *berühren,* ist im Markusevangelium immer mit der Absicht verbunden, Anteil an seiner heilenden Kraft zu bekommen (vgl. 3,10; 5,28; 6,56). Es wird aber

nicht gesagt, dass es sich um kranke Kinder handele. Markus verwendet *berühren* und *Hand auflegen* im gleichen Sinne (8,22f). Diejenigen, die die Kinder zu Jesus bringen, erwarten also, dass seine Berührung den Kindern göttliche Kraft fürs Leben mitteilt.
Die Jünger aber reagieren ablehnend; sie *fuhren* die Leute *heftig an,* oder wörtlich: Sie *bedrohten sie.* (Markus verwendet hier das gleiche Wort, das bei der Abwehr unheilbringender Mächte benutzt wird.) Aus welchem Grund wird nicht gesagt. Wollten sie den Meister vor Belästigung schützen, oder fanden sie es unangemessen, dass Kinder in seine Gemeinschaft kamen? Deutlich ist nur, dass sie die Anwesenheit von Kindern in der Nähe Jesu für eine Störung, ja fast Bedrohung seines Wirkens ansehen, der es entschlossen zu wehren gilt.
Jesus aber, der das bemerkt, reagiert entsprechend heftig (**14**): Er *wurde unwillig,* ja *zornig.* Markus scheut sich nicht, Jesus eine so aggressive Reaktion zuschreiben, wenn Menschen daran gehindert werden, zu ihm zu kommen. Was er will, drückt er auf doppelte Weise aus, positiv und negativ: *Lasst die Kinder zu mir kommen und hindert sie nicht (daran).* Es gibt Situationen, in denen es nicht nur darum geht, Leute zu Jesus bringen, sondern schlicht darum, zuzulassen, dass sie kommen und ihnen keine Hindernisse in den Weg zu legen.
Jesus begründet, warum dies besonders für Kinder gilt: *denn solchen (Leuten) gehört das Reich Gottes.* Jesus spricht also von Kindern, aber nicht nur von ihnen, sondern darüber hinaus von allen, die wie Kinder sind. Wen meint er damit? Die nächste Parallele zu dieser Aussage ist die erste Seligpreisung in der Fassung bei Lukas: »Selig seid ihr Armen, denn euch gehört das Reich Gottes« (Lk 6,20). Für wen ist das Reich Gottes da? Wem gilt Gottes Herrschaft? Es sind die Armen und die Kinder, also alle die, die ihr Leben nicht selbst bewältigen und die in den Augen ihrer Mitmenschen nicht viel oder gar nichts gelten. Nicht die Reichen, nicht die Großen und Mächtigen, auch nicht die, die sich für besonders fromm halten, sondern die, die Gott und seine Nähe am nötigsten brauchen, sie sind die Teilhaber des Reiches Gottes; für sie ist Gottes Herrschaft da. Um das zu zeigen, zu leben und zu lehren ist Jesus gekommen.
Was das bedeutet, unterstreicht ein weiteres Wort Jesus, das mit der feierlichen *Amen*-Formel eingeleitet wird (**15**). Es setzt einen etwas anderen Akzent und fehlt in der Matthäusfassung unserer Geschichte (Mt 19,13–15). Vielleicht ist es erst später in die Erzählung aufgenommen worden. Es führt weiter, was durch das Wort *solche* in V. 14b angedeutet ist. Ein Kind zu sein wird zum Bild für die rechte Art, Gottes Herrschaft zu begegnen: *Wer das Reich Got-*

tes nicht annimmt wie ein Kind, wird nicht in es hineinkommen. Es gibt zwei Auslegungen des ersten Halbsatzes. Die erste versteht ihn so: *Wer das Reich Gottes nicht* so *annimmt, wie* man *ein Kind* annimmt. Grammatikalisch ist diese Deutung möglich. Aber welchen Sinn soll die Aufforderung haben, das Reich Gottes anzunehmen wie ein Kind?

Bleibt die andere Auslegung, die den Vergleich mit dem Kind auf die Art des Annehmens bezieht: *Wer das Reich Gottes nicht so annimmt wie ein Kind* (ein Geschenk annimmt), *wird nicht in es hineinkommen.* Jesus fordert also nicht allgemein dazu auf »zu werden wie die Kinder« (so in Mt 18,3), sondern nimmt die Art, wie Kinder sich beschenken lassen, als Vergleichspunkt. Kinder haben noch nicht verlernt, ein Geschenk anzunehmen und die leeren Hände zu öffnen, wenn ihnen etwas gegeben wird. Genauso gilt es, Gottes Herrschaft und das Heil, das sie bringt, anzunehmen. Das ist die einzige »Bedingung« dafür, in *Gottes Reich hineinzukommen* und in die Wirklichkeit der heilvollen Gegenwart Gottes aufgenommen zu werden: diese Wirklichkeit mit leeren Händen und offenem Herzen anzunehmen.

Doch dann lenkt die Erzählung wieder zurück zu den Kindern selbst (**16**): Jesus *schloss sie in die Arme;* er zeigt, wie wichtig sie ihm sind, *und segnete sie, indem er die Hände auf sie legte.* Nur hier wird (außer in Lk 24,50f) davon berichtet, dass Jesus Menschen segnet. Es ist kaum zufällig, dass er dies gerade bei Kindern tut. *Segnen* heißt von seiner alttestamentlichen Bedeutung her, schöpferische Lebenskraft und -fülle an andere weiterzugeben. Die endzeitliche Ausrichtung des Wirkens Jesu schließt nicht aus, Kindern das zu geben, was sie für ihr Leben so nötig brauchen wie das tägliche Brot, nämlich Gottes Leben spendende Gegenwart. Die Perspektive des Reiches Gottes schließt die Förderung und den Schutz des Lebens derer ein, in denen das Leben sich erst entfaltet und wächst und die darum besonders verletzlich sind.

Die Art, wie diese Geschichte erzählt wird, lässt vermuten, dass man sie nicht nur als schöne Erinnerung an eine Begegnung Jesu mit Kindern weitergegeben hat, sondern dass sie eine Lehre vermitteln sollte. Die Schilderung der harten Reaktion der Jünger und der entsprechenden Antwort Jesu lässt auf einen Konflikt in der Gemeinde schließen, zu dessen Lösung diese Geschichte beitragen soll. Offensichtlich ging es um den Platz von Kindern in der Gemeinde. Dass man die Segnung von Kindern verweigerte, ist schwer vorstellbar. Möglicherweise aber ging es um die Zugehörigkeit der Kinder zur Gemeinschaft der Gemeinde. Damit dürfte aber auch die Frage der Taufe von Kindern (und Säuglingen) verbunden gewesen sein. Indiz

dafür könnte sein, dass das Stichwort *hindern* in der Apostelgeschichte gerade im Zusammenhang mit der Frage nach der Zulassung zur Taufe auftaucht (Apg 8,36; 10,47; 11,17). Nun gibt es weder einen Beweis dafür, dass in der Urchristenheit kleine Kinder getauft wurden, noch dafür, dass es *nicht* geschah. Aber die Vermutung hat viel für sich, dass man diese Geschichte, die selbst nicht von der Taufe spricht, dazu verwendet hat, die Praxis, Kinder zu taufen und in die Gemeinde aufzunehmen, zu rechtfertigen.
Das eigentliche Anliegen der Geschichte ist sicher nicht, einen bestimmten Ritus einzuführen – weder die Kindersegnung noch die Kindertaufe. Die doppelte Pointe der Geschichte ist *erstens*, dass Kinder in die Gemeinschaft mit Jesus und also mitten in die Gemeinde gehören. Dort sollen sie wie in dieser Geschichte erleben, dass sie in Berührung mit Gottes schöpferischer Lebenskraft und -fülle kommen, die von Jesus ausgeht. *Zweitens* sagt die Geschichte den Erwachsenen, dass sie von Kindern lernen können – nicht, weil diese besonders unschuldig und unverdorben wären, sondern weil sie noch so »unverschämt« sind und froh und dankbar ihre Hände ausstrecken, um anzunehmen, was Gott ihnen schenkt. Was die Armen oft schon verlernt haben, das können kleine Kinder noch: sich beschenken lassen. Alle sind eingeladen, sich so, wie die Kinder sich von Jesus umarmen ließen, von Gottes Güte umfangen zu lassen und sein Reich anzunehmen.

10,17–31
Die Reichen und das Reich Gottes

17Und als er sich auf den Weg machte, lief einer herzu und fiel vor ihm auf die Knie und fragte ihn: »Guter Lehrer, was muss ich tun, damit ich das ewige Leben erbe?« 18Jesus aber sagte zu ihm: »Was nennst du mich gut? Niemand ist gut außer dem Einen, Gott. 19Du kennst die Gebote: ›Du sollst nicht töten! Du sollst nicht ehebrechen! Du sollst nicht stehlen! Du sollst keine falsche Zeugenaussage machen! Du sollst nicht berauben! Ehre deinen Vater und (deine) Mutter!‹ 20Er aber sagte zu ihm: »Lehrer, das alles habe ich von meiner Jugend an befolgt.« 21Jesus aber blickte ihn an und gewann ihn lieb und sagte zu ihm: »Eines fehlt dir: Geh, verkaufe alles, was du hast, und gib es den Armen, und du wirst einen Schatz im Himmel haben, und komm, folge mir.« 22Er aber entsetzte sich über dieses Wort und ging traurig weg, denn er besaß viele Güter.
23Und Jesus blickte sich um und sagt zu seinen Jüngern: »Wie schwer werden die ins Reich Gottes kommen, die Besitztümer haben.« 24Aber seine Jünger erschraken über seine Worte. Jesus be-

gann erneut und sagt zu ihnen: »Kinder, wie schwer ist es, in das
Reich Gottes zu kommen. [25]Es ist leichter, dass ein Kamel durch ein
Nadelöhr hindurchgeht als dass ein Reicher in das Reich Gottes hi-
neinkommt.« [26]Sie aber gerieten völlig außer sich und sprachen zu-
einander: »Ja, wer kann denn (dann) gerettet werden?« [27]Jesus
blickt sie an und sagt: »Für Menschen ist es unmöglich, aber nicht
für Gott; denn für Gott ist alles möglich.«
[28]Petrus fing an, zu ihm zu sagen: »Siehe, wir haben alles verlassen
und sind dir gefolgt.« [29]Jesus sagte: »Amen, ich sage euch, es gibt
niemand, der Haus oder Brüder oder Schwestern oder Mutter oder
Vater oder Kinder oder Äcker wegen mir und wegen des Evange-
liums verlassen hat, [30]der nicht hundertfach jetzt, in dieser Zeit,
Häuser und Brüder und Schwestern und Mütter und Kinder und
Äcker empfangen wird, (wenn auch) unter Verfolgung, und in der
kommenden Weltzeit ewiges Leben. [31]Viele Erste werden Letzte
sein und die Letzten Erste.«

Jesus macht sich wieder auf den Weg. Auch hier ist das nicht nur eine topographische Bezeichnung, sondern ein Hinweis darauf, dass er ein Ziel hat (17). Fast dramatisch schildert der Erzähler, wie ein Mann auf Jesus zuläuft und vor ihm auf die Knie fällt. Das ist eine ungewöhnliche Geste, auch einem berühmten Rabbi gegenüber. Aber er hat eine Frage, die für ihn lebenswichtig ist. *Guter Lehrer,* sagt er, und in dieser Anrede steckt Achtung und Anerkennung, wie wenn man heute sagt: *Verehrter* Lehrer. Seine Frage aber lautet: *Was muss ich tun, damit ich das ewige Leben erbe?* (vgl. auch Lk 10,25) Das Wort *erben* klingt für uns in diesem Zusammenhang eigenartig. Es muss auf dem alttestamentlichen Hintergrund dieses Begriffs verstanden werden.

Grundlage für die Redeweise ist die Landverheißung für Israel. Schon Abraham ist verheißen, dass er dieses Land *erben* werde (Gen 15,7, LÜ: *besitzen*). Das verheißene Land soll zum *Erbe* Israels und seiner Stämme werden (Num 26,53). Das Wort *erben* wird also nicht gewählt, weil der Besitz durch den Tod eines anderen zustande kommt, sondern weil es sich um dauerhaften Besitz handelt. Dieses *Erbe,* das Gottes Geschenk an das Volk darstellt, ist seine Lebensgrundlage. Auch nach der Katastrophe des Exils bleibt für Israel das Land das Leben sichernde Erbe, auf dessen Neuzuteilung man hofft (vgl. Ez 47,14; Ps 37,9.11). Aber mehr und mehr gewinnt der Gedanke Raum, dass für die, die zu Gott gehören, die Gemeinschaft mit Gott dieses *Erbe* und diese Lebensgrundlage darstellt (Dtn 10,9; Ps 16,5f). Sie wird auch im Tod nicht zerstört werden (Ps 73,26). Ja, es setzt sich die Hoffnung durch, dass den Gerechten ihr eigentliches *Erbe* erst in der ewigen Gemeinschaft mit Gott nach der Auferstehung zuteil wird (Dan 12,13). Auf diesem Hintergrund ist auch die Frage, wer das

Reich Gottes erben kann, zu verstehen (Mt 25,34; 1Kor 6,9.11; 15,50): Wer verhält sich so, dass ihm ein Anteil an der künftigen Herrschaft Gottes als bleibender Lebensraum zugesprochen wird?

Wenn der Mann also fragt, was er *tun* muss, um das ewige Leben zu *erben,* dann meint er keineswegs, er könne es durch sein Tun *verdienen.* Das Erbe bleibt immer unverdientes Geschenk. Vielmehr fragt er, wie er sich verhalten muss, dass Gott ihm Anteil an jenem heilen und unzerstörbaren Leben geben könne, das nur in der vollendeten Gemeinschaft mit ihm zu finden ist. Umso erstaunlicher ist, dass Jesus den Frager nach dem Bericht des Markus recht schroff zurechtweist (**18**). Warum sagt Jesus, dass *Gott allein gut* sei? Soll nicht Gottes Güte Menschen dazu anleiten, Gutes zu tun und somit zu guten Menschen zu werden? Und ist nicht gerade Jesu Person und Handeln Ausdruck der Güte Gottes? Die Formulierung *außer dem Einen, Gott* zeigt, worauf es Jesus ankommt. Er verweist seinen etwas überschwänglichen Verehrer auf das Grundgebot des jüdischen Glaubens, das Sch^{e}ma Israel aus Dtn 6,4: »Höre, Israel, der HERR, unser Gott, ist ein einziger HERR«. Er allein ist der Maßstab für das, was gut ist. Und vor allem rechten Handeln ist die Ausrichtung des Lebens auf Gott Grundlage jeder Hoffnung auf ewiges Leben. (Auch die Antwort Jesu auf die Frage nach dem größten Gebot beginnt mit dem Bekenntnis zu der Einzigkeit Gottes (vgl. 12,29)

Wenn es aber um die Frage nach dem Tun geht, dann sind die Gebote des Gesetzes die rechten Wegweiser (**19**). Jesus geht davon aus, dass der Fragesteller diese Gebote kennt, zitiert aber ausdrücklich die Gebote der so genannten Zweiten Tafel der Zehn Gebote. Er folgt dabei im Wesentlichen der Reihenfolge von Ex 20,13–16 / Dtn 5,17–20. Nur steht das Gebot, die Eltern zu ehren, am Schluss, und anstelle des *du sollst nicht begehren* tritt ein *du sollst nicht berauben.* Da es nicht zu den Zehn Geboten gehört, wird es von Matthäus und Lukas in ihrer Fassung der Geschichte weggelassen, und auch manche Handschriften des Markusevangeliums übergehen es. Die Formulierung hat ihre nächste Parallele in der Mahnung in Sir 4,1: »Raube nicht den Lebensunterhalt des Armen«, was sich im Zusammenhang gegen »Lohnraub«, also das unberechtigte Einbehalten des Lohnes eines Tagelöhners wendet (vgl. Lev 19,13). Diese Betonung der sozialen Verpflichtung des Reichtums könnte auch erklären, warum das Gebot, die Eltern zu ehren, ans Ende gestellt ist. Denn in ihm geht es gleichfalls um die soziale Verpflichtung im Rahmen des antiken »Generationenvertrags«.

In Lk 10,25–28 antwortet Jesus auf die Frage: *Was muss ich tun, damit ich das ewige Leben erbe* mit dem Hinweis auf das Doppelgebot der Liebe. Darin liegt kein Widerspruch. Es war die Überzeugung Jesu und der Urchristenheit, dass die zweite Tafel der Zehn Gebote im Gebot der Nächstenliebe zusammengefasst ist (vgl. Röm 13,9). Umgekehrt zeigen die Gebote, worum es in praktischer Nächstenliebe geht. Der Hinweis darauf, dass allein Gott gut ist, macht dann klar, dass wir nur Gutes tun können, wenn wir unser Leben in Verbindung mit ihm leben.

Der Mann (bei Markus ist er kein »Jüngling«) antwortet, diesmal mit der einfachen Anrede *Lehrer*: *Das alles habe ich von meiner Jugend an befolgt* (**20**). Im Judentum werden Jugendliche mit 13 Jahren religionsmündig. Seit dieser Zeit, also seit er für sich selbst die Verantwortung vor Gott übernahm, hat er sich an diese Gebote gehalten. Das ist seine tiefe Überzeugung, ähnlich wie Paulus von sich sagen konnte, er sei »nach der Gerechtigkeit, die das Gesetz fordert, untadelig« gewesen (Phil 3,6). Jesus akzeptiert diese Antwort. Er zieht den Gesetzesgehorsam des Mannes nicht mit Hilfe detektivischer Nachfragen in Zweifel. Im Gegenteil: *Jesus blickte ihn an und gewann ihn lieb* (oder, wie man auch übersetzen dürfte: *und nahm ihn in den Arm*) (**21**). Jesus ist voller Anerkennung und Zuneigung für diesen Mann und seinen Eifer, Gottes Willen zu tun. Das soll festgehalten und auch nicht vom schmerzlichen Ausgang der Begegnung überdeckt werden.

Jesus spürt aber, dass hinter der Frage des Mannes mehr steckt als nur der Wunsch, in seiner Meinung und seinem Lebensstil bestätigt zu werden. Und darum fährt er fort: *Eines fehlt dir!* Dieses *Eine* ist nichts Zusätzliches, keine Art siebtes Gebot, das den sechs zitierten angefügt würde. Das *Eine* ist im Grund *alles*, also das, was dem *Einen*, der allein gut ist, entspricht: *Geh, verkaufe alles, was du hast, und gib es den Armen, und du wirst einen Schatz im Himmel haben, und komm, folge mir.* Seinen ganzen Besitz aufzugeben, ihn an die Armen zu verteilen und Jesus zu folgen, wäre nicht ein zusätzliches gutes Werk, sondern der Schritt, durch den er sein Leben ganz Gott anvertraut. Im Grunde ist dies die Form, in der Jesus diesen Mann zum Glauben ruft, zum völligen Vertrauen auf Gott. Nicht noch mehr zu tun, ist die Tür zum ewigen Leben, sondern das ganze Leben auf Gott zu setzen. Dass Jesus dafür *einen Schatz im Himmel* verspricht, mag protestantische Ohren stören. Vertritt Jesus eine Art geistlichen Kapitalismus, der statt mit irdischem mit himmlischem Kapital rechnet und wuchert? Tatsächlich hat sich im Judentum die Überzeugung entwickelt, dass gute Werke einen Schatz bilden, der bei Gott gesammelt wird (vgl. Tob 4,12; 12,9; 4Esr 7,77). Bei Jesus veranschaulicht das Bild vom Schatz die Frage: Woran hängt dein Herz? Wo bist du wirklich zu Hause? Denn »wo dein Schatz ist, da ist auch dein Herz« (Mt 6,21 / Lk

12,34). Damit aber ist gerade der Nerv der Existenz des frommen reichen Mannes getroffen. Der *Schatz im Himmel,* den Jesus ihm verspricht, ist der Lebensgrund in Gott, den er mit seiner Frage nach dem ewigen Leben sucht.
Aber der, der noch mehr tun wollte, *entsetzte sich* angesichts dieser Zumutung, mit der Jesus Unmögliches von ihm fordert, *und ging traurig weg* (**22**). Dass er, dessen Verhalten so opferbereit und integer zu sein schien, nicht ähnlich reagieren konnte wie ein Simon oder ein Levi, wird mit der Bemerkung begründet: *Denn er besaß viele Güter.* Es ist immer schwer, sich von seinem Besitz zu trennen. Aber je größer er ist ist, desto schwerer wird es.
Das unterstreichen die nächsten Worte Jesu an seine Jünger (**23**). Jesus zieht aus dieser Erfahrung ein grundsätzliches Fazit: *Wie schwer werden die ins Reich Gottes kommen, die Besitztümer haben.* Es sind nicht Charakterfehler der Reichen, die es ihnen schwer machen, ins Reich Gottes zu kommen. Je mehr man hat, desto schwieriger ist es loszulassen und allein in Gott Grund und Sicherheit für das Leben zu suchen. Das sind harte Worte, über die die Jünger erschrecken (**24**). Aber Jesus wiederholt die Aussage, wobei er seine Jünger wie ein Rabbi seine Schüler sehr persönlich mit *Kinder* anredet. Seine Feststellung ist noch grundsätzlicher: *Kinder, wie schwer ist es, in das Reich Gottes zu kommen.* Nicht nur für die Reichen gilt dies, sondern für alle Menschen. Damit stoßen wir auf eine Spannung in den Aussagen Jesu. Da ist einerseits die Weite der Einladung, die allen gilt, gerade auch den Kindern und den Armen und denen, die so werden wie sie. Aber da sind auch jene Worte, die davon sprechen, dass ins Reich Gottes nur die hineingehen können, die sich von allen Lasten und allen Bindungen an irdische Sicherheiten befreien. Und so spricht Jesus mit einem sprichwörtlich gewordenen Bild noch einmal vom Problem des Reichtums (**25**): *Es ist leichter, dass ein Kamel durch ein Nadelöhr hindurchgeht als dass ein Reicher in das Reich Gottes hineinkommt. Ein Kamel durch ein Nadelöhr* – das ist nicht nur schwierig, das ist unmöglich und übersteigt jede Vorstellungskraft.

Manche Handschriften schreiben deshalb statt *Kamel* ein griechisches Wort, das sich nur in einem Buchstaben unterscheidet und gleich ausgesprochen wird, aber *Schiffstau* heißt. Dass ein Schiffstau durchs Nadelöhr geht, ist zwar auch unmöglich, aber immerhin vorstellbar. Gelegentlich hat man auch behauptet, im Altertum habe es neben den großen Stadttoren kleine Tore für Fußgänger, »Nadelöhr« genannt, gegeben, durch die, wenn das Stadttor geschlossen war, auch Kamele durchgequetscht wurden, was aber nur möglich war, wenn alle Lasten abgeladen waren. Dafür gibt es aber keinen Beleg. Es ist ein typischer Versuch, das Unmögliche doch für menschliche Anstrengung möglich zu machen. Jesus liebte solche starken Bilder, und auch Rabbinen konnten von dem aussichtslosen Versuch sprechen, einen Elefanten durch ein Nadelöhr gehen zu lassen.

Die Jünger empfinden den Ernst der Aussage und reagieren tief verstört. Sie spüren, hier geht es nicht nur um einige Superreiche. Angesichts dieser Radikalität stellt sich grundsätzlich die Frage: *Ja, wer kann denn (dann) gerettet werden?* (**26**) War bisher vom Erben des ewigen Lebens und dem Eingehen in das Reich Gottes die Rede, so sprechen die Jünger nun vom *gerettet werden* (Luther: *selig werden*). Das entsprechende griechische Wort hat eine breite Bedeutung. Bei Markus heißt es oft: *geheilt* oder *gesund werden* (5,23.28; 6,56; vgl. die Wendung: Dein Glaube hat dich gerettet, 5,34; 10,50). Grundsätzlichere Bedeutung gewinnt es in 3,4 in der Alternative, Leben zu *retten* oder zu töten, und vor allem in 8,35: Denen, die bereit sind, ihr Leben um Jesu willen hinzugeben, wird verheißen, ihr Leben zu *retten.* Hier heißt *sein Leben retten* offensichtlich, es in Gott und seiner Gemeinschaft zu bergen und es so für Zeit und Ewigkeit zu *gewinnen.* Das ist dasselbe, was *ewiges Leben erben* oder *ins Reich Gottes eingehen* bedeutet. Darum lautet die Grundfrage, auf die die christliche Missionspredigt antwortet: Was muss ich tun, um *gerettet zu werden?* (Apg 16,30f; Röm 10,9). Wie kann ein Leben, das vor Gottes Urteil nicht bestehen kann und an der Trennung von ihm zugrunde geht, wieder zu Gott und seiner heilvollen Gemeinschaft zurückfinden? Das Passiv gerettet *werden* macht klar: Das ist aus eigener Kraft nicht möglich.
Aus der Frage, ob ein Reicher ins Reich Gottes kommen und in bleibender Gemeinschaft mit Gott leben kann, wird also die Frage: Wie ist es überhaupt möglich, dass Menschen, die sich an so vieles klammern, was ihr Leben zu sichern und zu retten scheint, und gerade so Gott und das Leben mit ihm verfehlen, aus ihrer Verlorenheit heraus zu einem Leben mit Gott finden?
Die Antwort Jesu ist klar (**27**): *Für Menschen ist es unmöglich, aber nicht für Gott; denn für Gott ist alles möglich.* Dass Gottes Möglichkeiten unbegrenzt sind, ist Markus wichtig. Es macht Mut, auf die Möglichkeit wunderbarer Heilung zu vertrauen (vgl. 9,23). Es bewegt Jesus in seinem Ringen um einen Ausweg vor seinem Leiden (14,36). Hier aber erklärt es das Wunder, dass Menschen gerettet werden. Nicht durch menschliches Tun kann das ewige Leben errungen werden; nur Gott kann es schenken. »Das Heil der Menschen, insbesondere auch die Rettung eines Reichen, ist einzig und allein Gottes Sache« (Eckey, 336).
Das Gespräch geht weiter, aber Petrus greift das Thema auf einer ganz anderen Ebene auf. Die Weigerung des Reichen, Jesu Ruf zu folgen, zeigt ja, wie entsagungsvoll der Schritt war, den die Jünger

getan haben. Daher sein Hinweis (**28**): *Siehe, wir haben alles verlassen und sind dir gefolgt.* Die naheliegende Frage: »Was erhalten wir dafür?« wagt er nicht zu stellen. Aber Jesus weist ihn nicht zurück, sondern antwortet mit einer Verheißung, die sicher auch in der urchristlichen Gemeinde vielen geholfen hat, mit den Entbehrungen fertig zu werden, die sie in der Nachfolge Jesu auf sich genommen haben. Nicht nur die ersten Jünger haben ihre Familien verlassen; auch später (und teilweise bis heute!) bedeutete das Bekenntnis zu Christus für viele, aus der Familie ausgestoßen zu werden. Mit der feierlichen Amen-Formel eingeleitet (**29**), wird zunächst beschrieben, was Menschen um Jesu und um des Evangeliums willen verlassen. Das *Haus* ist dabei nicht ein Gebäude, sondern die Familie. Wer dazu gehört, wird dann aufgezählt: *Brüder und Schwestern, Vater und Mutter,* ja selbst *Kinder,* wenn sie schon erwachsen waren. Zuletzt werden dann auch die *Äcker* genannt, der Anteil am Familienbesitz, und damit der Lebensunterhalt, der verloren geht. Dass hier, wie in 8,35, neben Jesus auch das Evangelium genannt wird, zeigt, dass die Situation nach Ostern mit im Blick ist, in der Jesus selbst nicht mehr anwesend ist.

All denen, die das auf sich nehmen, gilt eine doppelte Verheißung (**30**): *Hundertfältig* sollen sie all das, was sie aufgegeben haben, schon jetzt, in dieser Zeit, empfangen. Offensichtlich wird hier die christliche Gemeinde als neue Familie, als Haus(halt) Gottes, gesehen, in der die Beziehungen, die aufgegeben werden mussten, vielfältig neu wachsen können. Selbst der verbliebene Grundbesitz wird eingebracht und geteilt (Apg 4,32). Zwei Einzelheiten in den Aufzählungen sind auffällig: Auf beiden Seiten fehlt die Erwähnung der Ehefrau (und des Ehemannes). Das dürfte seinen Grund nicht nur darin haben, dass hier das *hundertfältig* nicht gepasst hätte. Man machte in der Urchristenheit eher selten die Erfahrung, dass sich Eheleute um Jesu willen trennten und in der Gemeinde neue Partner fanden. Bemerkenswert ist auch, dass bei der Aufzählung der Beziehungen, die neu geschenkt werden, der *Vater* nicht erwähnt wird. Hängt das mit der kritischen Einstellung der Jesusüberlieferung zur Beanspruchung der Vaterrolle und der damit verbundenen Machtstellung in der Gemeinde zusammen (vgl. Mt 23,9)? Ihren Vater finden die Christen in Gott; sie brauchen keine neuen Väter (etwas anders Paulus in 1Kor 4,15). Und eine weitere Einschränkung wird gemacht: Diese neue Gemeinschaft in der Familie der Gemeinde wird *unter Verfolgung* gelebt werden müssen. Sie ist kein unangefochtenes Geschenk. Das Entscheidende kommt noch, und das ist der zweite Teil der Verheißung: *In der kommenden Weltzeit* werden die, die alles um Jesu willen aufgegeben haben, *ewiges Leben empfangen.* Die *kommende Weltzeit* (oder: der

kommende Äon) steht im Gegensatz zu dem, was *jetzt, in dieser Zeit,* geschieht. Es ist ein Wort aus der Sprache der Apokalyptik und bezeichnet Gottes neue Welt und Gottes neue Zeit. Mit dem Hinweis auf das *ewige Leben,* das die empfangen, die alles aufgegeben haben, stehen wir wieder an der Ausgangsfrage von V. 17. Wer flüchtig liest, könnte meinen, das ewige Leben sei die Belohnung dafür, alles verlassen zu haben. Wer aber die Geschichte verfolgt hat, sieht, dass hier nicht das Verhältnis von Leistung und Lohn angesprochen wird. Es wird beschrieben, was die empfangen, die alles von Gott erwarten: neue Beziehungen, wo alte um dieser Haltung willen zerbrochen sind, und die Gemeinschaft mit Gott, die auch der Tod nicht zerstört.
Das unterstreicht eine Regel (**31**), die auch in anderen Zusammenhängen in den Evangelien angewandt wird (vgl. Mt 20,16; Lk 13,30). Hier ist damit die Umkehrung der landläufigen Meinung angesprochen, dass die Reichen von Gott gesegnet und nahe bei Gott sind. Gott ist denen nahe, die nichts gelten und die sich um Gottes willen von ihrem Reichtum lösen.

Diese Geschichte gehört zu den herausforderndsten Texten des Neuen Testaments mit einer außerordentlichen Tiefenwirkung in der Geschichte der Kirche. Wir halten fest, was zum Verstehen für heute helfen kann:
1. Die erste Antwort Jesu an den Fragenden wird nicht zurückgenommen. Die Gebote zu halten, die das Leben anderer schützen und fördern, ist der Weg zum Leben. Das Gleichnis vom Weltgericht (Mt 25,35–46) sagt das Gleiche in etwas anderen Worten.
2. Das »Mehr«, das der Reiche erwartet und von dem Jesu zweite Antwort handelt, ist nicht eine zusätzliche Forderung. Es beschreibt die Tiefendimension des Willens Gottes, wenn er ernst genommen wird. Insofern hat die Forderung an den Reichen, alles zu verkaufen und den Erlös den Armen zu geben, beispielhafte Bedeutung. Für andere kann sich eine andere Konsequenz ergeben, wenn es darum geht, sich Gott ganz anzuvertrauen. Dass aber gerade Reichtum eine nur schwer zu lösende Fessel ist, wenn Jesus in die Freiheit des Glaubens ruft, ist eine Erkenntnis, die nicht leicht zu akzeptieren ist, sich jedoch immer wieder bewahrheitet.
3. Der Ruf in eine Nachfolge, die alles um Jesu willen aufgibt, ist nicht der Weg für die ganz Willensstarken, während für die anderen nur der Gnadenweg bleibt. Für alle ist es Gnade, dass Gott das Leben schenkt, das bleibt und in seine Gemeinschaft führt. Dass es Menschen gibt, die um Jesu willen alles verlassen, wie später ein Franz von Assisi und seine Gefährten, ist Zeugnis für die Macht der Gnade, das auch die stärkt, die einen anderen Weg geführt werden.

4. Die Frage nach dem ewigen Leben betrifft nicht nur das Jenseits. Es ist die Frage nach wahrem Leben, nach tragfähiger Beziehung, nach letzter Gewissheit. Auch wenn die christliche Gemeinde noch nicht der Himmel auf Erden ist, sondern unter Verfolgung und Versagen leidet, hat sie doch den Auftrag, schon hier eine erneuerte geschwisterliche Gemeinschaft zu leben und Gottes Familie für Einsame und Ausgestoßene zu sein.

10,32–34
Die dritte Leidensankündigung

**[32]Sie waren aber unterwegs auf dem Weg hinauf nach Jerusalem,
und Jesus ging ihnen dabei voraus, und sie waren tief erschrocken,
aber die, die folgten, fürchteten sich. Und er nahm wieder die Zwölf
zu sich und begann ihnen zu sagen, was ihm zustoßen würde:
[33]»Siehe, wir gehen hinauf nach Jerusalem, und der Menschensohn
wird den Hohenpriestern und Schriftgelehrten ausgeliefert werden,
und sie werden ihn zum Tod verurteilen und werden ihn den Heiden ausliefern, [34]und sie werden ihn verspotten und ihn anspeien
und ihn auspeitschen und töten, und nach drei Tagen wird er auferstehen.«**

Eine dritte Leidensansage vertieft noch einmal den Hinweis auf Jesus künftiges Leiden. Sie wird nachdrücklich und ausführlich eingeleitet. Jesus und seine Jünger sind weiterhin auf dem Weg, der mit 8,35 in Cäsarea Philippi begonnen hat. Nun wird auch das Ziel genannt: Sie gehen *hinauf nach Jerusalem* (**32**). Das ist ein feststehender Ausdruck für die Wallfahrt zum hochgelegenen Jerusalem und zum Tempel. Es muss nicht bedeuten, dass sie schon mit dem letzten Aufstieg auf der Straße zwischen Jericho und Jerusalem begonnen haben (vgl. 10,46). Aber Richtung und Ziel sind eindeutig. Und Jesus geht der Gruppe voraus. Das zeigt ihn einmal mehr als den Lehrer, dem die Schüler folgen, aber auch als den, der entschlossen den Weg zum Leiden vorangeht. Die Menschen um Jesus spüren den Ernst der Situation und *erschrecken.* So reagieren Menschen auf Jesu Vollmacht (1,27) und die Radikalität seines Anspruchs (10,24). Auch hier beschreibt das Wort nicht nur das Erschrecken vor einem möglichen schrecklichen Ende Jesu, sondern zugleich die Reaktion auf die Begegnung mit Gottes unergründlichem Willen. Auch die Furcht derer, die Jesus nachfolgen, also der Gruppe der Jünger und Jüngerinnen, ist nicht nur Angst vor einem ungewissen Schicksal, sondern Ausdruck der Erschütterung durch die Begegnung mit der unerklärlichen Macht Gottes (vgl. 4,41).

Noch einmal nimmt Jesus die Zwölf als seine Vertrauten zu sich, *um ihnen zu sagen, was ihm zustoßen würde*. Das Wissen um sein Geschick, um das, was man ihm antun und was mit ihm geschehen würde, ist noch nicht für die Allgemeinheit bestimmt.
Mit einem feierlichen *Siehe* leitet Jesus seine Worte ein und nennt dann das Ziel des gemeinsamen Weges: *Wir gehen hinauf nach Jerusalem*. Jesus spricht von einem gemeinsamen Weg, und mit Jerusalem nennt er die Stadt des Tempels, den Ort, an dem Gott seinen Namen wohnen lässt und Israel opfert und zu Gott betet, aber auch die Stadt, in der Jesu schärfste Kritiker zu Hause sind (vgl. 3,22; 7,1). Hier wird die Entscheidung über seinen Weg fallen.
Die folgende dritte Leidensansage entspricht den beiden ersten, ist aber etwas ausführlicher (**33f**). Auch sie hat drei Teile: 1. Die Vorhersage dessen, was durch die Führer des jüdischen Volkes (hier nur *Hohepriester und Schriftgelehrte*) geschehen wird: Der Menschensohn wird an sie *ausgeliefert werden*. Das Passiv beschreibt in eigentümlicher Doppeldeutigkeit, was Judas tun wird, aber auch die Überzeugung, dass es letztlich Gott ist, der seinen Repräsentanten dem Tod überlässt. Hinzu tritt die Schilderung dessen, was die jüdischen Behörden tun werden: Sie werden ein (vorläufiges) Todesurteil über Jesus fällen und ihn der römischen Besatzungsmacht, *den Heiden* (wörtlich: *den Völkern*) überstellen. 2. Die römischen Soldaten aber *werden ihn verspotten und ihn anspeien und ihn auspeitschen* (das nimmt vorweg, was in 15,16–20a erzählt werden wird, spielt aber auch auf das Leiden des Gerechten nach Ps 22,7 an). Und sie werden ihn hinrichten. 3. Es folgt die Voraussage, dass Jesu nach drei Tagen auferstehen wird, ohne dass damit der Ernst von Leiden und Tod in irgendeiner Weise gemildert würde. Ihr Wortlaut ist in allen drei Leidensankündigungen gleich.

Dieser kurze Abschnitt betont das Ziel des Weges Jesu. Es ist einerseits Jerusalem, die Stadt Gottes, in der im Tempel geopfert und Gottes Gegenwart gefeiert wird. Ziel des Weges ist aber zugleich das Leiden und der Tod, dem Jesus ausgeliefert werden wird. Über die Bedeutung und den Sinn dieses Todes sagt Jesus noch nichts. Aber er deutet an, dass dies die Tür zu einem neuen Anfang sein wird.

10,35–45
Der Rangstreit der Jünger

[35]Und Jakobus und Johannes, die Söhne des Zebedäus, treten zu ihm und sagen zu ihm: »Lehrer, wir wollen, dass du für uns tust, was immer wir erbitten.« [36]Er aber sagte zu ihnen: »Was wollt ihr,

dass ich für euch tue?« [37]Sie aber sprachen zu ihm: »Erlaube uns, dass wir uns in deiner Herrlichkeit einer zu deiner Rechten und einer zu deiner Linken setzen dürfen.« [38]Jesus aber sagte zu ihnen: »Ihr wisst nicht, worum ihr bittet. Könnt ihr den Becher trinken, den ich trinke, und mit der Taufe getauft werden, mit der ich getauft werde?« [39]Sie aber sagten: »Wir können (das).« Aber Jesus sagte zu ihnen: »Den Becher, den ich trinke, werdet ihr trinken, und mit der Taufe, mit der ich getauft werden, werdet ihr getauft werden, [40]aber zu meiner Rechten oder zu meiner Linken zu sitzen, das zu gewähren, ist nicht meine Sache, sondern (steht denen zu,) für die es vorgesehen ist.«

[41]Als die Zehn das hörten, begannen sie zornig über Jakobus und Johannes zu werden. [42]Und Jesus ruft sie zu sich und sagt zu ihnen: »Ihr wisst, dass diejenigen, die als Herrscher der Völker gelten, über sie gewalttätig herrschen und ihre Großen ihre Macht über sie missbrauchen. [43]So aber ist es nicht unter euch, sondern wer unter euch groß sein will, der sei euer Diener, [44]und wer unter euch der Erste sein will, der sei aller Sklave. [45]Denn auch der Menschensohn ist nicht gekommen, um sich dienen zu lassen, sondern um zu dienen und sein Leben als Lösegeld für viele zu geben.«

Wieder stellt Markus hinter die Leidensansage den Bericht über eine Auseinandersetzung Jesu mit seinen Jüngern über das Wesen der Nachfolge. Ausgangspunkt ist noch einmal (wie in 9,33–37) die Frage nach der Rangordnung unter den Jüngern. Aufgebracht wird diese Frage durch die Söhne des Zebedäus, Jakobus und Johannes (**35**). Sie gehören zu den Erstberufenen unter den Jüngern (1,19) und zusammen mit Petrus zum Kreis der engsten Vertrauten Jesu (5,37; 9,2; 14,33). Im Bewusstsein um diese Sonderstellung erbitten die beiden zunächst eine Blankozusage: Jesus soll tun, *was immer wir bitten.* Das macht die Sache spannend. Aber Jesus lässt sich nicht darauf ein, sondern fragt: *Was wollt ihr, dass ich für euch tue?* (**36**). Darauf rücken sie mit der Bitte heraus, in *der Herrlichkeit* Jesu (d.h. wenn er seine Herrschaft über diese Welt antreten wird; vgl. 8,38) die Plätze zur Rechten und zur Linken Jesu zu erhalten (**37**). In der Hierarchie der antiken Welt waren das nicht nur die Ehrenplätze, sondern auch die Plätze, die den Mächtigsten in einem Reich zukamen (vgl. 1Kön 2,19). Dieses Ansinnen war für damalige Hörer nicht ganz so merkwürdig, wie es heute klingt. Nach Mt 19,28 sagt Jesus zu seinen Jüngern: »Ihr, die ihr mir nachgefolgt seid, werdet …, wenn der Menschensohn sitzen wird auf dem Thron seiner Herrlichkeit, auch sitzen auf zwölf Thronen und richten die zwölf Stämme Israels« (vgl. Lk 22,30). Dass die Gerechten die Gottlosen richten werden, hofft schon Weish 4,16 (vgl.

1Kor 6,3). Das Anstößige an der Bitte der Brüder war, dass sie für sich besondere Privilegien beanspruchten. Damit steht ihre Bitte in scharfem Kontrast zu Jesu Hinweis auf den gemeinsamen Leidensweg. Darauf zielt auch die erste Antwort Jesu, die keine Zurechtweisung, wohl aber eine Korrektur der Perspektive ausspricht (**38**). Die beiden wissen nicht, was ihre Bitte einschließt. Vor der künftigen Herrschaft mit Jesus steht das Leiden mit ihm. Jesu Rückfrage ist von zwei Bildworten geprägt: *Könnt ihr den Becher trinken, den ich trinke, und mit der Taufe getauft werden, mit der ich getauft werde?*

Das Bild vom *Becher* (LÜ: *Kelch*) kann im Alten Testament unterschiedliche Bedeutung haben: Es kann der *Kelch des Heils* sein (Ps 116,3), aber auch der *Becher des Zorns* und des Gerichts (Jes 51,17; vgl. Hab 2,16), den man bis zu bitteren Neige austrinken muss (Ps 75,9; Ez 23,32–34). Dies Bild des Gerichts wird in der frühjüdischen Literatur gerade auch für das gottgewollte Martyrium des Propheten verwendet, und Jesus wird so in 14,36 von seinem Tod sprechen. Das griechische Wort für *Taufe* bedeutet wörtlich *Untertauchen,* und dieses Bild beschreibt im Alten Testament das Untergehen in den Fluten des Gerichts (Ps 42,8; 69,2–3; Jon 2,4–6). Wie wir zu 1,4 sahen, dürfte diese Vorstellung die Zeichenhandlung der Johannestaufe geprägt haben: Wer seine Sünden bekennt und sich von Johannes in der Gerichtsflut untertauchen lässt, unterstellt sich damit dem verdienten Gericht. Jesus selbst spricht in Lk 12,50 von seinem Tod als einer Taufe, die er auf sich nimmt.

Die Frage, die Jesus an die Söhne des Zebedäus richtet, lautet also: Könnt ihr mit mir den Weg ins Leiden und in den Tod gehen? Das bejahen sie (**39**). Jesus stellt das nicht in Frage. Er bekräftigt sogar, dass sie diesen Weg gehen werden. Viele Ausleger sehen darin einen Hinweis auf ein späteres Martyrium der Brüder. Allerdings wird nur von Jakobus berichtet, dass er um das Jahr 44 n.Chr. durch König Agrippa hingerichtet wurde (Apg 12,2). Von einem Märtyrertod des Johannes ist nichts bekannt (doch ob sich Joh 21,22f auf ihn bezieht, ist ebenfalls ungewiss). In der Nachfolge Jesu zu sterben heißt aber nicht, dass dieser Tod die gleiche Bedeutung wie der Jesu bekommt. Für spätere Leser und Leserinnen lag im Bild vom Becher und vom Untergetaucht werden auch eine Anspielung darauf, dass Taufe und Abendmahl sie mit Jesu Sterben verbinden (vgl. Röm 6,3f; Mk 14,23f).
Indem Jesus bestätigt, dass die Brüder sein Leiden teilen werden, verweist er mit einer zweiten Antwort auf das eigentliche Problem ihrer Bitte. Die Ehrenplätze in Christi Herrschaft werden nicht durch vorbildliches Erleiden des Martyriums verdient (**40**). Nicht einmal Jesus steht es zu, sie zuzuteilen. Denn das Ziel seiner Sen-

dung besteht nicht darin, eine neue Hierarchie des Herrschens aufzubauen, sondern die Herrschaft Gottes aufzurichten und sie ihm zu übergeben (vgl. 1Kor 15,28). Die Plätze zu seiner Rechten und Linken stehen denen zu, *für die das vorgesehen ist*, und das bedeutet: für die, die Gott dazu bestimmt hat. Damit wird die Frage, wie man sich diese Plätze sichern könnte, ad absurdum geführt.

Die ganze Fragestellung wird darum von Jesus im folgenden Gespräch problematisiert. Anlass dafür bieten Unmutsäußerungen der anderen Zehn aus dem Kreis der Zwölf (**41**). Sie empfinden den Wunsch der beiden Brüder nach einer Sonderstellung als Aufkündigung der Solidarität. Ihr Machtstreben bedroht die Gemeinschaft. Daraufhin ruft Jesus sie zu sich – es ist das dritte Mal nach 8,34 und 9,35, dass dies ausdrücklich betont wird. Es geht um eine letzte, entscheidende Belehrung über das Wesen der Nachfolge auf dem Weg nach Jerusalem. Jesus beginnt mit einer scharfen Kritik daran, wie unter Menschen Herrschaft ausgeübt wird. Das einleitende *Ihr wisst* setzt voraus, dass dies offenkundig ist. In zwei parallelen Sätzen charakterisiert Jesus den Machtmissbrauch und die Gewaltherrschaft auf allen Ebenen menschlicher Gesellschaft (**42**):

Ihr wisst, dass diejenigen,
die als Herrscher der Völker gelten, über sie gewalttätig herrschen
und ihre Großen ihre Macht über sie missbrauchen.

Das ist eine schneidende Kritik an denen, die sich als *Herrscher* feiern lassen, aber das Wesen von Leitung und Führung, wie sie menschliche Gemeinschaft braucht, verfehlen. Dagegen steht das Miteinander in der Gemeinschaft der Jünger und Jüngerinnen Jesu, der christlichen Gemeinde. Hier geht es anders zu (**43f**): *So ist es nicht unter euch!* (vgl. dazu Mt 20,26, wo es heißt: So *soll* es nicht sein). Auch dieser Gegenentwurf von Leitungsverantwortung in der Gemeinde wird in zwei parallelen Sätzen beschrieben:

Wer unter euch groß sein will, der sei euer Diener,
und wer unter euch der Erste sein will, der sei aller Sklave.

Diese Sätze gleichen der »Demutsregel« von 9,35, sind aber hier zu einer »Gemeinderegel« weiterentwickelt. Es geht um das Verhalten in der Gemeinschaft. Einige Beobachtungen sind wichtig, um diese Sätze richtig zu verstehen:

1. Das Gegenüber von *groß sein* bzw. *der Erste sein zu* wollen ist nicht, der Kleinste oder der Letzte zu sein, sondern *euer Diener* bzw. *aller Sklave zu* sein. Es geht nicht um formale Erniedrigung, sondern um eine inhaltliche Alternative zu Machtstreben und Unterdrückungsstrategien politischer Herrscher. Nicht sich kleinzumachen ist die Alternative, sondern ganz für andere da zu sein. Paulus hat in 1Kor 9,19–22 beschrieben, wie er versucht, dies als Apostel zu leben (»allen alles werden«).

2. Der Wunsch, groß zu sein, wird von Jesus nicht einfach verdammt. Es gehört zur menschlichen Natur, nach Anerkennung zu streben. Ebenso braucht menschliche Gemeinschaft Führung. Doch die Anweisung, Diener oder Sklave zu sein, ist kein Trick, wie man über einen Umweg doch noch zu Macht und Ansehen gelangt, sondern beschreibt das Wesen wirklicher Größe und echter Führung. Sie ist *servant leadership*, dienende Führung. Autorität erwächst aus geschehendem Dienst. Auch das hat Paulus versucht, in seinen Gemeinden zu verwirklichen (vgl. 1Thess 5,12; 1Kor 16,16).

3. Dass die Angehörigen der Jüngergemeinde füreinander *Diener*, ja *Sklaven* sind, bedeutet nicht, dass die Gemeinschaft ihre Mitglieder als Sklaven behandelt. Der Vergleichspunkt in Jesu Wort besteht darin, dass man als Sklave nicht mehr sich selbst gehört, sondern dass man für andere da ist. Das begründet keine neue Hierarchie, auch nicht von Institutionen, sondern ein wechselseitiges Füreinander und Miteinander. Das führt zu einem Dienen *und* Sich-dienen-Lassen in unterschiedlichen Funktionen, aber ohne Über- oder Unterordnung. Paulus hat das in seiner Deutung des Bildes von der Gemeinde als Leib Christi veranschaulicht (1Kor 12).

Man kann fragen, ob ein solches Verhalten unter Menschen möglich ist. Jesus setzt nicht auf die verborgenen sozialen Reserven in der menschlichen Natur. Als Begründung verweist er auf sein eigenes Verhalten (**45**). Er tut das jedoch in der distanzierenden Rede vom *Menschensohn*, mit der er nicht auf seine bewundernswerte menschliche Haltung hinweist, sondern auf seine Sendung als menschlicher Repräsentant der Herrschaft Gottes: *Denn auch der Menschensohn ist nicht gekommen, um sich dienen zu lassen, sondern zu dienen*. In Dan 7,14 heißt es von dem, der »einem Menschensohn glich«: „Ihm wurden Macht und Ehre und Herrlichkeit gegeben, und alle Völker, Nationen und Sprachen dienten ihm«. Jesus aber spricht von sich als dem Menschensohn, der gekommen ist, *um zu dienen*.

Das schließt nicht aus, dass auch Jesus Dienste von anderen brauchte und in Anspruch nahm (vgl. 1,31). Aber seine Sendung besteht nicht darin, andere für sich schuften zu lassen oder ins Feuer zu schicken. Er ist gekommen, um ganz für andere da zu sein. In Lk 22,27 wird das Dienen auf die Situation beim letzten Mahl bezogen (vgl. auch die Fußwaschung in Joh 13,1–20). Bei Markus wird das ganze Wirken Jesu unter das Vorzeichen des *Dienstes* gestellt. Seine Wunder und »Machttaten« sind nicht Zeichen für eine feindliche Machtübernahme, sondern Dienst an Menschen, die er aus der Herrschaft zerstörerischer Kräfte und vom Leiden unter Krankheit und sozialer Isolation befreit.

In welcher Weise dieser Dienst Jesu ganzes Leben umfasst, macht der zweite Teil der Aussage deutlich: *und um sein Leben als Lösegeld für viele zu geben.* Dass Jesus als der Menschensohn ganz für die Menschen da ist, findet seine letzte Erfüllung darin, dass er sein Leben für sie hingibt. Welchen Sinn diese Lebenshingabe hat, wird durch die Wendung *als Lösegeld für viele* erklärt.

Mit dem deutschen Wort *Lösegeld* wird ein sehr breites Bedeutungsfeld im antiken Denken und im Alten Testament umschrieben. Es kommt in unterschiedlichen Zusammenhängen vor, in denen Menschen aus Schuldknechtschaft oder Sklaverei losgekauft werden.
Im Hintergrund unserer Stelle steht die Überzeugung, dass verwirktes Leben in bestimmten Fällen durch eine Ersatzleistung ausgelöst werden kann (vgl. Ex 21,31), falls die Schuld nicht durch den eigenen Tod gesühnt werden muss (Num 35,31–34). Während grundsätzlich gilt, dass vor Gott keiner einen anderen auslösen kann (Ps 49,8f), heißt es in Jes 43,3f: »Ich habe Ägypten für dich als Lösegeld gegeben, Kusch und Seba an deiner statt, weil du in meinen Augen so wert geachtet und auch herrlich bist und weil ich dich lieb habe. Ich gebe Menschen an deiner statt und Völker für dein Leben.«
Vom Knecht Gottes wird in Jes 53,10f gesagt, dass er sein Leben als »Schuldopfer gibt« und damit »den Vielen Gerechtigkeit schaffen (wird); denn er trägt ihre Sünden«. Die Frage, wem ein solches *Lösegeld* zu bezahlen ist, wird nicht angesprochen. Schuldhaft verwirktes Leben ist eine Realität, aus der die Menschen ausgelöst werden müssen. Das hat seinen Preis. Gott selbst tritt durch seinen Knecht für die Schuld *der Vielen* ein. Diese Wendung zeigt, dass Jes 53 im Hintergrund von Mk 10,45 steht. Sie meint nach hebräischem Sprachgebrauch die Gesamtheit der Betroffenen und nähert sich der Bedeutung von *alle* (vgl. Mk 14,24; Röm 5,18f). Schon in Jes 53 wird damit angedeutet, dass auch die Heiden eingeschlossen sind. Das Stichwort *Lösegeld* beschreibt also die Lebenshingabe dessen, der in Gottes Auftrag stellvertretend für das verwirkte Leben der Menschen eintritt und mit seinem Leben ihre Schuld sühnt und sie so zu neuem Leben befreit.

Gerade die Weite dieser Vorstellung, die unabhängig von kultischen Opfervorstellungen die Wirklichkeit sühnender Existenzstellvertretung beschreibt, eignet sich hervorragend, um die Heilsbedeutung des Todes Jesu zu beschreiben. Jesus spricht nicht nur einzelnen die Vergebung ihrer Sünden in der Vollmacht Gottes zu (2,6), sondern befreit durch seine Lebenshingabe die Menschheit aus ihrer Schuldverhaftung, indem er in seinem Tod deren Folge auf sich nimmt. Als Repräsentant Gottes ruft der *Menschensohn* nicht nur die Sünder zu sich (2,17) und spricht ihnen Vergebung zu (2,6). Er vollendet seinen Dienst durch die Hingabe seines Lebens für alle.

Weil Jesus in den ersten drei Evangelien so selten von der Heilsbedeutung seines Todes spricht (bei Markus nur noch bei der Einsetzung des Abendmahls 14,22–24), wird in der Auslegung darüber diskutiert, ob die Aussage von 10,45 von Jesus selbst formuliert worden ist oder von der nachösterlichen Gemeinde, die seinen Tod im Licht von Ostern deutete (vgl. die parallele Formulierung in 1Tim 2,6). Doch sprechen die Ausnahmestellung und die eigengeprägte Formulierung des Textes dafür, seinen Ursprung in einer Selbstaussage Jesu zu sehen. Er ist in jedem Fall eine Art »Brückentext«, der unter dem Stichwort »Dienst« das Wirken Jesu, also seinen Einsatz für Kranke, Besessene und Sünder, und die Heilsbedeutung seines Todes miteinander verbindet.

Dieser Abschnitt hat für die Botschaft des Markus herausragende Bedeutung. Er ist der inhaltliche Abschluss des zentralen Mittelteils 8,27 - 10,52 (10,46–52 bildet den Übergang zum dritten Teil). Nach der dreifachen Leidensansage spricht Jesus jetzt vom Sinn seines Todes. Er verbindet dabei das, was über das Wesen der Gemeinschaft seiner Jünger zu sagen ist, mit der Charakteristik des Wesens seiner Sendung. Jesu Dienst, d.h. sein Wirken für die Leidenden und sein Tod für die Sünder, ist Grund *und* Vorbild für das Leben dieser Gemeinschaft. (Eine ähnliche Argumentation findet sich in Röm 15,7 und Phil 2,5–11). Jesu Lebenshingabe begründet und prägt das Wesen der Gemeinde und ihr Leben als »Kontrastgesellschaft«, in der es anders zugeht als in einer durch Kampf um Macht und Ansehen bestimmten Gesellschaft. Jesu Dienst und Einsatz für alle macht Dienen in der Gemeinde in seinen unterschiedlichen Formen möglich.

10,46–52
Die Heilung des blinden Bartimäus

**46Und sie kommen nach Jericho. Und als er aus Jericho hinausging,
und seine Jünger und eine ziemlich große Menge (mit ihm), saß (wie
immer) der Sohn des Timäus, Bartimäus, ein blinder Bettler, am
Weg. 47Und als er hörte, das es Jesus, der Nazarener, sei, begann er
zu schreien und zu rufen: »Sohn Davids, Jesus, erbarme dich über
mich!« 48Und es bedrohten ihn viele, er solle schweigen. Er aber
schrie noch viel mehr: »Sohn Davids, erbarme dich über mich!«
49Und Jesus blieb stehen und sagte: »Ruft ihn!« Und sie rufen den
Blinden und sagen zu ihm: »Sei guten Muts, steh auf, er ruft dich.«
50Der aber warf seinen Mantel ab, sprang auf und kam zu Jesus.
51Und Jesus sprach ihn an und sagte: »Was willst du, was ich für dich
tun soll?« Der Blinde aber sagte zu ihm: »Rabbuni, dass ich wieder
sehe.« 52Und Jesus sagte zu ihm: »Geh, dein Glaube hat dich gerettet.« Und sogleich sah er wieder und folgte ihm auf dem Weg.**

Wie der erste endet auch der zweite Hauptteil des Evangeliums mit einem Bericht von der Heilung eines Blinden und leitet hinüber zum letzten Teil des Evangeliums: Jesu Wirken, Lehren und Leiden in Jerusalem. Auch die geographischen Angaben sind Signale für die Gelenkfunktion der Erzählung. Auf seinem Weg nach Judäa über das Ostjordanland (vgl. 10,1) kommen Jesus und seine Begleiter nach Jericho und damit auf judäisches Gebiet (**46**). Jericho, vielleicht die älteste Stadt der Welt, als Oase an einer Quelle im Jordangraben 250 m unter dem Meeresspiegel gelegen, erlebte in neutestamentlicher Zeit eine späte Blüte. Die hasmonäischen Könige, vor allem aber Herodes und sein Sohn Archelaus, bauten dort luxuriöse Paläste mit einer entsprechenden Infrastruktur. Markus berichtet nichts von einem Aufenthalt Jesu in der Stadt (anders Lk 18,45 – 19,27). Jesus macht sich auf den Weg nach Jerusalem. Auf der alten Straße durch das Wadi Kelt waren dabei etwa 24 km und 1000 m Höhenunterschied zu bewältigen. Mit Jesus ziehen seine Jünger und eine *ziemlich große Menge.*

Am Weg nach Jerusalem saß wie gewöhnlich ein blinder Bettler. Von den Pilgern, die nach Jerusalem zogen, waren Almosen zu erwarten. Der Name des Blinden wird genannt: *Bartimäus*; die Übersetzung dieses aramäischen Wortes lautet: *Sohn des Timäus*. Es ist ungewöhnlich für eine Wundergeschichte, dass der Name des Betroffenen überliefert wird (vgl. jedoch 5,22). Der Mann hört, dass *Jesus, der Nazarener,* vorbeigeht (**47**). Jesus wird hier durch seine Herkunft identifiziert, er ist der Mann *aus Nazareth*. So wird Jesus in 1,24 von einem Dämonen angeredet, sonst aber nur in judäischem Kontext (14,67; 16,6). Der Blinde hat von Jesu Wirken gehört und ruft ihn um Hilfe an. In scharfem Kontrast zu der reinen Herkunftsbezeichnung *Jesu von Nazareth* steht sein Ruf: *Sohn Davids, Jesus, erbarme dich meiner*. Mit der Anrede *Sohn Davids* identifiziert der Blinde Jesus mit dem erwarteten Messias.

Gemäß den Verheißungen in 2Sam 7,12–16; Jes 9,1–6; 11,1–11 und Jer 23,5 erwartet man einen Nachkommen Davids als Heils- und Friedenskönig der Endzeit. Wie lebendig diese Hoffnung zur Zeit Jesu war, zeigen die Psalmen Salomos, einer Schrift aus der Mitte des 1. Jh. v.Chr., in der es heißt: »Siehe, Herr, und richte ihnen ihren König auf, den Sohn Davids, zu der Zeit, die du, Gott, bestimmt hast, als König zu herrschen über Israel« (17,21; ähnlich in der 14. Bitte des Achtzehngebets: »Erbarme dich ... über das Königtum des Hauses Davids, des Messias deiner Gerechtigkeit«). Auch in Qumran wurde eine Schrift gefunden, die mit Hinweis auf 2Sam 7,11–14, Am 9,11 und Ps 2,1f einen »Spross Davids« erwartet, den Gott auftreten lässt, um Israel zu retten (4QFlor I,1–19). Stand dabei die Hoffnung auf die Befreiung von der Fremdherrschaft und auf eine Reich des Friedens und der Gerechtigkeit im Vordergrund, scheint man mit der

Person des davidischen Königs auch die Erwartung des Endes aller demütigenden Behinderungen, wie sie Jes 35,5f verheißt, verbunden zu haben.

Was Bartimäus von Jesus als dem *Sohn Davids* erwartet, zeigt seine Bitte: *Erbarme dich über mich* – das heißt: Nimm meine Not wahr und hilf mir. Er erhofft von dem, den er als Messias anspricht, dass er Gottes Erbarmen in sein Elend hineinträgt. Aber viele derer, die Jesus begleiten, *bedrohen* ihn und fordern ihn auf zu schweigen (**48**). Dahinter kann ein doppeltes Motiv stehen: einerseits der Wunsch, einen lästigen Bittsteller wegzuscheuchen, so wie die Jünger nach 10,13 diejenigen anfahren, die Kinder zu Jesus bringen wollen. Andererseits mag man auch vermuten, hier solle ein problematisches Messiasbekenntnis zum Schweigen gebracht werden. Jesus reagiert jedoch anders. Als der Blinde nicht aufhört zu schreien, lässt er den Mann rufen (**49**). Die Stimmung der Leute schlägt um: Sie beglückwünschen ihn geradezu und sagen: *Sei guten Muts!* und ermutigen ihn: *Steh auf! Er ruft dich.* Darin liegt eine der Besonderheiten dieser Heilungsgeschichte: Der Blinde wird nicht von anderen gebracht, er macht selbst auf seine Not aufmerksam. Und Jesus ruft ihn zu sich, wie er seine Jünger berufen hat. Seine Reaktion wird außerordentlich lebendig geschildert (**50**): *Er wirft seinen Mantel ab* – das, was ihn hindern könnte, zu Jesus zu kommen, bleibt zurück –, *springt auf und kommt zu Jesus.* Dieser Mensch sucht mit aller Energie Hilfe von Jesus.
Jesus fragt ihn zunächst (**51**): *Was willst du, was ich für dich tun soll?* Das scheint eine müßige Frage, und doch stellt sie Jesus und nimmt so den Blinden mit seinem Wollen in das Geschehen der Heilung hinein (vgl. die Frage an den Gelähmten vom Teich Bethesda: »Willst du gesund werden?«, Joh 5,5). Der Mann antwortet: *Rabbuni, dass ich wieder sehe.* Er sagt Jesus, was der große Wunsch seines Lebens ist, und verbindet dies mit der ehrerbietigen Anrede *Rabbuni*, d.h. *mein Herr, mein Meister* (so nur noch Joh 20,16). Und wie der Frau, die unter Blutungen litt, antwortet Jesus ihm: *Dein Glaube hat dich gerettet* (**52**). Auch hier könnte man übersetzen: Dein Glaube hat dich *gesund gemacht,* würde damit aber den Aspekt des umfassenden Heilwerdens eines Lebens, den gerade diese Geschichte erkennen lässt, verfehlen. Die ganze Hoffnung auf Jesus als den Vertreter des heilenden Erbarmens Gottes zu setzen und auch den Widerstand anderer zu überwinden, das ist der Glaube, der Gottes heilende Kraft erfährt. Und ohne eine weitere heilende Geste zu erwähnen, wird berichtet: *Und sogleich sah er wieder und folgte ihm auf dem Weg.* Aus der Heilungsgeschichte wird eine Nachfolgegeschichte, und nach allem, was Jesus über seinen Weg und die Nachfolge gesagt hat, hat dies besonderes Ge-

wicht: Sehenden Auges folgt dieser Mann Jesus auf dessen Weg nach Jerusalem und ans Kreuz.

Die Geschichte eröffnet eine doppelte Perspektive: Das Stichwort *Sohn Davids* wirft die Frage der Messianität Jesu auf, die die ganze Passionsgeschichte bestimmt. Dieser Mann hat sich zu Jesus als dem Sohn Davids bekannt und von ihm Hilfe erfahren. Das veranlasst ihn, Jesus auf seinem Weg zu folgen: »Christusbekenntnis und Leidensnachfolge gehören untrennbar zusammen« (Eckey, 352). Der geheilte Gerasener sollte Jesu heilende Tat zuhause verkündigen und durfte ihm deshalb nicht folgen. Bartimäus wird zum Beispiel für eine andere Weise, Jesus zu erkennen und sich zu ihm zu bekennen. Als einer, dem die Augen geöffnet wurden, folgt er Jesus. Darin zeigt sich die tiefere Bedeutung dieser Heilung. Daraus erwächst die andere Verbindungslinie: Zusammen mit 8,22–26 verheißt diese Geschichte, dass auch blinde und unverständige Jünger darauf hoffen dürfen zu erkennen, wer Jesus ist und was sein Werk und sein Weg bedeuten, und ihm so »sehenden Auges« zu folgen.

III

11,1 – 16,8
Die Vollendung des Weges Jesu in Jerusalem

Mit Kap. 11 beginnt der dritte und letzte Hauptteil des Evangeliums. Er erzählt von Jesu Wirken und Lehren in Jerusalem, von den Auseinandersetzungen mit den dortigen Führern des jüdischen Volkes, von Jesu Verhaftung, Verurteilung und Kreuzigung und der Botschaft von seiner Auferstehung. Auch dieser Teil gliedert sich in drei Abschnitte.
11,1 – 13,2 berichtet von Jesu Wirken und Lehren im Bereich des Tempels, Kap. 13 enthält die große Endzeitrede und 14,1 – 16,8 erzählt von Jesu Passion und Auferstehung.

11,1 - 13,2
Jesu Wirken und Lehren im Tempel

Die Erzählung von Jesu Aufenthalt in Jerusalem konzentriert sich ganz auf Begebenheiten, die sich im Bereich des Tempels zugetragen haben. Hier, wo Israel Gottes gnädige Gegenwart unter seinem Volk feierte, vollzieht sich die entscheidende Auseinandersetzung um Jesu Sendung und Botschaft. In zeichenhaften Handlungen und in Gesprächen mit den Jüngern und mit unterschiedlichen Gruppen aus dem Judentum kommen Themen zur Sprache, die bisher nicht berührt wurden. Der Abschnitt beginnt mit einem markanten Ereignis: Jesu Ankunft in Jerusalem.

11,1-11
Die Ankunft Jesu in Jerusalem

**1Und als sie sich Jerusalem in Richtung Bethphage und Bethanien,
auf den Ölberg zu, nähern, schickt Jesus zwei seiner Jünger (voraus)
2und sagt zu ihnen: »Geht in das Dorf, das vor euch liegt, und sogleich, wenn ihr in es hineinkommt, werdet ihr ein Fohlen angebunden finden, auf dem noch nie ein Mensch gesessen ist. Bindet es
los und bringt es (her). 3Und wenn irgendjemand zu euch sagt: ›Was
macht ihr da?‹, (dann) sagt: ›Der Herr braucht es und schickt es sofort wieder hierher.‹« 4Und sie gingen los und fanden ein Foh-**

len an eine Tür gebunden außen an der Straße, und sie banden es los.
5Und einige derer, die dort herumstanden, sagten zu ihnen: »Was
macht ihr da, dass ihr (so einfach) das Fohlen losbindet?« 6Sie aber
antworteten ihnen, wie Jesus gesagt hatte, und sie ließen sie (gewäh-
ren). 7Und sie bringen das Fohlen zu Jesus und legen ihre Kleider
darauf, und er setzte sich darauf. 8Und viele breiteten ihre Kleider
auf den Weg, andere Laubbüschel, die sie auf den Feldern abschnit-
ten. 9Und die, die vorausgingen und nachfolgten, schrien: »*Hosan-*
***na! Gesegnet sei der, der im Namen des Herrn kommt.* (Ps 118,25f)**
10Gesegnet sei das kommende Reich unseres Vaters David. *Hosanna*
***in der Höhe.*«**
11Und er kam nach Jerusalem in das Heiligtum, und nachdem er sich
alles angeschaut hatte und weil es schon spät am Abend war, ging er
hinaus nach Bethanien mit den Zwölf.

Die erste Begebenheit, die Markus in diesem Abschnitt berichtet, handelt von der Ankunft Jesu in Jerusalem. Jesus und seine Jünger nähern sich Jerusalem auf der Straße, die von Jericho aus über den Kamm des Ölbergs nach Jerusalem führt (1). Der Ölberg gilt im Alten Testament als heilige Stätte (vgl. 2Sam 15,30–32; Ez 11, 23); nach Sach 14,4 erwartete man, dass Gott hier seine endzeitliche Herrschaft antreten würde. So führte etwa ein aus Ägypten stammender Jude im Jahr 56 n.Chr. seine Anhänger aus der Wüste auf den Ölberg, um Israel zu befreien. Die Soldaten des Statthalters Felix beendeten diese messianische Demonstration jedoch mit Gewalt.

Von den beiden Orten, die auf dem Weg passiert werden, ist Bethphage nicht sicher zu identifizieren, lag aber wohl näher bei Jerusalem als Bethanien. Markus nennt den Ort zuerst, weil er ähnlich wie in 10,1 vom Ziel her denkt. Das muss nicht mangelnde geographische Kenntnisse verraten.

Bethphage ist wohl auch das Dorf, in das Jesus die beiden Jünger schickt, um ihm ein Reittier für die letzte Strecke (1,5 km) des Wegs zu besorgen (2). Die Aktion hat zweifellos symbolische Bedeutung. Obwohl Markus Sach 9,9 nicht zitiert und nicht einmal erwähnt, dass es sich bei dem Fohlen um einen jungen Esel handelt, steht dieses Prophetenwort im Hintergrund: »Juble laut, Tochter Zion! Jauchze, Tochter Jerusalem! Siehe, dein König kommt zu dir. Er ist gerecht und hilft; er ist demütig und reitet auf einem Esel, auf einem Fohlen, dem Jungen einer Eselin« (EÜ). Auch in Gen 49,11 wird der künftige König aus Juda, dem Stamm Davids, durch einen Esel als Reittier als Friedensherrscher gekennzeichnet. Jesus identifiziert sich mit diesem Bild vom kommenden König Israels.

Die Erzählung betont das wunderbare Vorherwissen Jesu, zu dessen natürlicher Erklärung viele Ausleger ihren kriminalistischen Scharfsinn aufgeboten haben (**3**). Markus lässt das offen. Dass Jesus *Herr* genannt wird, ist bei Markus ungewöhnlich (nur 7,28); die Anrede strahlt Autorität aus, und vielleicht sah der Erzähler darin eine Anspielung auf das Recht des Königs, Esel zu beschlagnahmen (1Sam 8,16). Dass es ein junger Esel sein soll, der noch nicht eingeritten war, weist darauf hin, dass er für eine Gott geweihte Handlung gebraucht würde.

Als die Jünger das Tier beschafft (**4–6**), mit ihren Mänteln eine Art Sattel improvisiert haben und Jesus sich sodann auf den Weg macht (**7f**), beginnt eine eigentümliche Demonstration. Viele von denen, die mit auf dem Weg in die Stadt waren, zogen ihre Mäntel oder Obergewänder aus und breiteten sie vor Jesus auf dem Weg aus, sodass er darüber hinwegritt. In 2Kön 9,13 ist eine solche Aktion Zeichen der Huldigung für den gerade zum König gesalbten Jehu. Andere hieben Laubbüschel von Bäumen ab und streuten sie auf den Weg. Und die, die vorausgingen und nachfolgten, riefen (**9f**):

Hosanna! Gesegnet sei der, der im Namen des Herrn kommt.
Gesegnet sei das kommende Reich unseres Vaters David.
Hosanna in der Höhe.

Der erste Teil dieses Jubelrufs stammt aus Ps 118,25. Das Wort *Hosanna* ist die abgeschliffene Wiedergabe eines hebräischen *Hoschiana,* das eigentlich ein Hilferuf ist: *Ach, Herr, hilf!* (vgl. Ps 12,2) Doch in der Bitte um Hilfe liegt auch die Huldigung an den, von dem Hilfe erwartet wird. Spätestens seit Ps 118 zusammen mit den anderen Hallel-Psalmen (113–117) als Wallfahrtslied gebraucht wurde, empfand man das *Hosanna* ähnlich wie das *Halleluja* als Jubelruf. Als Pilgerlied gesungen war das *Gesegnet sei der, der im Namen des Herrn kommt* ein Segenswort für die Pilger. Hier aber wird es zur Huldigung für den, der in besonderer Weise *im Namen des Herrn kommt* und dessen Herrschaft bringt.

Der messianische Akzent wird verstärkt durch die parallele zweite Zeile des Zurufs: *Gesegnet sei das kommende Reich unseres Vaters David.* Diese Formulierung ist weder im Alten Testament noch in zeitgenössischen jüdischen Texten bezeugt. Es gibt jedoch Hinweise, dass die Hoffnung auf Gottes endzeitliches Heil mit der Erwartung der Wiedererrichtung des davidischen Königtums verbunden war (vgl. die 14. Bitte des Achtzehnbittengebets: »Erbarme dich … über das Königtum des Hauses Davids, des Messias deiner Gerechtigkeit«).

Darin liegt das mögliche Missverständnis dieser Aktion Jesu. Im Mittelpunkt der Verkündigung und des Handelns Jesu stand die

Gewissheit, dass *Gottes* Herrschaft und Reich ganz nahegekommen war. Jesus verstand sich als Repräsentant dieser Herrschaft. Er sah sich nicht beauftragt, das davidische Königtum wieder aufzurichten. Dieses Missverständnis wird zur Kernfrage seiner Passion werden. Darum gehört diese Geschichte an den Anfang dieses Teils des Evangeliums.

Die dritte Zeile des Jubelrufs, den die Menge skandiert, weist auf die andere Dimension des Wirkens Jesu hin: *Hosanna in der Höhe* (vgl. Ps 148,1) ist Umschreibung für das Lob und die Anbetung Gottes *in der Höhe* (vgl. Lk 2,14).

Die »Demonstration« hat also kein eindeutiges politisches Ziel, und das mag der Grund sein, dass sie sich irgendwo auf dem Weg ins Kidrontal aufzulösen scheint. Sie hat keine Konsequenzen; weder die jüdischen Behörden noch die römische Besatzungsmacht haben Anlass einzugreifen. Verglichen mit dem, was ein antiker Herrscher oder römischer Statthalter bei seiner Ankunft in einer Stadt an Ehrung erwartete, bereitete Jerusalem Jesus keinen wirklich festlichen Empfang. Der Szene fehlt das Triumphalistische – und das war ganz im Sinne Jesu. Für Markus ist allerdings gerade die Mischung zwischen spontaner Huldigung und lauerndem Missverständnis wichtig.

Jesus begibt sich anschließend in die Tempelanlage (wir übersetzen *Heiligtum* statt *Tempel,* um deutlich zu machen, dass es nicht um das eigentliche Tempelgebäude geht) und schaut sich dort sorgfältig um (**11**). Es dürfte sich um einen kritischen Blick gehandelt haben; die Bemerkung bereitet die Aktion in 11,15–19 vor. Dann aber geht er, nachdem es schon spät geworden war, den etwa 3 km langen Weg zurück nach Bethanien, wo er zusammen mit den Zwölfen Quartier gefunden hat. In den folgenden Erzählungen ist Jesus nachts immer in Bethanien und tagsüber im Gebiet der Tempelanlage, dem *Heiligtum.*

Advent, d.h. *Ankunft,* nannten die Römer das Ereignis, wenn der Kaiser eine Provinz oder eine Stadt besuchte. Wie die Ankunft eines Herrschers gestaltet sich Jesu Weg vom Ölberg nach Jerusalem, und doch ist der Advent Jesu völlig anders. Er wählt die Kennzeichen des Friedenskönigs anstelle der Abzeichen politischer Macht, sein »Dienstwagen« ist ein uneingerittenes Eselsfüllen, kein bewährtes Schlachtross. Er hält auch nicht »Einzug«, sondern zieht mit den Pilgern zum Tempel. Aber die Doppeldeutigkeit seines Auftretens bleibt und bestimmt die ganze Passion: Ist er der König der Juden, der die Macht an sich reißen wird, um Israel zu befreien, oder der, der im Namen Gottes kommt und in den Tod geht, um Heil und Frieden zu den Menschen zu bringen?

11,12–25
Der unfruchtbare Feigenbaum und das missbrauchte Heiligtum

Die folgenden drei kurzen Szenen sind von Markus zu einem Erzählzusammenhang zusammengefasst worden. In der für ihn typischen »Schachteltechnik« umschließt die Geschichte von der Verfluchung des Feigenbaums die Erzählung von der Reinigung des Tempels und wird dann durch Worte über vollmächtiges Beten zu Ende geführt. Wir markieren in der Übersetzung die einzelnen Szenen, legen aber die Geschichte als Ganze aus.

11,12–14
Die Verfluchung des Feigenbaums

12Und als sie am (folgenden) Morgen aus Bethanien weggingen, hatte er Hunger. 13Und als er von weitem einen Feigenbaum sah, der Blätter hatte, ging er (hin), (um zu sehen,) ob er wohl etwas an ihm (zu essen) fände, und als er zu ihm kam, fand er nichts außer Blättern, denn es war nicht die Zeit für Feigen. 14Und er ergriff das Wort und sagte zu ihm: »Niemals in alle Ewigkeit möge jemand eine Frucht von dir essen!« Und seine Jünger hörten es.

11,15–19
Die Tempelreinigung

15Und sie kommen nach Jerusalem. Und als er in das Heiligtum kam, begann er die Verkäufer und Händler im Heiligtum hinauszutreiben, und die Tische der Geldwechsler und die Sitze der Taubenverkäufer stürzte er um 16und ließ nicht zu, dass jemand ein Gerät durch das Heiligtum trug. 17Und er lehrte und sagte zu ihnen: »Steht nicht geschrieben: ›*Mein Haus soll ein Haus des Gebets heißen für alle Völker*‹? Ihr aber habt es zur Räuberhöhle gemacht.« 18Und die Hohenpriester und Schriftgelehrten hörten (das) und suchten (weiterhin eine Möglichkeit), wie sie ihn beseitigen könnten. Denn sie fürchteten ihn, denn die ganze Menge war außer sich (vor Staunen) über seine Lehre.
19Und als es Abend wurde, gingen sie aus der Stadt hinaus.

11,20–25
Vom vollmächtigen Beten

20Und im Vorbeigehen in der Frühe sahen sie, dass der Feigenbaum von der Wurzel an verdorrt war. 21Und Petrus erinnert sich (an den

Vorgang) und sagt zu ihm: »Rabbi, sieh, der Feigenbaum, den du verflucht hast, ist verdorrt.« 22Und Jesus antwortet ihm und sagt: »Habt Glauben an Gott! 23Amen, ich sage euch: Wer immer zu diesem Berg sagt: ›Hebe dich weg und stürz dich ins Meer!‹ und in seinem Herzen nicht zweifelt, sondern glaubt, dass das, was er sagt, auch geschieht, für den wird das geschehen. 24Deshalb sage ich euch: Alles, worum ihr betet und bittet, glaubt, dass ihr es erhaltet, und es wird für euch geschehen. 25Und wenn immer ihr steht und betet, (so) vergebt, wenn ihr etwas gegen jemanden habt, damit auch euer Vater, der im Himmel ist, euch eure Verfehlungen vergibt.«

Jesus und seine Jünger verlassen am nächsten Morgen ihr Quartier in Bethanien und machen sich auf den Weg nach Jerusalem (**12**). Der Hinweis, dass Jesus Hunger hatte, ist Überleitung zur folgenden Szene. Die Frage, warum er (als einziger?) nicht gefrühstückt hatte, bewegt den Erzähler nicht. Jesus sieht von weitem einen Feigenbaum, der schon viele Blätter hat, und sucht auf ihm nach Früchten. Aber er findet nichts als Blätter (**13**). Im April, zur Zeit des Passahfestes, haben an den Feigenbäumen erst die sog. Frühfeigen angesetzt, die man ab Ende Mai ernten kann. Die Spätfeigen sind Ende August / Anfang September reif. Man konnte also um diese Zeit noch keine essbaren Früchte ernten. Das merkt auch Markus an. Jesu strafende Reaktion erscheint deshalb willkürlich. Manche Ausleger nehmen daher an, dass sich dieses Ereignis ursprünglich im Herbst bei einem Besuch Jesu in Jerusalem zum Laubhüttenfest abspielte und von Markus hierher gestellt wurde. Aber vielleicht möchte dieser durch seine Bemerkung darauf hinweisen, dass es hier gar nicht um Feigen als Reiseproviant geht. Hintergrund dafür sind alttestamentliche Worte wie Mi 7,1: »Weh mir! Es ist mir ergangen wie einem Hungernden, der im Spätherbst Weinstöcke und Feigenbäume absucht: Keine Traube mehr zu finden, keine Spur mehr von den köstlichen Feigen!« (GNB) oder Jer 8,13: »Will ich bei meinem Volk ernten«, sagt der HERR, »so ist keine Traube und keine Feige zu finden und das Laub ist verwelkt. Darum habe ich dieses Volk aufgegeben; sollen die Fremden es doch zertreten!« (GNB) Auch wenn in der alttestamentlich-jüdischen Tradition der Feigenbaum nicht in gleichem Maße wie der Weinstock Sinnbild für Israel ist, so kann er doch als Gleichnis für das Volk dienen, von dem Gott Frucht sucht. In der Jesustradition findet sich das Motiv in einem Gleichnis in Lk 13,6–9, in dem ein Gutsbesitzer Frucht auf einem Feigenbaum sucht und nicht findet und ihn deshalb fällen lassen möchte. Dort sagt der Gärtner: »Lass ihn noch dies Jahr …« Hier aber gibt Jesus dem Feigenbaum

keine Frist mehr, sondern verflucht ihn (**14**): »*Niemals in alle Ewigkeit möge jemand eine Frucht von dir essen!*« Ein solch hartes Wort ist ungewöhnlich im Mund Jesu. Es steht aber in seiner Schärfe in der Tradition prophetischer Aussagen über die Verantwortlichen des Volkes Gottes und muss in dieser Perspektive gesehen werden. Wenn Markus zunächst nur notiert: *Und seine Jünger hörten es,* dann signalisiert er: Diese Geschichte hat eine Fortsetzung.
Zuerst aber berichtet der Erzähler, wie Jesus in den Tempelbereich kommt und dort mit einer Aktion beginnt, die offensichtlich Folge seiner Beobachtungen am Vorabend ist (**15f**). Er beginnt, die Viehhändler, die im Vorhof des Tempels Opfertiere verkauften, wegzujagen, stürzt die Tische der Geldwechsler und die Stände der Taubenverkäufer um und hindert die Leute daran, diesen Bereich als Abkürzung für den Transport von Lasten zu benutzen.

Die Anwesenheit von (Vieh-)Händlern und Geldwechslern auf dem Tempelplatz hatte einen doppelten Grund. Einerseits wurde damit den Pilgern der Kauf einwandfreier und priesterlich anerkannter Opfertiere ermöglicht, und ein Transport vom Heimatort mit dem Risiko, dass das Tier nicht als makellos akzeptiert werden würde, erübrigte sich. Die Tempelkasse nahm zur Bezahlung der jedem Juden auferlegten Tempelsteuer nur den tyrischen Halbschekel im Wert von zwei römischen Denaren an. Das war die solideste Währung, und dass er mit dem Bild des Herakles, des Stadtgottes von Tyrus, versehen war, störte offensichtlich nicht. Andererseits war dieser Markt eine wichtige Einnahmequelle für den Tempel selbst und für viele, die in irgendeiner Weise an diesen Geschäften beteiligt waren. Er fand in den Säulenhallen statt, die den äußeren »Vorhof der Völker« (bzw. der »Heiden«) umsäumten. Diesen Bereich durften auch Nichtjuden betreten. Vor einem Betreten der inneren Vorhöfe wurden sie durch steinerne Inschriften gewarnt, die für eine Übertretung den Tod androhten. Für die jüdischen Pilger war dies also eine praktische Einrichtung, und da die nichtjüdischen Besucher nicht zählten, fand man das unbedenklich. Gerade hier setzte Jesu Widerstand ein.

Wie und in welchem Umfang Jesus diese Aktion durchführte, erzählt uns Markus nicht. Er berichtet auch nichts von einem Eingreifen der Tempelpolizei. Was Jesus tat, war mehr prophetische Zeichenhandlung als flächendeckende Säuberung (**17**). Er deutet sein Vorgehen durch den Verweis auf eine Stelle aus Jes 56,7: »Mein Haus soll ein Haus des Gebets heißen für alle Völker.« Das ist eine der Stellen im dritten Teil des Jesajabuches, an denen angekündigt wird, dass Gott auch die Fremden in die gottesdienstliche Gemeinschaft einschließen wird. Darum sollte nach Jesu Meinung gerade der »Vorhof der Völker« offen dafür sein, Gebetstätte für alle zu werden, die zu Gott kommen wollen. Auch der Vorwurf,

aus Gottes Haus eine Räuberhöhle gemacht zu haben, entstammt prophetischer Tempelkritik, nämlich Jer 7,11: »Haltet ihr denn dies Haus, das nach meinem Namen genannt ist, für eine Räuberhöhle?« Jeremia geißelt damit das Nebeneinander von sozialem Unrecht und Gottesdienst. Für Jesus ist nicht der Handel an heiliger Stätte das eigentliche Ärgernis, sondern dass damit der Platz der Außenstehenden, derer, die noch nicht zur gottesdienstlichen Gemeinschaft gehören, besetzt und blockiert wird. Der kultische Betrieb führt dazu, die Fremden auszugrenzen.
Obwohl die Tempelpolizei nicht eingegriffen hatte, sind die Führer des Volkes äußerst besorgt über das Vorgehen Jesu (**18**). Hohepriester und Schriftgelehrte (sie sind für religiöse Fragen zuständig) suchen nach einem Weg, Jesus möglichst unauffällig zu beseitigen. Denn ihn offen zu verhaften, trauen sie sich nicht, weil die Menschen, die von Jesu Handeln hören, tief bewegt von seiner Botschaft und Lehre sind. Jesus aber und seine Jünger gingen abends aus der Stadt in ihr Quartier nach Bethanien (**19**).
Als sie am anderen Morgen, also dem dritten Tag in Jerusalem, wieder an dem Feigenbaum vorbeigehen (**20**), sehen sie, dass der Feigenbaum verdorrt ist, und zwar *von der Wurzel her.* Petrus macht sich zum Sprecher der Verwunderung der Jünger (**21**): *Rabbi, sieh, der Feigenbaum, den du verflucht hast, ist verdorrt!* Er staunt über das »Wunder« – und wenn wir das Geschehen nach landläufigen Kriterien als »Wunder« bezeichnen wollten, wäre es das einzige, das Jesus in Jerusalem tat, und auch das einzige »Strafwunder« von dem in den neutestamentlichen Evangelien berichtet wird. (Die apokryphen Evangelien kennen davon mehr!) Aber nach allem, was wir schon bedacht haben, ist diese Begebenheit eher eine Symbolhandlung, ein anschaulich gemachtes »Gleichnis«, als ein »Wunder«. Gerade die Bemerkung, dass der Baum *von der Wurzel her verdorrt* ist, stellt die Verbindung zur Tempelkritik Jesu her. Weil aus dieser Art von Gottesdienst keine Frucht erwächst, verdorrt der ganze Baum. Damit ist aber kein Urteil über ganz Israel gesprochen, sondern die prophetische Kritik an seiner Führung erneuert.
Jesus knüpft an die Bemerkung des Petrus an, um über die Kraft des Glaubens und des Gebets zu sprechen. Auf den ersten Blick klingt das so, als wolle er ihn belehren, wie man das Wunder, einen Feigenbaum verdorren zu lassen, vollbringt. Das wäre eine ziemlich destruktive Anwendung der Vollmacht des Glaubens. Sieht man das Wort im größeren Zusammenhang, dann geht es um ein Verhältnis zu Gott, aus dem die Kraft erwächst, auch unmöglich Erscheinendes zu bewirken. Dafür spricht auch, dass es Parallelen zu den hier zitierten Worten Jesu in anderen Zusammenhängen

gibt. Markus stellt hier Worte Jesu über wirksamen Glauben und rechtes Beten zusammen.

Am Anfang steht die Aufforderung Jesu (**22**): *Habt Glauben an Gott!* Damit ist das Thema angeschlagen. Doch geht es nicht darum, an die Existenz Gottes zu glauben – das wird vorausgesetzt. Das Entscheidende ist, auf Gott und seine Möglichkeiten zu vertrauen. Das ist der *Gottesglaube,* zu dem Jesus ermutigt. Die folgende Zusage wird mit dem feierlichen *Amen* eingeleitet, das Bekräftigung und Vergewisserung (*wahrlich / ganz gewiss*) ausdrückt. Jesu Wort verheißt dem Glauben, der nicht zweifelt, die Erfüllung des Geglaubten (**23**): *Amen, ich sage euch: Wer immer zu diesem Berg sagt: »Hebe dich auf und stürz dich ins Meer!« und in seinem Herzen nicht zweifelt, sondern glaubt, dass das, was er sagt, auch geschieht, für den wird das geschehen.* Dazu gibt es eine Parallele in der Logienquelle. Die Fassung bei Matthäus lautet: *Wenn ihr Glauben habt wie ein Senfkorn, so könnt ihr sagen zu diesem Berge: »Heb dich dorthin!«, so wird er sich heben; und euch wird nichts unmöglich sein* (Mt 17,20; die Fassung bei Lk 17,6 spricht statt von *diesem Berg* von einem *Maulbeerbaum*). Es handelt sich also um ein wichtiges Anliegen Jesu, das durch die Gemeinde mit unterschiedlicher Akzentsetzung weitergegeben wurde. Was soll damit gesagt werden?

1. Während die Fassung der Logienquelle betont, dass auch ein noch so kleiner Glaube (vgl. das Gleichnis vom Senfkorn, Mk 4,30–32) Unglaubliches bewirken kann, spricht die des Markus von einem Glauben, der nicht zweifelt, sondern der Erfüllung des Geglaubten gewiss ist. Das entspricht der Linie der Glaubensverkündigung Jesu bei Markus (vgl. 9,23: *Alles ist möglich dem, der glaubt*). Allerdings wird gerade in jener Geschichte durch den Ruf: *Ich glaube, hilf meinem Unglauben* deutlich, dass der Glaube nicht eine zu erbringende menschliche Leistung, sondern die völlige Öffnung für das Wirken Gottes bedeutet.
2. Die Wendung »Berge versetzen« oder »Berge entwurzeln« war sprichwörtlich für eine unmögliche Aufgabe. Nur bei Jesus findet sich die Verbindung dieses Bildes mit einer Aussage über den Glauben. Daraus ergibt sich, dass *dieser* Berg keinen bestimmten Berg (z.B. Ölberg oder gar Zion) meint, sondern zur Veranschaulichung auf den nächstgelegenen Berg weist. Jesus will also nicht zu einem demonstrativen Schauwunder ermutigen, sondern greift eine sprichwörtliche Wendung auf. Mit dem Bild des »Berge-Versetzens« macht er deutlich, dass der Glaube auch Dinge erwarten kann, die als unmöglich gelten.
3. Es ist also keineswegs beliebig, was geglaubt und erwartet werden kann, sondern entspringt der engen Verbindung mit Gott. In

In diesem Sinne liefert schon Paulus einen kritischen Kommentar zu diesem Wort, der zeigt, worum es Jesus geht: »Wenn ich alle Glaubenskraft besäße und damit Berge versetzen könnte, hätte aber die Liebe nicht, wäre ich nichts« (1Kor 13,2, EÜ). Positiv gesagt: Die Vollmacht des Glaubens steht im Dienst der Liebe, oder sie ist bloße religiöse Kraftmeierei. Diese Perspektive hilft auch zum Verständnis des folgenden Wortes Jesu über das Gebet (**24**): *Alles, worum ihr betet und bittet, glaubt, dass ihr es bekommt, und es wird für euch geschehen.*

Die Zusage der Erhörungsgewissheit ist typisch für die Verkündigung Jesu. In der Logienquelle wird das mit den Worten ausgedrückt: »Bittet, so wird euch gegeben; sucht, so werdet ihr finden; klopft an, so wird euch aufgetan. Denn wer da bittet, der empfängt; und wer da sucht, der findet; und wer da anklopft, dem wird aufgetan« (Mt 7,7–11 / Lk 11,8–11). Das Gleichnis von dem Vater, der seinen Kindern nicht Steine gibt, wenn sie um Brot bitten, veranschaulicht die Zusage. Auch für die johanneische Tradition ist die Aussage wichtig: »Wenn ihr den Vater um etwas bitten werdet in meinem Namen, wird er's euch geben«, heißt es in Joh 16,23 (vgl. 14,4). Wenn dabei vom Gebet in Jesu Namen gesprochen wird, ist keine Formel gemeint, die man noch hinzufügen sollte, damit es besser wirkt, sondern es wird damit dem Gebet eine Richtung gegeben. Joh 15,7 macht dies deutlich: »Wenn ihr in mir bleibt und meine Worte in euch bleiben, werdet ihr bitten, was ihr wollt, und es wird euch widerfahren.« Es geht um ein Gebet im Sinne Jesu und in Einklang mit seinem Willen.

Auf diesem Hintergrund wird klar, dass Jesus auch in Mk 11,24 nicht einfach eine pauschale Wunscherfüllungszusage ausspricht. Es geht ihm darum, seine Jünger zu ermutigen, alles, was sie bewegt, Gott im Gebet zu sagen und darauf zu vertrauen, dass Gott nichts unmöglich ist. Das bedeutet nicht, das Gebet als eine Art Bestellautomat zu verstehen, durch den Gott alle Wünsche erfüllt, wenn man sie nur genau und bestimmt genug eingibt. Zu diesem Missverständnis sollte auch nicht die Beobachtung verleiten, dass man die Wendung *glaubt, dass ihr es erhaltet,* auch mit *glaubt, dass ihr es erhalten habt* übersetzt könnte. Daran knüpfen manche die Empfehlung, man müsse, um erhört zu werden, glauben, dass man das Erbetene schon erhalten habe. Aber die entsprechende griechische Wendung kann auch in zukünftigem Sinn verstanden werden: dass ihr es erhalten *werdet.* Wichtig ist für diese Frage auch der Vorblick auf Jesu eigenes Beten in Gethsemane, das zunächst die Vertrauensaussage aufgreift: *Vater, dir ist alles möglich,* aber dann doch mit dem Satz endet: *Doch nicht, was ich will, sondern was du willst* (14,36). Absolutes Vertrauen und Offenheit für Gottes Willen im Gebet schließen sich nicht aus.

Dass das Gebet nicht eine möglichst resolute Weiterleitung von Wünschen ist, sondern in das Gespräch mit Gott und die Gemeinschaft mit anderen führt, zeigt das letzte Wort Jesu, das Markus anführt (**25**): *Und wenn immer ihr steht und betet, vergebt, wenn ihr etwas gegen jemanden habt, damit auch euer Vater, der im Himmel ist, euch eure Verfehlungen vergibt.* In das Gespräch mit Gott gehört auch das Verhältnis zu anderen hinein. Wer Gott um Vergebung bittet, der muss auch bereit sein, selbst zu vergeben. Das Verhältnis zu Gott und das Verhältnis zu den Mitmenschen hängen eng zusammen; das eine kann nicht ohne das andere heil werden.

Dieser Zusammenhang ist Matthäus und seiner Überlieferung besonders wichtig. Auch die Wendung *euer Vater, der im Himmel ist* kommt bei ihm häufig vor. Eine Reihe von späteren Handschriften hat in V. 26 aus der Matthäusparallele Mt 6,14.15 auch noch den Nachsatz übernommen, der die negative Seite (*wenn ihr nicht vergebt*) beschreibt.

Der Hinweis auf den Vollzug des Gebets (*wenn ihr steht und betet*) schlägt noch einmal die Brücke zu der Frage nach dem rechten Gottesdienst. Der Tempel war für jüdische Menschen in ganz besonderer Weise Ort des Gebets und der Begegnung mit Gott. Für Jesus aber ist diese Art des Gottesdienstes unfruchtbar geworden. Vergebung schenkt Gott denen, die ihn darum bitten und dabei nicht vergessen, dass auch ihr Verhältnis zu den Mitmenschen in ihre Gemeinschaft mit Gott gehört. »Hat das erhörungsgewisse Gebet des in Gott gegründeten Glauben an der Allmacht Gottes teil, kann es sich unmöglich gegen die Kraft und Macht seiner Vergebung verschließen« (Eckey, 370).

Die Geschichte vom Feigenbaum bleibt schwierig. Nicht nur, weil der Vorgang schwer zu erklären ist und man unweigerlich mit dem unschuldigen Baum Mitleid bekommt. Auch die gleichnishafte Deutung auf Israel ist nicht ungefährlich. Darum ist festzuhalten: Im Feigenbaum wird nicht das Judentum verflucht. Es ist das aktuelle Versagen der Führung Israels, das angegriffen wird. Und weil die Deutung eines Gleichnisses offenbleibt, ist sie auch hier nicht ein für alle Mal festgelegt. Die Frage nach der Frucht stellt sich auch für die christliche Gemeinde!
Hier wird die Verbindung zur Tempelreinigung wichtig: Wahrer Gottesdienst hält den Platz für die Fremden offen, für die, die (noch) nicht da sind. Die zu verdrängen, »die nicht dazugehören«, ist nicht nur Problem im Jerusalemer Tempel, sondern auch in der christlichen Kirche.

Jesus ermutigt zu einem Glauben, der es wagt, auch gegen so genannte Tatsachen anzutreten, und zu einem Gebet, das der Erhörung gewiss ist. Aber solcher »kontrafaktischer« Glaube ist kein Instrument in der Hand des Menschen, sondern Ausdruck einer Gemeinschaft mit Gott, die sich ganz von Gottes Willen leiten lässt. Wo so geglaubt wird, wo Menschen aus dem Gebet heraus einander vergeben und aus der Gemeinschaft mit Gott zur Gemeinschaft miteinander finden, da geschieht wahrer Gottesdienst, da wächst Frucht, die zur Zeit und zur Unzeit den Hunger stillt.

11,27 – 13,2
Auseinandersetzungen im Heiligtum

Hier folgt eine Reihe von Gesprächen, die Jesus mit verschiedenen Gesprächspartnern über unterschiedliche Themen führt und die Markus alle während eines Tages auf dem Gelände des Tempels stattfinden lässt.

11,27 – 12,12
Die Vollmacht des Gottessohns

Der nächste Abschnitt setzt sich aus zwei Teilen zusammen, die oft getrennt behandelt werden, aber eng zusammengehören. Ob mit dem einleitenden Satz der Beginn eines neuen Tages markiert ist oder die Fortsetzung des begonnenen Weges nach Jerusalem, ist nicht ganz eindeutig. Doch ist Letzteres wahrscheinlicher, da sich dann für die Jerusalemer Ereignisse sieben Tage ergeben. Jesu Aufenthalt im Tempelbereich beginnt mit einer Episode, in der die Jerusalemer Autoritäten Jesus nach seiner Vollmacht fragen. Die Frage bleibt offen, und der Konflikt wird von Jesus durch das Gleichnis von den bösen Winzern weiter zugespitzt. Darauf folgen weitere Diskussionen mit unterschiedlichen Gesprächspartnern zu ganz verschiedenen Themen. Die meisten verlaufen kontrovers, manche aber auch konstruktiv.

11,27–33
Die Frage nach Jesu Vollmacht

27Und sie kommen wieder nach Jerusalem. Und als sie im Heiligtum herumgehen, kommen zu ihm die Hohenpriester und die Schrift-

gelehrten und die Ältesten [28]und fragten ihn: »In welcher Vollmacht tust du dies? Oder wer hat dir diese Vollmacht gegeben, dass du das tust?« [29]Jesus aber sagte zu ihnen: »Ich werde euch *eine* Sache fragen, dann antwortet mir, und ich werde euch sagen, in welcher Vollmacht ich das tue. [30]Die Taufe des Johannes, war die vom Himmel oder von Menschen? Antwortet mir.« [31]Und sie verhandelten miteinander und sagten: »Wenn wir sagen: ›vom Himmel‹, wird er sagen: ›Warum hat ihr ihm dann nicht geglaubt?‹ [32]Aber (wenn) wir sagen: ›von Menschen‹?« … – sie fürchteten nämlich das Volk. Denn alle waren der Meinung, dass Johannes wirklich ein Prophet gewesen war. [33]Und sie antworten Jesus und sagen: »Wir wissen es nicht.« Und Jesus sagt zu ihnen: »Dann sage ich euch auch nicht, in welcher Vollmacht ich dies tue.«

12,1–12
Das Gleichnis von den Weinbergpächtern

[1]Und er begann, zu ihnen in Gleichnissen zu sprechen: »Ein Mensch pflanzte einen Weinberg und setze einen Zaun um ihn herum und hob eine Keltergrube aus und baute einen Turm und verpachtete ihn an Winzer und ging auf Reisen. [2]Und zur entsprechenden Zeit schickte er einen Sklaven zu den Winzern, um von den Winzern einen Anteil der Früchte des Weinberges zu erhalten. [3]Und sie packten ihn und verprügelten ihn und schickten ihn mit leeren Händen weg. [4]Und wieder schickte er einen anderen Sklaven zu ihnen. Und den schlugen sie auf den Kopf und beschimpften ihn. [5]Und er schickte einen weiteren, und den töteten sie, und viele andere, von denen sie die einen verprügelten und die anderen töteten. [6]Einen hatte er noch, den geliebten Sohn. Den sandte er als letzten zu ihnen und sagte: ›Vor meinem Sohn werden sie sich scheuen!‹ [7]Jene Winzer aber sagten zueinander: ›Dieser ist der Erbe. Auf, lasst uns ihn töten, und das Erbe wird unser sein.‹ [8]Und sie ergriffen ihn und töteten ihn und warfen ihn aus dem Weinberg. [9]Was wird wohl der Herr des Weinbergs tun? Er wird kommen und die Winzer vernichten und den Weinberg anderen geben. [10]Habt ihr nicht diese Schrift(stelle) gelesen: *Der Stein, den die Bauleute verworfen haben, der ist zum Eckstein geworden.* [11]*Das ist vom HERRN geschehen und ist wunderbar vor unseren Augen?*« (Ps 118,22f) [12]Und sie suchten ihn zu verhaften, und doch fürchteten sie das Volk; denn sie hatten verstanden, dass er das Gleichnis im Blick auf sie erzählt hatte. Und sie verließen ihn und gingen weg.

Jesus und seine Jünger setzen ihren Weg fort und kommen nach Jerusalem (27). Wieder halten sie sich im *Heiligtum,* d.h. auf dem großen Tempelgelände auf. Vertreter der Jerusalemer Autoritäten (es werden wieder alle drei Fraktionen genannt) befragen Jesus, wer ihn zu seiner Aktion gegen den Handel im Tempel bevollmächtigt habe (**28**). Mit dem zweiten Teil ihrer Frage: *Wer hat dir diese Vollmacht gegeben?* kommen sie der richtigen Antwort eigentlich schon recht nahe. Aber den entscheidenden Schritt, anzuerkennen, dass ihm Gott diese Vollmacht gegeben hat, verweigern sie. Jesus antwortet deshalb – wie das jüdischer Diskussionspraxis entspricht – mit einer Gegenfrage (**29f**) und macht seine Antwort von ihrer Antwort abhängig: *War die Taufe des Johannes* – also seine Vollmacht, durch die Taufe die Vergebung der Sünden zu verkündigen – *vom Himmel* (d.h. *von Gott*) *oder von Menschen?* Diese Frage bringt die Frager in Verlegenheit (**31**). Sie sind in einer Zwickmühle, und der Erzähler lässt seine Leser an ihren Überlegungen teilhaben. Sagen sie: Diese Vollmacht stammt *vom Himmel* (also *von Gott*), dann wird Jesus sie fragen: *Warum habt ihr ihm dann nicht geglaubt?* Das setzt voraus, dass sich die führenden Leute Jerusalems nicht haben taufen lassen, auch wenn es 1,5 geheißen hatte: *Ganz Judäa und alle Jerusalemer gingen zu ihm hinaus.* (Eine solche Ablehnung des Täufers bezeugen auch Mt 11, 18; 21,32.) Aber zu sagen: Sein Auftreten beruhte nur auf menschlicher Autorität, d.h. er hat eigenmächtig gehandelt, war so unmöglich, dass der Gedanke gar nicht zu Ende geführt wird und die Erzählung mitten im Satz abbricht (**32**). Markus schiebt die Erklärung nach: Die Leute hatten Angst, dies offen auszusprechen. Denn sie wussten: Die Mehrheit des Volkes hielt Johannes für einen Propheten. Also antworten sie (**33**): *Wir wissen es nicht.* Das bezeugt ihren Opportunismus. Sie verweigern sich Gottes Ruf und sind nicht einmal bereit, öffentlich dazu zu stehen. Einer solchen Haltung gegenüber verweigert Jesus auch die Auskunft darüber, woher seine Autorität stammt. Denn er kann nicht damit rechnen, dass sich diese Leute ernsthaft mit seinem Anspruch auseinandersetzen, von Gott bevollmächtigt zu sein.

Mit der folgenden Erzählung des Gleichnisses von den bösen Winzern lässt Markus Jesus doch eine Antwort geben – wenn auch indirekt. Trotz der Einleitung: *Er begann, zu ihnen in Gleichnissen zu sprechen* (**12,1**) wird Markus nur von einem Gleichnis berichten. Aber er spielt mit dieser Formulierung auf 4,2.33 an: Jesus spricht in Gleichnissen, um den Inhalt seiner Lehre zu veranschaulichen. Aber zugleich verursacht diese Form der »indirekten« Rede Unverständnis und Widerstand.

Die Geschichte, die Jesus erzählt, beginnt mit den Worten: *Ein Mensch pflanzte einen Weinberg und setzte einen Zaun um ihn herum und hob eine Keltergrube aus und baute einen Turm.* Damit werden sehr realitätsnah die Arbeitsschritte geschildert, die beim Anlegen eines neuen Weinbergs nötig waren. Die *Keltergrube* ist ein in den Fels geschlagener Trog, in dem der Saft aufgefangen wurde, der durch Treten aus den Trauben gepresst wurde. Ein Turm diente zur Bewachung eines großen Weinbergs. Aber es ist sicher kein Zufall, dass die Schilderung dem Beginn des Weinberglieds in Jes 5,2 gleicht. Dort sagt der Weinbergbesitzer von seinem neuen Weinberg (nach der griechischen Übersetzung): »Ich setzte eine Umfriedung darum und umzäunte (ihn) und pflanzte eine edle Rebe und erbaute einen Turm in seiner Mitte und hob eine Keltergrube in ihm aus.« Bibelkundige Leser des Evangeliums, aber sicher auch die ersten Hörer des Gleichnisses konnten erkennen: Es geht um eine Botschaft, ähnlich der des Weinberglieds Jesajas, das Israel mit dem Weinberg und den Weinbergbesitzer mit Gott verglich. Aber anders als im Weinberglied bewirtschaftet der Besitzer den Weinberg nicht selbst, sondern verpachtet ihn an Weingärtner.

Das spiegelt die wirtschaftliche Situation im Galiläa der hellenistischen und römischen Zeit wider, wo Großgrundbesitzer ihre verschiedenen, im Land verstreuten Güter verpachteten und selbst in einer größeren Stadt wohnten. Im Gleichnis geht der Weinbergbesitzer auf Reisen. Zu der Zeit, zu der eine erste Pacht fällig war (**2**), schickt er einen Sklaven, um den vereinbarten Anteil am Ertrag abzuholen. Sklaven waren in dieser Zeit oft mit verantwortlichen wirtschaftlichen Verwaltungsaufgaben betraut. Aber die Pächter dachten nicht daran, die Pacht zu bezahlen (**3**). Sie packten den Mann *und verprügelten ihn und schickten ihn mit leeren Händen weg*. Das mag uns ziemlich unwahrscheinlich erscheinen; aber es gibt Dokumente aus Palästina, wenn auch aus etwas früherer Zeit, die zeigen, dass solche Vorfälle durchaus vorkamen. Wenn sich die ortsansässigen Pächter mit den örtlichen Behörden verbündeten, war das nicht unmöglich. Dem nächsten Sklaven, der gesandt wurde, erging es noch schlimmer (**4**). Er kam mit schweren Kopfverletzungen wieder zurück. Und die Brutalität nimmt noch zu: Den nächsten Abgesandten *töteten sie, und viele andere, von denen sie die einen verprügelten und die anderen töteten* (**5**). Hier beginnt die Geschichte auf der Erzählebene unwahrscheinlich zu werden. Welcher Gutsbesitzer würde das hinnehmen und unter diesen Umständen immer wieder neu versuchen, ohne Zuhilfenahme staatlicher Gewalt seine Außenstände einzutreiben? Es ist klar, dass hier die Sachebene den Gang der Erzählung beeinflusst. Auf diese Weise werden die Sendung und das Geschick der Propheten beschrieben, wie sie auch im selbstkritischen Rückblick in Israel gesehen wurden.

So heißt es in 2Chr 36,15f (ZB): »Und der HERR, der Gott ihrer Vorfahren, sandte durch seine Boten zu ihnen, sandte immer wieder eifrig, denn er hatte Mitleid mit seinem Volk und seiner Wohnung. Aber sie verhöhnten die Boten Gottes und verachteten seine Worte und verspotteten seine Propheten, bis der Zorn des HERRN gegen sein Volk aufstieg, sodass es keine Heilung mehr gab« (vgl. 24,19; Jer 7,25f). Die Tötung der Propheten wird zum Merkmal des Ungehorsams Israels und des Fehlverhaltens seiner Führer: Sie »töteten deine Propheten, die sie vermahnten, dass sie sich zu dir bekehren sollten« (Neh 9,26). Auch in der nachalttestamentlich jüdischen Literatur wird das beklagt (vgl. Jub 1,12: »Ich werde Mahner zu ihnen senden, um sie zu vermahnen, aber sie hören nicht, und sie werden die Mahner töten.«) Auch dass Gott die Führer Israels zur Verantwortung für den Ungehorsam Israels ziehen wird, ist prophetische Tradition (vgl. Ez 34). Durch die Misshandlung und Tötung der Propheten missachten die »bestallten Anführer Israels ... das Eigentumsrecht Gottes an seinem Volk« (Eckey, 378).

Dieses Ineinander von Gleichnis und gemeinter Sache bestimmt auch den weiteren Verlauf der Erzählung. Der Gutsbesitzer entschließt sich zu einem ganz unwahrscheinlichen Schritt (**6**): Er sendet als letzten Abgesandten seinen Sohn, und zwar – wie es ausdrücklich heißt – seinen *geliebten* Sohn. Diese Wendung steht in der griechischen Übersetzung der Geschichte von Isaaks Opferung als Wiedergabe des hebräischen Textes für *einziger* Sohn. Vom *geliebten Sohn* spricht auch die Himmelstimme bei Jesu Taufe und Verklärung (Mk 1,11; 9,7), und bei Paulus findet sich das Motiv in der Aussage, dass Gott seinen *einzigen* Sohn nicht verschonte, sondern ihn für alle hingegeben hat (Röm 8,32). Im Gleichnis begründet der Gutsherr dies mit der Überlegung: *Vor meinem Sohn werden sie sich scheuen!* Das heißt: Sie werden merken, dass ich ihnen in meinem Sohn selbst gegenübertrete, und ihn entsprechend achten und mit Respekt behandeln. Die Rede vom *geliebten* Sohn soll die ganz enge Zusammengehörigkeit von Vater und Sohn unterstreichen.
Gerade diese Überlegung drehen die Pächter ins Gegenteil um (**7**): Weil der Sohn als Erbe den Vater repräsentiert, beschließen sie, ihn zu töten, um sich so auf Dauer aus der Abhängigkeit von dem Besitzer des Weinguts zu befreien und es für sich in Besitz zu nehmen. Und so geschieht es (**8**): Sie ergreifen den Sohn, töten ihn, werfen seine Leiche aus dem Weinberg und meinen, ihn und das Eigentumsrecht des Besitzers endlich los geworden zu sein. Dass das freilich eine Fehlspekulation sein wird, dürfte jedem klar sein. Auch ein so geduldiger Gutsbesitzer wird sich nicht alles gefallen lassen. Deshalb die abschließende Frage: *Was wird wohl der Herr des Weinbergs tun?* (**9**) Jesus gibt die Antwort selbst: *Er wird*

kommen und die Winzer vernichten und den Weinberg anderen geben.
Auch hier prägt die gemeinte Sache die Erzählung. Denn auch ein mächtiger Gutsbesitzer konnte nicht einfach Selbstjustiz üben und seine aufsässigen Pächter umbringen, selbst wenn sie Morde begangen hatten. Die Erzählung lässt durchblicken, dass es um Gott geht (der griechische Text schreibt auch nicht *umbringen* oder *töten,* sondern *vernichten,* was offenlässt, wie dieses Gericht vollzogen wird). Deutlich ist auch, dass es auf der Sachebene nicht um die Vernichtung Israels geht, sondern um die Absetzung und Entmachtung derer, die im Auftrag Gottes die Verantwortung für dieses Volk wahrgenommen, aber sein Eigentumsrecht schmählich missachtet haben.
Es bleibt allerdings die Frage, ob Jesus sich durch dieses Gleichnis wirklich schon so eindeutig als »Sohn Gottes« zu erkennen geben wollte und sein Geschick auch öffentlich so deutlich angekündigt hat. Die Antwort auf diese Frage muss auf zwei Ebenen gegeben werden: *Einerseits* hat Jesus in seinen Gleichnissen gern Geschichten erzählt, die zunächst ganz realistisch von alltäglichen Verhältnissen seiner Zeit ausgingen, dann aber – um der Sache willen, die veranschaulicht werden sollte – eine unerwartete Wendung nahmen (vgl. das Gleichnis vom Gastmahl, Lk 14,16–24, oder das Gleichnis vom verlorenen Sohn, Lk 15,11–32). Es ist darum nicht undenkbar, dass Jesus mit der Gestalt des Sohnes die unwahrscheinliche Langmut und sich selbst aufopfernde Zuwendung Gottes auch zu einem ungehorsamen Volk kennzeichnen wollte, ohne dass er sich damit schon selbst eindeutig mit dem Sohn und seinem Geschick identifiziert hätte. *Andererseits* konnte die christliche Gemeinde, die diese Geschichte nach Karfreitag und Ostern weiter erzählte, gar nicht anders, als in der Gestalt des Sohnes die Person Jesu und seinen Weg abgebildet zu sehen und die Geschichte mit entsprechender Akzentsetzung weiterzuerzählen. Dass manche Details der Markusfassung Anklänge an die griechische Übersetzung des Alten Testaments aufweisen, zeigt, dass mit der Geschichte weitergearbeitet wurde. Und auch ein Vergleich mit der Fassung bei Matthäus würde deutlich machen, wie das Gleichnis immer wieder mit neuen Akzenten erzählt wurde.
So muss auch offenbleiben, ob schon Jesus das folgende Schriftzitat als Hinweis auf seinen Weg an das Gleichnis angefügt hat (**10f**) oder ob es im Weitererzählen in der Gemeinde als weiterführende Deutung hinzugefügt wurde. Ps 118 war für die Urchristenheit wichtig. Schon bei der Ankunft Jesu in Jerusalem wurde er zitiert (11,9). V. 22 (*Der Stein, den die Bauleute verworfen haben, ist zum Eckstein geworden*) las man als vorausschauende Beschreibung des-

sen, was mit Jesus geschah. Der Vergleich, der hinter diesem Wort steht, schildert sehr plastisch einen Sachverhalt, der in der Antike bei größeren Bauten ab und zu vorgekommen sein mag: Die Steine wurde vorbehauen vom Steinbruch zur Baustelle geliefert. Einer dieser Steine schien nirgends zu passen und wurde auf die Seite gelegt. Aber dann stellte sich heraus, dass gerade dieser »unpassende« Stein der tragende *Eckstein* ist. Dabei handelt es sich entweder um den Stein, der in einer Mauerecke des Fundaments den entscheidenden Halt und die Orientierung gibt, oder – vom Bild her wahrscheinlicher – um den Scheitelstein eines Gewölbes, der alles zusammenhält (vgl. Eph 2,20). Im Psalm wird damit die wunderbare Hilfe beschrieben, die der angefochtene Beter von Gott erfahren hat und durch die er wieder in die Gemeinschaft eingefügt wurde. Für die urchristliche Gemeinde war damit das Geschick Jesu vorgezeichnet: Er wurde *verworfen* durch die für den »Bau« von Gottes Haus verantwortlichen Führer Israels, die ihn zur Hinrichtung an die Römer auslieferten (vgl. 8,31; Apg 4,22), aber von Gott im Wunder der Auferweckung zum tragenden Stein des ganzen Baus gemacht. Doch gerade dadurch wird er auch zum Stein des Anstoßes werden (1Petr 2,7f)!
Die Fragesteller verstehen, dass sie mit dem Gleichnis gemeint sind (**12**), und reagieren mit dem Beschluss, ihn verhaften zu lassen. Sie trauen sich aber nicht, diesen Beschluss sogleich ausführen zu lassen, weil sie fürchten, dass sich die Volksmenge auf die Seite Jesu stellen würde.

Nur wer offen ist für die Möglichkeit, dass Gott es ist, der Jesus bevollmächtigt hat, kann eine Antwort auf die Frage nach seiner Vollmacht erhalten und ihre Bedeutung erfassen. Das Wissen darum, dass das Volk und seine Führer immer wieder die Gesandten und Bevollmächtigten Gottes abgelehnt haben, ist fest im Gedächtnis Israels verankert. Dass Gott immer wieder neu seine Boten sendet, ist Zeichen seiner Langmut. Für Jesus und die frühe Gemeinde gehört die Sendung Jesu, die Ablehnung seiner Person und sein Tod als letzte Steigerung zu dieser Geschichte.
Der Vorwurf, dass die Verantwortlichen Israels die Propheten und dann auch Gottes Sohn getötet haben, ist aber Teil eines innerjüdischen Schmerzes. Er darf nicht zu einer Kollektivverurteilung der Juden durch die Christen umfunktioniert werden. Denn die Vollmachtsfrage ist auch eine Frage an die christliche Gemeinde. Ob wir Jesus als den Generalbevollmächtigten Gottes akzeptieren, zeigt sich nicht daran, ob wir ihn mit seinen korrekten Titeln anreden, sondern daran, ob wir ihm den Ertrag des uns von Gott anvertrauten Gutes zur Verfügung stellen.

12,13–34
Drei Fragen an Jesus

Der folgende Abschnitt berichtet von Auseinandersetzungen um drei Fragen, die Jesus gestellt werden. Sie betreffen grundsätzliche Themen: Es geht um das Verhältnis von Treue gegenüber Gott und Loyalität zu einem heidnischen Staat, um die Frage der Auferstehung der Toten und damit um die Frage bleibender Gemeinschaft mit Gott und zuletzt in der Frage nach dem größten Gebot um das Erkennen des Willens Gottes. Es sind also zentrale Fragen, auch wenn sie zum Teil aus unlauteren Motiven gestellt werden.

12,13–17
Die Frage nach der Steuer

[13]Und sie senden zu ihm einige von den Pharisäern und Herodianern, damit sie ihn mit einer Frage fangen sollten. [14]Und sie kommen und sagen zu ihm: »Lehrer, wir wissen, dass du wahrhaftig bist und dich von niemandem beeinflussen lässt. Denn du achtest nicht auf das Ansehen der Menschen, sondern lehrst Gottes Weg der Wahrheit gemäß: Ist es erlaubt, dem Kaiser Steuer zu zahlen oder nicht? Sollen wir zahlen oder nicht zahlen?« [15]Er aber durchschaute ihre Heuchelei und sagte zu ihnen: »Warum stellt ihr mich auf die Probe? Bringt mir einen Denar, damit ich (ihn mir) ansehe.« [16]Sie aber brachten einen. Und er sagt zu ihnen: »Wessen Bild und Aufschrift ist das?« Sie aber sagten zu ihm: »des Kaisers«. [17]Er aber sagte zu ihnen: »Gebt dem Kaiser, was dem Kaiser gehört, und Gott, was Gott gehört.« Und sie wunderten sich über ihn.

Die Gegner Jesu waren zwar weggegangen, aber sie gaben nicht auf. Sie senden Leute von den *Pharisäern und Herodianern,* um Jesus mit Hilfe einer Fangfrage in die Falle zu locken (**13**). Dass es gerade Vertreter dieser beiden Gruppen sind, die vorgeschickt werden, wird nicht erklärt. Sie hatten schon in Galiläa den Tod Jesu beschlossen (3,6), besaßen aber in Jerusalem weniger Einfluss. Vielleicht schienen sie deshalb geeignet, eine politisch heikle Frage zu stellen.
Sie beginnen mit einem ausführlichen Kompliment (**14**), mit dem sie die innere Unabhängigkeit und Unparteilichkeit Jesu loben. Vor allem aber betonen sie die unbedingte Treue seiner Lehre gegenüber Gottes Willen und bestätigen ihm eine entsprechende Lebensführung (*Gottes Weg;* vgl. Dtn 10,12). Für den Erzähler ist das pure *Heuchelei,* die dazu dienen soll, Jesus aus der Reserve zu locken

und sich in einer Weise zu äußern, die ihm gefährlich werden würde. Was sie über Jesus sagen, ist richtig; aber sie meinen es nicht ehrlich.
Die Frage, die sie stellen, lautet: *Ist es erlaubt, dem Kaiser Steuer zu zahlen oder nicht?*

Ein bemerkenswertes Detail dieser Frage ist das Wort, das im Griechischen für *Steuer* steht. Das Wort *Zensus,* eines der vielen lateinischen Lehnworte, die Markus verwendet, bedeutet eigentlich *Steuererhebung.* Es geht um die kombinierte Kopf- und Vermögenssteuer, die jeder arbeitsfähige Erwachsene in den Provinzen zu zahlen hatte. Wer steuerpflichtig war und wie viel zu zahlen war, wurde durch eine Steuererhebung, den *Zensus,* festgestellt. In Judäa geschah das im Jahr 6 n.Chr. beim Übergang des Gebiets aus der Herrschaft des Herodessohnes Archelaus in direkte römische Verwaltung. Damals rief ein Galiläer namens Judas zum Aufstand gegen Rom auf, »indem er es für einen Frevel erklärte, wenn sie bei der Steuerzahlung an die Römer bleiben und außer Gott irgendwelche sterbliche Gebieter auf sich nehmen würden« (Josephus, Bell II,118). Damit begann die Bewegung der Zeloten, aus der später der erste große jüdische Aufstand erwuchs, der zur Zerstörung Jerusalems und des Tempels im Jahr 70 führte. In der Zeit des Wirkens Jesu war diese Bewegung noch weniger präsent (doch vgl. 15,7), aber unterschwellig war die Frage lebendig: Kann ein Volk, das sich ganz der Herrschaft Gottes unterstellen soll, einem heidnischen Herrscher Steuern zahlen?

Es geht bei dieser Frage demnach nicht um die Steuerehrlichkeit, sondern um die Anerkennung des Kaisers als Herrscher. Darum die dringliche Wiederholung der Frage: *Sollen wir zahlen oder nicht zahlen?* Die Falle, die Jesus gestellt wurde, bestand in der Überlegung: Bejaht Jesus die Frage, macht er sich beim Volk unbeliebt und verleugnet seinen Anspruch, ganz für die Herrschaft Gottes einzutreten. Verneint er die Frage und befürwortet einen Steuerboykott, dann macht er sich der Auflehnung gegen die römische Herrschaft schuldig und kann deswegen angezeigt werden. Dass man Jesus verführen wollte, so zu antworten, zeigt der Appell an seine Unerschrockenheit und die Unbestechlichkeit seines Urteils.
Aber Jesus durchschaut, dass sie ihn *auf die Probe stellen* (oder richtiger: *aufs Glatteis führen*) wollen (**15**) und tappt nicht in die Falle. Er fragt nach einem *Denar* (auch das ist ein lateinisches Lehnwort im griechischen Text). Es handelt sich um die gängigste römische Silbermünze im Wert von zwei griechischen Drachmen. Damit wurden die staatlichen Abgaben bezahlt, während diese Münzen für die Tempelsteuer nicht akzeptiert wurden (vgl. zu 11,15). Ein Denar galt als angemessener Tageslohn (Mt 20,2). Es

war also nicht schwer, eine solche Münze zu beschaffen (**16**). Jesus schaut sie sich an und zeigt sie dann den Fragern. Auch hier besteht seine Antwort zunächst in einer Gegenfrage: *Wessen Bild und Aufschrift ist das?* Der Denar war eine kaiserliche Münze und deshalb im ganzen Reich einheitlich gestaltet. Die Vorderseite zeigte das Bild des Kaisers Tiberius und die Umschrift »Tiberius, Kaiser, Sohn des vergöttlichten Augustus, der Erhabene«. Für Juden war dieses Ineinander von politischem und religiösem Machtanspruch ein Ärgernis, auch wenn es zu dieser Zeit noch nicht mit einem ausgeprägten Kaiserkult verbunden war. Aber die Antwort auf die Frage Jesu ist klar: Die Münze zeigt das Bild und die Aufschrift des Kaisers. Und daraus leitet Jesus seine Antwort auf ihre Frage ab (**17**): *Gebt dem Kaiser, was dem Kaiser gehört, und Gott, was Gott gehört.*
Die Gegner Jesu sind beeindruckt von Jesu Antwort. Sie empfinden sie nicht nur als geschickte Ausflucht. Markus sagt: *Sie wunderten sich über ihn* – was eine gewisse Anerkennung signalisiert, ohne dass sie deshalb auf Jesu Seite treten.

Mit Jesu schlagfertiger Antwort ist aber streng genommen die sachliche Frage nur verschoben: Was gehört denn nun dem Kaiser und was Gott? Immerhin sind zwei klare Grenzlinien gezogen:
1. Solange Gott sein Reich und seine Herrschaft nicht selbst aufrichtet, haben staatliche Instanzen, selbst wenn sie durch heidnische Machthaber wahrgenommen werden, gewisse Aufgaben zu erfüllen und treiben dafür zu Recht auch Abgaben ein. (Eine vergleichbare Position vertritt auch Paulus in Röm 13.) Damit ist der Forderung nach einem durch Menschen errichteten Gottesstaat, also einer Theokratie (»Gottesherrschaft«), wie ihn die Zeloten forderten, eine Absage erteilt. Wo immer Menschen versucht haben, dieses Ziel zu erreichen, ist das in brutale Tyrannei umgeschlagen.
2. Ansprüche staatlicher Gewalt finden ihre Grenze an dem, »was Gott gehört«. Ihm gehört die ganze Erde (Ps 24,1), die Menschen tragen als sein Ebenbild sein *Bild* und seine *Aufschrift.* Wenn also der Kaiser göttliche Verehrung für sich fordert, überschreitet er diese Grenze, und es ist ihm der Gehorsam zu verweigern. (Darin ist das Wort Jesu im Grundsatz klarer als Röm 13.)
Dass Jesus auffordert, zwischen dem, was dem Kaiser, und dem, was Gott gehört, zu unterscheiden, bedeutet nicht, die Kirche möge sich darauf beschränken, sich um das Seelenheil der Menschen zu kümmern, und dem Staat die Sorge um ihr leibliches Wohl überlassen. Weil Gott will, dass Gerechtigkeit und Friede die menschliche Gemeinschaft bestimmen, wird es immer eine kritische Begleitung des Handelns des Staates anhand dieses Maßstabes geben müssen.

12,18–27
Die Frage nach der Auferstehung

[18]Und Sadduzäer, die sagen, dass es keine Auferstehung gibt, kommen zu ihm und fragten ihn und sagten: [19]»Lehrer, Moses hat für uns geschrieben: ›*Wenn jemandes Bruder stirbt und eine Frau zurücklässt und kein Kind hinterlässt, soll sein Bruder die Frau (zur Frau) nehmen und seinem Bruder Nachkommen erwecken*‹ (Dtn 25,5; Gen 38,8). [20]Es waren sieben Brüder, und der erste nahm eine Frau, und als er starb, hinterließ er keine Nachkommen. [21]Und der zweite nahm sie und starb, ohne Nachkommen zu hinterlassen, und der dritte ebenso. [22]Und die Sieben hinterließen keine Nachkommen. Zuletzt von allen starb auch die Frau. [23]Bei der Auferstehung, wenn sie auferstehen, welchem von ihnen wird die Frau gehören? Denn (alle) sieben hatten sie als Frau!« [24]Jesus sprach zu ihnen: »Irrt ihr nicht deswegen, weil ihr weder die Schriften kennt noch die Kraft Gottes? [25]Denn wenn sie von den Toten auferstehen, werden sie weder heiraten noch sich heiraten lassen, sondern sie sind wie Engel im Himmel. [26]Was aber die Toten betrifft, dass sie auferweckt werden: Habt ihr nicht im Buch des Mose gelesen, wie Gott beim Dornbusch zu ihm sagt: ›*Ich bin der Gott Abrahams und der Gott Isaaks und der Gott Jakobs*‹? (Ex 3,6) [27]Er ist nicht ein Gott der Toten, sondern der Lebenden. Ihr seid völlig im Irrtum.«

In dieser Geschichte begegnen wir einer weiteren wichtigen Gruppe des zeitgenössischen Judentums, den *Sadduzäern.*

Der Name *Sadduzäer* leitet sich von den *Zadokiten* ab, priesterlichen Familien, die in der Zeit nach dem Exil die Hohenpriester stellten und sich auf ihre Abstammung von *Zadok* beriefen, einem Priester zur Zeit Davids (2Sam 8,17; 15,24–29). Zu den *Sadduzäern* gehörten vor allem Angehörige vornehmer Priesterfamilien, aber auch der Laienaristokratie in Jerusalem. In Judäa waren sie im Rahmen der jüdischen Selbstverwaltung unter römischer Aufsicht die einflussreichste Gruppe. Theologisch und juristisch waren die Sadduzäer konservativ und liberal zugleich. Für sie waren nur die Aussagen der Tora, also der fünf Bücher Mose, bindend. Die weiteren Teile des späteren jüdischen Kanons betrachteten sie nicht als maßgebend, und schon gar nicht die »Überlieferungen der Ältesten«, die die Pharisäer als wichtige Ergänzung und Auslegungshilfe heranzogen. Wo es klare Bestimmungen im Gesetz gab, hielten sich die Sadduzäer streng an sie, auch in Fällen, in denen dies mit besonderen Härten für die Betroffenen verbunden war und die Pharisäer bereit waren, mildere Lösungen zu suchen. Wo aber das Gesetz keine Vorschriften enthielt, da fühlten sich die Sadduzäer frei, nach eigenem Ermessen zu handeln. Von vergleichbaren Geboten im Gesetz Handlungsanweisungen für neu aufkommende Fragestellungen abzuleiten, wie das die Pharisäer taten, lehnten sie ab. Das gab ihnen in vielen Lebensbereichen eine beträchtliche Handlungsfreiheit. Da die Tora nirgends die Auferstehung der Toten bezeugt, wurde diese Vorstellung von den Sadduzäern abgelehnt, während die Pharisäer und andere Gruppen im Frühjudentum darin einen wichtigen Aspekt der Hoffnung Israels sahen (vgl. Dan 12,1f; Apg 23,6–9).

Ein Grund für die Anfrage der Sadduzäer wird nicht genannt (**18**). Aber der Hinweis darauf, dass sie den Glauben an eine Auferstehung ablehnen, macht von vorneherein deutlich, dass auch ihre Frage Jesus als Lehrer bloßstellen soll. Sie setzen offensichtlich voraus, dass Jesus die Auferstehung lehrt und wollen diese Vorstellung lächerlich machen. Dafür haben sie sich ein Beispiel ausgedacht, das von einer Vorschrift des Gesetzes ausgeht (**19**). Es geht um die Einrichtung der »Schwagerehe« (Dtn 25,5–10), die vorsieht, dass dann, wenn ein verheirateter Mann ohne Nachkommen stirbt, dessen Bruder die Witwe heiratet, um für seinen Bruder Nachkommen zu zeugen. Ob dieses Gesetz zur Zeit Jesu angewandt wurde, ist offen; darauf kommt es hier auch nicht an. Denn die Sadduzäer konstruieren den ziemlich unwahrscheinlichen Fall (**20–22**), dass eine Frau aus diesem Grund nacheinander mit sieben Brüdern verheiratet war, die alle vor ihr starben (vgl. die ähnliche Situation in Tob 7,11).

Die Frage, die sie daraus ableiten, lautet: Wenn alle auferstehen, wessen Frau wird sie dann sein? (**23**) Die Sadduzäer setzen also einen Auferstehungsglauben voraus, der sich das zukünftige Leben als Fortsetzung des irdischen vorstellt. Ihre Frage gehört zu den vielen Versuchen, zu zeigen, welche Absurditäten entstehen, wenn man sich diese Vorstellung ausmalt, und die damit die Auferstehungshoffnung grundsätzlich als unsinnig erweisen wollen.

Jesu Antwort und Kritik setzt bei dieser Vorstellung von der Auferstehung der Toten ein (**24f**). Das Leben derer, die von Gott zu neuem Leben auferweckt werden, ist nicht einfach die Fortsetzung der irdischen Existenz. Es ist ein Leben vor Gott und für Gott und darin der Seinsweise der Engel vergleichbar. Die Frage, wer mit wem verheiratet war oder ist, hat keine Bedeutung mehr.

Damit ist zunächst das konstruierte Beispiel der Sadduzäer zurückgewiesen. Es geht von falschen Voraussetzungen aus. Aber Jesus geht auch auf die dahinterliegende Grundfrage der Sadduzäer ein: Kann eine Vorstellung, von der die Tora gar nicht und die prophetischen Schriften nur am Rande sprechen, Grundlage der Hoffnung sein? Darauf zielt sein Vorwurf, die Sadduzäer seien im Irrtum, weil sie *weder die Schriften noch die Kraft Gottes* kennen. Es geht nicht nur darum, den Wortlaut der Tora zu kennen, sondern auch dafür offen zu sein, was darin von Gottes machtvollem Handeln am Menschen bezeugt wird (**26**). Jesus weist dazu auf eine Stelle aus der Tora hin, nämlich die Selbstvorstellung Gottes in der Begegnung mit Mose am Dornbusch (Ex 3,6): *Ich bin der Gott Abrahams und der Gott Isaaks und der Gott Jakobs.* Auf den ersten Blick sagt dieser Satz nichts über die Auferstehung der Toten. Aber Jesus zeigt eine verborgene Verbindung auf (**27**): Gott *ist nicht ein Gott der Toten, sondern der Lebenden.* Das heißt: Wenn Gott sich durch seine Beziehung zu den Erzväter definiert, dann kann es nicht um die Beziehung zu Toten gehen, sondern um die Gemeinschaft mit Menschen, denen er Leben über den Tod hinaus geschenkt hat. Formal ist die Logik Jesu zunächst nicht überzeugend. Warum soll sich Gott nicht durch seine Beziehung zu den verstorbenen Ahnen Israels vorstellen: Er ist der Gott, den schon Abraham, Isaak und Jakob verehrt haben. Aber in der Sache zeichnet Jesus genau die Entstehung und Grundlegung des Auferstehungsglaubens in Israel nach.

Ursprünglich ging man in Israel davon aus, dass die Verstorbenen im Schattenreich der Unterwelt weiter dahinvegetieren, ohne wirkliches Leben und vor allem ohne Beziehung zu Gott, der Quelle des Lebens. »Die Toten werden dich, HERR, nicht loben, keiner, der hinunterfährt in die Stille«, heißt es in Ps 115,17 (vgl. Ps 6,6; 88,11f; Jes 38,8; Pred 8,5f.10). Darum war es der Wunsch alttestamentlicher Frommer, »alt und lebenssatt zu sterben«. Die Hoffnung auf eine Auferstehung und ein ewiges Leben kam in Israel aber nicht dadurch auf, dass man den Unsterblichkeitsgedanken von den Griechen oder Auferweckungsvorstellungen von den Persern übernahm. Die Hoffnung brach im Nachdenken über die Frage auf, ob Gottes Kraft und Treue wirklich an der Grenze des Todes zu Ende sein könne. Am eindrucksvollsten ist dieses Ringen um die Hoffnung, dass Gott die Seinen auch im Tod nicht fallen lässt, in Ps 73 bezeugt. Den Psalmisten führt dies zur Gewissheit, dass Gottes Treue auch über den Tod hinaus an ihm festhalten wird und so sein Leben in Gott geborgen ist: »Nun aber bleibe ich stets bei dir, du hältst mich an meiner rechten Hand. Nach deinem Ratschluss leitest du mich, und hernach nimmst du mich auf in Herrlichkeit. Wen hätte ich im Himmel! Bin ich bei dir, so begehre ich nichts auf Erden. Mögen mein Leib und mein Herz verschmachten, der Fels meines Herzens und mein Teil ist Gott auf ewig« (73,23–25, ZB). Diese Hoffnung nimmt dann im Verlauf der weiteren Glaubensgeschichte die Form der Vorstellung von der Auferweckung der Toten an (Jes 26,19; Dan 12,2; vgl. auch Ps 22,30). Herzstück dieser Hoffnung aber ist die Gewissheit, dass Gottes Macht nicht an der Grenze des Todes Halt macht und seine Treue auch die trennende Kraft des Todes überwindet und über den Tod hinaus eine neue Gemeinschaft mit den Seinen begründet. Paulus hat dies auf neue Weise in Röm 8,37 formuliert: »Ich bin gewiss, dass weder Tod noch Leben … uns scheiden kann von der Liebe Gottes, die in Christus Jesus ist, unserem Herrn.«

Auf dieser Gewissheit beruht auch die »Logik« Jesu: Wenn sich Gott zu den Ahnen Israels bekennt, bezeugt er damit, dass er an ihnen auch über den Tod hinaus festhält und sie mit ihrem ganzen Sein in seine Gemeinschaft ruft. Das ist für Jesus die Begründung für die Hoffnung, dass Gott die Toten auferweckt.
Der Irrtum der Sadduzäer liegt nicht darin, dass sie die eine oder andere Schriftstelle falsch auslegen. Ihr Irrtum ist, zu gering über Gott und seine Kraft, neues Leben aus den Toten zu schaffen, zu denken.

Jesus verteidigt die Hoffnung auf die Auferstehung, ohne sie an bestimmte weltanschauliche Vorstellungen von einem Leben im Jenseits zu binden. Die Hoffnung ist allein in Gott und seiner Treue begründet. Genaue Beschreibungen des ewigen Lebens mögen zwar auf den ersten Blick tröstlich erscheinen, sie führen aber leicht zu inneren Widersprüchen und Absurditäten und sind nicht biblisch. Sehr schön sagt dies 1Joh 3,2: »Wir sind schon Gottes Kinder; es ist aber noch nicht offenbar geworden, was wir sein werden. Wir wissen aber: Wenn es offenbar wird, werden wir ihm gleich sein; denn wir werden ihn sehen, wie er ist.« Die Gemeinschaft mit Gott ist das Entscheidende. Das bedeutet freilich auch, dass Fragen wie die, ob und wie wir im Himmel unsere Lieben (und auch die anderen) wiedersehen werden, offenbleiben müssen.

12,28–34
Die Frage nach dem ersten Gebot

28Und einer der Schriftgelehrten, der zugehört hatte, wie sie diskutierten, kam herzu, und als er sah, dass er ihnen gut geantwortet hatte, frage er ihn: »Welches ist das erste Gebot von allen?« 29Jesus antwortete: »Das erste ist: ›*Höre, Israel, der HERR, unser Gott, ist ein (einziger) HERR, 30und du sollst Gott, deinen HERRN, lieben mit deinem ganzem Herzen, deiner ganzen Seele, deinem ganzen Denken und deiner ganzen Kraft.*‹ (Dtn 6,4f) 31Ein zweites ist dies: ›*Du sollst deinen Nächsten lieben, wie dich selbst.*‹ (Lev 19,18) Größer als diese (beiden) ist kein anderes Gebot.« 32Und der Schriftgelehrte sagte zu ihm: »Gut, Lehrer, der Wahrheit entsprechend hast du gesagt: Er ist einer, und es ist kein anderer außer ihm, 33und ihn zu lieben mit ganzem Herzen, ganzem Verstand und ganzer Kraft und den Nächsten zu lieben wie sich selbst, das ist viel mehr als alle Brandop fer und Schlachtopfer.« 34Und als Jesus sah, dass er verständig geantwortet hatte, sagte er zu ihm: »Du bist nicht weit weg vom Reich Gottes«. Und niemand wagte ihn weiter zu befragen.

Ein letzter Frager naht sich Jesus (**28**). Diesmal ist es ein einzelner Schriftgelehrter. Er steht nicht unter Gruppenzwang. Er ist beeindruckt von der Art, wie Jesus geantwortet hat. Er stellt eine echte Frage: *Welches ist das erste Gebot von allen?* Sinngemäß könnte man übersetzen: Was ist das *wichtigste* Gebot von allen? Welches Gebot fasst den Willen Gottes, wie er in den vielen Geboten des Gesetzes ausgesprochen ist, am treffendsten zusammen? Ob diese Frage überhaupt berechtigt war, wurde im Judentum der Zeit Jesu kontrovers diskutiert. Viel zitiert wird eine Anekdote, nach der ein Heide den berühmtesten Gesetzeslehrern der damaligen Zeit anbot, zum Judentum überzutreten, wenn sie ihn die ganze Tora lehren könnten, solange er auf einem Bein stehen konnte. Während ihn der strenge Schammai mit einem Stock davonjagte, soll Rabbi Hillel gesagt haben: »Was dir unliebsam ist, das tu auch deinem Nächsten nicht. Dies ist die ganze Tora, das andere ist die Auslegung.« Insgesamt aber war man im Rabbinat zurückhaltend gegen Versuche einer Zusammenfassung des Gesetzes in einem »Hauptgebot«. Man erklärte alle 613 Gebote der Tora (248 Gebote und 365 Verbote) für gleich wichtig, auch wenn man dabei zwischen »leichteren« und »schwereren« Geboten unterschied. Dagegen war man im hellenistischen Judentum der Diaspora eher geneigt, den Willen Gottes in den beiden grundlegenden Pflichten des Menschen, der Frömmigkeit gegenüber Gott und der Gerechtigkeit gegenüber den Menschen, zusammenzufassen.
Jesus lässt sich auf die Frage des Schriftgelehrten ein und beantwortet sie mit dem Verweis auf *zwei* Stellen in der Tora. Die erste Stelle ist Dtn 6,4f, das Sch^{e}ma Israel, das Grundbekenntnis Israels zu Jahwe als dem einzigen Gott für sein Volk (**29f**). Für das hebräischen Original dieses Satzes gibt es verschiedenen Übersetzungsmöglichkeiten; die griechische Fassung, die Markus zitiert, ist eindeutig: Der Gott Israels ist der *eine, einzige* und *einzigartige Herr* für dieses Volk. Das griechische Wort für *Herr* ist dabei zunächst Umschreibung des alttestamentlichen Gottesnamens JHWH, dann aber, vom griechischen Sprachgebrauch her, Bezeichnung für die rettende, helfende und schützende Gottheit. In der Antike konnte man verschiedene Götter und Göttinnen als Herr und Herrin anrufen; für Israel gab es nur den *einen* Herrn.
Liebe zu *gebieten* klingt für uns heute fremd. Doch es geht nicht darum, ein Gefühl zu produzieren. Mit dem Wort *Liebe* kann im Alten Orient auch die geschuldete Loyalität eines Bündnispartners oder Vasallen bezeichnet werden. Das Gebot, Gott mit allen Kräften zu lieben, war Ausdruck der Verpflichtung zu unbedingter und alles umgreifender Loyalität. Der umfassende Charakter dieses Treueverhältnisses wird dadurch betont, dass vier verschiedene As-

pekte menschlicher Existenz als ungeteilte Quelle dieser Gottesliebe genannt werden: Sie kommt aus *ganzem Herzen,* also dem Sitz des Fühlens und Wollens im Zentrum der Person, das ganz Gott zugetan ist; aus *ganzer Seele,* d.h. der kreatürlich-unbewussten Lebendigkeit des Geschöpfes, das sich ganz an seinen Schöpfer hält; aus *ganzem Denken,* einem Aspekt, der bei Markus zum alttestamentlichen Text hinzugefügt ist – auch der Verstand stellt sich ganz in den Dienst seines Herrn; aus *ganzer Kraft.* Das heißt: Alles, was menschliches Können und Wollen vermag, ist diesem Herrn zugewandt. Diese Beschreibung des Gottesverhältnisses gibt dem Gebot, Gott zu lieben, einen besonderen Ton. Es geht um mehr als um das Einschärfen einer Loyalitätsverpflichtung. Im Gebot der Gottesliebe steckt eine Liebeserklärung Gottes, und so wird es zur dringenden Einladung, sich diesem einzigartigen Gott mit dem ganzen Leben und allem, was es ausmacht, hinzugeben.

Daran schließt Jesus ein *zweites* Gebot an (**31**). Doch er nennt mit Lev 19,18 nicht einfach ein zusätzliches Gebot. Das zweite Gebot: *Du sollst deinen Nächsten lieben wie dich selbst* ist die andere Seite des ersten. Im alttestamentlichen Zusammenhang meint *Nächster* zuerst den Nachbarn am Ort, dann die Angehörigen des eigenen Volks. Aber schon Lev 19,33 erweitert die Reichweite des Gebots auf den in Israel ansässigen *Fremden.* Im Judentum zur Zeit Jesu bestand eher die Tendenz, die Reichweite des Gebots auf Angehörige der eigenen Gruppe einzuschränken. Jesus erzählt im Zusammenhang einer ähnlichen Frage das Gleichnis vom barmherzigen Samariter (Lk 10,25–37) und macht klar: Ich bin für den der Nächste, der mich und meine Hilfe braucht. Mit der Figur des Samariters erweitert er den Kreis derer, die anderen zum Nächsten werden können, über das traditionelle Israel hinaus. Im Gebot der Feindesliebe, das in der Logienquelle überliefert ist (Mt 5,44 / Lk 6,35), geht Jesus noch einen Schritt darüber hinaus. Niemand soll von dieser Liebe ausgeschlossen werden.

Die Geschichte vom barmherzigen Samariter macht deutlich, dass *lieben* nicht bedeutet, heiße Sympathiegefühle zu entwickeln, sondern für andere da zu sein und für sie einzustehen, wo Hilfe nötig ist. Gemeint ist das tiefe Erbarmen, das Mitfühlen mit der Not des Gegenübers. Damit ist auch das *wie dich selbst* erklärt. In dieser Wendung steckt nicht ein Gebot zur Selbstliebe als eine Art drittes Liebesgebot. Wohl aber gibt sie den Impuls, sich an die Stelle des anderen zu versetzen und zu spüren, was man selbst an dieser Stelle gerne hätte, und dann dem oder der anderen so zu helfen, wie man das für sich selbst wünschen würde. Es ist gewissermaßen die Kurzfassung der Goldenen Regel (vgl. Mt 7,12): Es gilt, anderen so zu begegnen, wie man sich das selbst in ihrer Situation wünschen würde. Dass Menschen, die sich selbst nicht mögen, damit Schwierigkeiten haben, liegt auf der Hand. Aber dieses Problem wird hier höchstens indirekt angesprochen.

Mit einer kurzen Schlussbemerkung: *Größer als diese (beiden) ist kein anderes Gebot* macht Jesus noch einmal deutlich, dass er diese beiden Aussagen im Grunde als *ein* Gebot ansieht. Es ist das größte, d.h. wichtigste Gebot, weil es das ganze Gesetz zusammenfasst. Jesus steht mit dieser Aussage einerseits in einer Tradition, die vor allem im griechisch sprechenden Judentum bezeugt ist, die beiden Tafeln des Gesetzes (zusammengefasst in den Zehn Geboten) unter den Stichworten Gottesverehrung und Menschenliebe zusammenzufassen.

Andererseits gibt es keinen vorchristlichen Beleg dafür, dass dazu diese beiden Gebote zum Doppelgebot der Liebe verbunden wurden. Das war offensichtlich eine Besonderheit der Gesetzesauslegung Jesu. Das zeigt sich auch darin, dass in so gut wie allen neutestamentlichen Überlieferungskreisen das Liebesgebot als Zusammenfassung des Gesetzes betrachtet wird – wobei dort allerdings immer nur das Gebot der Nächstenliebe genannt wird (vgl. Röm 13,8; Gal 5,14; Joh 13,34; 1Joh 4,21; Jak 2,8).

Das Unerwartete geschieht. Der Schriftgelehrte stimmt zu (**32f**). Er bestätigt, was in der Anfrage der Pharisäer und Herodianer nur ein verfängliches Kompliment war: Jesus ist ein Lehrer, der *gut* und *der Wahrheit entsprechend* lehrt, und das heißt: der Sache angemessen und im Einklang mit Gottes Willen. Zur Bekräftigung seiner Zustimmung wiederholt der Frager Jesu Antwort mit eigenen Worten und fasst dabei sehr schön das Doppelgebot der Liebe zu einem einzigen Gebot zusammen. Und er fügt noch eine Bemerkung hinzu, die in Anlehnung an Hos 6,6 formuliert ist: *das ist viel mehr als alle Brandopfer und Schlachtopfer. Brandopfer* sind die Opfer, bei denen das Opfertier ganz verbrannt und so ganz für Gott dargebracht wurde. Bei den *Schlachtopfern* werden nur Fettstücke und Innereien auf dem Altar verbrannt, der Rest wird von den Opfernden bei einem gemeinsamem Mahl im Heiligtum verzehrt. Brandopfer gelten also allein Gott, Schlachtopfer beziehen auch die Mitmenschen in diese Gemeinschaft ein. Durch die beiden Opferarten wird der Opferkult im Tempel charakterisiert und gleichzeitig relativiert. Das entspricht prophetischer Tradition (vgl. außer Hos 6,6 vor allem 1Sam 15,22; Am 5,22; Mi 6,6–8, aber auch Ps 51,18f; im Neuen Testament weitergeführt in Mt 9,13; 12,7). Opfer werden nicht generell abgelehnt, aber es wird klargestellt: Der wahre Gottesdienst besteht nicht im Opferkult, sondern darin, das Leben ganz Gott zur Verfügung zu stellen und es für Menschen in Not einzusetzen.

Jesus anerkennt, dass der Mann *verständig* geantwortet hat (**34**). Was vor Gott recht und gut ist, das müsste eigentlich auch dem menschlichen Verstand einleuchten, wenn er nicht durch egoistische Interessen fehlgeleitet wird. Das ist bei diesem Schriftgelehrten nicht der Fall. Er erkennt und anerkennt, was Gottes Willen entspricht. Darum sagt Jesus zu ihm: *Du bist nicht weit weg vom Reich Gottes.* Das heißt im Klartext: *Du bist sehr nahe.* Jesus will also nicht sagen, dass noch eine ziemliche Distanz zwischen dem Schriftgelehrten und dem liegt, was die kommende Herrschaft Gottes ausmacht. Im Gegenteil, er anerkennt ausdrücklich die Nähe dieses Mannes zu Gottes Reich. Das ist in zweifacher Hinsicht von hoher Bedeutung. Es zeigt erstens, dass Jesus und die Evangeliumserzählung keinem schematischen Feindbild folgen, das die Schriftgelehrten nur in schlechtem Licht darstellt. Es wird dankbar vermerkt, dass es wirkliche Übereinstimmung zwischen jüdischer Schrifterkenntnis und der Reichs-Gottes-Verkündigung Jesu geben kann. Zweitens wird deutlich, dass es für Jesus im Verhältnis zur Gottesherrschaft nicht nur ein Alles oder Nichts geben kann. Jesus kennt und anerkennt auch die Erfahrung wachsender Nähe.

Welches Gebot Gottes führt ins Zentrum des Willens Gottes, aus dem heraus sich alles andere, was gut und lebenswichtig ist, von selbst ergibt? Das ist die Fragestellung, die hinter der Frage nach dem größten Gebot steht. Für Jesus ist es das Doppelgebot der Liebe. Liebe kann nicht geboten werden. Aber sie erwächst aus der herausfordernden Einzigartigkeit Gottes und der unausweichlichen Not der Mitmenschen. Das Gebot ruft dazu auf, das Leben ganz für Gott und andere zu öffnen. Darin liegt seine innere Einheit. Das Doppelgebot, das durch Jesu Wort für Christen zur Mitte des Willens Gottes geworden ist, besteht aus zwei Sätzen der Tora Israels. Es gibt eine unaufgebbare Nähe von Judentum und Christentum im Hören auf Gottes Willen, die in dieser Geschichte aufleuchtet. Jesu abschließendes Wort an den Schriftgelehrten weist darüber hinaus auf Gottes Nähe zu allen Menschen hin, die die Liebe zu Gott und dem Nächsten als tragenden Grund der Gemeinschaft zwischen Gott und Menschen erkennen. Diese Einsicht mag für uns heute im Gespräch mit Menschen anderer Religionen von besonderer Bedeutung sein.

Die drei Diskussionen, von denen Markus berichtet, zeigen Jesus als souveränen Lehrer: Er durchschaut heimtückische Fragen und lässt sie mit einer klugen Antwort ins Leere laufen. Er korrigiert irrige theologische Schlussfolgerungen mit dem Hinweis auf ihre falschen Voraussetzungen. Und er nimmt die ehrliche Frage nach Gottes Willen so auf, dass die Antwort den, der fragt, überzeugt.

Nachdem das deutlich geworden ist, wagt niemand mehr, Jesus etwas zu fragen. In den folgenden drei kurzen Episoden, die Markus von Jesu Aufenthalt auf dem Tempelgelände berichtet, ergreift Jesus jeweils selbst das Wort.

12,35–37
Die Gegenfrage Jesu: Ist der Messias Davids Sohn?

35Und Jesus, als er im Heiligtum lehrte, ergriff das Wort und sagte: »Wieso sagen die Schriftgelehrten, dass der Messias der Sohn Davids sei? 36David selbst hat doch unter der Leitung des Heiligen Geistes gesagt: ›*Der HERR sprach zu meinem Herrn: Setze dich zu meiner Rechten, bis ich dir deine Feinde unter deine Füße lege.*‹ (Ps 110,1)
37David selbst nennt ihn (also) Herr, wie kann er dann sein Sohn sein?« Und die ganze Volksmenge hörte ihn gern.

Obwohl die neue Szene im griechischen Text mit *und Jesus antwortete* beginnt, schließt sie sich nicht unmittelbar an die vorhergehende an (35). Denn Markus nennt noch einmal ausdrücklich den Schauplatz des Lehrens Jesu, das *Heiligtum*, d.h. den Bereich des Tempels. Das Folgende ist eine Art Lehrmonolog, in dem sich Jesus mit einer Aussage jüdischer Messiaserwartung auseinandersetzt. Die Art der Frage: *Wieso sagen die Schriftgelehrten ...?* macht deutlich, dass die zitierte Aussage in Frage gestellt werden soll: *Wie kommen die Schriftgelehrten dazu zu sagen ...?* Die angefragte Meinung lautet: *dass der Messias der Sohn Davids sei.* Im Griechischen steht *christos,* was hier sicher *den Messias, den Gesalbten* Gottes meint, so wie *Sohn Davids* generationenübergreifend einen *Nachkommen Davids* bezeichnet. Es war allgemeine Überzeugung im Judentum der damaligen Zeit, dass ein Nachkomme Davids als Gesalbter Gottes und endzeitlicher König Israel erlösen würde (vgl. PsSal 17,21ff). Die Infragestellung dieser Meinung kommt überraschend. Noch 10,47 hatte Markus berichtet, dass der blinde Bartimäus Jesus mit der Anrede *Sohn Davids* um Hilfe bat. Auch im Urchristentum sah man in Jesus Christus einen Nachkommen Davids (so Röm 1,4, allerdings mit der Einschränkung *nach seiner irdischen Herkunft*; ähnlich 2Tim 2,8). Und sowohl Matthäus als auch Lukas zeigen mit Hilfe eines Stammbaums die Herkunft Jesu von David auf (Mt 1,6; Lk 3,31). Wie kommt es, dass Markus berichtet, Jesus habe diese Aussage als irrige Meinung von Schriftgelehrten in Frage gestellt?
Leitend dafür ist ein Zitat aus Ps 110,1. Dieser Psalmvers ist die meistzitierte Bibelstelle im Neuen Testament, hatte also für die ur-

christliche Deutung des Handelns Gottes an Jesus große Bedeutung. Wegen seiner Überschrift galt er als von David verfasst, und nach V. **36** betont Jesus, dass David dabei vom Heiligen Geist geleitet war. Es ist also jedes Wort von Bedeutung. Zitiert wird der Vers nach der griechischen Übersetzung (dort Ps 109) mit einer kleinen Veränderung am Schluss (statt *unter den Schemel deiner Füße* nur *unter deine Füße*).

Für die Beweisführung kommt es aber nur auf die einleitende Wendung an: *Der HERR sprach zu meinem Herrn.* Das erste *HERR* umschreibt den Gottesnamen *JHWH.* Es handelt sich also um ein Wort Gottes an jemanden, der vom Beter des Psalms *mein Herr* genannt wird. Nach heutiger Kenntnis war damit ursprünglich der König angesprochen, dem der Beter des Psalms ein Gotteswort in Erinnerung ruft, das ihm bei seiner Inthronisation zugesprochen wurde (Sprecher ist also nicht David persönlich; die Überschrift bezeichnet nicht den Verfasser, sondern die Zugehörigkeit zur Sammlung der Davidspsalmen). Die Deutung Jesu geht dagegen von der Voraussetzung aus, dass hier David vom *Messias* spricht, dem endzeitlichen Repräsentanten der Gottesherrschaft, dem Gott die Feinde unter die Füße legen wird (**37**). Wenn David ihn aber als *meinen Herrn* bezeichnet, wie kann er dann sein *Sohn* sein? Diese Frage bleibt offen. Markus möchte, dass sich seine Leser und Leserinnen damit beschäftigen.

Die ganze Art der Argumentation macht wahrscheinlich, dass es bei dieser Frage in ihrer jetzigen Form um eine Auseinandersetzung urchristlicher Schriftauslegung geht. Unklar aber ist, ob damit dargelegt werden sollte, dass der Versuch, die Abstammung Jesu von David nachzuweisen, ins Leere läuft und darum unnötig ist, oder ob die Bedeutung dieser Abstammung nur relativiert werden sollte. Markus scheint die Episode aus dem zweiten Grund zu berichten. Gerade in der Passionsgeschichte wird sich alles auf das Ineinander der Titel Menschensohn und Gottessohn zuspitzen; die Bezeichnung *Davids Sohn* führt eher in die Irre. Das musste gegenüber jüdischen Messiaserwartungen, wie sie dann im jüdischen Aufstand auf unheilvolle Weise lebendig geworden waren, klargestellt werden. Wenn Markus gerade an dieser Stelle protokolliert, dass *die ganze Volksmenge ihn gerne hörte,* dann will er deutlich machen, dass auch die kritischen Anmerkungen Jesu zur herrschenden Lehre vom Messias im Volk Anklang fanden.

Die Frage: Wer ist Jesus? lässt sich nicht mit Formeln herkömmlicher Messiasdogmatik beantworten. So kann auch die Frage seiner irdischen Abstammung höchstens eine Hilfslinie sein, die gelöscht werden muss, wenn sie ihren Dienst getan hat. Es gibt keine »Beweise«

für Jesu Messianität; sie erweist sich in der Begegnung mit Gottes Gegenwart in seinem Wirken und seinem Leiden.

12,38–40
Warnung vor den Schriftgelehrten

38Und in seiner Lehre sagte er: »Hütet euch vor den Schriftgelehr-
ten, die in (prächtigen) Gewändern daherkommen und auf den
Marktplätzen gegrüßt werden wollen 39und Ehrensitze in den Syn-
agogenversammlungen und Ehrenplätze bei den Gastmählern su-
chen, 40die die Häuser der Witwen auffressen und zum Schein lange
beten! Die werden ein (umso) härteres Urteil erhalten.«

Nach der Auseinandersetzung Jesu mit der Schriftauslegung der Schriftgelehrten folgt ein kritisches Wort über sie selbst. Diese Kritik hat eine Parallele in entsprechenden Vorwürfen gegen Pharisäer und Gesetzeslehrer in der Logienquelle (vgl. Lk 11,37–54). Dort richtet sie sich direkt an die Kritisierten. Matthäus hat beide Überlieferungsstränge zu einer Rede gegen Schriftgelehrte und Pharisäer zusammengefasst (Mt 23). Bei Markus ist es eine Warnung an nicht genannte Zuhörer, mit denen sich die Leser und Leserinnen des Evangeliums identifizieren sollen. Die Auseinandersetzung mit Schriftgelehrten und Pharisäern gehörte also zum Grundbestand der Jesusüberlieferung, sie gewann aber im Weitererzählen aufgrund der gespannten Situation zwischen jüdischen und christlichen Gemeinden an Breite und an Schärfe.
Die Vorwürfe im Bericht des Markus sind zu drei Paaren angeordnet. Bei den ersten zwei Paaren geht es um ein Verhalten, das Anerkennung und Ehrerbietung in der Öffentlichkeit sucht (**38f**). Dabei muss man sich bewusst machen, dass die Schriftgelehrten in der jüdischen Gesellschaft eine wichtige Stellung innehatten, da sie als Gesetzesausleger die Aufgaben von Juristen und Theologen wahrnahmen. Sie beanspruchten deshalb ein entsprechendes Ansehen in der Öffentlichkeit. Die antik-orientalische Kultur von Ehre und Status erforderte dies. Prächtige Feiertagsgewänder sollen Aufmerksamkeit erregen und andere zu ehrerbietigem Grüßen auf öffentlichen Plätzen veranlassen. Wichtig war weiter, dass für sie Ehrenplätze in der Synagogenversammlung reserviert wurden, eine Ehrung, für die es viele inschriftliche Zeugnisse gibt. Bei Gastmählern mussten ihnen ihrem Rang angemessene Plätze zugewiesen werden. Solches Gehabe steht im Gegensatz zu Jesu Anweisungen an seine Jünger, die von der Forderung nach Statusverzicht bestimmt sind (Mk 9,35; 10,43f).

Die beiden letzten Vorwürfe betreffen zentrale Fragen des rechten Verhaltens und der Frömmigkeit (**40**). Der erste lautet, dass die Schriftgelehrten *die Häuser der Witwen auffressen.* Aufgrund der beschränkten Rechtsfähigkeit von Frauen galten Witwen im Alten Testament als besonders gefährdet, übervorteilt und ausgebeutet zu werden. Es gehört zu den Standardvorwürfen prophetischer Kritik an den führenden Schichten in Israel, dass sie sich nicht der Witwen und Waisen angenommen haben (Jes 1,23; Ez 22,7.25). Eine zeitgenössische jüdische Schrift, die *Himmelfahrt Mose,* wirft selbsternannten Führern des Volkes vor, den Besitz der Armen aufzufressen (AssMos 7,6). Ob bei den Vorwürfen Jesu daran gedacht ist, dass Schriftgelehrte durch ungerechte Rechtsentscheide oder durch entsprechend hohe Honorarforderungen Witwen um ihre Häuser bringen, wird nicht gesagt. Der zweite Vorwurf zielt auf eine auf Schau angelegte, heuchlerische Frömmigkeit. Sie beten zwar (in der Synagoge?) lang und ausführlich, aber sie tun das nur, um als besonders fromm zu gelten. Ein ähnlicher Vorwurf wird in der Bergpredigt (Mt 6,5f) erhoben. Er gehörte offensichtlich zur Standardkritik christlicher Gemeinden an bestimmten Formen jüdischer Frömmigkeit. Die Betroffenen bekommen im Neuen Testament keine Gelegenheit, sich zu verteidigen, und so bleibt offen, ob diese Vorwürfe so pauschal zutreffen. Ihre Härte verwundert, nachdem Jesus kurz vorher einen Schriftgelehrten gelobt hat.

Das zeigt, dass wir hier nicht ein genaues Protokoll all dessen vor uns haben, was Jesus an jenem Nachmittag in einem der Vorhöfe des Tempels gesagt hat, sondern eine Zusammenstellung von Berichten über Auseinandersetzungen Jesu mit dem offiziellen Judentum seiner Zeit, wie sie in den Gemeinden weitergegeben wurden.

Die Schlussbemerkung Jesu, dass die Betreffenden *ein (umso) härteres Urteil erhalten* werden, trägt ja auch einen doppelten Hinweis in sich: Einerseits wird damit die besondere Verantwortung der jüdischen Schriftgelehrten hervorgehoben, die als Kenner und Ausleger der Tora und der Propheten besser wissen müssten, was Gottes Willen entspricht. Andererseits steckt darin aber auch eine Warnung an die Jünger, sich nicht von dem Streben nach Ehre und Status anstecken zu lassen und damit selbst der Gefahr zu erliegen, nicht mehr solidarisch mit den Armen und Rechtlosen zu sein und die eigene Frömmigkeit zur Schau zu machen.

Diese Worte dürfen nicht zur pauschalen Verurteilung jüdischer Toragelehrter missbraucht werden. Sie sollen als Warnplakat verstanden werden. Das *Hütet euch vor* warnt nicht sosehr vor dem Kontakt mit jüdischen Rabbinen, sondern vor der Gefahr, die vom Ausnutzen religiösen Herrschaftswissens ausgeht. Man gibt vor, Ehre für das Amt und für die Sache Gottes, die es vertritt, zu beanspruchen, und fällt in die Falle der Ehrsucht. Statt Wissen und Macht für die Armen einzusetzen, dienen sie dem eigenen Status. Der Anspruch, der Gerechtigkeit zu dienen, wird zur Farce und die gelebte Frömmigkeit zur Schau. Dieser Gefahr sind nicht nur jüdische »Religionsexperten« erlegen, sondern nicht selten auch christliche!

12,41–44
Die Gabe der Witwe

[41]Und er setzte sich dem Opferkasten gegenüber und beobachtete, wie die Volksmenge Geld in den Opferkasten warf. Und viele Reiche pflegten viel einzulegen. [42]Und es kam eine arme Witwe, die warf zwei Lepta ein, das entspricht einem Quadrans. [43]Und er rief seine Jünger zusammen und sagte zu ihnen: »Amen, ich sage euch: Diese arme Witwe hat mehr eingeworfen als alle anderen, die etwas in den Opferkasten geworfen haben. [44]Denn alle (anderen) haben aus ihrem Überfluss eingeworfen; sie aber hat von ihrem Mangel alles eingeworfen, was sie hatte, ihren ganzen Lebensunterhalt.«

Die letzte Szene ist mit der vorherigen einerseits durch das Stichwort *Witwe* verbunden; andererseits bietet die Witwe, von der hier erzählt wird, so etwas wie ein Gegenbild zu dem negativen Verhalten der Schriftgelehrten. Jesus befindet sich weiter im Bereich des Tempels. Wie in allen antiken Tempeln gab es auch in einem der Vorhöfe des Jerusalemer Heiligtums eine Schatzkammer, in der Naturalgaben und Geldspenden aufbewahrt wurden. Davor standen eine Reihe Opferstöcke, in die man kleinere und größere Geldbeträge einlegen konnte (**41**). Jesus beobachtet, wie Leute ihre Spenden einwarfen. Nicht ohne Anerkennung wird festgestellt: *Viele Reiche pflegten viel einzulegen.* Die Opferfreudigkeit der wohlhabenden Bevölkerung war beachtlich. Aber dann wird die Aufmerksamkeit auf eine arme Witwe gelenkt, die zwei Kupfermünzen einlegt (**42**). Es sind zwei *Lepta,* die kleinste griechische Münze. Da sie aber den Lesern des Markus nicht bekannt war, erklärt er, dass dies dem Wert eines *Quadrans,* der kleinsten römischen Kupfermünze, entspricht. Eine solche Angabe in heutige Währung umzurechnen ist schwierig, aber man kann davon ausgehen, dass es sich um einen Cent-Betrag handelte.
Jesus aber erklärt feierlich (**43f**) (man beachte die Einleitung mit dem bekräftigenden *Amen*), diese Frau habe mehr gegeben als alle anderen. Denn, so lautet seine Begründung, *alle (anderen) haben*

aus ihrem Überfluss eingeworfen; sie aber hat von ihrem Mangel alles eingeworfen, was sie hatte, ihren ganzen Lebensunterhalt. Man kann darüber diskutieren, ob das Verhalten der Frau nach menschlichen Gesichtspunkten verantwortlich war, oder darauf hinweisen, dass sie sich für diese Summe auch kaum noch etwas zu essen hätte kaufen können. Für die Geschichte sind solche Überlegungen unmaßgeblich. Für Jesus ist die Tat dieser Frau ein Beispiel für das Verhalten, wie er es angesichts des kommenden Gottesreiches empfiehlt: alles für Gott geben und ganz auf seine Fürsorge vertrauen. Wie es dieser Frau zukünftig ergeht, wird nicht erzählt; die Geschichte ist mehr eine Beispielerzählung als ein Geschichtsbericht. Aber es ist nicht zufällig, dass es das Beispiel einer armen, in ihrer Existenz gefährdeten Frau ist, das am Ende dieser Auseinandersetzungen mit den machtbewussten, um ihre Privilegien besorgten führenden Kreisen des Volkes steht.

Wenn wir auf die Auseinandersetzungen im Tempel zurückblicken, stellt sich die Frage: Warum war es für Markus so wichtig, darüber zu berichten? Es handelt sich nicht um eine Generalabrechnung mit dem Judentum. Denn neben Problemanzeigen stehen auch positive Erfahrungen, nicht zuletzt das Beispiel der opferbereiten Witwe. Dass sie *alles* gibt, reiht sie in die Reihe derer ein, die alles von Gott erwarten und sich ihm ganz anvertrauen. Sie ist ein Beispiel dafür, was es heißt, Gott »von *allen* Kräften« zu lieben. Dass ihre Armut u.U. gesellschaftliche Ursachen hat, wurde in V. 40 angedeutet. Die kritische Auseinandersetzung mit den führenden Gruppen des Judentums bereitet zum einen die Passionsgeschichte vor. Hier zeigt sich das Konfliktpotential, das zur Auslieferung Jesu an die Römer führt. Die geäußerte Kritik steht aber auch in Verbindung mit der Warnung vor Machtmissbrauch und Ehrsucht in der christlichen Gemeinde (10,42f). Die christliche Gemeinde soll sich durch das negative Beispiel der Schriftgelehrten davor warnen lassen, den gleichen Gefahren zu erliegen.

13,1–2
Die Vorhersage der Zerstörung des Tempels

Eine kurze Szene schließt den Bericht von der Zeit des Aufenthalts Jesu im Gebiet des Tempels ab und leitet zu Jesu Rede über die Zeit des Endes über.

1Und als er zum Heiligtum hinausgeht, sagt zu ihm einer seiner Jünger: »Lehrer, sieh, was für Steine und was für Gebäude!« 2Und Jesus

sagte zu ihm: »Du siehst diese großen Gebäude? Es wird hier kein Stein auf dem anderen bleiben, der nicht völlig herausgebrochen werden wird.«

Beim Hinausgehen aus dem Tempelbereich weist einer der Jünger Jesus auf die gewaltigen Steinkonstruktionen und prächtigen Tempelgebäude hin (**1**). Auch heutige Betrachter, die ja nur noch die Überreste der mächtigen Stützmauern des Tempelplatzes sehen, die Herodes errichten ließ, staunen über die riesigen Quader, die hier verarbeitet sind. Zur Zeit Jesu galten diese Bauten mit als die eindrucksvollsten Tempelanlagen im Römischen Reich. Jesus nimmt den Impuls auf. Mit seiner Rückfrage (**2**): *Du siehst diese großen Gebäude?* unterstreicht er noch einmal den äußeren Eindruck des gewaltigen Bauwerks. Umso überraschender und härter wirkt dann seine Voraussage: *Es wird hier kein Stein auf dem anderen bleiben, der nicht völlig herausgebrochen werden wird.* Manche halten dies für eine Weissagung, die erst nachträglich, nach der Zerstörung des Tempels im Jahr 70 n.Chr., formuliert wurde. Dagegen sprechen aber zwei Beobachtungen: 1. Jesus sagt eine sehr viel radikalere Zerstörung voraus, als im Jahr 70 tatsächlich stattfand. Damals blieben die gewaltigen Mauern der Tempelanlage im Großen und Ganzen unzerstört. 2. Eine Vorhersage der Zerstörung des Tempels, deren Wortlaut aber nicht eindeutig zu belegen war, hat im Prozess Jesu eine Rolle gespielt (vgl. Mk 14,58).
Jesu Weissagung, wie sie Markus berichtet, fasst einerseits die tempelkritischen Aussagen in Kap. 11 und 12 zusammen: Der Tempel als Stätte der Anbetung Gottes wird aufhören zu existieren. Andererseits liegt darin auch ein erster Hinweis auf das, was die Jüngergemeinde, Israel und die ganze Welt noch zu bestehen haben werden, bis Gott sein Handeln an ihnen vollendet.

13,3–37
Die Endzeitrede

Mit dem Verlassen des Tempelgebiets schloss der erste Abschnitt des dritten Hauptteils des Markusevangeliums. Das leitet unmittelbar zur letzten großen Rede Jesu in diesem Evangelium über. Sie behandelt ein ganz neues Thema: den Gang der Ereignisse bis zur Vollendung der Geschichte beim Kommen des Menschensohns. Für manche Ausleger ist diese Rede ein Fremdkörper, und sie vermuten, dass sie aufgrund einer Vorlage relativ spät eingefügt wurde. Die neuere Auslegung hat aber gezeigt, dass die Rede einen wichtigen Teil des Evangeliums darstellt, gerade in ihrer Position zwischen den Auseinandersetzungen im Tempel und der Passionsgeschichte. In der Komposition des Evangeliums ist sie das Gegenstück zur Gleichnisrede im ersten Teil (4,1–34). Die Rede ist sorgfältig aufgebaut, Markus verarbeitet in ihr unterschiedliche Überlieferungen zu einem größeren Ganzen. Wir werden aber nicht versuchen, die Entstehungsgeschichte des Kapitels zu rekonstruieren. Unsere Auslegung konzentriert sich auf die Frage: Wie sollten die Leser und Leserinnen des Markusevangeliums die Worte Jesu, die hier zusammengestellt sind, verstehen?

Die Rede gliedert sich in folgende Abschnitte:

3f	Die Frage nach dem Ende
5–37	Die Rede über den Weg bis zur Vollendung
5b–23	Der schwere Weg zum Ziel
5b–8	Warnung vor Verführung und erste Zeichen
9–13	Die Mahnung, bis zum Ende auszuharren
14–23	Die letzte Bedrängnis und Verführung
24–27	Das Kommen des Menschensohns
28–37	Die Notwendigkeit ständiger Bereitschaft
28–32	Wann kommt das Ende?
33–37	Aufruf zur Wachsamkeit

13,3–4
Die Frage nach dem Ende

[3]Und als er auf dem Ölberg saß, dem Heiligtum gegenüber, fragten ihn Petrus, Jakobus, Johannes und Andreas, als sie allein waren: [4]»Sage uns: Wann wird das sein, und was wird das Zeichen sein, wann dies alles vollendet werden wird?«

Die Einleitung der Rede Jesu führt uns – wie der Beginn des 3. Hauptteils in 11,1 – auf den Ölberg (**3f**). Jesus sitzt an einer Stelle, von der man hinüber zum Tempel sieht. Angesichts dieses Gegenübers und im Rückblick auf das vorher Gehörte fragen ihn Petrus, Jakobus, Johannes und Andreas: *Sage uns: Wann wird das sein, und was wird das Zeichen sein, wann dies alles vollendet werden wird?* Wieder einmal ist es nur eine kleine Gruppe der Jünger, an die eine wichtige Lehrrede gerichtet ist. Es sind die vier Erstberufenen (vgl. 1,16–20), die nach dem Ende und Ziel des Weges fragen, auf dem sie Jesus nachgefolgt sind. Ihre Frage greift auf die Vorhersage der Zerstörung des Tempels zurück (*Wann wird das sein?*), holt aber zugleich sehr viel weiter aus und fragt nach den Zeichen, die erkennen lassen, *wann dies alles vollendet werden wird.* Die Formulierung des letzten Halbsatzes ist eine wörtliche

Anspielung auf Dan 12,7 nach der Septuaginta-Übersetzung. Es geht also um die Frage, wann das Leiden und die Bedrängnis des Gottesvolkes beendet sein wird und Gott seine Geschichte mit ihm und der Welt vollendet und eine neue Weltzeit des Heils heraufführt (vgl. 4Esr 6,7: »Wann ist das Ende und der Anfang der kommenden Welt?«). Die Frage der Jünger nimmt die Frage der wartenden Gemeinde zur Zeit des Markus auf. Wahrscheinlich war, als Markus das Evangelium schrieb und die ersten Gemeinden es lasen, der Tempel noch nicht zerstört, aber der Aufstand in Judäa und Galiläa schon ausgebrochen, sodass die Frage nach dem weiteren Weg und seinem Ziel dringlich geworden war.

13,5–23
Der schwere Weg zum Ziel

Im ersten Teil seiner Rede spricht Jesus von dem schweren Weg, der den Jüngern bevorsteht. Er tut dies in drei Schritten: V. 5–9, eingeleitet mit *Seht zu,* beschreiben den Anfang der krisenhaften Entwicklung (8: *Anfang der Wehen*). V. 10–13, eingeleitet durch *Habt acht auf euch selbst,* sprechen von der Verfolgung der Jünger. Der Abschnitt endet mit einer Verheißung: *Wer durchhält bis ans Ende …* . Die V. 14–23 beschreiben eine letzte, schwere Bedrängnis für die Jüngergemeinde und münden ein in die Mahnung: *Ihr aber seht euch vor!* und die Vergewisserung: *Ich habe euch alles vorhergesagt.* Endzeitliche Belehrung und seelsorgerliche Begleitung sind eng miteinander verbunden. In gewisser Weise verweigert dieser Teil zunächst die Antwort auf die Frage der Jünger. All das wird kommen; aber es ist *noch nicht* das Ende.

5Jesus aber fing an, ihnen zu sagen: »Seht zu, dass euch niemand in
die Irre führt. 6Viele werden in meinem Namen kommen und sagen:
›Ich bin's‹ und werden viele in die Irre führen. 7Wenn ihr aber von
Kriegen hört und von Gerüchten über Kriege, lasst euch nicht erschrecken! Das muss geschehen, aber es ist noch nicht das Ende.
8Volk wird sich gegen Volk erheben und Reich gegen Reich. Es wird an verschiedenen Orten Erdbeben geben, es wird Hungersnöte geben. Das ist (erst) der Anfang der Wehen.
9Seht euch aber selbst vor! Sie werden euch an Gerichtshöfe ausliefern und in Synagogen auspeitschen, und um meinetwillen werdet
ihr vor Statthaltern und Königen stehen, ihnen zum Zeugnis. 10Und
zuerst muss allen Völkern das Evangelium verkündigt werden.
11Und wenn sie euch ausliefern und vor Gericht stellen, sorgt nicht im Voraus, was ihr sagen werdet, sondern was euch in dieser Stunde

eingegeben wird, das sagt. Denn nicht ihr seid es, die reden, sondern
der Heilige Geist. [12]Und ein Bruder wird den Bruder in den Tod aus-
liefern und ein Vater sein Kind, und Kinder werden sich gegen die
Eltern erheben und sie töten. [13]Und ihr werdet von allen gehasst
werden um meines Namens willen. Wer aber durchhält bis ans En-
de, der wird gerettet werden.
[14]Wenn ihr aber den Gräuel der Verwüstung stehen seht, wo er
nicht (sein) darf – wer (das) liest, merke auf! – dann sollen die, die
in Judäa sind, ins Gebirge fliehen, [15]wer aber auf dem Haus(dach)
ist, soll nicht herabsteigen und hineingehen, um etwas aus dem
Haus zu holen, [16]und wer auf dem Feld ist, soll nicht zurückkehren,
um seinen Mantel zu holen. [17]Wehe aber denen, die schwanger sind
oder (ein Kind) stillen in jenen Tagen. [18]Bittet aber, dass es nicht
während des Winters geschieht. [19]Denn jene Tage werden eine Be-
drängnis darstellen, wie es noch keine gegeben hat seit Beginn der
Schöpfung, die Gott geschaffen hat, bis jetzt, und wie es sie auch
nicht mehr geben wird. [20]Und wenn der Herr die Tage nicht ver-
kürzt hätte, würde niemand gerettet. Aber um der Auserwählten
willen, die er erwählt hat, hat er die Tage verkürzt.
[21]Und dann, wenn jemand zu euch sagt: ›Siehe, hier ist der Messias!
Siehe dort!‹ glaubt (es) nicht. [22]Denn es werden falsche Messiasse
und falsche Propheten aufstehen und Zeichen und Wunder produ-
zieren, um – wenn es möglich sein würde – die Erwählten irre zu
führen. [23]Ihr aber seht euch vor! Ich habe euch alles vorhergesagt.

Jesu Rede beginnt mit einer Warnung (5): *Seht zu, dass euch niemand in die Irre führt.* Das macht deutlich: Nicht die Information über zukünftige Ereignisse steht im Mittelpunkt, sondern die Anleitung, wie sich die Jünger in schwierigen Situationen verhalten sollen. Es geht insbesondere um die Gefahr, dass sie von Leuten *in die Irre geführt* werden, die *in meinem* (Jesu) *Namen* kommen werden (6). Das sind Christen oder Leute, die der Jesusbewegung nahestehen und behaupten, sie würden in Jesu Namen sprechen. Schon in Jer 29,9 heißt es von falschen Propheten: »Verlogen weissagen sie in meinem Namen. Ich habe sie nicht gesandt.« Die Leute werden sagen: *Ich bin's!* Diese Aussage hat im griechischen Text großes Gewicht. So spricht Jesus zu seinen Jüngern in Mk 6,50 und so bekennt er sich vor dem Hohenpriester zu seiner einzigartigen Sendung durch Gott (14,62). Mit der gleichen Formel stellt sich Gott selbst in der griechischen Übersetzung von Ex 3,14 Mose und den Israeliten vor. Es geht also um den Anspruch dieser Leute, dass man in ihnen Gott so unmittelbar wie in Jesus begegnet und sie deshalb unbedingte Gefolgschaft fordern können. Das wird *viele in die Irre führen,* weg von Jesus und dem Weg mit ihm. Diese Problematik ist so drängend, dass sie am Ende des Abschnitts (V. 21f) noch einmal angesprochen wird.

Dem folgt ein weiterer Hinweis, auch er mit einer Ermutigung verbunden (**7**): *Wenn ihr aber von Kriegen hört und von Gerüchten über Kriege* beschreibt eine Situation, auf die sich die Jüngergemeinde gefasst machen soll. Das Bedrohliche der Schilderung wird aber entschärft durch die ermutigende Mahnung: *Lasst euch nicht erschrecken.* Damit ist nicht gemeint, dass Kriege ihre Schrecken verlieren werden. Aber solche Nachrichten sind weder Zeichen dafür, dass schon alles *vollendet werden wird* (V. 4), noch dafür, dass das Kommen des Reiches Gottes gefährdet ist. Dass Kriege überhand zu nehmen scheinen, macht Gottes Plan nicht zunichte. Im Gegenteil, es gilt: *Das muss geschehen.* Wie vieles in diesem Kapitel ist diese Wendung ein Zitat aus dem Buch Daniel (2,29 in griechischer Übersetzung). Auch das destruktive Verhalten der Menschen kann Gottes Plan nicht aufhalten, sondern ist in ihn mit einbezogen. Deshalb ist die Wendung *das muss geschehen* weder eine Aufforderung, Kriege zu inszenieren, noch ein Argument dagegen, sich in Friedensinitiativen zu ihrer Vermeidung und Überwindung zu engagieren. Gleichzeitig gilt: Dass Kriege ausbrechen, ist noch kein Zeichen dafür, dass das *Ende* (der Geschichte Gottes mit dieser Welt) da ist und Gott mit ihr am *Ziel* ist. (Das griechische Wort bedeutet *Ende* und *Ziel.*)

Das wird durch den folgenden Vers (**8**) begründet: *Volk wird sich gegen Volk erheben und Reich gegen Reich.* Die Zeit des Friedens, die das Römische Reich seit dem Kaiser Augustus genoss, wird zu Ende gehen. Aber das gehört zum »normalen« Verlauf der Geschichte (vgl. 2Chr 15,6; Jes 19,2) und ist noch nicht mit dem endzeitlichen Handeln Gottes gleichzusetzen. Das gilt auch für andere Erschütterungen, denen die Menschheit ausgesetzt sein wird: *Es wird an verschiedenen Orten Erdbeben* und *Hungersnöte geben.* Damit sind Naturkatastrophen genannt, die den Mittelmeerraum immer wieder heimgesucht haben. Gerade vom Beginn der sechziger Jahre des ersten Jahrhunderts gibt es Berichte von solchen Katastrophen, und was man von den kriegerischen Auseinandersetzungen in Judäa hörte, warf die Frage auf, ob diese Ereignisse auf das baldige Ende hinwiesen.

Jesus betont jedoch: *Das ist (erst) der Anfang der Wehen.* Damit wird ein wichtiges Motiv für die Beschreibung der schmerzlichen Ereignisse aufgegriffen, die vor dem Ende zu bestehen sind. Diese Qualen werden mit den Schmerzen einer Gebärenden verglichen, ein Bild, das aus der alttestamentlichen Prophetie stammt (Jes 26,17f; Jer 22,23; Mi 4,9; vgl. auch Röm 8,22). Durch dieses Bild wird ein wichtiger Hinweis gegeben: Diese Leiden sind nicht sinnlose Quälerei, sondern durch sie hindurch wird Gott neues Leben schenken.

Der nächste Schritt in der Rede Jesu wird wieder durch eine Warnung zur Vorsicht eingeleitet (**9**): *Seht euch selbst vor!* Nicht im Sinne von: *Passt auf euch selbst auf,* sondern parallel zu V. 5b: *Seid auf das gefasst, was mit euch selbst geschieht.* Es geht im Folgenden um das Geschick der Jünger. Ihre Situation wird durch Verfolgung gekennzeichnet sein. Das gilt für Nachfolger Jesu nicht erst am Ende der Zeit. Matthäus hat darum diesen ganzen Abschnitt in seine Aussendungsrede eingefügt (10,17–22). Auch bei Markus verschränken sich Leidensweg und Verkündigungsauftrag. Bei ihm spricht Jesus zunächst von Verfolgung durch jüdische Behörden. Die *Gerichtshöfe* (*Synedrien*) sind die örtlichen jüdischen Gerichte in Judäa und Galiläa; an sie werden die Jünger *ausgeliefert* werden wie Johannes (1,14) und dann Jesus (9,31). In der Diaspora übten die Synagogenversammlungen die innerjüdische Gerichtsbarkeit aus. Die Strafe für Verstöße gegen die religiöse Ordnung bestand in der Auspeitschung mit 40 Schlägen (abgeleitet von Dtn 25,3). Wie schnell christliche Missionare jüdischer Herkunft davon betroffen waren, zeigt 2Kor 11,24: Paulus erhielt von den Juden fünf Mal die »Vierzig weniger einen« (einen Schlag ließ man weg, um nicht aus Versehen einen zuviel zu geben).

Aber es wird nicht nur Verfolgung durch jüdische Behörden geben, die Christen werden sich auch *vor Statthaltern und Königen* verantworten müssen. Das sind die, die für die Gerichtsbarkeit im Römischen Reich verantwortlich sind, die Provinzstatthalter und in den halbautonomen Randstaaten die Fürsten von Roms Gnaden. Das geschieht *um meinetwillen* (= um Jesu willen). Das heißt: Das Bekenntnis zu Jesus wird Anklagepunkt genug sein. Aber gerade dieses Bekenntnis, an dem die Jünger auch vor Gericht festhalten, geschieht *ihnen zum Zeugnis.* Diese Wendung ist uns schon in der Geschichte von dem Aussätzigen (1,44) und bei der Aussendung der Jünger begegnet (6,11). An der letzten Stelle ist die Bedeutung eindeutig negativ: Das Abschütteln des Staubes von den Füßen ist ein Zeichen, das gegen die spricht, die das Evangelium nicht hören wollen. An der ersten Stelle kann es auch positiv gemeint sein: Der Geheilte zeigt sich den Priestern zum Beweis für sie, dass er tatsächlich vom Aussatz geheilt ist. Hier ist die Bedeutung offen. Das Bekenntnis, das die angeklagten Christen vor dem Gericht ablegen, ist für die Richter und alle, die dabei sind, Zeugnis von Gottes Handeln in Christus. Lehnen sie es ab und verurteilen die Zeugen Jesu, dann wird deren Zeugnis gegen die Richter sprechen.

Dass Markus die Wendung in diesem offenen Sinn versteht, zeigt sich daran, dass er hier eine Zwischenbemerkung (**10**) einfügt, die das Thema Verfolgung unterbricht: *Und zuerst muss allen Völkern das Evangelium verkündigt werden.* Das *zuerst* sagt nicht, dass es vorher keine Verfolgung geben würde. Es war für die ersten Christen eine leidvolle Erfahrung, dass missionarische Verkündigung sehr oft mit Widerstand und Verfolgung verbunden war. Nein, das *zuerst* bezieht sich auf das Ende und die Zeichen, die ihm unmittelbar vorausgehen. Bevor sie hereinbrechen werden, muss *zuerst* das Evangelium allen Völkern verkündigt werden. Dieses *muss* steht parallel zu der Aussage von V. 7. Nicht nur die Krise der menschlichen Gemeinschaft, sondern auch die Verkündigung des Evangeliums an alle Menschen gehört zu den Dingen, die nach Gottes Plan geschehen müssen und geschehen werden.

Die Verkündigung des Evangeliums an *alle Völker* ist hier nicht wie in Mt 28,18 als »Missions*befehl*« formuliert. Es ist eine klare Voraussage dessen, was geschehen wird, weil Gott es geschehen lässt: Das Evangelium wird allen verkündigt werden, und zwar auf ganz unterschiedliche Weise, z.B. auch dadurch, dass Christen in der Verfolgung vor Gerichten Zeugnis für ihren Glauben ablegen. (Das griechische Wort für Zeugnis, *martyrion,* ist in dem Fremdwort Martyrium bewahrt. Dessen Grundsinn leitet sich also nicht von den *Martern* ab, die man um Christi willen erleidet, sondern von dem *Zeugnis,* das durch die Bereitschaft, Leiden auf sich zu nehmen, abgelegt wird.) Die Zielbestimmung *allen Völkern* (vgl. Mt 28,19) eröffnet einen gewaltigen Horizont, auch wenn die Zahl der damals bekannten Völker kleiner als heute war. Damit war aber ein Gegengewicht zu einer extremen Naherwartung geschaffen: Die heilvolle Botschaft, wie sie Markus in seiner Erzählung von Jesu Leben und Sterben entfaltete, gilt allen *Völkern,* also gerade auch der nichtjüdischen Menschheit. Das Ende wird nicht kommen, bevor diese sie gehört haben.

Nach dieser gewichtigen Zwischenbemerkung kehrt die Rede wieder zur Situation derer zurück, die sich vor Gericht verantworten müssen (**11**). Ihnen gibt Jesus eine wichtige Verheißung: Sie brauchen sich nicht im Voraus darum zu sorgen, was sie vor Gericht sagen und antworten werden. Es wird ihnen zum richtigen Zeitpunkt (*in dieser Stunde*) eingegeben werden, und was ihnen so ins Herz gelegt wird, sollen sie sagen. *Denn nicht ihr seid es, die* (dann) *reden, sondern der Heilige Geist.* Die Gegenwart des Geistes bedeutet Geistesgegenwart in Situationen, die wir uns im Voraus gar nicht ausmalen können und sollen. Das ist ein wichtiger seelsorgerlicher Rat für die bedrängte Jüngergemeinde: Es ist weder nötig noch hilfreich, sich schon im Voraus für alle möglichen Verfolgungssituationen zu wappnen. Jesu Zusage: »Sorget nicht!« gilt auch für solche Lebenslagen. Christen dürfen getrost im Jetzt leben

und darauf vertrauen, dass sie nicht allein sein werden, wenn sie ihren Glauben zu bewähren und zu bekennen haben. Gottes Geist wird sie leiten.
V. **12** knüpft thematisch wieder an V. 8 an: Nicht nur in der Völkerwelt wird das friedliche Miteinander zerstört; auch der familiäre Zusammenhalt zerreißt. Man kann niemandem mehr vertrauen, auch nicht in der engsten Familie: *ein Bruder wird den Bruder in den Tod ausliefern und ein Vater sein Kind.* Ja noch schlimmer: *Kinder werden sich gegen die Eltern erheben und sie töten.* Das klingt krass und entspricht doch den Erfahrungen, die Menschen in totalitären Diktaturen haben machen müssen, die es systematisch darauf anlegen, das Vertrauen zwischen Menschen zu zerstören, um so die totale Herrschaft über die Menschen und ihre Herzen zu erringen. Spannungen zwischen den Generationen werden ausgenutzt, um die Jugend gegen die eigenen Eltern aufzuhetzen und als Vertreter veralteter Ansichten zu beseitigen.
Dies sind Zerfallserscheinungen, die das Miteinander aller in der menschlichen Gemeinschaft betreffen werden, aber Christen mussten sehr früh erfahren, wie das Bekenntnis zu Christus Familien entzweite (vgl. Mt 10,34–36 / Lk 12,51–53). Mehr noch: Sie werden zur Zielscheibe allgemeiner Verachtung und des Hasses aller werden (**13**): *Ihr werdet von allen gehasst werden um meines Namens willen.* Sie müssen damit rechnen, zu Sündenböcken der Gesellschaft zu werden. Das haben die Christen in Rom in der Verfolgung durch Nero nach dem Brand von Rom erlebt. Später gehörte es zu den Standardvorwürfen gegen die Christen, sie seien von Hass gegen das ganze Menschengeschlecht erfüllt. Weil Christen anders sind und anders leben, darum wird ihnen Hass gegen die anderen unterstellt, und darum trifft sie der Hass und die Ablehnung aller. Sie sollen nicht darauf hoffen, dass sich das einmal legt, wenn sich die Leute an ihr Anderssein gewöhnt haben. Wichtig ist, am Bekenntnis zu Jesus festzuhalten und trotz der Verfolgung *durchzuhalten* (LÜ: *zu beharren*). Wer sich mit Geduld und Beharrungsvermögen an Christus und dem Bekenntnis zu ihm festhält, der *wird gerettet* (LÜ: *wird selig*) und kommt an das Ziel vollendeter Gemeinschaft mit Gott. So steht auch am Ende dieses Abschnittes, der die Gefährdung der Jünger Jesu in der Zeit vor dem »Ende« realistisch aufzeigt, eine Ermutigung und Verheißung. Jesus die Treue zu halten ist nicht verlorene Liebesmüh, sondern der Weg zur endgültigen Errettung.
Ein neuer Ton wird im letzten Teil dieses Abschnitts angeschlagen (**14**). Bisher hieß es: *Seht zu / seht euch vor / wenn ihr hört,* verbunden mit *noch nicht.* Jetzt aber sagt Jesus sehr viel direkter: *Wenn ihr aber ... seht,* verbunden mit der drängenden Weisung:

dann sollen ... fliehen. Hinzu tritt die geheimnisvolle Anweisung: *wer (das) liest, merke auf!* Manche Ausleger vermuten, Markus habe hier ein Flugblatt eingearbeitet, das in einer kritischen Situation in der Zeit des Kaisers Caligula (ca. 40 n.Chr.) oder zu Beginn des Jüdischen Krieges (ca. 66 n.Chr.) die Christen in Jerusalem und Umgebung zur Flucht aufrief. Doch diese These hat sich in der Auslegung nicht durchgesetzt. Wie aber ist der Text zu verstehen? Er beginnt mit dem Hinweis auf den *Gräuel der Verwüstung*.

Die Wendung stammt aus dem Buch Daniel (9,27; 11,31; 12,11). Mit ihr wird ein historisches Ereignis und ein sehr konkreter Gegenstand beschrieben, nämlich der Aufsatz auf dem Brandopferaltar im inneren Vorhof des Tempels, durch den dieser im Jahr 168 v.Chr. zu einem Altar für den Zeus Olympus umgewidmet wurde (1Makk 1,54–62; LÜ 1,57–65). Damit war eine Angleichung des Kultes in Jerusalem an einen von König Antiochus IV. Epiphanes angestrebten einheitlichen Reichskult beabsichtigt. Das war eine ungeheure Schändung des Jerusalemer Heiligtums und führte zum Aufstand der Makkabäer, in dessen Verlauf es wieder zur Bildung eines unabhängigen jüdischen Staates kam. Auf diesem Hintergrund wurde *Gräuel der Verwüstung* zum Stichwort für eine widergöttliche Aktion.

Was aber ist in Mk 13,14 mit dem Begriff gemeint? Die griechische Satzkonstruktion weist auf eine Person hin, die als *Gräuel der Verwüstung* auftritt (*steht*). Die Näherbestimmung: *wo er nicht (sein) darf,* lässt an ein Geschehen im Tempel denken. Die Zwischenbemerkung *wer (das) liest, merke auf!* weist auf einen zeitgeschichtlichen Bezug hin. Ein Ereignis, das gerade passiert ist oder unmittelbar zu erwarten ist, soll als Zeichen für das Hereinbrechen großer Not in Judäa erkannt werden.
Was ist gemeint? Ein Hinweis auf die geplante Aufstellung einer Statue des Kaisers Caligula im Tempel im Jahr 40 n.Chr. kommt aus zeitlichen Gründen nicht in Frage. Geht es um Ereignisse während des jüdischen Aufstandes, z.B. die Einsetzung eines illegitimen Hohenpriesters im Herbst 67 n.Chr.? Oder um die Entweihung des Heiligtums bei der Eroberung des Tempelgeländes im August des Jahres 70 n.Chr.? Oder um die in Rom lebendige Erwartung, dass der im Jahr 68 n.Chr. ermordete Nero im Osten des Reiches wiedererstehen würde und sich als Antichrist im Tempel in Jerusalem verehren lassen würde? Dass sind nur einige der Vermutungen, die angestellt wurden, um diesen Hinweis zu entschlüsseln. Aber keine davon lässt sich wirklich beweisen.
Wichtig zum Verständnis ist eine doppelte Beobachtung: 1. Es handelt sich um einen drängenden Hinweis für die Zeit der Entstehung des Markusevangeliums, der über die Situation der Belehrung der

vier Jünger auf dem Ölberg durch Jesus hinausweist. Anders als die damaligen Leser können wir aber seine Bedeutung nicht mehr eindeutig entziffern. 2. Zugleich bieten diese Worte eine Charakteristik des Wesens endzeitlicher Bedrohung: Menschliche Überhebung wird nicht davor zurückschrecken, auch das Heiligste zu entweihen. Das mag sogar unter der Parole fortschrittlicher Religiosität geschehen. Aufmerksame Beobachter aber werden erkennen: Hier wird Gottes Gegenwart geschändet und die Beziehung zu ihm mutwillig zerstört.

Angesichts dieser Situation hilft nur die Flucht. Das gilt besonders für die Christen und Christinnen, die in *Judäa* sind. Sie werden aufgefordert, ins *Gebirge* zu fliehen, womit am ehesten der zerklüftete Ostabfall des judäischen Gebirges gemeint sein wird, dessen Höhlen immer wieder in kriegerischen Zeiten von Flüchtlingen als Verstecke benutzt wurden – meist allerdings, ohne dort auf Dauer rettenden Schutz zu finden. Es liegt nahe, gerade bei dieser Aussage an eine konkrete Situation während des jüdischen Krieges zu denken. Die Aufforderung, ins judäische Bergland zu fliehen, wäre aber nur vor Beginn der Belagerung Jerusalems durch die Römer sinnvoll gewesen. Aus anderen Quellen wissen wir, dass die Urgemeinde aufgrund eines prophetischen Wortes schon vorher die Stadt verlassen hatte und nach Pella ins Ostjordanland gezogen war. Auch die Aufforderung zur Flucht ins Gebirge lässt sich also schwer historisch einordnen.

Die V. **15f** mahnen zu entschlossenem Handeln. Die Beispiele weisen auf ein ländliches Umfeld. Die dringende Aufforderung, sich von nichts aufhalten zu lassen, erinnert an das Verbot, sich umzusehen, bei der Flucht Lots (Gen 19). Zeiten der Katastrophe und der Flucht treffen immer Schwangere und Mütter mit Säuglingen am härtesten (**17**). Für sie wirkt sich die Verletzlichkeit der Menschen besonders leidvoll aus. Sehr konkret ist auch die Aufforderung, darum zu beten, dass die Flucht nicht im Winter geschieht (**18**). Die Wege sind in der Regenzeit nicht passierbar, und im Bergland kann es schneien. Immerhin: Auch in der größten Katastrophe ist die Bitte um etwas humanere Bedingungen sinnvoll!

Die Not und die Schrecken dieser Tage können nur im Superlativ beschrieben werden (**19**). Seit der Erschaffung der Welt hat es so großes Leid nicht gegeben und wird es auch in Zukunft nicht wieder geben. Die Wahl des Wortes *Bedrängnis* für die Not deutet an, dass besonders die Christen davon betroffen sind. Der Begriff beschreibt im Neuen Testament das Leiden durch Unterdrückung und Verfolgung, das Christen durchmachen müssen (vgl. Mk 4,17; Röm 8,35 und vor allem »die große *Trübsal*« in Offb 7,14). Gott muss die Dauer die Bedrängnis abkürzen (**20**), damit überhaupt jemand gerettet wird (vgl. V. 13); und er wird es tun, um der *Auserwählten* willen.

Mit dem Begriff *Auserwählte* taucht ein neues Stichwort auf. In der Apokalyptik ist es die Bezeichnung für diejenigen, die zu Gott gehören. Es steht deshalb oft parallel zu dem Begriff »Heilige«. Bei Markus kommt es nur hier und in V. 27 vor. Die Erläuterung durch den Zusatz, *die er erwählt hat*, soll unterstreichen: Wer das Ziel erreicht, liegt allein an Gott, nicht an dem Durchhaltevermögen der Einzelnen. Eine Lehre von der doppelten Vorherbestimmung (Prädestination) zum Heil oder Unheil ist daraus nicht abzuleiten.

Dazu tritt noch einmal die Warnung vor falschen Propheten und Messiassen (**21f**). In Notzeiten sind Menschen besonders gefährdet, ihren Versprechungen zu verfallen. Auch hier stehen im Hintergrund Vorgänge der Anfangszeit des jüdischen Aufstandes, wo viele messianische Gestalten auftauchten. Sie kommen nicht in Jesu Namen. Von ihnen heißt es: *Hier* oder *dort ist der Messias.* Für die Beurteilung ihres Auftretens gilt: *Zeichen und Wunder* allein beweisen nichts! Das ist gerade im Markusevangelium eine wichtige Positionsbestimmung. Die Einschränkung, dass sie *die Auserwählten verführen* möchten, *wenn es möglich wäre,* verweist darauf, dass diese diesen Versuchen nicht schutzlos ausgeliefert sind.

Denn sie sind gewarnt. Darum mahnt Jesus noch einmal zur Wachsamkeit (**23**): *Ihr aber seht euch vor!* Und dazu tritt die Schlüsselaussage der Endzeitrede Jesu: *Ich habe euch alles vorhergesagt.* Eine Jüngergemeinde, die angetreten war unter dem Vorzeichen, dass sich in der Weiterführung von Jesu Verkündigung und seinem befreienden und heilenden Handeln Gottes Herrschaft verwirklicht, soll wissen, dass auch extremer Widerstand diesen Auftrag nicht annulliert. Auch dies ist Teil des Weges Gottes mit den Menschen, in gewisser Weise die Entsprechung der Passion Jesu für den Weg der Kirche.

Schon hier stellt sich die unausweichliche Zwischenfrage: Wie verstehen wir Jesu Endzeitrede heute? Sehen wir in ihr den etwas in Verzug geratenen Fahrplan der Endgeschichte, dessen noch ausstehenden Stationen wir immer wieder neu zu bestimmen suchen? Oder handelt es sich um die Verarbeitung zeitgeschichtlicher Schwierigkeiten mit den Mitteln apokalyptischer Sprache unter Benutzung überlieferter Jesusworte, die uns heute aber nichts mehr zu sagen haben? Oder lassen sich in der apokalyptischen Zuspitzung von Worten Jesu auf aktuelle Ereignisse so etwas wie Grundzüge einer Wesensgeschichte von Gottes Weg mit seiner Gemeinde erkennen? Gilt Letzteres, wird über den aktuellen Bezug hinaus gerade zur Nüchternheit angesichts endzeitlicher Aufgeregtheit aufgerufen und zur Treue gegenüber dem Auftrag auch unter Widerstand und Verfolgung. Zum Realismus einer solchen Zukunftsschau gehört auch die Erkenntnis, dass es Bedrohungen gibt, denen selbst die Treuesten nicht widerstehen können, sondern wo sie, um nicht zu unterliegen, fliehen oder in den Untergrund ausweichen müssen. Christen und Christinnen müssen mit elementaren Notsituationen rechnen, in denen gerade die Schwächsten wie Mütter und Kleinkinder zu leiden haben. Das müssen sie wissen, um nicht falschen Versprechungen zu erliegen. Aber solche Erfahrungen sind nicht sinnlos; sie gehören zu den Geburtswehen der neuen Schöpfung und des Reiches Gottes.

13,24–27
Die Vollendung im Kommen des Menschensohns

24Aber in jenen Tagen, nach jener Bedrängnis, *wird sich die Sonne*
verfinstern, und der Mond wird nicht (mehr) Licht geben,* 25*und die
Sterne werden vom Himmel fallen, und die Kräfte im himmlischen
Bereich werden* ins Wanken geraten. 26Und dann werden sie *den
***Menschensohn auf den Wolken* in großer Kraft und Herrlichkeit**
***kommen* sehen. 27Und dann wird er die Engel senden und die Auserwählten aus den vier Winden einsammeln vom äußersten Ende der Erde bis zum äußersten Ende des Himmels.**

Erst dieser Abschnitt bringt die positive Antwort Jesu auf die Frage der Jünger, wann Gott sein Handeln an dieser Welt vollendet. Aber was hier geschildert wird, ist im Grunde das Ende menschlicher Geschichte und damit auch aller Not und *Bedrängnis,* unter der die Christen gelitten haben. Was Markus als Worte Jesu weitergibt, sind zunächst Zitate aus dem Alten Testament. Es handelt sich um eine Kombination von Aussagen aus Jes 13,10 und 34,4 mit Anklängen an Joel 2,10; 3,4; 4,15. Sie beschreiben die Erschütterung und den Zusammenbruch des Weltgebäudes. Was zum Zuverlässigsten im Kosmos menschlichen Lebens gehörte, der Lauf von Sonne und Mond und der Stand der Sterne, wird ebenso zusammenbrechen wie die Kräfte, die das Universum zusammenhalten. Das sind nicht mehr Zeichen für das Ende; das ist das Ende der bisherigen Existenz in dieser Welt mit all ihren Sicherheiten.
Daneben aber tritt das Neue in Erscheinung, das Gott an die Stelle der alten Weltordnung setzt. Auch dies wird mit Worten der Schrift, nämlich einer Kurzfassung von Dan 7,13f beschrieben: *dann werden sie den Menschensohn auf den Wolken in großer Kraft und Herrlichkeit kommen sehen.* Der *Menschensohn* ist wie

in Dan 7 der menschliche Repräsentant der Herrschaft Gottes, deren *Kraft* an die Stelle aller irdischen und kosmischen Kräfte tritt und deren *Herrlichkeit* nichts anderes als die Gegenwart Gottes in seiner ganzen Erhabenheit bedeutet. Auch das Kommen *auf den Wolken* kennzeichnet den Menschensohn als den Repräsentanten Gottes (vgl. Ps 104,3; Jes 19,1). Das ist der Augenblick, *wann dies alles vollendet werden wird* (V. 4). Für die christlichen Leser ist klar, dass der kommende Menschensohn kein anderer als Jesus sein wird. Er erscheint hier weniger als Richter (vgl. 8,38), sondern als Retter, der seine Boten, die *Engel, aussendet,* um *seine Auserwählten* zu sich zu holen. Auch diese Aussage ist gesättigt mit Anklängen an prophetische Worte. Das *Einsammeln aus den vier Winden* (also allen Himmelsrichtungen) stammt aus der griechischen Übersetzung von Sach 2,10, die eigentlich etwas unlogische Wendung *vom äußersten Ende der Erde bis zum äußersten Ende des Himmels* ist eine Mischung von Dtn 3,4 (von einem Ende der Erde bis zum anderen) und Dtn 30,4 (von einem Ende des Himmels bis zum anderen). Das heißt: Alle, die zu Gott gehören, werden in seine Gemeinschaft geholt werden, selbst von den äußersten Winkeln des Weltgebäudes.
Auch hier wird nicht genauer gesagt, wer die Auserwählten sind. Es sind die, die Gott dazu bestimmt hat, auch die große Bedrängnis zu bestehen (V. 20), und die darum durchhalten bis ans Ende (V. 13). Offensichtlich werden die Leser eingeladen, sich mit ihnen zu identifizieren und dadurch Trost und Mut zu schöpfen. Aber es gibt dafür kein anderes Kennzeichen als Gottes erwählendes Handeln. Das sollte davor bewahren, die Zahl und die Art der Geretteten nach unseren Maßstäben bestimmen oder einschränken zu wollen.

Damit ist eine erste Antwort auf die Frage der Jünger nach der Vollendung gegeben. Die endgültige Formulierung dieser Worte hat wohl erst in der griechisch sprechenden Gemeinde stattgefunden, denn sie ist stark von der griechischen Übersetzung des Alten Testaments beeinflusst. In Aufnahme dieser prophetischen Aussagen wird ein doppelter Akzent gesetzt: Wenn Gottes Weg mit dieser Welt und seine Herrschaft zum Ziel kommen, braucht man keine Zeichen mehr, um das zu erkennen. Es wird das Ende der Geschichte, wie wir sie kennen, sein. Was hier geschildert wird, lässt sich auch nicht mit den Zukunftsaussagen heutiger Kosmologie über die weitere Geschichte des Sonnensystems verrechnen. Es sind Urbilder für die Erwartung, dass Gottes vollendete Herrschaft uns in ganz neue Dimensionen des Seins und der Existenz vor ihm hineinführt. Daraus aber entspringt der andere Akzent, die Zusage, dass niemand, den Gott zu sich ruft, verloren gehen wird. Der Menschensohn, und das heißt, Jesus als menschlicher Repräsentant Gottes, wird alle, die zu Gott gehören, in die Gemeinschaft mit ihm sammeln. Kriterien, durch die wir uns oder andere ein- oder ausschließen könnten, werden uns nicht an die Hand gegeben. Was gilt, ist die durchgehende Mahnung, sich an Jesus zu halten bzw. sich von ihm halten zu lassen.

13,28–37
Die Notwendigkeit ständiger Bereitschaft

Der letzte Teil der Endzeitrede geht noch einmal auf die Frage nach den Zeichen der Vollendung ein. Er tut das in zwei Schritten, die zwei unterschiedliche Perspektiven, unter denen diese Frage gesehen werden kann, aufzeigen: Die erste (28–32) leitet durch ein Gleichnis dazu an, auf bestimmte Zeichen zu achten, gibt aber im Blick auf den Termin eine merkwürdige Doppelbotschaft: Er ist nahe, aber unbekannt. Die zweite (33–37) greift zurück auf die Mahnung *Seht euch vor* und ruft gerade angesichts der Tatsache, dass die Jünger den Zeitpunkt nicht wissen, zu beständiger Wachsamkeit auf. Ein zweites Gleichnis erläutert, was wachsam zu sein in diesem Zusammenhang bedeutet.

28 Vom Feigenbaum lernt dies Gleichnis: Wenn sein Zweig schon saftig wird und Blätter treibt, dann erkennt ihr, dass der Sommer nahe ist. 29 So auch ihr: Wenn ihr dies geschehen seht, dann erkennt, dass es/er (das Ende / der Menschensohn) nahe vor der Tür ist.
30 Amen, ich sage euch, dieses Geschlecht wird nicht vergehen, bis dies alles geschieht. 31 Himmel und Erde werden vergehen, aber meine Worte werden nicht vergehen. 32 Über jenen Tag aber oder die Stunde weiß niemand (Bescheid), auch nicht die Engel im Himmel, auch nicht der Sohn, nur der Vater.
33 Seht euch vor, seid wachsam! Denn ihr wisst nicht, wann der Zeitpunkt (da) ist. 34 (Es ist) wie bei einem Menschen, der verreiste und sein Haus zurückließ; er gab seinen Sklaven Vollmacht, jedem für seine Aufgabe, und dem Türhüter befahl er zu wachen. 35 Seid also wachsam! Denn ihr wisst nicht, wann der Herr des Hauses kommt, ob abends oder um Mitternacht oder beim (ersten) Hahnenschrei oder in der Frühe, 36 damit er, wenn er plötzlich kommt, euch nicht schlafend findet. 37 Was ich euch aber sage, sage ich allen: Seid wachsam!«

Das Gleichnis vom Feigenbaum ist ein Gleichnis, wie es Jesus gern erzählte (28). Er greift einen alltäglichen Vorgang auf, der eine typische Reaktion hervorruft, und vergleicht diesen Vorgang mit dem, was beim Kommen der Gottesherrschaft geschieht. Hier verwendet er das Bild vom Feigenbaum. Anders als die meisten Bäume im Land der Bibel wirft er im Herbst seine Blätter ab. Wenn im zeitigen Frühjahr die Zweige das zarte Grün der Triebe zeigen und die Blätter sich entfalten, dann weiß man: Der Sommer steht vor der Tür. In diese Erfahrung nimmt Jesus seine Hörer mit hinein. Es spricht manches dafür, dass *wenn ihr dies geschehen seht* (**29**) sich ursprünglich auf alles bezog, was Jesu Wirken kennzeichnete. Wenn ihr das seht, dann seid gewiss, Gottes Herrschaft steht vor der Tür. Im Zusammenhang der Endzeitrede gewinnt das Gleichnis einen neuen Bezugspunkt: Wenn ihr all das geschehen seht, was als Vorbote der Vollendung angekündigt ist, dann seid gewiss: Das Ende – und d.h. auch: Er, der Menschensohn, der Vollender der Herrschaft Gottes – steht vor der Tür.

Manche Ausleger sehen im Feigenbaum, ähnlich wie in 11,13f, ein festes Bild für Israel und deuten das Ausschlagen der Blätter auf den Neubeginn des jüdischen Volkes im Staat Israel. Das würde einen Fixpunkt für weitere endzeitliche Berechnungen liefern. Der Zusammenhang ergibt jedoch keinerlei Hinweise für eine solche Auslegung. Es handelt sich um einen reinen Vergleich.

Allerdings erhebt sich angesichts der nächsten Aussage eine ähnliche Frage. Nach einem feierlich bekräftigenden *Amen* sagt Jesus: *dieses Geschlecht wird nicht vergehen, bis dies alles geschieht* (**30**). Wer ist *dieses Geschlecht?* Die für Jesu Redeweise typische Wendung meint – oft mit einem anklagenden Unterton verbunden – die jetzt lebende Generation der jüdischen Zeitgenossen Jesu (vgl. Mk 8,12.38; 9,19 oder in der Logienquelle Mt 12,39–45 / Lk 11, 29–32). Aber V. 30 ist kein Drohwort im Sinne von: Diese Generation wird all das, was an bedrängenden Erfahrungen vorhergesagt wurde, am eigenen Leib erleben müssen. Es ist eher ein Trostwort, das zusagt: Leute dieser Generation werden das Ende noch erleben.

Nicht selten wird aber vermutet, dass *dieses Geschlecht* hier *dieses Volk* meint, Jesus also verheißt, das erwählte Volk werde nicht vergehen, bevor die Vollendung kommt. Damit wäre auch das Problem vermieden, dass offensichtlich niemand aus der Generation der Zeitgenossen Jesu bis zur Vollendung des Reiches Gottes gelebt hat. Doch so attraktiv diese Lösung klingt, es gibt keinen Anhaltspunkt dafür, dass Jesus oder Markus *dieses Geschlecht* so verstanden haben. Es ist die jetzige *Generation* gemeint! Es gibt Elemente der Naherwartung in der Verkündigung Jesu und der Gemeinde, die wir nicht wegerklären können, auch wenn das den Eindruck vermittelt, Jesus und die frühe Gemeinde hätten sich getäuscht

(vgl. zu 9,1). Gerade die recht unterschiedlichen Aussagen zu diesem Thema in unserem Abschnitt zeigen, dass die Naherwartung nicht einfach ein chronologischer Irrtum war, sondern mit einer Sachaussage verbunden ist, die den Lauf der Zeit übergreift.
Das macht gleich der nächste Satz deutlich (**31**): *Himmel und Erde werden vergehen, aber meine Worte werden nicht vergehen.* Die Gültigkeit der Botschaft Jesu übergreift unseren irdischen Zeitrahmen und ist daher unabhängig von unseren Vorstellungen von der zeitlichen Nähe und Ferne des Endes. Sachlich ist Gottes Reich in Jesu Wirken und Lehren ganz nahegekommen. Gottes Gegenwart in seinen Worten bleibt über den Bestand unseres jetzigen Weltsystems hinaus gültig.
Noch viel eindrucksvoller relativiert die nächste Aussage jede Frage nach einem genauen Termin der Endereignisse (**32**): *Über jenen Tag aber oder die Stunde weiß niemand (Bescheid), auch nicht die Engel im Himmel, auch nicht der Sohn, nur der Vater.* Es ist sehr eigentümlich, dass hier von einem Geheimnis gesprochen wird, über das nicht einmal der Sohn Bescheid weiß. Gerade deshalb sind nicht wenige Ausleger überzeugt, dass dies eine Aussage sein müsse, die auf Jesus selbst zurückzuführen sei. Allerdings spricht Jesus in den ersten drei Evangelien nur ganz selten von sich als dem *Sohn* (vgl. Mt 11,27 / Lk 10,22). In jedem Fall aber wehrt dieses Wort alle Versuche, den Termin der Vollendung zu berechnen, als Eindringen in das letzte Geheimnis Gottes ab. In etwas freier Übersetzung könnte man das Wort Jesu aus Lk 17,20 anfügen: »Das Reich Gottes kommt nicht so, dass man es berechnen könnte«.
Der zweite Schritt des Abschnitts eröffnet noch einmal eine andere Perspektive (**33**). Wieder heißt es: *Seht euch vor,* und das wird ergänzt durch die Mahnung: *Seid wachsam,* und die Begründung lautet: *Denn ihr wisst nicht, wann der Zeitpunkt* (des Kommens des Menschensohns) *da ist.* Wie solche Wachsamkeit aussehen soll, wird an einem zweiten Gleichnis erläutert (**34**). Die Situation gleicht der von Sklaven im Haus eines wohlhabenden Mannes, der verreist und seinen Sklaven verschiedene Aufgaben zuweist. Sie wissen nicht, wann er zurückkommt – am Abend, mitten in der Nacht oder am frühen Morgen. Wichtig ist, dass ihr Herr sie nicht schlafend, sondern an der Arbeit vorfindet. Dass auch Sklaven regelmäßig Schlaf brauchen, übergeht das Gleichnis zugunsten der Pointe: Ihr Herr erwartet, dass sie ihren Auftrag erfüllen (**35f**). Vom Türhüter abgesehen ist es also nicht ihre Aufgabe, dauernd nach dem wiederkommenden Herrn Ausschau zu halten, sondern zu tun, was ihnen aufgetragen ist. Darum heißt *seid wachsam* auch für die Jünger Jesu nicht, immer wieder neu nach den Zeichen seinen Kommens Ausschau zu halten und dessen Zeitpunkt zu be-

rechnen, sondern sich der Aufgabe zu widmen, die Jesus ihnen anvertraut hat. Wie der Zusammenhang zeigt, ist dies der Auftrag, das Evangelium weiterzugeben (vgl. dazu auch 1Thess 5,1–10). Ein letzter Satz unterstreicht (37): Was Jesus hier den vier Jüngern sagt, gilt *allen.* Damit werden die Leserinnen und Leser des Evangeliums ausdrücklich angesprochen.

Diese Rede Jesu führt die Leser und Leserinnen des Markusevangeliums in eine starke Spannung: Zu Beginn seines Wirkens verkündigt Jesus, dass das Reich Gottes ganz nahegekommen ist und in seinem Handeln sich schon zu verwirklichen beginnt (vgl. die Gleichnisse in Kap. 4). Am Ende steht eine Rede, die ankündigt, dass Gottes Reich erst nach schwersten Bedrängnissen und tiefen Erschütterungen vollendet wird. Wer die Berichte über Jesu wunderbare Taten verfolgt hat, ist von dieser Wendung überrascht. Allerdings gibt es schon früh Hinweise, dass Jesu Wirken auf grundsätzliche Ablehnung und tödlichen Widerstand trifft. Seit dem Bekenntnis des Petrus spricht Jesus immer wieder von der Notwendigkeit, sein Leben hinzugeben, um diesen Widerstand zu überwinden, aber auch von der Gewissheit, dass Gott diesen Weg durch seine Auferweckung bestätigen wird. Zur Nachfolge der Jüngergemeinde gehört, sich ebenfalls dem Widerstand gegen die Botschaft von Jesus zu stellen.
Die Endzeitrede bereitet die Jünger darauf vor. Sie ist Jesu »Abschiedsrede« im Markusevangelium. Markus hat sie aus überlieferten Worten Jesu, aber auch mit Hilfe alttestamentlicher Verheißungen und dem Wissen jüdischer Apokalyptik zusammengestellt, um der Gemeinde Weisung im Sinne Jesu zu geben. Er hält dabei grundsätzlich an der Naherwartung fest, fügt aber der rein zeitlichen Dimension eine sachliche hinzu: Es ist noch eine Aufgabe zu erfüllen: Das Evangelium muss *zuerst* allen Völkern verkündigt werden. Unter dem Eindruck der neronianischen Verfolgung und der Schrecken des beginnenden jüdischen Aufstandes stellt Markus klar: Das sind nicht Entgleisungen auf dem Weg zum Ziel; diese Ereignisse fügen sich in Gottes Plan mit der Welt und den Seinen ein. Sie sind aber auch noch nicht Zeichen des unmittelbaren Endes, sondern Wegmarkierungen auf dem Weg der Nachfolge.
Vollendet wird Gottes Weg mit dem Kommen des Menschensohns. Damit wird auch eine inhaltliche Aussage gemacht. Jesu Wirken setzt den Maßstab für das Endgeschehen. Nicht das Gericht steht im Vordergrund. In Jesus hat Gottes Herrschaft auch am Ende ein menschliches Gesicht. Er wird dafür sorgen, dass alle, die Gott gerufen hat, zu ihm finden. So kommt die Sendung Jesu ans Ziel.
Die Endzeitrede Jesu mahnt nicht, auf die Suche zu gehen, wo die von Jesus angekündigten Ereignisse in die »Jahresringe« unserer Zeit

passen, sondern wachsam zu sein. Das heißt: Gerade in Schwierigkeiten und Verfolgung kann eine Chance zum Bekenntnis liegen. Antichristlichem gilt es zu widerstehen oder es konsequent zu meiden. Vor allem aber heißt es, Jesu Spuren zu folgen und allen, die Hilfe brauchen, mit der Kraft seines heilenden und vergebenden Wortes zu begegnen – und doch das Heil ganz vom Kommen der vollendeten Herrschaft Gottes zu erwarten.
Angesichts der Ankündigung einer *Bedrängnis, wie es noch keine gegeben hat ... und wie es sie auch nicht mehr geben wird,* können nachdenkliche Leser nicht anders, als auch an die Shoa zu denken, den Versuch des Nazi-Regimes, das jüdische Volk völlig zu vernichten. Das unvorstellbare Grauen dieses Ereignisses lässt sich nicht in einen endzeitlichen Heilsplan einzeichnen. Es wird im Neuen Testament auch nicht vorausgesagt.
Gerade deshalb stellt sich die brennende Frage nach Gottes Schweigen angesichts der Vernichtung von Millionen Menschen, von denen viele um Hilfe zu ihm schrien. Aber dass es aus dem Überleben eines kleinen Restes zu einer Wiedergeburt des jüdischen Volkes und der Errichtung des Staates Israel kam, lässt etwas vom Festhalten Gottes an seinen *Auserwählten* erkennen. Es wird also gut sein, deren Kreis nicht zu eng zu fassen und sich den Weg Gottes zum Ziel nicht zu einlinig vorzustellen. Gerade die markinische Endzeitrede möchte das Vertrauen auf Gottes Sieg begründen, ohne einen christlichen Triumphalismus zu fördern.

14,1 – 16,8
Jesu Passion und die Botschaft von seiner Auferweckung

Mit 14,1 beginnt die Passionsgeschichte, der dritte Abschnitt des dritten Hauptteils des Evangeliums. Jesu Passion und die Botschaft von Jesu Auferweckung, die an ihrem Ende steht, sind das Ziel des Evangeliums. In 3,6 wurde zum ersten Mal vom Beschluss einflussreicher Kreise berichtet, Jesus zu beseitigen. Ab 8,31 spricht Jesus dreimal feierlich und offen von der Notwendigkeit seines Sterbens und Auferstehens. Dazu kommen eine Vielzahl weiterer Hinweise auf seinen Tod und seine Auferstehung (9,9f; 11,18; 12,8.12). Vor allem aber ist wichtig, was Jesus über den Sinn seiner Sendung sagt: Er ist gekommen, um *zu dienen und sein Leben als Lösegeld für viele zu geben* (10,45). Vom Dienst der Lebenshingabe wird die Passionsgeschichte erzählen. Wie in den Leidensansagen wird dabei das Ineinander von menschlicher Schuld am Tod Jesu und der Unausweichlichkeit dieses Geschehens als Gottes Rettungsplan für *die vielen* deutlich werden.

Markus berichtet von den Ereignissen, die zu Jesu Tod führen, in einer dichten Kette einzelner Episoden. Viele Ausleger nehmen deshalb an, dass ihm dafür als Vorlage schon ein schriftlicher Passionsbericht zur Verfügung stand. Aber das lässt sich nicht sicher feststellen.

Bei manchen Ereignissen kann man sich fragen, woher Markus oder seine Quellen ihre Informationen hatten. Wahrscheinlich war es möglich, auch Einzelheiten über Begebenheiten in Erfahrung zu bringen, für die es keine Zeugen aus dem Kreis der Jünger oder Jüngerinnen gab. Allerdings waren für die christliche Gemeinde nicht nur Augenzeugen eine Informationsquelle für Jesu Passion, sondern auch Leidenspsalmen und prophetische Worte, die als Vorhersage des Geschickes Jesu gelesen wurden.

Die Passionsgeschichte wird eingeleitet durch einen Abschnitt, der den Bericht von dem Todesbeschluss der Jerusalemer Behörden und dem Verrat des Judas mit der Erzählung von der Salbung in Bethanien zusammenfügt.

14,1-11
Todesbeschluss, Salbung und Verrat

1 Es war aber zwei Tage vor Passah und dem Fest der ungesäuerten Brote. Und die Hohenpriester und Schriftgelehrten suchten, wie sie ihn mit einer List ergreifen und töten könnten. 2 Sie sagten nämlich: »Nicht am Fest (wollen wir das tun), damit es keinen Aufruhr des Volkes gibt.«

3 Und als er in Bethanien im Haus Simons des Aussätzigen war und (dort) zu Tisch lag, kam eine Frau, die ein Alabastergefäß mit Salböl aus echter, kostbarer Narde (bei sich) hatte; sie zerbrach das Alabastergefäß und goss es über seinem Kopf aus. 4 Einige aber machten untereinander ihrem Unwillen Luft: »Wozu ist diese Verschwendung geschehen? 5 Man hätte dieses Salböl um mehr als 300 Denare verkaufen und (den Erlös) den Armen geben können.« Und sie fuhren sie an. 6 Jesus aber sprach: »Lasst sie! Warum macht ihr ihr Schwierigkeiten? Sie hat eine gute Tat an mir getan. 7 Denn die Armen habt ihr immer bei euch; und sooft ihr wollt, könnt ihr ihnen Gutes tun. Mich aber habt ihr nicht immer (bei euch). 8 Was sie konnte, das hat sie getan. Sie hat meinen Leib im Voraus für die Bestattung gesalbt. 9 Amen, ich sage euch: Wo immer das Evangelium in der ganzen Welt verkündigt werden wird, da wird auch von dem, was sie getan hat, berichtet werden, zur Erinnerung an sie.«

10 Und Judas Iskariot, der eine der Zwölf, ging weg, hin zu den Hohenpriestern, um ihn ihnen auszuliefern. 11 Als die das hörten, freu-

ten sie sich und versprachen, ihm Geld zu geben. Und er suchte, wie er ihn bei einer passenden Gelegenheit ausliefern könnte.

Wieder einmal hat Markus zwei Geschichten ineinandergeschoben. Die eine berichtet von der Beratung der Jerusalemer Behörden, wie sie sich Jesu bemächtigen könnten (1f), ein Plan, der durch das Angebot des Judas konkrete Formen annimmt (10f). Die andere wiederum erzählt von der Salbung Jesu durch eine ungenannte Frau. So entsteht ein eindrucksvoller Kontrast zwischen dem Erweis tiefer Verehrung und dem Zusammenspiel von Feindschaft und Verrat.

Die Zeitangabe weist auf den 4. Tag der Woche, nach heutiger Zählung also auf den Mittwoch, zwei Tage vor dem Fest, das im jüdischen Festkalender den doppelten Namen Passah- und Mazzenfest (bzw. Fest der ungesäuerten Brote) trägt (vgl. 2Chr 35,17). Obwohl ursprünglich wohl aus unterschiedlichen Anlässen gefeiert, war das Doppelfest für Israel und das Judentum ganz der Erinnerung an den Auszug aus Ägypten gewidmet. Ex 12 liefert die geschichtliche Begründung und genaue Anweisungen für die Durchführung. In der Abenddämmerung des 14. Nisan, des Frühjahrsmonats, der ungefähr unserem April entspricht, werden im Tempel die Passahlämmer geschlachtet und im Laufe des Abends, mit dem nach jüdischer Zählung schon der 15. Nisan beginnt, innerhalb der Stadtgrenzen von Jerusalem gegessen, und zwar in Tischgemeinschaften, die groß genug waren, ein ganzes Lamm zu verzehren. Am Nachmittag des 14. musste das Haus von Sauerteig gesäubert werden. Sieben Tage lang, bis zum 21. Nisan, durfte nur ungesäuertes Brot gegessen werden. Da die Passahlämmer nur im Tempelbereich geschlachtet und innerhalb Jerusalems verzehrt werden durften, war das Fest eines der großen Wallfahrtsfeste, bei denen sich große Scharen von Pilgern aus Judäa und Galiläa, aber auch aus der jüdischen Diaspora in Jerusalem einfanden.

Zwei Tage vor dem Fest beraten Vertreter der Jerusalemer Autoritäten, *Hohepriester* und die für den Hohen Rat tätigen Rechtsgelehrten (*Schriftgelehrte*), wie sie Jesus in ihre Gewalt bringen und beseitigen können (**1**). Eine öffentliche Konfrontation muss vermieden werden, deshalb muss Jesus durch eine noch zu findende List aus dem Verkehr gezogen werden. Denn – so ihre Überlegung, die der Erzähler nachschiebt – das kann nicht *am Fest* geschehen (**2**), da es sonst einen Aufstand unter den Festpilgern geben könnte, von denen besonders die aus Galiläa mit ihm sympathisierten. *Nicht am Fest* kann dabei sowohl meinen: *nicht während der Festtage* als auch: *nicht in der Festmenge*. Es kam in jener Zeit gerade bei Wallfahrtsfesten immer wieder zu Demonstrationen gegen die römische Besatzungsmacht, die meist blutig beendet wurden. Das wollten die Verantwortlichen vermeiden.

Zur gleichen Zeit befindet sich Jesus in Bethanien im Haus eines Mannes namens *Simon* mit dem Beinamen *der Aussätzige* (**3**). Es liegt nahe zu vermuten, dass der Mann durch Jesus vom Aussatz geheilt worden war. Aber er spielt im Folgenden keine Rolle mehr; im Zentrum steht eine Frau, deren Name nicht genannt wird. Von ihr wird erzählt, dass sie in einem Alabastergefäß kostbares Salböl brachte, das Gefäß zerbrach und das Öl über Jesu Kopf ausgoss. Einen besonderen Gast mit einer solchen Geste zu ehren, war im antiken Orient nicht ungewöhnlich. Außergewöhnlich ist die verschwenderische Verwendung besonders kostbaren Öls. Das macht die Handlung zum Zeichen dankbarer und überschwänglicher Verehrung. Ob Markus darin auch einen Hinweis auf die Salbung Jesu zum Messias, dem Gesalbten Gottes, sah, bleibt offen. Die Handlung wird mit den gleichen Worten erzählt wie die Salbung zum König in 1Sam 10,1; 2Kön 9,6, aber das Stichwort *salben* wird vermieden, und Jesus spielt in seiner Verteidigung der Frau nicht auf dieses Motiv an (V. 8).

Was die Frau getan hat, stößt auf Kritik (**4**): Einige nicht näher identifizierte Anwesende *machten untereinander ihrem Unwillen* über die Verschwendung von Ressourcen *Luft*. Man hätte dieses Öl für viel Geld verkaufen und den Erlös an die Armen verteilen können (**5**). Die Summe, die sie nennen, 300 Denare, entspricht etwa dem Jahresverdienst eines Tagelöhners. Das mag im Ärger etwas hoch geschätzt sein, aber es gibt Berichte darüber, dass solche Summen für entsprechend hochwertige Produkte bezahlt wurden. Jesus nimmt die Frau jedoch in Schutz (**6**). Es ist nicht richtig, sie mit Vorwürfen zu überhäufen. Was sie getan hat, war *gut*, und das heißt in diesem Zusammenhang: Es war Gott wohlgefällig und dem Anlass angemessen.

Als erste Begründung weist Jesus auf das Besondere der Situation hin (**7**). Die Herausforderung, etwas für die Armen zu tun, bleibt. Es wird immer Gelegenheit geben, ihnen Gutes zu tun – *sooft ihr wollt*. Diese Nebenbemerkung hat einen leicht ironischen Unterton. Sie enthält die unausgesprochene Frage: Geht es euch wirklich um die Armen oder eher um die Kritik an der überschwänglichen Verehrung einer Frau? Umgekehrt: *Mich aber habt ihr nicht immer (bei euch)*. Die Gelegenheit, Jesus persönlich Dankbarkeit zu erweisen, ist sehr begrenzt. Und darauf weist dann die eigentliche Begründung für die Verteidigung des Tuns der Frau hin (**8**). Sie wird allerdings durch eine etwas rätselhafte Wendung eingeleitet: *Was sie konnte*, also: *das, was ihr möglich war, hat sie getan*. Auf den ersten Blick erinnert das an das Lob der Witwe, die alles gab, *was sie hatte* (12,44). Aber das scheint hier nicht der Punkt zu sein, trotz des horrenden Preises des Öls. Der Sinn scheint eher zu sein:

Was sie in diesem Augenblick tun konnte, was ihr angesichts der Situation möglich war, das hat sie getan. Was das war, wird dann im Klartext genannt: *Sie hat meinen Leib im Voraus für die Bestattung gesalbt.* Was nach Jesu Hinrichtung nicht mehr möglich sein würde, hat diese Frau in einer Art prophetischer Zeichenhandlung vorweggenommen.

Wichtig ist ein letzter Hinweis Jesu, der mit einem bekräftigenden *Amen* eingeleitet wird (**9**): *Wo immer das Evangelium in der ganzen Welt verkündigt werden wird, da wird auch von dem, was sie getan hat, berichtet werden, zur Erinnerung an sie.* Dieser Satz dürfte Markus besonders wichtig gewesen sein. Er macht deutlich: *Wo das Evangelium verkündigt wird,* da werden Geschichten erzählt, Geschichten von Jesus, aber auch Geschichten von Menschen, die ihm begegnet sind. Das *Evangelium* besteht nicht aus abstrakten Wahrheiten, sondern beschreibt Gottes heilvolle Geschichte mit Menschen und deren Geschichten mit Gott. Es ist Gottes Geschichte, die er im Wirken, im Sterben und in der Auferweckung Jesu geschehen lässt, und es sind die Geschichten derer, die von ihm berührt, geheilt und gerettet wurden und ihm dankbar gefolgt sind. Darum gehört auch die Geschichte von dem, was diese Frau getan hat, hinein in die Geschichten des Evangeliums. Wo das Evangelium verkündigt wird, wird man sich an sie erinnern. Im Griechischen steht für *zur Erinnerung an sie* ein anderes Wort als in der ähnlichen Aussage in 1Kor 11,25: »Das tut zu meinem Gedächtnis«. Aber es ergibt sich doch eine eigentümliche Berührung beider Aussagen. Wo dankbar an das gedacht wird, was Jesus Christus allen zugut getan hat, da wird auch an die Dankbarkeit erinnert, in der diese Frau an Jesus gehandelt hat. Dass der Name der Frau in Vergessenheit geriet, während der Name des Hausbesitzers erwähnt wird, mag man bedauern. Aber es liegt auch ein gewisser Sinn darin: Es geht nicht um die Person der Frau und ihre Glorifizierung. Es geht um das, was sie getan hat. Erstaunlich ist auch der weite Horizont der Erwartung: *in der ganzen Welt* wird das Evangelium verkündigt werden. Was in dem kleinen Dorf Bethanien geschieht, gewinnt weltweit Bedeutung.

Nach dieser anrührenden Szene kommt Markus wieder zurück auf die Pläne der Jerusalemer Autoritäten. Ihrer Absicht, Jesus möglichst ohne Aufsehen zu beseitigen, kommt Judas Iskariot entgegen (**10**). Er ist, wie Markus mit eigentümlicher Betonung schreibt, *der eine der Zwölf,* eben der eine, durch den das Unglaubliche geschieht, dass einer aus dem engsten Mitarbeiterkreis Jesus an seine Feinde ausliefert. Kritische Exegese hat gelegentlich gemeint, dieser Vorgang könne nicht historisch sein. Aber so etwas erfindet man nicht!

Wir sind gewohnt, die Tat des Judas als *Verrat* zu bezeichnen. Sachlich ist das nicht falsch; aber das Wort, mit dem dieser Vorgang benannt wird, heißt *ausliefern.* Das führt zu einer tiefgründigen Doppeldeutigkeit dieses Wortes: Es beschreibt einerseits die Notwendigkeit, dass der Menschensohn *ausgeliefert,* preisgegeben werden muss – und zwar von Gott an die Macht der Sünde und des Todes. Aber es bezeichnet andererseits auch die Tatsache, dass Jesus von einem seiner Jünger an die jüdischen Behörden und von diesen an die Römer zur Verurteilung und Hinrichtung *ausgeliefert* wird. Die Nacht, in der »der Herr Jesus verraten wurde« (1Kor 11,23), ist also auch die Nacht, in der er von Gott dem Tod preisgegeben wurde, um sein Leben für die vielen hinzugeben!
Markus sagt nichts über die Motive, die Judas zu seiner Tat bewegen. Matthäus deutet an, dass ihn Geldgier dazu trieb (26,15), Lukas spricht davon, dass der Satan in ihn gefahren war (22,3), Johannes scheint beide Motive zu kombinieren (12,6; 13,2.27). Aber Markus, der den ältesten Bericht schreibt, lässt die Frage offen. Bei ihm sind es die Hohenpriester, die Judas Geld versprechen (**11**). Das hat zu Spekulationen Anlass gegeben, Judas habe in Wirklichkeit Jesus zu entschlossenerem Handeln drängen wollen. Diese Vermutung wird vor allem dort geäußert, wo man in Judas einen ehemaligen Zeloten sieht, der seinen Traum von einem baldigen Kommen des messianischen Reiches nicht aufgegeben hat. Aber das sind Hypothesen ohne Anhalt am Text. Markus sagt uns nur, dass Judas von nun an eine passende Gelegenheit suchte, um Jesus den Behörden auszuliefern, d.h. den richtigen Zeitpunkt und Ort, wo es möglich sein würde, ihn ohne Aufsehen festzunehmen.

Den Abschnitt durchzieht ein makabrer Kontrast. Verrat im engsten Mitarbeiterkreis steht neben verschwenderischer Verehrung. Und angesichts des drohenden Todes wird die Tat überschwänglicher Liebe zur Vorbereitung der Beerdigung Jesu! Das Rätsel des Handelns des Judas bleibt offen. Sind es enttäuschte Hoffnung und das Festhalten an eigenen Zielen, die dazu führen, dass der Freund zum Feind wird? Bei Markus wird Judas nicht verteufelt, aber auch nicht entschuldigt. Im Zentrum steht die Tat der Frau, deren Namen wir nicht kennen. Ihr Beispiel zeigt: Nicht nur verantwortlich finanzierte Sozialarbeit dient zu Jesu Ehre; es gibt auch verschwenderische Großzügigkeit aus Liebe zu Jesus!
Heute stellt sich die Frage: Ist das ein einmaliger Vorgang angesichts von Jesu Tod und Begräbnis, oder gilt das auch für andere Formen überschwänglicher Verehrung Jesu, z.B. für üppig vergoldete Kirchen oder den Bau teurer Orgeln zur Ehre Gottes? Der entscheidende Maßstab zur Beantwortung dieser Frage liegt im Motiv des Handelns:

Dient es der eigenen Ehre oder entspringt es selbstvergessener Hingabe?

14,12–25
Die Feier des Passahmahls

**[12]Und am ersten Tag des Festes der ungesäuerten Brote, an dem
man das Passah(lamm) zu schlachten pflegte, sagen seine Jünger zu
ihm: »Wo sollen wir hingehen und (alles) vorbereiten, dass du das
Passah(mahl) essen kannst?« [13]Und er schickt zwei seiner Jünger
und sagt zu ihnen: »Geht in die Stadt, und es wird euch (dort) ein
Mensch begegnen, der einen Krug mit Wasser trägt. Folgt ihm [14]und
wo er hineingeht, dort sagt zu dem Hausherrn: ›Der Lehrer sagt:
‚Wo ist mein Raum, wo ich das Passah mit meinen Jüngern essen
kann?'‹ Und er wird euch ein großes Oberzimmer zeigen, fertig (mit
Teppichen) ausgelegt. Und dort bereitet (alles) für uns vor.« [16]Und
die Jünger gingen weg und kamen in die Stadt und fanden (alles)
vor, wie er es gesagt hatte, und bereiteten das Passah(mahl) vor.
[17]Und als es Abend geworden war, kommt er mit den Zwölfen.
[18]Und als sie zu Tisch lagen und aßen, sagte Jesus: »Amen, ich sage
euch: Einer von euch wird mich ausliefern, (einer,) der mit mir isst!«
[19]Und sie wurden traurig und begannen, einer nach dem andern zu
ihm zu sagen: »Doch nicht etwa ich?« [20]Und er sagte zu ihnen: »Einer der Zwölf, der mit mir in die Schüssel taucht! [21]Denn der Menschensohn geht zwar seinen Weg, wie über ihn geschrieben steht,
aber wehe jenem Menschen, durch den der Menschensohn ausgeliefert werden wird! (Es wäre) besser für ihn, wenn jener Mensch nicht
geboren worden wäre.«
[22]Und als sie aßen, nahm er Brot, sprach den Segen, brach es und gab
es ihnen und sagte: »Nehmt! Dies ist mein Leib.« [23]Und er nahm einen Becher, sprach das Dankgebet und gab ihn ihnen, und alle tranken daraus. [24]Und er sagte zu ihnen: »Dies ist mein Blut des Bundes,
das für viele vergossen wird. [25]Amen, ich sage euch: Ich werde nicht
mehr vom Gewächs des Weinstocks trinken bis zu jenem Tag, an
dem ich es neu trinken werde im Reich Gottes.«**

Die nächste Geschichte spielt am folgenden Tag. Es ist der 5. Tag der Woche (also Donnerstag) und nach dem jüdischen Kalender der 14. Nisan, der Tag, an dem die Feier des Passahmahls und das Fest der ungesäuerten Brote vorbereitet werden. Am Nachmittag dieses Tages werden im Vorhof des Tempels unzählige Lämmer geschächtet und dann am Abend beim Passahmahl verzehrt. Da nach jüdischer Zählung ein neuer Tag mit Sonnenuntergang beginnt, findet diese festliche Mahlzeit am 15. Nisan statt. Nach der Darstellung des Markus ist Jesus also in der Nacht des 15. Nisan festgenommen worden, in der Frühe des gleichen Tages (nach unserer Zählung am Freitag) an Pilatus überstellt, von ihm verurteilt und gegen 9 Uhr ans Kreuz gehängt worden.

Das Johannesevangelium geht allerdings von einer anderen Chronologie aus. Ihm zufolge war die letzte Mahlzeit Jesu kein Passahmahl (13,1f). Jesus wird am 14. Nisan in der Nacht von Donnerstag auf Freitag verhaftet und stirbt am Nachmittag dieses Tages zur gleichen Zeit, in der im Tempel die Passahlämmer geschlachtet werden (vgl. 18,28: Die Hohenpriester wollen sich nicht verunreinigen, um am Passahmahl teilnehmen zu können; 19,31: Das Passahfest fällt in diesem Jahr auf den Sabbat). Die Wochentage sind also dieselben wie bei Markus, aber sie haben ein anderes Datum; die Ereignisse müssen also in einem anderen Jahr stattgefunden haben. Manche Ausleger meinen, beide Darstellungen könnten richtig sein, weil Johannes den offiziellen Kalender der Priesterschaft berücksichtige, während sich Jesus und die Seinen nach einem anderen Kalender richteten, der auch in Qumran galt. Aber es ist ganz unwahrscheinlich und es gibt auch keinen Beleg dafür, dass man in Jerusalem an zwei verschiedenen Tagen das Passah feiern konnte. Man muss sich also zwischen den Chronologien entscheiden. Allerdings ist die Entscheidung schwierig, da sich für beide historisch gute Gründe nennen lassen. Aus theologischer Sicht ist merkwürdig, dass keine der beiden Fassungen Jesu Tod direkt mit dem Schlachten des Passahlammes vergleicht. Auch bei Markus nehmen die Abendmahlsworte nicht auf das Passahlamm Bezug. *Indirekt* deuten beide jedoch eine solche Beziehung an: Markus (samt Lukas und Matthäus, die ihm folgen) dadurch, dass die letzte Mahlzeit Jesu mit seinen Jüngern im Rahmen des Passahmahls stattfindet; Johannes dadurch, dass Jesus stirbt, während die Lämmer geschlachtet werden, worauf er allerdings seine Leser nicht eigens hinweist. In unserer Auslegung folgen wir der Darstellung des Markus.

Am Vormittag des 14. Nisan mussten die Vorbereitungen für das am Abend stattfindende Passahmahl getroffen werden. Es durfte nur in Jerusalem eingenommen werden. Man hatte, um mehr Leute beherbergen zu können, die Stadtgrenze für diesen Zweck etwas erweitert. Bethphage wäre als Ort möglich gewesen, Bethanien jedoch nicht. Die Bewohner Jerusalems waren nach dem Zeugnis späterer Gesetzessammlungen verpflichtet, den Festpilgern für diesen Zweck geeignete Räume zur Verfügung zu stellen. Aber es bedurfte entsprechender Vereinbarungen und vorheriger Absprachen. So fragen die Jünger am Morgen dieses Tages, wo sie einen Raum für das Mahl herrichten sollen (**12**). Jesus schickt daraufhin zwei der Jünger in der Stadt mit der Anweisung, nach einem *Menschen* Ausschau zu halten, der einen Krug mit Wasser trägt, und ihm zu folgen (**13**). Die Formulierung im Griechischen zeigt, dass Jesus von einem *Mann* spricht, und das macht die Anweisung eindeutiger, als uns das auf den ersten Blick der Fall zu sein scheint. Denn Männer trugen damals Wasser oder andere Flüssigkeiten immer in Schläuchen auf der Schulter. Das Tragen von Krügen auf dem Kopf war Frauensache. Ein Mann mit einem Wasserkrug war also durchaus eine auffällige Erscheinung. Generationen von Auslegern haben darüber gerätselt, ob hinter dieser Anweisung eine geheime Verabredung stand und aus welchem Grund diese verschlüsselte Wegbeschreibung nötig war. Markus macht aber keinerlei Andeutungen, die Anhaltspunkte für solche Spekulationen liefern könnten. Für ihn ist das Verhalten Jesu Zeichen seiner Souveränität und Autorität. Wie beim Einzug in Jerusalem auf den Hinweis: *Der Herr braucht es,* das Reittier anstandslos zur Verfügung gestellt wird, so öffnen sich hier auf die Frage: *Der Lehrer sagt: Wo ist mein Raum …* die Türen, und alles ist bereit (**14f**). Was Jesus und seine Jünger brauchen, ist ein Raum, der mit Teppichen oder Polstern so ausgelegt ist, dass sich eine größere Gruppe von Menschen um einen niedrigen Tisch lagern kann, auf dem das gebratene Lamm, das Brot, ein Krug Wein mit den Bechern und die weiteren Bestandteile des Passahmahls (z.B. bittere Kräuter) stehen. Die beiden Jünger finden den Raum wie vorhergesagt vor und richten ihn für das abendliche Mahl her (**16**).

Am Abend kommt Jesus mit den Zwölfen (**17**). Ob an dem Mahl noch mehr Leute teilgenommen haben, bleibt offen. Manches spricht dafür, dass es eine etwas größere Gruppe war, zu der auch die später erwähnten Frauen (15,41f) gehört haben dürften. Markus ist aber nur an den Zwölfen interessiert. Er schildert auch nicht den ganzen Ablauf des Passahmahls, sondern erzählt nur zwei Szenen, die ihm wichtig sind. Die erste handelt von der Ansage des Verrats (**18**). Wieder benutzt Jesus die feierliche Einleitungsformel: »*Amen, ich sage euch: Einer von euch wird mich ausliefern*«. Der Hinweis, dass es sich um einen der Anwesenden handelt, wird bekräftigt durch die Bemerkung: »*(einer,) der mit mir isst!*« Das ist zugleich eine Anspielung auf Ps 41,10: »Auch mein Freund, dem ich vertraute, der mein Brot aß, tritt mich mit Füßen.« In dem David zugeschriebenen Psalm spricht ein unschuldig Verfolgter von dem Leid, das ihm durch seine engsten Vertrauten widerfährt. Es ist das erste Mal, dass eine Stelle aus einem Psalm, der vom Leiden des Gerechten spricht, benutzt wird, um dem Geschehen der Passion Jesu Worte zu verleihen. Das wird im Laufe der Erzählung noch häufiger der Fall sein.

Die Reaktion der Jünger ist Trauer, wohl auch Kränkung, dass Jesus einem von ihnen so etwas zutraut (**19**). Sie fragen ihn: *Doch* *nicht etwa ich?* Oder etwas anders übersetzt: *Soll das etwa ich sein?* Aber das ist keine echte Selbstprüfung; im Griechischen ist die Frage so formuliert, dass als Antwort ein eindeutiges Nein zu erwarten ist. Aber Jesus wiederholt seine Aussage (**20**) und engt den Kreis derer, von denen er spricht, ein: *Einer der Zwölf* wird es sein (möglicherweise ein Hinweis, dass mehr als die Zwölf am Mahl beteiligt waren). Es ist einer aus dem engsten Kreis, einer der ganz nahe bei Jesus sitzt und – wie Jesus sagt – *mit mir in die Schüssel taucht.* Zum Passahmahl gehörte eine Schüssel mit Fruchtmus, in die man Kräuter eintauchte und so gemeinschaftlich aß. Hier ist zu beachten, was Markus *nicht* sagt: Jesus identifiziert den Verräter nicht (anders bei Matthäus und Johannes). Es wird auch nicht erzählt, dass Judas vor dem Abendmahl den Raum verließ.

Markus überliefert aber ein Wort Jesu, das etwas über das Ineinander von göttlicher Bestimmung und menschlicher Verantwortung und Schuld aussagt, eine Frage, die ja gerade an der Gestalt des Judas immer wieder aufbricht (**21**). Einerseits gilt: *... der Menschensohn geht zwar seinen Weg, wie über ihn geschrieben steht.* Wieder spricht Jesus im Blick auf seine Passion vom *Menschensohn,* vom menschlichen Repräsentanten der Herrschaft Gottes, der den Weg durchs Leiden und in den Tod gehen muss. Luther hat schön übersetzt: *Er geht dahin* und damit die Zweideutigkeit des griechischen Wortes getroffen, das eigentlich *weggehen* bedeutet, hier jedoch eindeutig *in den Tod gehen* meint.

Dieser Weg ist vorgezeichnet durch das, was über ihn in der Heiligen Schrift vorhergesagt ist. Das *wie geschrieben steht,* dem kein Hinweis auf eine einzelne Schriftstelle folgt, sagt das Gleiche wie das göttliche *Muss* in den Leidensansagen: Der Weg des von Gott Gesandten in den Tod ist vorgezeichnet, weil nur so Gottes Heilswirken die Menschen in der Tiefe ihres Elends und ihrer Gottferne erreichen kann. Die Tat des Verräters, Jesus an seine Gegner auszuliefern, ist ein entscheidender Schritt, der die Ereignisse in die Richtung lenkt, die von der Schrift vorgezeichnet ist. Aber das nimmt dem, der dies tut, nicht die Verantwortung für sein Handeln ab und entlastet ihn nicht von seiner Schuld; *wehe jenem Menschen,* sagt Jesus, und das zweimal betont gesetzte Wort *jener Mensch* bildet einen eigentümlichen Kontrast zum *Menschensohn,* dem *Menschen,* den Gott gesandt hat und der im Einklang mit Gottes Willen lebt. Aber auch *jener Mensch,* Judas, ist nicht einfach eine Marionette in Gottes Spiel; er trifft seine Entscheidung in eigener Verantwortung, auch wenn diese Entscheidung bei Gott, der über den menschlichen Entscheidungsabläufen und Kausalzusammenhängen steht, für den Weg des Menschensohns schon be-

dacht ist. Das ist die Tragik des Judas: Seine Tat führt dazu, dass Jesus an der Feindschaft und der Ablehnung der Menschen zu Tode kommt. Aber seine Tat ist zugleich Teil jener menschlichen Gottesfeindschaft, an der und für die Jesus stirbt. Der Verräter verfehlt damit sein Leben so grundsätzlich, dass Jesus von ihm sagt: Es wäre besser, wenn *jener Mensch nie geboren worden wäre* (vgl. Jer 20,14f; Hiob 3). Aber selbst Judas wird nicht aus dem Raum geschickt. Jesus stirbt auch für ihn.
Die zweite Szene, die Markus aus diesem letzten Zusammensein Jesu mit seinen Jüngern heraushebt, sind die Worte, die Jesus während der Mahlzeit zu Brot und Wein spricht, und die meist als Einsetzungsworte des Abendmahls bezeichnet werden (**22**).

Für diese Szene und die dabei gesprochenen Worte Jesu gibt es zwei Überlieferungsstränge im Neuen Testament. Den einen vertritt Markus, dem Matthäus (26,26–29) mit wenigen Ergänzungen folgt. Den anderen repräsentieren Paulus (1Kor 11,23–26) und Lukas (22,15–20), die im Kern der Überlieferung übereinstimmen, auch wenn sie den Rahmen jeweils etwas anders gestalten. (Bei Johannes steht die Fußwaschung im Mittelpunkt des Abschiedsmahles Jesu; die Abendmahlsworte fehlen.) Die Hauptunterschiede zwischen beiden Traditionen besteht in der Ausgestaltung der Worte zum Brot und zum Becher bzw. zum Kelch (LÜ). Beim Brotwort ergänzen Paulus und Lukas: mein Leib, *der für euch (gegeben wird)*; das Kelchwort heißt bei ihnen: *Dieser Becher ist der neue Bund in meinem Blut (das für euch vergossen ist* ergänzt Lukas nach Markus). Weiter erwähnen beide, dass zwischen Brot und Becher gegessen wurde, und zitieren nach dem Brotwort das eigentliche Einsetzungswort: *Tut das zu meinem Gedächtnis.* Die Überlieferung bei Paulus ist das älteste schriftliche Zeugnis für die Abendmahlstradition (der 1. Korintherbrief wurde ca. 55 n.Chr. geschrieben), und Paulus sagt, dass er diese Worte den Korinthern schon bei der Gründung der Gemeinde (ca. 50 n.Chr.) so mitgeteilt habe, wie er sie »vom Herrn empfangen« habe, d.h. wohl: durch die Überlieferung der Urgemeinde übermittelt. Wichtig für unseren Zusammenhang ist, dass auch Paulus, bei dem es ja um die Feier des Herrenmahls in der Gemeinde geht, seinen Bericht von der Einsetzung des Mahls mit dem Hinweis beginnt: *Der Herr Jesus, in der Nacht, in der er ausgeliefert wurde ...* Der Zusammenhang zwischen der Einsetzung des Herrenmahls und der letzten Mahlzeit, die Jesus in der Nacht hielt, in der er seinen Gegnern in die Hände gespielt wurde, ist also fest in der Überlieferung verankert. Versuche, festzustellen, welches der ursprüngliche Wortlaut der Abendmahlsworte war, haben zu keiner Übereinstimmung geführt. Es hat sich die Erkenntnis durchgesetzt, dass gerade deshalb, weil diese Worte von Anfang an in den Gottesdiensten liturgisch verwendet wurden, der genaue Wortlaut, den Jesus damals gesprochen hat, kaum noch zu ermitteln ist. Übereinstimmung besteht aber in der Erinnerung daran, dass Jesus in der Nacht, in der er verhaftet wurde, seinen Jüngern an den Zeichen Brot und Wein deutlich gemacht hat, was sein

Tod bedeutet, und damit den Impuls gab, die Heilsbedeutung seines Todes bei einem gemeinsamen Mahl an diesen Zeichen immer wieder neu zu vergegenwärtigen. Wir beschränken uns im Folgenden auf die Auslegung der Handlung und der Worte Jesu, wie sie Markus überliefert.

Bei einer Passahmahlzeit wurde das Segenswort über dem Brot vor dem Verzehr des Lammes gesprochen und danach das Dankgebet über dem (dritten) Becher. Allerdings erwähnt Markus nicht, dass zwischen den beiden Worten etwas gegessen wurde (anders 1Kor 11,25; Lk 22,20). Segens- und Dankgebet waren auch Bestandteil jedes festlichen Mahls im Judentum. Darum gleicht die Einleitung des Brotwortes (*nahm er Brot, sprach den Segen, brach es und gab es ihnen*) Berichten von anderen Mahlzeiten Jesu mit den Seinen (6,41; 8,6). Lk 24,30 erzählt, wie die Emmausjünger den Auferstandenen an seiner Art, die Mahlzeit zu beginnen, erkannten. Während die Austeilung des Brotes an die Jünger also an die Mahlzeiten erinnert, die Jesus mit seinen Jüngern gehalten hatte, sind die Worte, mit denen er den Vorgang deutet, etwas ganz Besonderes. Sie werden aus der besonderen Situation des Passahmahles verständlich. Denn beim Passahfest werden die einzelnen Speisen, die gegessen werden, auf Erfahrungen bei der Befreiung aus Ägypten hin gedeutet. Der Bericht vom Abschiedsmahl Jesu nimmt keines dieser Elemente direkt auf. Aber sie sind der Hintergrund, der verstehen lässt: Das gemeinsame Essen des Brotes und das Trinken aus dem Becher haben eine tiefere Bedeutung: Sie verweisen auf auf Gottes befreiendes und rettendes Handeln.

Jesus nimmt das Brot, das er in Stücke *gebrochen* bzw. (da es wohl Fladen waren) *gerissen* hatte, gibt es an die Jünger weiter und sagt: *Nehmt! Dies ist mein Leib*. Das ist die kürzest mögliche Fassung dieses Wortes und von daher nicht leicht zu verstehen. Wichtig ist, dass Jesus nicht sagt: Das ist mein *Fleisch*, obwohl dies die Parallelität zu *Blut* nahegelegt hätte. *Leib* meint in biblischer Sprache eine Person als Ganze, in ihrem Verhalten, ihrem Handeln und ihrer Beziehung zu anderen. Im Grunde sagt Jesus also: *Das bin ich*. Und der Vergleichspunkt ist dabei nicht das Brot als Substanz, sondern der Vorgang als Ganzer: Dieses Stück Brot, das zerbrochen und verteilt wird, das bin ich, das ist mein Leben, das ich hingebe und opfere. (Die Ergänzung in der Paulus-Lukas-Überlieferung: *für euch gegeben* ist also ganz sachgemäß.) Wenn ihr davon esst, dann habt ihr Anteil an dem, was mit mir geschieht!

Daneben tritt das Wort zum *Becher* (**23**). Jesus nimmt ihn, spricht das Dankgebet und gibt ihn seinen Jüngern; und sehr betont sagt Markus: Sie tranken alle daraus – wohl auch Judas! Dann erst erfolgt die Deutung, die diesmal ausführlicher ist: *Dies ist mein Blut* *des Bundes, das für viele vergossen wird.* Der erste Teil des Satzes fasst zwei Aussagen zusammen, was zu der im Deutschen schwerfälligen Wendung *mein Blut des Bundes* führt. Die erste Aussage ist (**24**): *Dies ist mein Blut,* zu der dann sinngemäß die Ergänzung gehört: *das für viele vergossen wird.* Die zweite Aussage lautet: *Dies ist das Blut des Bundes,* zu der sinngemäß zu ergänzen wäre: das Blut des *neuen* Bundes, wie das dann auch in etwas anderer Weise in Lk 22,20 / 1Kor 11,25 geschehen ist. Die Deutung bei Markus knüpft an den *Inhalt* des Bechers an: Der Wein, den die Mahlteilnehmer getrunken haben, wird auf das Blut Jesu gedeutet und damit auf die Hingabe seines Lebens. Der Hinweis auf den Bund spielt auf Ex 24 an: Bei der Stiftung des Bundes am Sinai wird die eine Hälfte des Blutes der Opfertiere auf den Alter und die andere Hälfte nach der Verlesung des Bundesbuches über das Volk gesprengt, und zwar mit den Worten: »Seht, das ist das Blut des Bundes, den der HERR mit euch geschlossen hat aufgrund aller dieser Worte.« Mit der Deutung des gemeinsam getrunkenen Weines auf das *Blut des Bundes* wird also gesagt: Jesu Lebenshingabe begründet einen neuen Bund Gottes mit den Menschen. Das aber wird durch den ersten Aspekt der Deutung erläutert. Die Wendung *mein Blut, das für viele vergossen wird* steckt voller Anklänge an Jes 53,11f, wo von dem »Knecht Gottes« gesagt wird, »dass er seine Seele [d.h. sein Leben] ausgeschüttet hat in den Tod … (und) die Sünde vieler getragen (hat)« (REB). Zwei Motive sind besonders bedeutsam: Mit der Hingabe des Lebens nimmt der von Gott Erwählte und Beauftragte die Sünde der Menschen auf sich und sühnt sie. Das aber geschieht für *viele;* und das steht nicht im Gegensatz zu einem für *alle,* sondern bezeichnet die umfassende Vielzahl derer, die von diesem Geschehen betroffen sind (vgl. 10,45). In Jes 53,11f werden damit ausdrücklich die Heiden eingeschlossen, bei Markus geht der Blick über die versammelte Gemeinschaft von Jüngern und Jüngerinnen hinaus in die Weite einer Menschheit, der dieses Geschehen und diese Botschaft gilt. An der Stelle des liturgisch-seelsorgerlichen *für euch* in Lk 22,20 steht bei Markus der weite Horizont eines inklusiven *für viele.*

Zwei Elemente prägen also die Deutung des »Kelchwortes« bei Markus: Es ist der Gedanke der Sühne, die durch Jesu Tod für alle bewirkt wird, und es ist das Motiv des Bundes, den Gott durch Jesu Lebenshingabe neu mit der ganzen Menschheit begründet. Aus dem Becher beim Mahl zu trinken heißt deshalb, Anteil an dem geschenkt zu bekommen, was Jesu »Blut«, d.h. die Hingabe seines Lebens, bewirkt. Brot und Wein werden nicht »konsekriert« oder »verwandelt«, aber sie bekommen durch die Mahlgemeinschaft mit Jesus eine neue Bedeutung: Wer davon isst und davon trinkt, bekommt Anteil an dem, was Jesu Sterben bedeutet und bewirkt.

In welcher Perspektive dies geschieht, sagt das Schlusswort Jesu (**25**), das er noch einmal mit dem feierlich bekräftigenden *Amen* einleitet: *Amen, ich sage euch: Ich werde nicht mehr vom Gewächs des Weinstocks trinken bis zu jenem Tag, an dem ich es neu im Reich Gottes trinken werde.* Die irdische Gemeinschaft der Mahlfeiern Jesu mit seinen Jüngern und Jüngerinnen und mit Zöllnern und Sündern ist zu Ende. Aber damit ist nicht wirklich ein Ende markiert, sondern ein Ziel: das große Festmahl Gottes, wenn sein Reich vollendet ist. Das große Freudenmahl Gottes, zu dem er alle Völker einlädt, ist von Jes 25,6 her über Mt 8,11 und Lk 14,15–24 bis Offb 19,9 ein stehendes Bild für die Vollendung der Herrschaft Gottes.

So verweist die Perspektive der Abendmahlsworte Jesu bei Markus von Jesu Tod auf das Ziel seines Weges im vollendeten Gottesreich. Auch in der paulinischen Tradition gibt es diese endzeitliche Perspektive (1Kor 11,26: »bis er kommt«), dort aber ausdrücklich mit der Anweisung zur Wiederholung (»sooft ihr dieses Brot esst …«). Diese fehlt bei Markus. Seine Überlieferung der Worte Jesu bietet weniger »Einsetzungsworte« für eine zukünftige gottesdienstliche Feier dieses Mahls. Sie ist vielmehr die grundlegende Deutung dessen, was Jesus bevorsteht und die Jünger voll Schrecken und Unverständnis erleben werden.

Zusammen mit dem Wort in 10,45 (Der Menschensohn ist gekommen, *um sein Leben als Lösegeld für viele zu geben*) setzen die Abendmahlsworte das Vorzeichen, unter dem die Passion Jesu zu verstehen ist: Der, den Gott gesandt hat, um seine Herrschaft zu verwirklichen, geht in den Tod, um die Menschen aus der Herrschaft der Sünde und des Todes zu befreien und in eine neue Gemeinschaft mit Gott zu stellen.

Die christlichen Leser und Leserinnen dieser Erzählung haben sie im Bewusstsein gelesen oder gehört, dass das, was hier geschieht, der Ursprung des Herrenmahls ist, das sie an jedem ersten Tag der Woche in der Gemeinde feierten. Sie wurden in dem Glauben bestärkt, dass sie dann, wenn sie von diesem Brot essen und aus diesem Kelch trinken, Anteil an dem Heil bekommen, das Jesu Weg bewirkt hat, und sie damit in den Bund mit Gott gehören, den sein Tod neu gestiftet hat. Sie haben sich bewusst gemacht, dass Jesus dieses Mahl mit allen feierte, die sich zu ihm hielten – mit denen, die versagen, mit denen, die ihm von ferne folgen würden, und wohl auch mit dem Verräter. Und sie wurden ermutigt, sich darauf zu freuen, dass auch sie mit Jesus das Mahl feiern würden, wenn Gott sein Reich vollendet.

Der Bericht des Markus zum letzten Mahl Jesu kann nicht alle Fragen beantworten, die wir heute im Blick auf das Abendmahl haben. Doch zwei seiner Akzente sind wichtig und aktuell: 1. Dass Jesus Segenswort und Dankgebet über den Zeichen seines Todes spricht, vergegenwärtigt die Heilsbedeutung seines Sterbens. Das gilt unabhängig von theologischen Deutungen, mit denen wir diese Bedeutung zu erklären versuchen – oder die uns auch Schwierigkeiten bereiten. Entscheidend ist die Vergewisserung durch die Zeichen von Brot und Kelch und die Gemeinschaft derer, die davon essen und trinken. 2. Dass Jesus das Mahl gemeinsam mit Versagern feiert, zeigt die Weite seiner Hingabe. Es sollte seine Kirche vorsichtig machen, allzu genau und eng festlegen zu wollen, wer »würdig« ist, daran teilzunehmen. Jesus teilt allen aus.

14,26–31
Jesu Vorhersage der Verleugnung

[26]Und als sie das Gotteslob gesungen hatten, gingen sie zum Ölberg
hinaus. [27]Und Jesus sagt zu ihnen: »Alle werdet ihr zu Fall kommen,
denn es steht geschrieben: *Ich werde den Hirten erschlagen und die*
***Schafe werden zerstreut werden* (Sach 13,7). [28]Aber nach meiner**
Auferweckung werde ich vor euch her nach Galiläa gehen.« [29]Petrus
aber sagte zu ihm: »Wenn auch alle zu Fall kommen werden, so
doch ich nicht!« [30]Und Jesus sagt zu ihm: »Amen, ich sage dir: Heu-
te, in dieser Nacht, bevor der Hahn zum zweiten Mal kräht, wirst du
mich dreimal verleugnen!« [31]Er aber beteuerte umso mehr: »Selbst
wenn ich mit dir sterben müsste, werde ich dich nicht verleugnen.«
Und so sprachen auch alle (anderen).

Ein Passahmahl endete mit dem Singen des sog. kleinen »Hallel« (Ps 114 bzw. 115–118). Markus setzt diese Situation voraus (**26**). Jesus bleibt mit seinen Begleitern nicht in dem Raum in Jerusalem, sondern geht mit ihnen zum Ölberg, um dort die Nacht im Freien zu verbringen, denn Bethanien gehörte nicht mehr zu dem Gebiet, in dem man nach der herrschenden Gesetzesauslegung die Passahnacht verbringen durfte. Mit dem Ölberg verbanden sich im Judentum endzeitliche Erwartungen (vgl. Sach 14,4 und Mk 13,3). Viele Ausleger sehen aber im Weg Jesu durch das Kidrontal hinauf zum Ölberg auch eine Anspielung auf den Bericht von der Flucht Davids nach dem Aufstand Absaloms, die über die gleiche Strecke führte (2Sam 15,23–30). Auch dort steht die Frage im Mittelpunkt: Wer wird dem König die Treue halten? Jesus stellt diese Frage gar nicht erst, sondern sagt zu den ihn begleitenden Jüngern (**27**): *Alle* *werdet ihr zu Fall kommen,* d.h. ihr werdet alle an mir irre werden, mich verlassen und von mir abfallen! Hier zeigt sich, dass die traditionelle Übersetzung: *Ihr werdet alle Ärgernis nehmen* oder *euch an mir ärgern* die Aussage falsch wiedergibt. Es geht nicht darum, dass die Jünger am Verhalten Jesu Anstoß nehmen oder sich über ihn ärgern. Jesus sagt voraus, dass sie in ihrer Treue zu ihm versagen und dadurch auf ihrem Weg in der Nachfolge zu Fall kommen. Als Begründung dient ein Wort, das aus Sach 13,7 stammt, hier aber in einer Fassung zitiert wird, die weder dem hebräischen Urtext noch der griechischen Übersetzung entspricht. Ursprünglich war das Wort ein Drohwort, das eine Zeit großer Bedrängnis vor der endgültigen Rettung Israels ankündigt. In ihr werden »der Hirte«, d.h. der König oder eine messianische Gestalt (vgl. Sach 12,10), getötet und »die Schafe«, d.h. das Volk, zerstreut werden. Das wird Gott selbst veranlassen – und das ist auch der Grundton des Zitats im Mund Jesu. Trotz der Schuld der beteiligten Menschen ist es letztlich Gott selbst, der hinter der Tötung Jesu steht. Wenn aber der Hirte ausgeschaltet ist, dann werden sich die Schafe zerstreuen, d.h. die Jünger werden ihn verlassen und in alle Himmelsrichtungen fliehen. Ohne dass damit das Versagen der Jünger beschönigt wird, liegt in der Art der Vorhersage doch eine gewisse Entlastung für sie. Ihr Verhalten ergab sich fast unvermeidlich aus dem, was nach Gottes Willen mit Jesus geschah. Und darum wird ihre Flucht auch nicht das Ende sein. Jesus wird nach seiner Auferweckung den Jüngern voraus nach Galiläa gehen (**28**). Dieser Hinweis hat für das Markusevangelium großes Gewicht; er wird in 16,7 als Verheißung für die Jünger und insbesondere Petrus aufgegriffen. Gemeint ist sicher nicht, dass der Auferstandene seinen Jüngern auf dem Weg nach Galiläa vorangeht und sie hinter ihm hergehen können, wie sie das bisher getan haben, sondern die Zusage, dass sie dem Auferstandenen in Galiläa in neuer Weise begegnen werden.

Von den Jüngern wehrt sich vor allem Petrus gegen die Unterstellung, er würde versagen (**29**). Er kann nur für sich selbst sprechen, aber die Art, wie er das tut, zeigt wenig Solidarität mit seinen Kollegen: *Wenn auch alle zu Falle kommen werden, so doch ich nicht!* Petrus traut sich eine Sonderstellung in Sachen Treue zu. Gerade deswegen wird ihm ein besonders schmerzliches Versagen angekündigt (**30**), bekräftigt durch die feierliche Einleitungsformel: *Amen, ich sage dir: Heute, in dieser Nacht, bevor der Hahn zum zweiten Mal kräht, wirst du mich dreimal verleugnen!* Noch *in dieser Nacht,* und Markus verdoppelt die Zeitangabe, wie er das gerne tut, noch *heute* wird Petrus Jesus *verleugnen,* d.h. ausdrücklich abstreiten, dass er irgendetwas mit ihm zu tun habe. (Der Hinweis auf das zweimalige Krähen hängt wohl damit zusammen, dass der zweite Hahnenschrei als Beginn des Morgens galt.) Doch Petrus weist diese Unterstellung mit Nachdruck zurück (**31**): *Selbst wenn ich mit dir sterben müsste, werde ich dich nicht verleugnen.* Petrus ist bereit, mit Jesus in den Tod zu gehen, also das zu tun, was Jesus in seinen Nachfolgeworten fordert: ihm auch auf dem Weg zum Kreuz zu folgen (8,34). Dieser Beteuerung schließen sich alle Jünger an; der Leser aber ahnt oder weiß, dass sie angesichts dieser Herausforderung alle versagen werden.

Friedrich von Hardenberg, gen. Novalis (1771–1801), konnte noch dichten: »Wenn alle untreu werden, so bleib' ich dir doch treu, dass Dankbarkeit auf Erden nicht ausgestorben sei.« Das Lied ist aus heutigen Gesangbüchern verschwunden. Gilt das auch für die Haltung, die aus ihm spricht? Die Warnung vor jeder Selbstüberschätzung in der Nachfolge Jesu bleibt aktuell!

14,32–42
Jesu Gebet in Gethsemane

**32Und sie kommen zu einem Grundstück mit Namen Gethsemane,
und er sagt zu seinen Jüngern: »Setzt euch hier nieder, bis ich gebetet habe.« 33Und er nimmt den Petrus und den Jakobus und den Johannes mit sich und fing an zu zittern und zu zagen, 34und er sagt zu
ihnen: »*Meine Seele ist zu Tode betrübt.* Bleibt hier und wacht.«
35Und er ging ein wenig weiter und fiel auf die Erde und betete, dass
– wenn es möglich wäre – diese Stunde an ihm vorüberginge, 36und
sagte: »Abba, Vater! Alles ist dir möglich! Nimm diesen Kelch weg
von mir! Aber nicht, was ich will, (gilt,) sondern was du (willst)«.
37Und er kommt und findet sie schlafend, und er sagt zu Petrus:
»Simon, schläfst du? Kannst du nicht eine Stunde wachen? 38Wa-
chet und betet, damit ihr nicht in Versuchung geratet! Der Geist ist
zwar willig, das Fleisch aber ist schwach.« 39Und er ging wieder weg
und betete, indem er dieselben Worte sprach. 40Und als er wieder
zurückkam, fand er sie schlafend, denn ihre Augen waren zugefal-
len, und sie wussten nicht, was sie ihm antworten sollten. 41Und er
geht zum dritten Mal und sagt zu ihnen: »Ihr schlaft weiter und ruht
euch aus? Es ist soweit, die Stunde ist gekommen, der Menschensohn wird in die Hände der Sünder ausgeliefert. 42Steht auf, wir
wollen gehen. Siehe, der, der mich ausliefert, ist nahe.«**

Diese Szene gehört zu den tiefgründigsten der ganzen Leidensgeschichte. Jesus und seine Jünger kommen zu einem Grundstück am Ölberg (**32**). Der Name Gethsemane bedeutet »Ölkelter«. Es ist also anzunehmen, dass es sich um ein eingezäuntes und mit Ölbäumen bepflanztes Stück Land handelte, auf dem dem sich eine Ölpresse und Tröge zum Auffangen des Öls befanden. Hier wollen Jesus und seine Leute die Nacht verbringen. Jesus denkt freilich nicht daran zu schlafen. Er sagt zu seinen Jüngern, dass sie sich hinsetzen sollten, *bis ich gebetet habe* oder *solange ich bete* (beide Übersetzungen sind möglich). Dann nimmt er Petrus, Jakobus und Johannes mit sich (**33**), also die Jünger, die mit dabei waren, wenn es um eine besondere Station seines Weges ging (5,37; 9,2). Sie, die Zeugen seiner Vollmacht über den Tod und der Offenbarung himmlischer Würde bei seiner Verklärung waren, sollen ihn auch in seinem Ringen mit menschlicher Todesnot begleiten.

Denn die Erzählung nimmt eine völlig überraschende Wendung: Jesus *fing an zu zittern und zu zagen*. Luthers Übersetzung bringt die gefühlsmäßige Stimmung sehr gut zum Ausdruck. Wenn wir aber dem griechischen Text noch etwas intensiver nachspüren, legt sich die Übersetzung nahe: *es befielen ihn Schrecken und Angst*. Das erste Wort kennzeichnet die tiefe Erregung angesichts einer erwarteten, aber ungewissen Begegnung mit göttlicher Gegenwart (vgl. 9,15; 16,5f), das zweite die Angst und Unruhe großer Einsamkeit. Dass Jesus so geschildert wird, ist gerade in dieser Situation außergewöhnlich. Im Judentum pflegte man das Ideal des leidenden Gerechten, der voll Gottvertrauen in den Tod geht (Weish 3,1–6; 4,7–16), und der Märtyrer, die dem Tod heldenhaft in die Augen blicken (2Makk 7). Bei den Griechen galt Sokrates, der heiter seinem Tod entgegensah, als Vorbild.

Allerdings greift die Erzählung Motive der Klagepsalmen auf (Ps 22,15f; 31,10). Das ist besonders deutlich in dem Wort, mit dem Jesus seinen Jüngern seine Lage erklärt (**34**): *Meine Seele ist zu Tode betrübt*. Damit klingt Ps 42,6.12; 43,5 an, dort freilich Teil der Aufforderung an die eigene Seele, Trauer und Angst zu überwinden und sich Gott ganz anzuvertrauen. *Seele* meint hier den Menschen als lebendiges Wesen, sein Innerstes, das sich nach Leben sehnt und um sein Leben fürchtet. Der Wendung »traurig *bis zum Tod*« steht Sir 37,2 am nächsten: »Kommt die Trauer nicht dem Tode nahe, wandelt sich ein Gefährte und Freund zum Feind?« Es geht um eine Trauer, die so tief ist, dass sie bis in die Leben vernichtende Sphäre des Todes führt. Das deutsche *todtraurig* spricht von der gleichen Erfahrung. In den Psalmen klagen die Beter, dass ihr Leiden sie bis an die Pforten des Todes führt (Ps 18,5f; 116,3; vgl. Sir 51,8). Der größte Schrecken des Todes für die alttestamentlichen Beter aber ist die absolute Gottferne (vgl. Ps 115,17: »Tote können den Herrn nicht mehr loben, keiner, der ins Schweigen hinabfuhr«, EÜ). Dass Gott abwesend scheint, ist die Not, die der Beter in Ps

42,4 beklagt: »Meine Tränen sind meine Speise Tag und Nacht, weil man täglich zu mir sagt: Wo ist nun dein Gott?« Das wird auch die letzte Anfechtung Jesu am Kreuz sein, aus der heraus er (ebenfalls mit den Worten eines Psalms) rufen wird: »Mein Gott, mein Gott, warum hast du mich verlassen?« (Ps 22,2)

Dieser Hintergrund ist der Schlüssel zur Gethsemaneerzählung. Die psychologische Erklärung, Jesus sei plötzlich von dem Gedanken an die Qualen eines Todes am Kreuz überwältigt worden und zusammengebrochen, reicht nicht aus, um zu verstehen, warum er von so tiefer Trauer und Angst erfasst wurde. Er, der bisher anscheinend ungerührt von seinem sicher bevorstehenden Tod, jedoch auch von seiner künftigen Auferweckung sprach, wird von den Schrecken des Todes ergriffen und ringt mit seinem Vater darum, ob er von diesem Weg verschont werden könne. Das ist nur dadurch zu erklären, dass ihm vor dem entscheidenden Schritt, der ihn in die Hände seiner Todfeinde ausliefern wird, in völliger Klarheit vor Augen tritt, was dieser Tod für ihn bedeutet: Er muss die Qual und die Schrecken völliger Gottverlassenheit durchleiden. Darin aber liegt gerade für ihn, den Gottessohn, der ganz zu Gott gehört, die tiefste Krise seines Seins. Nicht von ungefähr spricht er, der bisher immer in der 3. Person vom »Menschensohn« gesprochen hat, der leiden und sterben wird, jetzt von sich und seiner Seele!

In dieser Situation wendet sich Jesus an Gott und bittet die engsten Gefährten, mit ihm zu wachen. Er selbst geht ein paar Schritte weiter, fällt auf den Boden nieder (ein Zeichen äußerster Hilflosigkeit sowie tiefster Ergebung und Demut) und betet (**35**). Markus nennt den Inhalt des Gebets zweimal: zunächst in indirekter Rede, dann als wörtliches Zitat (**36**). Man hat aus dieser Doppelung (vgl. auch 33b/34) geschlossen, dass Markus hier zwei Quellen ineinanderverwoben habe. Aber offensichtlich liebt Markus solche Doppelungen, um den Gedankengang zu intensivieren. Man hat auch gefragt, woher Markus denn wusste, was Jesus sagte, da die drei Jünger alsbald einschliefen. Wahrscheinlich hat sich eine Ahnung davon, worum es in Jesu Beten ging, bewahrt, zudem fand man Erinnerungs- und Formulierungshilfen in den Psalmen. Die Offenheit, mit der von der Angst Jesu erzählt wird, spricht dagegen, dass diese Szene einfach erfunden wurde.

Jesus bittet, dass *diese Stunde an ihm vorbeigehen* möge. Die *Stunde* ist die zur Auslieferung Jesu bestimmte Zeit (vgl. V. 41), die Zeit, in der erfüllt wird, was er als Bestimmung seines Weges dreimal vorher angekündigt hatte. Und obwohl er vom göttlichen Muss dieses Leidens so eindrücklich gesprochen hatte, bittet er jetzt darum (allerdings mit der Einschränkung: *wenn es möglich wäre*), von diesem Geschick verschont zu werden. Dieser zutiefst menschliche Zug kommt im Markusevangelium ganz überraschend und wird durch das wörtliche Zitat des Gebets Jesu in V. 36 noch verstärkt, aber auch erhellt. Das Gebet beginnt mit der Anrede *Abba, Vater.*

Abba ist aramäisch und entspricht als kindliches Lallwort unserem *Papa*. Es ist also eine sehr vertrauliche Anrede Gott gegenüber, deren Übersetzung mit *Vater* schon auf einer etwas gehobeneren Ebene liegt. Auch wenn im Alten Testament und Judentum Gott als Vater des Volkes angesehen und angeredet wird (Jes 63), so gibt es kein Beispiel dafür, dass diese Art der Anrede Gott gegenüber gebraucht worden wäre. Sie ist typisch für die Sprache Jesu und steht auch hinter der Anrede in der ursprünglichen Fassung des Vaterunsers in Lk 11,2. Selbst in den griechisch sprechenden Gemeinden wurde das aramäische Wort weiter benutzt und als besondere Anrede Gottes verwendet (Röm 8,15; Gal 4,6).

Hier spricht der Gottessohn zum Vater, und neben die kindlich vertrauensvolle Anrede tritt sogleich die Feststellung: *Alles ist dir möglich.* Dass bei Gott nichts unmöglich ist, ist eine Grundaussage biblischen Glaubens (vgl. Gen 18,14; Jer 32, 27; Lk 1,37). Bei Markus findet sich die positive Form: *Alles ist möglich bei Gott* in Mk 10,27 als Antwort auf die Frage, ob Reiche gerettet werden können. Ihre Entsprechung aufseiten der Menschen lautet: *Alles ist möglich dem, der glaubt* (Mk 9,23). Das Besondere an unserer Stelle liegt darin, dass Jesus den Vater bittet, etwas möglich zu machen, was er anders bestimmt hat: *Nimm diesen Becher weg von mir!* Von dem Becher bzw. Kelch (LÜ), den er trinken werde, hatte Jesus schon in 10,38 gesprochen und damit auf das Todesgeschick hingewiesen, das er und voraussichtlich auch die beiden Söhne des Zebedäus erleiden würden. An unserer Stelle wird der Kelch noch stärker als »Zornesbecher« und »Taumelbecher« verstanden (Jes 51,17–23; Jer 25,15–29; 49,12; Ps 75,9). Jesus soll den Becher des Gerichts leeren, um die Welt vom Gift und der Bitternis ihrer Gottesfeindschaft zu befreien. Überwältigt von der Bitterkeit dieses Geschicks bittet er den Vater, ihm diesen Kelch zu ersparen. Es bleibt jedoch eine Bitte, und Jesus fügt hinzu: *Aber nicht, was ich will, sondern was du (willst).* Diese knappe Formulierung ist nicht als Wunschsatz zu ergänzen (*soll geschehen …*), sondern nach dem Urtext eindeutig als Feststellung: »Nicht das, was ich will, *entscheidet* oder *gilt*, sondern was du willst«. Das ist ein anderer Akzent als in der 3. Vaterunser-Bitte: *Dein Wille geschehe.* Dort richtet sich die Bitte darauf, dass sich Gottes heilsamer Wille gegen den Widerstand der Mächte des Unheils auch auf der Erde durchsetzt und so Gottes Herrschaft kommt. Hier geht es darum, dass Gottes Heilswille Vorrang ge-

genüber dem Wunsch des Sohnes hat, von den Schrecken und dem Dunkel der Gottverlassenheit verschont zu werden. (Das zeigt auch, dass ein Wort wie *Alles ist möglich dem, der glaubt* keine Blankovollmacht zur Durchsetzung aller denkbaren Wünsche darstellt, sondern unter dem Vorbehalt steht, dass das, was möglich werden soll, Gottes Heilswillen entspricht.)
Es wird nicht berichtet, dass Jesus eine Antwort erhält. Und als er zu den drei Jüngern zurückkommt, findet er sie schlafend (**37**). Petrus, der so großgetan hat, wird besonders angesprochen: *Simon, schläfst du? Kannst du nicht eine Stunde wachen?* Auch hier ist die Stunde nicht mit einem Zeitraum von 60 Minuten gleichzusetzen, sondern ist die Zeit der Entscheidung und der Bewährung, in der es zu wachen gilt. Schlafen und wachen meinen mehr als die Wirkungsphasen des Schlaf-Wach-Zentrums. Es geht um das Wachsein für Gottes Weg und das, was ihm entgegensteht (vgl. 13,33ff; 1Thess 5). Das wird durch den nächsten Satz klargestellt (**38**): *Wachet und betet, damit ihr nicht in Versuchung geratet!* Wachen und Beten, d.h. in Verbindung mit Gott zu bleiben und offen zu sein für sein Handeln, schützen davor, so tief in die Versuchung zu geraten, dass man ihr erliegt. (Ähnlich ist die Bitte im Vaterunser Mt 5,13 zu verstehen, während Offb 3,10 von der letzten endzeitlichen Versuchung spricht.)
Der Grund für die Notwendigkeit des Gebets liegt im Wesen der menschlichen Natur: *Der Geist ist zwar willig, das Fleisch aber ist schwach.* Diese Gegenüberstellung von willigem Geist und schwachem Fleisch findet sich auch in den Qumran-Schriften. Dabei geht es nicht um ein Gegenüber von göttlichem Geist und menschlichem Fleisch, wie es Paulus beschreibt. *Geist* meint hier die Seite der menschlichen Natur, die im Prinzip für Gottes Willen offen ist, aber daran scheitert, dass die andere Seite unserer Natur, die biblisch als *Fleisch* bezeichnet wird, nicht die Kraft aufbringt, diesem Impuls zu folgen. *Das Fleisch ist schwach,* weil unser Leben als Geschöpfe begrenzt und vergänglich ist, vor allem aber, weil wir uns gegen diese Grenze auflehnen und dadurch die Verbindung mit Gott verlieren. Das erklärt auch das Versagen des Petrus und der anderen Jünger. Nur wo Gott selbst den *willigen Geist* schenkt, der die Schwäche des *Fleisches* überwindet (vgl. Ps 51,14; Röm 8,2–11), ist es möglich, die Bewährungsprobe (das meint hier *Versuchung*) zu bestehen. Darum: *Wachet und betet!*
Jesus geht ein zweites Mal weg und betet mit den gleichen Worten (**39**). Als er zurückkommt, findet er die Jünger erneut schlafend vor, von einer fast krankhaften Müdigkeit befallen, die sie nicht erklären können (**40**). Das Gleiche spielt sich noch ein drittes Mal ab, von Markus nur knapp angedeutet (**41**), denn die Erzählung

gewinnt jetzt an Tempo. Jesus, zu dessen Beten Gott zu schweigen scheint, bleibt einsam, denn auch die Vertrautesten seiner Jünger sind nur äußerlich bei ihm und begleiten ihn nicht in seiner Not.
Leider sind die letzten Worte Jesu an seine Jünger nicht sicher zu übersetzen. Der erste Satz scheint eine vorwurfsvolle Frage zu sein: *Ihr schlaft weiter und ruht euch aus?* Das nächste Sätzchen (im Griechischen nur ein Wort) wurde schon von Matthäus nicht verstanden und weggelassen. Das traditionelle *Es ist genug!* beruht auf der lateinischen Übersetzung, hat aber keinen Anhalt am Griechischen. Eine entsprechende Redewendung heißt oft: Es ist quittiert; es (das Geld) ist empfangen. Das könnte sich auf den Handel des Verräters beziehen. Vom Sinn her wird man am besten formulieren: *Es ist soweit,* denn Jesus fährt fort: *Die Stunde ist gekommen.* Die Entscheidung ist gefallen, der Zeitpunkt, an dem sich Jesu von Gott gewolltes Geschick erfüllt, ist da. Auch wenn keine Antwort des Vaters auf das Gebet des Sohnes berichtet wird, das Ergebnis ist klar: Er wird seinen Weg gehen, auch wenn Gott schweigt. Jetzt spricht er wieder von sich als dem Menschensohn. Gerade als der menschliche Repräsentant Gottes wird er *in die Hände der Sünder ausgeliefert.* Die *Sünder,* das sind im Rahmen der Leidensansagen Jesu zunächst die *Heiden,* also die römische Besatzungsmacht (vgl. Mt 10,34 und Gal 2,15). Hier aber scheint auch die grundsätzliche Bedeutung des Wortes durch: Der Menschensohn wird in die Gewalt gottferner Menschen übergeben und tritt damit in den Herrschaftsbereich der Sünde, um deren Folgen zu tragen und zu überwinden (vgl. 2Kor 5,21; Röm 8,3f).
Aber jetzt ist nicht Zeit für nachdenkliche Überlegungen. *Steht auf, wir wollen gehen,* sagt Jesus zu seinen Jüngern (**42**). Das ist nicht das Signal zur Flucht, sondern die Entschlossenheit, sich dem eigenen Geschick zu stellen. Nach dem inneren Kampf ist Jesus bereit, bewusst den vorgezeichneten Weg zu gehen: *Siehe, der, der mich ausliefert, ist nahe.*

Wie später Golgatha ist Gethsemane ein Ort, an dem sich zeigt, wer Christus ist und was sein Weg bedeutet. Was auf dem Berg der Verklärung den Jüngern gesagt wurde: »Dies ist mein lieber Sohn« gilt in seiner ganzen Tiefe gerade hier: Der Sohn nimmt die Gottverlassenheit der Menschen auf sich, um ihnen das Tor zur Gemeinschaft mit Gott zu öffnen.
Gethsemane ist zugleich der Ort, der zeigt, wie es um die Jünger und die Jüngergemeinde steht. Die Unfähigkeit, zu wachen und zu beten und bei Jesus in seinem Leiden zu stehen, wird erschreckend deutlich. Markus übt keine oberflächliche Kritik an dem Menschen Pe-

trus; Simon Petrus vertritt nicht nur im Bekenntnis die zukünftige Kirche, sondern auch im Versagen! Die Mahnung »Wachet und betet« gilt auch ihr und ihren Gliedern.

14,43–52
Die Gefangennahme

[43]Und sogleich, während er noch redet, kommt Judas dazu, einer
der Zwölf, und mit ihm eine Menge (Leute) mit Schwertern und
Knüppeln von den Hohenpriestern und Schriftgelehrten und Ältes-
ten. [44]Und der Verräter hatte ihnen ein verabredetes Zeichen gege-
ben und gesagt: »Wen immer ich küssen werde, der ist es. Nehmt
ihn fest und führt ihn sicher ab!« [45]Und er kommt sogleich und tritt
auf ihn zu und sagt zu ihm: »Rabbi!« und küsste ihn. [46]Sie aber leg-
ten Hand an ihn und nahmen ihn fest. [47]Einer der Dabeistehenden
aber zog sein Schwert, traf den Sklaven des Hohenpriesters und
schlug ihm das Ohr ab.
[48]Und Jesus wandte sich an sie und sagte: »Wie nach einem Räuber
seid ihr mit Schwertern und Knüppeln ausgezogen, um mich zu fas-
sen? [49]Täglich war ich bei euch im Heiligtum und habe gelehrt, und
ihr habt mich nicht verhaftet! Aber (dies geschieht,) damit die
Schriften erfüllt werden.« [50]Und alle verließen ihn und flohen.
[51]Und ein junger Mann folgte ihm, nur mit einem Leinentuch auf
bloßem Leib bekleidet; und sie ergreifen ihn. [52]Der aber ließ das
Leinentuch zurück und floh nackt.

Die nächste Szene schließt sich nahtlos an: Während Jesus noch mit seinen Jüngern spricht, kommt Judas, von dem noch einmal betont gesagt wird, dass er einer von den Zwölfen war (**43**). Ihn begleitet eine Menge Leute, offensichtlich ein schnell zusammengerufener Haufe, ausgerüstet mit Schwertern und Knüppeln und beauftragt von den Jerusalemer Autoritäten, also den *Hohenpriestern, Schriftgelehrten und Ältesten* (vgl. zu 8,33). Der Erzähler fügt gleich zu Beginn eine Erklärung ein (**44**). Judas hatte die Truppe instruiert, wie sie den Gesuchten auch im Dunkel der Nacht unter seinen Begleitern schnell identifizieren und festnehmen könnten: Er würde auf ihn zugehen und ihn mit einem Kuss begrüßen. Das war und ist in vielen orientalischen Kulturen unter Verwandten und Freunden auch zwischen Männern üblich und galt im Judentum als respektvolle Begrüßung eines Lehrers durch einen Schüler. Auffällig ist, wie sehr der Verräter dabei betont, man solle den Verhafteten *sicher* abführen. Judas geht sofort auf Jesus zu (**45**), begrüßt ihn mit der ehrenvollen Anrede *Rabbi* (d.h. *mein Lehrer* oder *mein Herr*) und gibt ihm den vereinbarten Kuss. Dass ein Kuss, das Zeichen der Freundschaft, missbraucht wird, um einen Menschen dem Tod auszuliefern, zeigt, wie tief und schmerzlich der Bruch des Vertrauens ist, den Jesus erleidet (vgl. auch 2Sam 20,9f; Spr 27,6). Nicht umsonst ist der Judaskuss sprichwörtlich geworden! Die Männer aber zögern nicht, sondern packen Jesus und nehmen ihn fest (**46**).

Allerdings gibt es einen Zwischenfall (**47**): Einer derer, die dabeistanden, zog sein Schwert, traf den Sklaven des Hohenpriesters, der möglicherweise die Truppe anführte, und schlug ihm das Ohr ab. Bei Matthäus und Lukas ist der Mann mit dem Schwert einer der Begleiter Jesu (Mt 26,51; Lk 22,49f), Johannes identifiziert ihn sogar mit Petrus (Joh 18,10). Bei Markus aber bleibt offen, zu welcher Gruppe er gehört. Er berichtet auch von keiner Reaktion auf diesen Vorfall. War es ein irrtümliches Handgemenge unter den Häschern, wofür spräche, dass der Täter nicht ebenfalls festgenommen wird? Oder griff einer, der aus Neugier mitgekommen war, zugunsten Jesu ein? Oder war es doch einer der Jünger, der Jesus nicht ohne Gegenwehr preisgeben wollte? Markus berichtet dazu nichts, deutet durch die Erwähnung des Vorfalls aber an: Auch der Einsatz von Waffen kann nicht verhindern, dass Jesus den ihm vorbestimmten Weg geht.

Dennoch bleibt das Vorgehen der Gruppe nicht ohne Tadel (**48f**). Jesus wirft ihnen vor, eine Nacht-und-Nebel-Aktion gestartet zu haben, obwohl man ihn doch jederzeit im Tempelbereich hätte verhaften können, wenn man sich getraut hätte. All das weist auf die Unrechtmäßigkeit des ganzen Vorgehens hin. Aber – so fügt Jesus hinzu – all das geschieht, *damit die Schriften erfüllt werden.* Bestimmte Schriftstellen werden nicht genannt. Aber der Vorwurf, dass man ihn wie einen *Räuber* behandelt habe, lässt an Jes 53,12 denken, wo es vom Gottesknecht heißt, dass er »sich den *Übeltätern* zurechnen ließ«, und dann weiter: »Er hat die Sünde vieler getragen, und für die *Übeltäter* trat er ein«. Jes 53 und die Leidenspsalmen begleiten auch die einzelnen Schritte der Passion Jesu und helfen zu ihrem Verständnis.

Dann jedoch folgt der knappe Hinweis (**50**): *Alle* (, die bei ihm waren,) *verließen ihn und flohen.* Da bleibt nichts mehr von den Treueschwüren und dem Heldentum, das die Jünger für sich beansprucht hatten. Die Vorhersage Jesu hat sich erfüllt (vgl. V. 27).

Das wird durch eine weitere Begebenheit unterstrichen, die jedoch manche Rätsel aufgibt (**51f**). Von einem jungen Mann wird berichtet, der Jesus folgte, und zwar – aus welchem Grund auch immer – *nur mit einem Leinentuch auf bloßem Leib bekleidet.* Er bleibt der Gruppe eine Weile auf den Fersen, wird dann aber gefasst. Er entzieht sich jedoch dem Griff derer, die ihn packen, indem er das Leintuch in ihren Händen zurücklässt und nackt flieht. Die anderen Evangelisten übergehen diese Geschichte, wohl weil sie ihnen zu anstößig oder unklar war. Warum erzählt sie Markus? War der junge Mann ein anonymer Augenzeuge? Oder war es der junge Johannes Markus selbst, der ja in Jerusalem wohnte (Apg 12,12) und sich in jener Nacht, durch einen Wink aus dem Bett geholt, nur notdürftig bekleidet auf den Weg gemacht hatte, um zu sehen, was geschah? Der Evangelist gibt keinen Hinweis in dieser Richtung; wir kommen über Vermutungen nicht hinaus. Aber eines macht Markus deutlich: Auch der letzte, der versucht, Jesus zu folgen, rettet nur die nackte Haut.

Verraten und verlassen – das ist das Geschick Jesu. Sein Weg ins Leiden beginnt. Was ihm als Halt bleibt, ist die Überzeugung, dass Treulosigkeit und Feigheit der Freunde ebenso wie die Hinterlist der Feinde zu den Abgründen des Menschseins gehören, durch die er nach Gottes Willen zu gehen hat, um Gottes Heil bis in die dunkelste Tiefe menschlichen Elends zu bringen.

14,53–72
Das Verhör vor dem Hohenpriester und die Verleugnung des Petrus

Wir stellen in diesem Abschnitt das Verhör Jesu vor dem Hohenpriester und die Verleugnung des Petrus zusammen, weil Markus beide Szenen, die meist getrennt ausgelegt werden, deutlich zusammenfasst. In der für ihn typischen »Ringkomposition« oder »Schachteltechnik« erwähnt er schon am Anfang, wie Petrus sich in den Hof des Palasts des Hohenpriesters einschleicht, und kommt dann gegen Ende auf die Vorgänge dort zurück. Das Bekenntnis Jesu vor dem Hohenpriester und die Verleugnung des Petrus sollen also ausdrücklich im Kontrast zueinander gelesen werden.

**53Und sie führten Jesus ab zum Hohenpriester, und alle Hohenpriester und Ältesten und Schriftgelehrten kommen zusammen.
54Und Petrus folgte ihm von ferne bis in den Hof des Hohenpriesters und saß da zusammen mit den Wachleuten und wärmte sich am Feuer.**
55Aber die Hohenpriester und der ganze Hohe Rat suchten einen Beweis gegen Jesus, um ihn zu töten, aber sie fanden (trotz allem Bemühen) keinen. 56Denn viele machten falsche Zeugenaussagen gegen ihn, aber ihre Aussagen stimmten nicht überein. 57Und einige traten auf und machten falsche Zeugenaussagen gegen ihn und sag-

ten: 58»Wir haben ihn sagen hören: ›Ich werde diesen mit Händen gemachten Tempel abbrechen und werde binnen dreier Tage einen anderen, nicht mit Händen gemachten aufbauen.‹« 59Aber auch so stimmte ihre Aussage nicht überein. 60Und der Hohepriester stand auf (und trat) in die Mitte und fragte Jesus: »Antwortest du gar nichts auf das, was diese gegen dich aussagen?« 61Er aber schwieg und sagte nichts. Wieder fragte ihn der Hohepriester und sagt zu ihm: »Bist du der Messias, der Sohn des Hochgelobten?« 62Jesus aber sagte: »Ich bin's, und ihr werdet den Menschensohn zur Rechten der Kraft sitzen und mit den Wolken des Himmels kommen sehen.« 63Aber der Hohepriester zerriss seine Kleider und sagt: »Wozu brauchen wir noch weitere Zeugen? 64Ihr habt die Lästerung gehört. Was haltet ihr für richtig?« 65Alle aber verurteilten ihn, dass er des Todes schuldig sei.

65Und einige fingen an, ihn anzuspucken und sein Gesicht zu verdecken und ihn mit der Faust zu schlagen und zu ihm zu sagen: »Sag, wer es war, du Prophet!«, und die Wachleute nahmen sich seiner mit Ohrfeigen an.

66Und während Petrus unten im Hof ist, kommt eine der Mägde des Hohenpriesters; 67und als sie Petrus sich wärmen sieht, schaut sie ihn genauer an und sagt: »Auch du warst mit dem Nazarener, diesem Jesus!« 68Er aber leugnete und sagte: »Ich weiß nicht und verstehe auch nicht, wovon du redest.« Und er ging hinaus in die Vorhalle. 69Und als die Magd ihn sah, fing sie wieder an, zu denen, die dabeistanden, zu sagen: »Der ist auch einer von ihnen!« 70Er aber leugnete (es) wieder. Und nach kurzer Zeit sagten die Umstehenden wieder zu Petrus: »Du bist wirklich einer von ihnen. Denn du bist auch ein Galiläer!« 71Er aber fing an zu fluchen und zu schwören: »Ich kenne diesen Menschen nicht, von dem ihr sprecht!« 72Und sogleich krähte der Hahn zum zweiten Mal. Und Petrus erinnerte sich an das Wort, das Jesus zu ihm gesagt hatte: »Bevor der Hahn zum zweiten Mal kräht, wirst du mich dreimal verleugnen«, und er begann zu weinen.

Die Leute bringen ihren Gefangenen zum Palast des Hohenpriesters, der wohl etwas westlich des Tempels in der Nähe der Brücke lag, die über das Tyropoiontal zum Tempelgelände führte (**53**). Dort kamen noch in der Nacht *alle Hohenpriester und Ältesten und Schriftgelehrten* zusammen. Das *alle* unterstreicht die gemeinsame Willensbildung, auch wenn der Hohe Rat möglicherweise nicht vollzählig anwesend war. Der Ort der Zusammenkunft lässt erkennen, dass dies keine offizielle Zusammenkunft des Rates zu einer Gerichtsverhandlung war, denn die hätte in der Quaderhalle im inneren Vorhof des Tempels stattfinden müssen.

Petrus, der zunächst mit den anderen Jüngern geflohen war, hatte sich inzwischen wohl auf sein Versprechen besonnen und war der Gruppe von weitem gefolgt (**54**). Unbehelligt war er in den Innenhof des Palastes gelangt und konnte sich dort zu den Leuten des Hohenpriesters setzen und sich mit ihnen an einem Feuer wärmen, das man dort angezündet hatte. Von hier konnte er unbemerkt beobachten, was mit Jesus geschah.
Im Palast hatte inzwischen ein nächtliches Verhör begonnen (**55**). Gesucht wurde eine Aussage, die gewichtig genug war, um Jesus zu Tode zu bringen. Allerdings hatte der Hohe Rat aufgrund der römischen Besatzungsherrschaft nicht das Recht, ein Todesurteil zu fällen oder es zu vollstrecken. Es handelte sich bei der Zusammenkunft also um eine Art Vorverhandlung mit dem Ziel, eine Anklage zu finden, mit der man bei den Römern ein Todesurteil beantragen konnte. Aber es war schwierig, dieses Ziel zu erreichen (**56**). Es gab zwar eine Reihe von Zeugenaussagen gegen Jesus, aber sie waren alle falsch, was sich darin zeigte, dass sie nicht miteinander übereinstimmten (ein Mindestmaß an biblischer Prozessordnung gemäß Dtn 17,6 wollte man offensichtlich doch einhalten). Als Beispiel für eine solche falsche Aussage zitiert Markus ein Wort, das von einigen Zeugen Jesus zugeschrieben wird (**57f**): *Ich werde diesen mit Händen gemachten Tempel abbrechen und werde binnen dreier Tage einen anderen, nicht mit Händen gemachten aufbauen.* Allerdings sagt Markus dann nicht, warum diese Anklage inhaltlich falsch war, sondern nennt nur das formale Argument, dass auch in diesem Fall keine übereinstimmende Zeugenaussage zustande kam (**59**).

Es gibt eine Reihe von Indizien dafür, dass ein Wort Jesu gegen den Tempel im Prozess gegen ihn eine Rolle spielte. Markus 15,29 nimmt den Vorwurf wieder auf (vgl. auch Apg 6,14). Markus selbst zitiert in 13,2 ein Wort Jesu, das die Zerstörung des Tempels voraussagt. Johannes berichtet von einer ähnlichen Aussage Jesu im Zusammenhang mit der Tempelreinigung (2,19–21). All das spiegelt eine tempelkritische Haltung Jesu wider. Die Überlieferung dieser Worte zeigt aber auch etwas von späteren theologischen Auseinandersetzungen zwischen Juden und Christen zur Frage nach dem wahren Tempel.

Der Hohepriester ergreift die Initiative und ruft gewissermaßen den Angeklagten selbst in den Zeugenstand (**60**). Der schweigt zunächst und äußert sich nicht zu den Anklagen – was nach antikem Rechtsverständnis einem Schuldeingeständnis nahekam. Aber dann stellt der Hohepriester die zentrale Frage (**61**): *Bist du der Messias, der Sohn des Hochgelobten?* Es ist die Kernfrage nach Jesu Identität und Auftrag. Der *Messias* (wörtlich: der *Gesalbte*, der *Christus*) wurde als endzeitlicher Retter und Befreier Israels erwartet (siehe zu 8,29). Als der endzeitliche König galt er als *Sohn Gottes,* wobei der Hohepriester den Gottesnamen mit der Formel *der Hochgelobte* (oder: *Gesegnete*) vermeidet.

In 8,29 hatte Jesus selbst seine Jünger gefragt: *Wer sagt ihr, dass ich bin?* Dort hatte Petrus zum ersten Mal bekannt: *Du bist der Messias,* und Jesus hatte den Jüngern verboten, darüber zu reden. Jetzt ist Jesus selbst gefragt, und hier verweigert er die Antwort nicht (**62**). Er antwortet mit einem schlichten: *Ich bin's.* Der griechische Wortlaut, der an die alttestamentliche Offenbarungsformel erinnert (Ex 3,14; vgl. 6,50; 13,6), hat zur Vermutung geführt, dass darin die Gotteslästerung lag. Aber für Markus liegt die Provokation eher im folgenden Satz. Jesus ergänzt sein Ja durch eine verhüllte Selbstaussage: *Ihr werdet den Menschensohn zur Rechten der Kraft sitzen und mit den Wolken des Himmels kommen sehen.* Dieser Satz enthält eine Anspielung auf Ps 110,1 (dort bedeutet »Sitzen zur *Rechten Gottes*« die Zusage an den König, Gottes irdischer Generalbevollmächtigter zu sein) und vor allem auf Dan 7,13. Dort wird dem, der *wie ein Menschensohn mit den Wolken des Himmels* (d.h. von Gott) kommt, ewige Vollmacht erteilt, zu richten und zu herrschen. Auch Jesus vermeidet durch die Umschreibung *zur Rechten der Kraft,* den Gottesnamen auszusprechen, und macht sich daher streng genommen nicht der Gotteslästerung schuldig. Aber dass er sich *Menschensohn* nennt und behauptet, von Gott zum Richter auch über die eingesetzt zu werden, die jetzt über ihn zu Gericht sitzen, erscheint den Mitgliedern des Hohen Rates als Lästerung Gottes. Schon in 2,7 hatten ihm Vertreter des religiösen Establishments vorgeworfen, er lästere Gott, weil er einem Menschen zusagte, seine Sünden seien vergeben, was allein Gott zustand. Dass Jesus sich anmaßte, sich als Vollstrecker der Herrschaft Gottes zu bezeichnen, griff in die Ehre Gottes ein und war daher Gotteslästerung.

Der Hohepriester zerreißt seine Kleider, im Alten Testament Ausdruck höchsten Entsetzens und tiefster Trauer (2Sam 1,11; 2Kön 19,1), und fragt nach dieser theatralischen Geste: *Wozu brauchen wir noch weitere Zeugen?* (**63f**) Der Tatbestand der Gotteslästerung ist offenkundig, und nach Lev 24,16 stand darauf die Todesstrafe (vgl. auch Dtn 13,6, wo die Todesstrafe für einen falschen Propheten gefordert wird, der das Volk verführt). Die Urteilsbildung des Rates ist klar und knapp: Jesus ist des Todes schuldig. Damit war allerdings nicht das rechtsgültige Todesurteil ausgesprochen, denn dieses stand allein dem Statthalter zu. Wohl aber war damit beschlossen, Jesus dem Statthalter unter der Anklage zu überstellen, er habe ein todeswürdiges Verbrechen begangen. Allerdings eigne-

te sich dem Statthalter gegenüber weniger Gotteslästerung als Anklagepunkt als vielmehr die Tatsache, dass er sich als Messias, d.h. als endzeitlicher König der Juden, bezeichnet hatte.
Für Markus ist diese Szene einer der Höhepunkte des Evangeliums. Jesus sagt selbst klar und öffentlich, was bisher nur wenigen vom Himmel her offenbart, von Dämonen ausgesprochen und von Petrus in vorläufiger Weise bekannt worden war: Er ist Gottes Sohn, der einzigartige Beauftragte Gottes, der dessen Herrschaft vollenden wird. Jesus tut dies angesichts des drohenden Todes, und gerade dieses Bekenntnis begründet das menschliche Todesurteil über ihn.

Historisch bleiben offene Fragen zum Urteil des Hohen Rates:
1. Worin bestand die Gotteslästerung, und unter welcher Anklage hat man Jesus den Römern übergeben? Wurde das Bekenntnis Jesu, der Messias und damit Gottes Sohn zu sein, als Gotteslästerung verstanden? Dagegen steht das Beispiel Rabbi Akibas, der in Bar Kochba, dem Anführer des zweiten großen Aufstands gegen die Römer (ca. 130 n.Chr.), den kommenden Messias sah. Ihm wurde von anderen Rabbinen widersprochen, aber der Vorwurf der Gotteslästerung wurde nicht erhoben. In der späteren Rechtsammlung der Mischna galt als Gotteslästerung nur, wenn der Gottesname ausdrücklich im Zusammenhang mit einer lästernden Aussage genannt wurde. Das wird in dem Gespräch zwischen Hohepriester und Jesus von beiden vermieden. Kenner der Rechtslage zur Zeit Jesu weisen auf die strengen Bestimmungen hin, die aufgrund Dtn 13 galten, und nehmen an, dass Jesus als falscher Prophet und Volksverführer verurteilt wurde, obwohl bei ihm von einer Verführung zur Verehrung fremder Götter nicht die Rede sein konnte. Wichtig ist auch der Hinweis auf 2,7, wo der Vorwurf der Gotteslästerung erstmals erhoben wird. Dass Jesus sein Wirken als Handeln aus der unmittelbaren Gegenwart Gottes heraus verstand und eine entsprechende Vollmacht beanspruchte, war für die religiösen und politischen Autoritäten in Jerusalem Gotteslästerung. Das lästerliche Verhalten Jesu kulminierte in seinem Anspruch, der Messias zu sein. Dies aber war dann ein geeigneter Anklagepunkt gegenüber den Römern, weil er in seiner volkstümlichen Auslegung den Befreiungskampf gegen die römische Herrschaft signalisierte (siehe das Beispiel von Bar Kochba).
2. Wie viel konnte die christliche Überlieferung von dieser Verhandlung wissen? Die Antwort darauf muss zwei Aspekte berücksichtigen: Einerseits hatte die Urgemeinde in Jerusalem genügend Verbindungen zu entsprechenden Kreisen, um zumindest in Grundzügen erfahren zu können, was in jener Nacht geschehen war. Andererseits berichten die Evangelisten und ihre Quellen wie alle antiken Geschichtsschreiber nicht nur Aussagen, deren genauen Wortlaut ihnen durch Augenzeugen und protokollarische Niederschrift bekannt war, sondern formulieren die Worte der Redenden so, wie sie sie der Situation gemäß wohl gesprochen haben würden. Für die Evangelientradition standen dafür auch die Hinweise aus dem Alten Testament als Quelle zur Verfügung. Man wusste, dass die

Frage der Messianität Jesu in dem Prozess eine wichtige Rolle gespielt und sich Jesus dazu bekannt hatte, dass Gott durch ihn entscheidend handeln werde. Und man war sich bewusst, dass sich an dieser Frage auch in der Gegenwart die Geister schieden. So kommt es zu einer »Horizontverschmelzung« zwischen dem geschichtlichen Bericht und der aktuellen Bekenntnissituation.

3. Waren jüdische Instanzen an der Verurteilung Jesu beteiligt? Dies ist in den letzten Jahrzehnten grundsätzlich bestritten worden, und zwar nicht nur von jüdischer Seite, sondern auch von christlichen Forschern. Zwei Gründe werden genannt: 1. Die historische Frage, ob die beschränkte jüdische Selbstverwaltung jener Zeit das Recht gehabt habe, ein Todesurteil zu sprechen, verbunden mit der Beobachtung, dass der Bericht über die Verhandlung vor dem Hohen Rat eine ganze Reihe von Unwahrscheinlichkeiten (z.B. Zusammenkunft in der Passahnacht) und Unregelmäßigkeiten im Blick auf die (später durch die Mischna festgelegten) jüdische Prozessordnung aufweist. 2. Die wirkungsgeschichtliche Problematik, dass die christliche Überlieferung immer mehr dazu tendierte, den Juden die Schuld am Tod Jesu zu geben. Das hat häufig zu Pogromen gegen Juden etwa nach Passionsspielen geführt und einen christlichen Judenhass gegen die »Gottesmörder« begründet, der mit zu den Ursachen der Shoa, der systematischen Vernichtung der Juden durch das Naziregime, gehört.

Der Hinweis auf die katastrophale Fehlentwicklung in der Beziehung der Christen zum Judentum ist sehr ernst zu nehmen. Aber die problematische Wirkungsgeschichte ist kein Beweis gegen eine Mitwirkung jüdischer Instanzen im Prozess gegen Jesus. Historisch ist ein Doppeltes festzustellen: 1. Die Tendenz, die jüdischen Autoritäten stärker mit der Verantwortung zu belasten und dadurch die römische Gerichtsbarkeit in Gestalt des Pilatus zu entlasten, lässt sich schon in den späteren Evangelienberichten beobachten (vgl. Mt 27,24f; Lk 23,15.22; Joh 18,38; 19,12). Das mahnt zur kritischen Vorsicht gegenüber entsprechenden Angaben. 2. Die Tatsache einer Mitwirkung jüdischer Instanzen – wie immer sie im Einzelnen ausgesehen haben mag – ist fest in der Überlieferung von der Verurteilung Jesu verankert, und zwar nicht nur in den ältesten Teilen des Passionsberichts der Evangelien, sondern auch in den späteren jüdischen und teilweise auch den römischen Quellen. Dies entspricht auch der Konfliktsituation mit den jüdischen Autoritäten, die in der Evangelienüberlieferung breit bezeugt ist. Ganz wichtig ist aber, dass dies in den frühesten Schichten der Überlieferung – also gerade auch bei Markus – noch kein Konflikt mit *den* Juden, sondern mit der Jerusalemer Führung ist. Man muss also die historische Frage nach der Mitwirkung jüdischer Behörden bei der Verurteilung Jesu von der grundsätzlichen Problematik antijüdischer Folgen der Passionsgeschichte trennen.

Die Szene endet damit, dass einige (der Ratsmitglieder?) damit beginnen, Jesus zu schlagen und zu verspotten (**65**). Sie spucken ihn an, legen eine Decke über sein Gesicht, schlagen ihn und sagen dann: *Prophezeie,* sinngemäß übersetzt: *Sag, wer es war* (ZB; so ergänzt in Mt 26,68; Lk 22,64). Die Art der Verspottung könnte ein Hinweis darauf sein, dass Jesus als falscher Prophet und Volksverführer hingerichtet wurde, wie Kenner der Rechtslage im frühen Judentum annehmen. Dann überlassen sie den Verurteilten den Gerichtsdienern. Von ihnen heißt es mit sarkastischem Unterton: Sie *nahmen sich seiner mit Ohrfeigen an.*

In der Gestalt des Hohenpriesters und dem Urteil des Hohen Rats bildet sich ein tragischer Grundkonflikt zwischen jüdischer Messiaserwartung und christlichem Christusbekenntnis ab. Für jüdisches Verständnis wird der kommende Messias Freiheit, Gerechtigkeit und Frieden bringen, und zwar so, dass das eindeutig zu erkennen ist. Durch viele Enttäuschungen mit falschen Messiassen im Lauf der Geschichte war und ist man skeptisch gegen bloße Behauptungen. Für christliches Verständnis erweist sich Jesus gerade dadurch als der Messias, dass er in seinem Leiden und Sterben Gerechtigkeit und Frieden in eine Welt der Schuld, des Hasses und des Todes hineinbringt. Was am Kreuz grundsätzlich an Versöhnung zwischen Gott und den Menschen geschieht, wird Gott im endzeitlichen Kommen des Menschensohns vollenden. Es ist darum wichtig, die Haltung des Hohenpriesters und des Hohen Rats nicht vorschnell zu verurteilen, sondern als Ausdruck dieses tragischen Gegensatzes zu lesen. Der Evangelist lässt keinen Zweifel daran, dass hier ein krasses Fehlurteil gesprochen wurde. Aber zugleich hält das Urteil fest, dass Jesu Weg in den Tod gerade in seiner Gottessohnschaft begründet ist. Als Gottes Sohn nimmt er die Feindschaft und die Schuld der Menschen auf sich. Das falsche Urteil öffnet den Blick für die Wahrheit. Bei Gott kann es also auch Richtiges im Falschen geben!

Die Szene wechselt wieder zurück zu Petrus, der nach wie vor im Hof am Feuer sitzt und so tut, als wolle er sich nur ein wenig aufwärmen (**66**). Eine der Mägde aus dem Haushalt des Hohenpriesters sieht ihn dort, schaut ihm genauer ins Gesicht und sagt dann zu ihm (**67**): *Auch du warst mit dem Nazarener, diesem Jesus!* Petrus ist überrascht. Die Attacke erwischt ihn auf dem falschen Fuß. Vielleicht hatte er sich innerlich darauf eingestellt, wie er sich zu Jesus bekennen würde, wenn man ihn vor den Hohen Rat führen würde. Aber hier im Hof, einer Magd gegenüber, gewissermaßen im Vorfeld seiner Aktion, schien ihm noch nicht Ort und Zeitpunkt für ein Bekenntnis gekommen zu sein (**68**). Er streitet also die Sache ab (der Erzähler sagt streng: Er *leugnete*), indem er sich zunächst einmal dumm stellt: *Ich weiß nicht und verstehe auch nicht, wovon du redest* – etwas salopper ausgedrückt: *Wovon redest du eigentlich?* Anschließend zieht er es dann doch vor, in die wohl etwas dunklere Vorhalle zu gehen, die vom Hof zur Straße führt.

An dieser Stelle steht in den meisten Handschriften und Übersetzungen: *und es krähte ein Hahn.* Damit wird gemäß der Vorhersage Jesu (14,30) ein erster Hahnenschrei vermeldet, dem in V. 72 der zweite folgen wird. Doch fehlt diese Bemerkung in einigen sehr alten und zuverlässigen Handschriften (z.B. Sinaiticus und Vaticanus; vgl. ZB). Die Frage nach dem ursprünglichen Text ist schwer zu entscheiden. Es ist aber wahrscheinlicher, dass der fehlende erste Hahnenschrei eingefügt, als dass er weggelassen wurde.

Doch die Magd, die spürt, dass sie auf der richtigen Spur ist, lässt sich so leicht nicht abschütteln (**69**). Sie sieht ihn auch dort, wohin er sich zurückgezogen hat, und sagt zu den Leuten, die in der Nähe standen: *Der ist auch einer von ihnen!* Wieder leugnet Petrus und streitet ab, etwas mit den Anhängern Jesu zu tun zu haben. Aber einmal auf ihn aufmerksam geworden, lassen die Leute nicht locker (**70**). Kurze Zeit später wenden sich die Umstehenden wieder an Petrus und sagen zu ihm: *Du bist wirklich einer von ihnen.* Und sie begründen dies: *Denn du bist auch ein Galiläer!* Die Leute aus Galiläa gelten als Parteigänger Jesu und – was in diesem Zusammenhang gefährlich ist – sie wurden auch als gewaltbereit und anfällig für Aufruhr gegen die römische Besatzungsmacht angesehen. Woran die Leute Petrus als Galiläer identifiziert haben, wird nicht gesagt; Matthäus gibt den Hinweis, dass es der Dialekt des Petrus war, der ihn verriet. Petrus jedenfalls fühlt sich in der Klemme und geht zu einer Art Vorwärtsverteidigung über (**71**). Indem er sich selbst verflucht und schwört, bekräftigt er: *Ich kenne diesen Menschen nicht, von dem ihr sprecht!* Damit sagt er sich in aller Form von Jesus los, den er nicht einmal mit Namen, sondern nur *diesen Menschen* nennt.
Aber kaum, dass Petrus sich zu diesen Worten hat hinreißen lassen, krähte ein Hahn – und zwar zum zweiten Mal, wie hier gemäß Jesu Voraussage in 14,30 fast alle Handschriften schreiben (**72**). Diesmal erkennt Petrus das Signal und erinnert sich an die Worte Jesu, die ihm dies vorhergesagt haben. Damit aber steht blitzartig auch das ganze Ausmaß seines Versagens vor ihm, und die Enttäuschung über sich selbst und die tiefe Beschämung über seinen Verrat an Jesus bricht sich in lang anhaltendem Weinen Bahn.

Es ist erstaunlich, dass diese Versagensgeschichte gerade von dem Jünger berichtet wird, der sowohl vor als auch nach Ostern die führende Rolle im Kreis der Zwölf gespielt hat. Ob wir daraus schließen dürfen, dass Petrus der Gewährsmann für die Erzählung war, muss offenbleiben. Denn auch dieser Bericht hat nicht die Form einer persönlichen Beichte. Doch erzählt Markus die Geschichte mit großem psychologischem Einfühlungsvermögen und führt den »Apostelfürsten« nicht vor, sondern lässt miterleben, wie er sich Schritt für Schritt in die Verleugnungsstrategie verrennt. Für Markus ist dies der Tiefpunkt des Versagens der Jünger. Dieser wichtige Akzent seiner Evangelienerzählung will die Apostel nicht herabsetzen und bloßstellen, aber zu einer realistischen Einschätzung dessen beitragen, was Menschen von sich aus an Treue und Einsicht in der Nachfolge Jesu leisten können. Vielleicht ist ein aktueller Hintergrund dafür die Erfahrung der Verfolgung unter Nero. Zwar berichtet die kirchliche Überlieferung, dass Petrus dabei als Märtyrer gestorben sei, seinem Herrn also die Treue bis in den Tod hielt. Die Geschichte von seiner Verleugnung mag aber gegen eine pauschale Legendenbildung stehen und denen Trost zusprechen, die in der Stunde der Bewährung versagt haben. Die drei ersten Evangelien berichten (anders als Joh 21,15–19) nichts von einer Rehabilitation des Petrus nach Ostern. Aber sie erzählen eindrücklich von seiner tiefen Trauer und Reue über sein Versagen. Und das Wort des geheimnisvollen Boten in Mk 16,7, das ganz besonders Petrus nach Galiläa zurückruft, ist ein deutlicher Hinweis auf eine Neuberufung. Petrus aber wird im Markusevangelium nicht als Symbolfigur eines unfehlbaren kirchlichen Amtes dargestellt, sondern als Repräsentant einer versagenden Jüngergemeinde, die ganz von der Vergebung lebt.

Gerade der Kontrast zwischen Jesus, der sich vor dem Hohenpriester zu seiner Sendung bekennt, und Petrus, der sich voll Angst von seinem Herrn lossagt, prägt diese Geschichte. Ein künftiger Stellvertreter Christi ist hier nicht in Sicht; Petrus repäsentiert eher das Versagen derer, die versuchen aus eigener Kraft Jesus zu folgen. Entscheidend für den Weg der Jünger ist das Bekenntnis Jesu. Doch der Ruf in die Kreuzesnachfolge ist damit nicht zurückgenommen, sondern gilt auch durch das Versagen hindurch.

15,1–15
Die Verurteilung Jesu durch Pilatus

1Und sogleich, in aller Frühe, fassten die Hohenpriester zusammen mit den Ältesten und Schriftgelehrten und dem ganzen Hohen Rat einen Beschluss und ließen Jesus fesseln und wegführen und übergaben ihn Pilatus.
2Und Pilatus fragte ihn: »Bist du der König der Juden?« Er aber antwortet und sagt: »Das sagst du.« 3Und die Hohenpriester klagten
ihn wegen vieler Dinge an. 4Und Pilatus fragte ihn erneut und sagte:

**»Du antwortest gar nichts? Sieh, wegen wie vieler Dinge sie dich
verklagen!« [5]Aber Jesus antwortete gar nichts mehr, sodass sich Pilatus wunderte.**

**[6]Jeweils zum Fest aber pflegte er ihnen einen Gefangenen, den sie
sich erbaten, freizulassen. [7]Es war aber einer namens Barabbas mit
den Aufrührern inhaftiert, die bei dem Aufruhr einen Mord begangen hatten. [8]Und das Volk zog herauf und begann (, ihn um das) zu
bitten, was er ihnen zu gewähren pflegte. [9]Pilatus aber antwortete
ihnen und sagte: »Soll ich euch den König der Juden freigeben?« [10]Er
hatte nämlich erkannt, dass ihn die Hohenpriester aus Neid ausgeliefert hatten. [11]Die Hohenpriester aber wiegelten das Volk auf,
dass er ihnen lieber Barabbas freigeben sollte. [12]Pilatus aber ergriff
wieder das Wort und sagte zu ihnen: »Was soll ich dann mit dem
tun, den ihr den König der Juden nennt?« [13]Sie aber schrien wiederum: »Lass ihn kreuzigen!« [14]Aber Pilatus sagte zu ihnen: »Was hat
er denn Böses getan?« Sie aber schrien noch viel mehr: »Lass ihn
kreuzigen!«**

**[15]Pilatus aber, weil er der Volksmenge einen Gefallen tun wollte,
gab ihnen Barabbas frei und übergab Jesus zur Auspeitschung, um
ihn (dann) kreuzigen zu lassen.**

Mit unerbittlicher Konsequenz nimmt das Geschehen seinen Fortgang. In aller Frühe fasste der Hohe Rat seinen endgültigen Beschluss (1). Noch einmal werden die drei Fraktionen genannt und wird unterstrichen, dass der *ganze Hohe* Rat die Verantwortung für den Beschluss trägt. Sein genauer Wortlaut wird nicht mitgeteilt. Nach allem, was wir über die juristischen Gegebenheiten wissen, dürfte es sich dabei nicht um ein förmliches Todesurteil gehandelt haben, sondern um einen internen Schuldspruch und den Beschluss, Jesus mit einer entsprechenden Anklage der römischen Gerichtsbarkeit zu überstellen. Jesus wird daraufhin gefesselt, zur Residenz des römischen Statthalters Pilatus gebracht und diesem *übergeben* (bzw. *ausgeliefert;* das entsprechende griechische Wort bildet eine Art Leitmotiv der Passionsgeschichte).

Markus setzt voraus, dass seine Leser wissen, wer Pilatus ist. Pontius Pilatus war von 26–36 n.Chr. Präfekt von Judäa, das heißt Chef der römischen Finanz- und Militärverwaltung und übte in dieser Eigenschaft auch die oberste Gerichtsbarkeit aus. Er unterstand dem Statthalter der Provinz Syrien, zu der Judäa gehörte, konnte aber seine Aufgaben relativ selbstständig erfüllen. Er hatte seinen Amtssitz in Cäsarea, kam aber zu den großen Festen mit einer zusätzlichen Kohorte Soldaten nach Jerusalem, um Unruhen zu verhindern. Er residierte dann im ehemaligen Palast des Herodes im Westen der Stadt in der Nähe des Jaffatores. In jüdischen Quellen wird Pilatus als hart und grausam geschildert; er hat auch mehrfach die religiösen Gefühle der Juden verletzt. In Lk 13,1 wird ein blutiger Zwischenfall angedeutet, zu dem es auf Befehl des Pilatus kam. Im Jahr 36 wurde er nach einer Beschwerde der Samaritaner wegen der ungesetzlichen Hinrichtung einiger vornehmer Bürger von seinem Vorgesetzten, dem syrischen Statthalter, abgesetzt und zur Verantwortung nach Rom geschickt. Aber seine relativ lange Amtszeit weist darauf hin, dass er es dennoch verstand, mit den Vertretern der jüdischen Selbstverwaltung einen *modus vivendi* zu finden, d.h. eine Ebene, auf der das gemeinsame Interesse am Machterhalt eine Zusammenarbeit möglich machte. Er soll nun das Urteil über Jesus sprechen.

Römische Gerichtsverhandlungen begannen in der Regel bei Sonnenaufgang, und so ist es nicht ungewöhnlich, dass Pilatus – wohl in aller Frühe über die dringende Anklage informiert – mit dem Verhör alsbald beginnt (**2**). Seine erste Frage zeigt, unter welcher Anschuldigung man Jesus seiner Gerichtsbarkeit übergeben hat. Man deutete seinen Anspruch, der Messias zu sein, politisch und behauptete, er wolle als von Gott erwählter Befreier die römische Herrschaft über das jüdische Volk beseitigen und sich selbst zum König der Juden machen. Daher die Frage des Pilatus: *Bist du der König der Juden?* Oder vielleicht mit erstauntem Unterton formuliert: *Du also bist der König der Juden* (den man mir als so gefährlich geschildert hat)? Jesu Antwort darauf ist nicht eindeutig. Die übliche Übersetzung *Du sagst es* wirkt im Deutschen wie eine starke Bejahung. Das gibt das Griechische aber nicht her und wird offensichtlich auch von Pilatus so nicht verstanden, denn ein solches Geständnis hätte ein weiteres Verhör erübrigt. Die Aussage ist jedoch auch keine versteckte Verneinung im Sinne von: *Du* sagst es, *nicht ich*. Jesu Antwort lässt die Frage offen: *Das sagst du* – aber ich kann mich auf diese Fragestellung nicht einlassen. Der Grund, warum Jesus auf die entsprechende Frage des Hohenpriesters mit einem klaren *Ich bin's* antwortet, Pilatus aber die Antwort mit einem *Das sagst du* verweigert, liegt auf der Hand. Die Frage: *Bist du der König der Juden?* legt die Sendung Jesu auf einen politischen Auftrag fest, ein Missverständnis, das Jesus immer vermeiden wollte. Zugleich aber liegt in dieser Anfrage auch ein Körnchen Wahrheit, die Jesus nicht einfach leugnen will. Seine Sendung nimmt bestimmte Perspektiven jüdischer Messiashoffnung auf, ohne sich von menschlichen Erwartungen instrumentalisieren zu lassen (Johannes hat diesen Unterschied auf seine Weise in einem Dialog zwischen Jesus und Pilatus dargestellt: Joh 18,33–38).
Die hohepriesterliche Delegation brachte nun eine Fülle weiterer Anklagepunkte vor, zu denen Jesus aber nichts sagt (**3**). Pilatus ist darüber erstaunt. Er war gewohnt, dass Angeklagte jede Möglichkeit wahrnahmen, sich zu verteidigen, und fordert Jesus auf, sich

zu den Anklagen zu äußern (**4f**). Aber Jesus schweigt. Das wundert Pilatus, denn nach römischer Prozessordnung galt das Schweigen eines Angeklagten als Eingeständnis der Schuld.

Dennoch scheint Pilatus in Jesus keine Gefahr für die innere Sicherheit zu sehen und sucht die Sache auf eine andere Weise zu erledigen. Um das zu erklären, schiebt der Erzähler zwei Hinweise ein. Der eine informiert über die Gewohnheit des Präfekten, zu dem hohen Fest einen Gefangenen freizulassen, den sich das versammelte Volk erbitten durfte (**6**). Von einer Passahamnestie berichten uns keine anderen Quellen aus dieser Zeit; aber eine solche Festamnestie war durchaus üblich, und auch die Praxis, der Menge eine gewisse Entscheidungsbefugnis zu überlassen, ist nicht ungewöhnlich.

Die zweite Information für die Leser betrifft einen Gefangenen, der offensichtlich für diese Amnestie vorgesehen war (**7**). Sein Name ist *Barabbas,* und er war zusammen *mit den Aufrührern inhaftiert, die bei dem Aufruhr einen Mord begangen hatten.* Zwei Dinge sind an dieser Mitteilung bemerkenswert: Erstens gab es offensichtlich auch zur Zeit Jesu eine jüdische Befreiungsbewegung, die zu Unruhen anstachelte und dabei auch nicht vor Morden zurückschreckte – meist an Leuten, die mit den Römern zusammenarbeiteten. Zweitens formuliert Markus hier sehr vorsichtig. Er sagt nicht, dass Barabbas einer der Aufständischen (oder gar ihr Anführer) war, sondern nur, dass er zusammen mit ihnen inhaftiert war. Wahrscheinlich war die Frage noch nicht geklärt und Barabbas deshalb ein Kandidat für eine Freilassung.

Als sich nun die Menge vor dem Palast des Präfekten versammelte, um sich einen Gefangenen frei zu bitten, kam Pilatus auf die Idee, ihnen Jesus vorzuschlagen (**8f**). Er kann sich aber eine Spitze gegen die Ankläger Jesu nicht verkneifen und fragt die Volksmenge: *Soll ich euch den König der Juden freigeben?,* was nach Lage der Dinge nur ironisch gemeint sein konnte. Markus schiebt hier eine Zwischenbemerkung ein, die erklären soll, warum Pilatus eine Verurteilung Jesu zunächst nicht ernsthaft erwägt (**10**): *Er hatte nämlich erkannt, dass ihn die Hohenpriester aus Neid ausgeliefert hatten.* Das ist ein neuer Vorwurf, der nicht weiter erläutert wird. Vermutlich ist mit *Neid* die Sorge gemeint, dass Jesus zuviel Einfluss auf die einfachen Leute bekommen könnte (vgl. 11,18: *sie fürchteten ihn, denn die ganze Menge war außer sich über seine Lehre*). Jedenfalls wird damit deutlich gemacht, dass Pilatus nicht von der Ernsthaftigkeit der Anklage gegen Jesus überzeugt war und deshalb einen Weg suchte, Jesus freizulassen, ohne durch einen förmlichen Freispruch die jüdischen Autoritäten vor den Kopf zu stoßen oder sie bloßzustellen.

Diese haben jedoch die Taktik des Präfekten durchschaut und wiegeln die Menge auf, lieber Barabbas frei zu bitten (**11f**). Fast hilflos fragt Pilatus zurück: *Was soll ich dann mit dem tun, den ihr den König der Juden nennt?* Die Antwort der Menge lautet (**13**): *Lass ihn kreuzigen!* Die Kreuzigung wäre die Strafe gewesen, die auf Barabbas gewartet hätte. Es war die Strafe, die das römische Recht für Aufrührer und rebellische Sklaven vorsah (Näheres siehe zu 15,20). Diese Strafe soll jetzt Jesus treffen.

Pilatus ist offensichtlich überrascht von dieser Reaktion. Seine Taktik geht nicht auf. Fast hilflos wendet er sich nochmals an die Menge und fragt (**14**): *Was hat er denn Böses getan?* Er sieht keinen Grund dafür, dass die Menge Jesu Kreuzigung fordert. Mit dem Mob kann man allerdings nicht diskutieren. Die Leute haben sich »eingeschossen« und schreien umso lauter: *Lass ihn kreuzigen!* Markus deutet übrigens durch nichts an, dass es sich bei der Volksmenge, die Jesu Hinrichtung fordert, um dieselben Leute handelt, die ein paar Tage früher beim Einzug Jesu in Jerusalem Hosanna gerufen haben. Waren es damals vor allem Festpilger, die von außerhalb Jerusalems kamen, handelt es sich hier eher um Leute aus Jerusalem, die zur Klientel der hohenpriesterlichen Familien gehörten und dadurch leicht zu beeinflussen waren. Allerdings ist der Umschwung der Meinung so eindrücklich dargestellt, dass es sich aufdrängt, darauf hinzuweisen, wie leicht aus einem Hosanna ein *Kreuzige* wird.

Pilatus, der Realpolitiker, sieht keinen Anlass, sich für Jesus einzusetzen (**15**). Er will der Menge einen Gefallen tun. Sich für einen zu Unrecht Angeklagten einzusetzen steht nicht auf seiner Tagesordnung. Er lässt also Barabbas frei und *übergab* Jesus dem Hinrichtungskommando *zur Auspeitschung, um ihn dann kreuzigen zu lassen.* Die Auspeitschung mit einer Peitsche, deren Lederriemen mit Metallsplittern bestückt waren, gehörte routinemäßig zur Hinrichtung am Kreuz. Sie war Teil der systematischen Torturen, die mit dieser Strafe verbunden waren und ihren Abschreckungseffekt erhöhen sollten. Von einem förmlichen Todesurteil wird nichts berichtet. Es wäre eine Verurteilung trotz erwiesener Unschuld gewesen. Pilatus aber *übergab* Jesus, d.h. er *lieferte* ihn einfach an die Liquidationsmaschinerie seines Militärs *aus. Ausliefern,* das Leitwort der Markuspassion, erscheint hier das letzte Mal im Evangelium. Noch einmal wird angedeutet: Zwar scheint Jesu Geschick ganz in der Hand eines korrupten Politikers zu liegen, der ihn ohne Skrupel den Henkern *übergibt* und einem schrecklichen Tod *ausliefert.* Aber dahinter steht Gottes Wille, seinen Sohn *hinzugeben* und dem Todesgeschick der Menschen *auszuliefern,* um so ihre Gottesferne auf sich zu nehmen und zu überwinden.

Diese Szene setzt eindrucksvolle Akzente. Sie zeigt das Zusammenspiel der Mächtigen und die Möglichkeit der Manipulation der Masse, auch wenn es um die Verurteilung eines Unschuldigen geht. Die Gegenüberstellung von Barabbas, der mit den Mördern gefangen wurde, und Jesus, der seinen Weg gewaltlos geht, bleibt eindrücklich, auch wenn Markus einfache Klischees vermeidet. Er erhebt auch keine pauschale Anklage gegen *die* Juden. Die Rollen werden differenziert dargestellt. Treibende Kraft ist die Sorge einer Elite um den Erhalt ihrer Macht; eine manipulierbare Volksmenge wird dazu instrumentalisiert.
Es gibt auch keine Entschuldigung für Pilatus. Er wird zwar als Zeuge für Jesu Unschuld bemüht, aber auch in seiner Feigheit bloßgestellt. Und inmitten dieses Machtspiels geht Jesus seinen Weg nach dem Willen Gottes. Er wird ausgeliefert in den Tod, den er nicht verschuldet hat und doch auf sich nimmt.

15,16–20a
Die Verspottung Jesu

**16Die Soldaten führten ihn hinein in den Palast, das heißt in das Prä-
torium, und rufen die ganze Kohorte zusammen. 17Und sie ziehen
ihm einen Purpurmantel an und setzen ihm einen Kranz aus Dornen
auf, den sie geflochten hatten. 18Und sie begannen, ihm zu huldigen: »Sei gegrüßt, König der Juden!« 19Und mit einem Rohrstock
schlugen sie ihm auf den Kopf und spuckten ihn an und knieten vor
ihm nieder und huldigten ihm. 20Und als sie ihn verspottet hatten,
zogen sie ihm den Purpurmantel aus und zogen ihm seine eigenen
Kleider an.**

Während das Verhör Jesu und die Verhandlung mit dem Volk in der Öffentlichkeit vor dem Palast auf einem erhöhten Platz oder einer Art Tribüne stattgefunden hatten, führten die Soldaten Jesus jetzt in das Innere des Palasts, wahrscheinlich in den Innenhof, um die Auspeitschung vorzunehmen (**16**). Markus fügt den Hinweis ein, dass es sich bei dem Gebäude um das *Prätorium* handele, d.h. um das Hauptquartier des römischen Statthalters in Jerusalem. Lange Zeit identifizierte man dieses Gebäude mit der Burg Antonia, die in Nordwesten des Tempelareals lag. Dort zeigt man noch heute Reste eines Pflasters (Lithostrotos), das angeblich aus dem Hof stammt, in dem Jesus gegeißelt wurde. Doch sprechen die antiken Quellen dafür, dass der Statthalter, wenn er in Jerusalem weilte, im ehemaligen Herodespalast residierte, also im Bereich der heutigen Zitadelle.

Die Soldaten der Wache rufen die ganze Kohorte zusammen; in Vollbesetzung wären das gut 500 Mann. Die Angehörigen dieser Truppe waren keine Juden – diese waren vom Militärdienst befreit –, sondern Leute aus dem Gebiet um Cäsarea, Samaria-Sebaste und aus dem nördlichen Syrien. In einigen dieser Gebiete gab es erhebliche Spannungen zwischen der nichtjüdischen Bevölkerung und der jüdischen Minderheit, was den antijüdischen Ton der folgenden Demonstration erklärt.

Von der Auspeitschung selbst wird nichts berichtet, aber von einer Verspottung Jesu, die wohl nach dieser Tortur stattfand (**17**). Ähnlich wie das Verhör vor dem Hohen Rat endet auch die Verhandlung bei Pilatus in einer Verspottungsszene. Das zeigt noch einmal das Ausgeliefertsein Jesu. Die Verspottung im Prätorium aber gewinnt ihre besondere Spitze dadurch, dass sie als Parodie auf den angeblichen Anspruch Jesu, *König der Juden* zu sein, inszeniert wird. Dazu stattet man ihn mit den Kennzeichen eines hellenistischen Königs aus. Man legt dem Gefangenen, der von der Auspeitschung her noch nackt war, einen roten Soldatenmantel um und setzt ihm einen Kranz auf, der schnell aus Dornen geflochten worden war. Das soll den purpurnen Umhang und das Diadem aus goldenen Blättern darstellen, die als königliche Insignien galten (vgl. 1Makk 10,22.64). Und dann vergnügt sich die Soldateska damit, mit grausamem Spott diesem König zu huldigen (**18f**). Gespielte Ehrenbezeugungen wie *Sei gegrüßt* oder *Heil dir, König der Juden* wechseln mit Schlägen auf den Kopf und dem Anspucken des Gemarterten als Zeichen der Verachtung, um dann wieder in die höhnische Vorspiegelung kniefälliger Verehrung umzuschlagen. Die Aggressionen, die sich in diesem makabren Spiel entladen, gelten nicht nur dem Delinquenten. Wie viele vor und nach ihm wird er zum Abfalleimer der Frustration und zum Demonstrationsobjekt für ein bisschen Macht von Menschen, die oft selbst geschunden werden. Der Spott gilt auch dem ungeliebten jüdischen Volk, das durch die Verspottung seines angeblichen Königs mit gedemütigt werden soll. Es gibt Beispiele für vergleichbare antijüdische Demonstrationen aus dem zeitgenössischen Alexandrien, wo es zwischen der hellenistischen Bevölkerungsmehrheit und einer großen jüdischen Minderheit große Spannungen gab. Für christliche Leser verwandelt sich die Verehrung, die Jesus eigentlich gebühren würde, in ihre schlimmste Perversion. Zugleich aber zeigt sich für sie darin die Erfüllung der prophetischen Worte über den Gottesknecht in Jes 50,6: »Ich bot meinen Rücken dar denen, die mich schlugen, und meine Wangen denen, die mich rauften. Mein Angesicht verbarg ich nicht vor Schmach und Speichel.« Wehrlosigkeit und Niedrigkeit kennzeichnen den messianischen König.

Als die Soldaten genug von dem grausamen Schauspiel haben (**20a**), ziehen sie Jesus den Soldatenmantel aus und seine eigenen Kleider wieder an und führen ihn ab, um ihn zu kreuzigen.

»Wer hat dich so geschlagen, mein Heil, und dich mit Plagen so übel zugericht«? So fragt Paul Gerhardt in seinem Passionslied »O Welt, sieh hier dein Leben«. Seine Antwort lautet: »Ich, ich und meine Sünden, die sich wie Körnlein finden des Sandes an dem Meer, die haben dir erreget das Elend, das dich schläget«. Diese Betrachtung der Passion Jesu sucht die Schuldigen für Jesu Qualen und Tod nicht bei den Juden oder den römischen Soldaten, sondern bei sich selbst. Wird das ernst genommen, müsste dies das Ende aller Sündenbockmechanismen bedeuten, mit denen Schuld auf andere abgeladen wird!
Leider war das in der Geschichte der Christenheit oft genug nicht der Fall. Man hat die Schuld vor allem auf die Juden geschoben. Heutigen Menschen dagegen ist der Gedanke fremd, sich als mitschuldig zu betrachten: Ich war nicht dabei, sagen sie. So bleibt es eine offene Frage für nachdenkliche Leser und Leserinnen: Was hat Jesu Leiden mit meiner Schuld zu tun?

15,20b–41
Die Kreuzigung Jesu

20bUnd sie führen ihn hinaus, um ihn zu kreuzigen. 21Und sie zwingen einen Passanten, einen gewissen Simon von Kyrene, der vom Feld kommt, den Vater des Alexanders und Rufus, sein Kreuz zu tragen. 22Und sie führen ihn zu dem Ort Golgota, das heißt übersetzt: Schädelstätte. 23Und sie versuchten, ihm mit Myrrhe gewürzten Wein zu geben, aber er nahm (ihn) nicht.
24Und sie kreuzigen ihn und *teilen seine Kleider und werfen das Los über sie,* (um zu bestimmen,) was ein jeder nehmen dürfe. 25Es war aber die dritte Stunde, als sie ihn kreuzigten. 26Und es war die Inschrift (mit der Angabe) seiner Schuld angeschrieben: Der König der Juden. 27Und mit ihm kreuzigen sie zwei Räuber, den einen zur Rechten, den anderen zur Linken.
29Und diejenigen, die vorbeigingen, lästerten ihn, indem sie ihre Köpfe schüttelten und sagten: »Ha, der du den Tempel zerstörst und in drei Tagen (wieder) aufbaust, 30rette dich selbst und steig vom Kreuz herab!« 31In gleicher Weise spotteten auch die Hohenpriester untereinander zusammen mit den Schriftgelehrten: »Andere hat er gerettet, sich selbst kann er nicht retten! 32Der Messias, der König Israels, er soll jetzt vom Kreuz herabsteigen, damit wir (es)

sehen und glauben.« Und auch die, die mit ihm zusammen gekreuzigt worden waren, schmähten ihn.
[33]Und als die sechste Stunde gekommen war, trat eine Finsternis ein
über dem ganzen Land bis zur neunten Stunde. [34]Und in der neun-
ten Stunde rief Jesus mit lauter Stimme: »*Eloi, eloi, lema sabachthani?*« Das heißt übersetzt: »*Mein Gott, mein Gott, warum hast du*
***mich verlassen?*« [35]Und einige von denen, die dabeistanden, hörten**
(das) und sagten: »Siehe, er ruft Elia!« [36]Einer aber lief, füllte einen
Schwamm mit Essig, steckte ihn auf einen Rohrstock und wollte ihn trinken lassen, während er sagte: »Lasst uns doch sehen, ob Elia
kommt, um ihn herunterzunehmen.« [37]Jesus aber stieß einen lauten
Schrei aus und verschied.
[38]Und der Vorhang des Tempels zerriss in zwei (Stücke) von oben
bis unten. [39]Als aber der Zenturio, der ihm gegenüberstand, sah, dass er so verschied, sagte er: »Wahrhaftig, dieser Mensch war Gottes Sohn.«
[40]Aber auch Frauen sahen von weitem zu, unter denen auch Maria aus Magdala und Maria, die Mutter von Jakobus dem Kleinen und
von Joses, und Salome waren, [41]die Jesus in Galiläa gefolgt waren
und ihm geholfen hatten, und viele andere, die mit ihm nach Jerusalem hinaufgezogen waren.

Nach all diesen Quälereien wird Jesus von den Soldaten hinaus vor die Stadt zur Hinrichtung am Kreuz geführt (**20b**). »Draußen vor dem Tor«, ausgestoßen aus der Gemeinschaft, dort wo man den Müll ablud und die Verbrecher aus der Gesellschaft ausmerzte, wurde er hingerichtet (zur theologischen Bedeutung dieser Aussage vgl. Hebr 13,10–14).

Die Kreuzesstrafe galt im Altertum als die grausamste und schimpflichste Art der Todesstrafe. Die Römer haben sie von den Persern oder den Puniern übernommen und verhängten sie zunächst gegen kriminelle Sklaven und Schwerverbrecher. In den Provinzen wurde sie vor allem gegen Aufständische angewandt. Wie die Schriften von Qumran belegen, sah man im Judentum Menschen, die ans Kreuz gehängt wurden, nach Dtn 21,23 als von Gott verflucht an. Der Pfahl, an dem die zum Tod Verurteilten aufgehängt wurden, war an der Hinrichtungsstätte schon fest eingerammt; den Querbalken musste der Verurteilte selbst zum Richtplatz tragen. Nachdem man ihm die Kleider ausgezogen hatte, wurde er mit den Armen an diesem Balken festgebunden oder -genagelt; der Balken wurde dann hochgezogen und in Form eines T oder eines Kreuzes am Pfahl befestigt. Die Beine wurden entweder an den Pfahl gebunden oder mit einem großen Nagel befestigt. (In einem Grab bei Jerusalem fand man die Knochen eines Mannes, dessen Fersenbeine mit einem großen Nagel durchbohrt waren – übrigens ein Fall, der zeigt, dass es für Angehörige möglich war, die Leiche des Hingerichteten zu bestatten.) Der Tod trat sehr langsam und unter großen Qualen ein – was zur Abschreckung beabsichtigt war.

Offensichtlich war Jesus durch die erlittenen Torturen so schwach geworden, dass er nicht in der Lage war, den Kreuzesbalken den ganzen Weg durch die Stadt bis zur Hinrichtungsstätte zu tragen (**21**). Deshalb zwingen die Soldaten – wohl schon vor dem Stadttor – einen zufällig vorbeikommenden Mann, den schweren Balken zu tragen. (Das griechische Wort für *zwingen* bezeichnet speziell durch das Militär erpresste Hilfsdienste.) Markus kennt seinen Namen und den seiner Söhne: *Simon von Kyrene, der Vater des Alexander und des Rufus.*

Der Name kennzeichnet Simon als einen Diasporajuden, der von Kyrene in Nordafrika nach Jerusalem gezogen war. Nach Apg 6,9 gab es in Jerusalem eine Synagoge der Kyrenier. Dass Simon sich nicht nur als Festpilger in Jerusalem aufhielt, zeigt die Tatsache, dass er vom Feld kam. Aus dieser Tatsache hat man geschlossen, dass Jesus am Tag vor dem Passahfest gekreuzigt wurde, wie das die johanneische Chronologie vorsieht, da am Passah kaum ein Jude vor den Toren Jerusalems auf dem Feld gearbeitet hätte. Doch ist das nicht zwingend, denn ob Simon schon so früh am Morgen von der Feldarbeit zurückkommt, ist fraglich. Vielleicht war er aus einem anderen Grund unterwegs. Simon wird außer durch seine Herkunft durch die Namen seiner Söhne identifiziert. Sie waren den Lesern des Markus bekannt. Dass Rufus dieselbe Person ist, die Paulus in Röm 16,13 grüßt, ist denkbar, aber nicht sicher. Bemerkenswerterweise wurde in der Umgebung von Jerusalem in einem Grab ein Ossuar (d.h. ein Behälter für Knochen) mit der Aufschrift gefunden: Alexander (, Sohn) des Simons, Kyrenäer. War dies der Sohn Simons von Kyrene?

Für christliche Leser und Leserinnen gewinnt diese Szene eine doppelte Bedeutung. Dass nicht einer der Jünger, sondern ein zufällig von den Soldaten aufgegriffener Passant Jesus sein Kreuz trägt, zeigt schmerzlich deren Versagen, macht aber deutlich: Es wird Leute geben, mit denen niemand gerechnet hat, die tun, was Jesus den Jüngern aufgetragen hat. Dass die Söhne dieses Mannes (oder sogar er selbst?) zur Gemeinde gefunden haben, gab einen zusätzlichen Anstoß zum Nachdenken.
Jesus wird zur Hinrichtungsstätte gebracht (**22**), einem Platz außerhalb der Stadtmauern, der den aramäischen Namen *Golgota* (LÜ: *Golgatha*) trägt (deutsch: *Schädel*), was Markus für seine Leser mit *Schädelstätte* ins Griechische übersetzt.

Der Name stammt wohl von der Form eines Hügels bzw. Steinbruchs, der in der Gegend der heutigen Grabeskirche außerhalb der Stadt an der Straße nach Norden lag (oder 200 m südlicher, wo sich beim Gartentor die Straßen nach Westen und nach Norden gabelten) und der – gut sichtbar für die Vorübergehenden – als »Galgenberg« Jerusalems diente.

Der mit Myrrhe gewürzte Wein soll als Betäubungstrank dienen – weniger, um dem Verurteilten Schmerzen zu ersparen, vielmehr dazu, dem Hinrichtungskommando die Arbeit zu erleichtern. Jesus aber weigert sich, ihn zu trinken (**23**). Er geht mit vollem Bewusstsein in diesen schmerzhaften Tod. Die eigentliche Hinrichtung schildert Markus äußerst knapp (**24**): *Und sie kreuzigen ihn.* Er nennt keine Details der grausamen Prozedur – vielleicht, weil alle wussten, wie es dabei zuging, vielleicht aber auch, weil die Wirkung seines Berichts nicht (wie in manchen Filmen) auf dem Ausbreiten eines Horrorszenariums beruhen soll.

Dagegen nennt Markus die Details, denen er theologisches Gewicht zumisst. Sie weisen auf die Bedeutung der Kreuzigung Jesu hin. Da ist zunächst das Verteilen der Kleider, die den Soldaten des Hinrichtungskommandos zustanden. Also eigentlich ein ganz gewöhnlicher Vorgang. Aber, ohne darauf eigens hinzuweisen, schildert Markus diesen Vorgang mit den Worten von Ps 22,19. Dieser Psalm, ein Klage- und Vertrauenslied eines Menschen, der unter den Schikanen und der Todesdrohung seiner Mitmenschen leidet und doch sein Vertrauen und seine Hoffnung auf Gott nicht aufgibt, ist für die Urchristenheit geradezu zum Leitfaden für das Verständnis der Passion Jesu geworden. Seine Aussagen werden in der Erzählung immer wieder aufgegriffen, entweder als wörtliches Zitat oder als Anspielung. Diese Zitate verbinden das Leiden Jesu mit dem Leiden vieler anderer, die mit Gott um das Warum ihres Leidens gerungen haben. Sie machen aber zugleich deutlich, dass nun der Gottessohn dieses Leid für alle durchleidet und ihre Fragen von ihm aufgenommen sind.

Die nächste Bemerkung ist ein Nachtrag (**25**): Es war *die dritte Stunde,* also etwa gegen neun Uhr morgens, als Jesus gekreuzigt wurde. Dieser Hinweis steht im Zusammenhang mit zwei weiteren Zeitangaben in den V. 33f und hat sicher auch symbolische Bedeutung. Sodann erzählt Markus, dass irgendwo (nicht unbedingt oben am Kreuz) eine Inschrift angebracht war, auf der stand, aus welchem Grund Jesus hingerichtet worden war: *Der König der Juden* (**26**). Damit ist noch einmal die Anklage zitiert, unter der das Verfahren gegen Jesus geführt wurde (15,2.9.12). In dieser Knappheit war das aber eine Provokation für die Juden, und Johannes wird berichten, dass sich die jüdischen Behörden um eine Änderung der Aufschrift bemühten (Joh 19,21f). Für die christlichen Hörer und Hörerinnen der Passionsgeschichte lag darin aber eine tiefe Wahrheit: Jesus ist als der Messias Israels gekreuzigt worden.

Eine letzte Information fügt Markus hinzu (**27**). Jesus wurde zwischen zwei *Räubern* gekreuzigt. Es besteht Anlass zur Vermutung, dass die Raubüberfälle dieser Leute einen »terroristischen« Hintergrund hatten, d.h. dass sie Zeloten, jüdische Freiheitskämpfer waren, aber aus politischen Gründen als Räuber abgeurteilt wurden. Für die christliche Gemeinde erfüllte sich damit die Aussage von Jes 53,12, dass der Gottesknecht »sich unter die Verbrecher rechnen ließ« (viele spätere Handschriften fügen in V. **28** dieses Zitat ein, so auch Lk 22,37).

Als nächste Szene des Leidens Jesu berichtet Markus von einer dreifachen Verspottung des Gekreuzigten (**29f**). Dass Passanten abfällige Bemerkungen über die ans Kreuz Gehenkten machten, dürfte die Regel gewesen sein und war Teil der Schande, die mit dieser Todesart verbunden war. Hinter dem Bericht des Markus steht jedoch auch hier eine Passage aus Ps 22,8f: »Alle, die mich sehen, verspotten mich, sperren das Maul auf und schütteln den Kopf: ›Er klage es dem HERRN, der helfe ihm heraus und rette ihn, hat er Gefallen an ihm‹.« Die ersten, von deren Spott Markus erzählt, sind daher diejenigen, die vorbeigehen, höhnisch *die Köpfe schütteln* und Jesus *lästern.* Vielleicht heißt das entsprechende griechische Wort an unserer Stelle einfach *verunglimpfen, schlecht machen.* Aber es liegt nahe, bei diesem Wort auch an die Anklage der Gotteslästerung zu denken, die Jesus gegenüber erhoben wurde. In Wirklichkeit lästern diejenigen Gott und sein Handeln, die den Gekreuzigten verspotten.

Die erste Gruppe derer, die Jesus verspotten, greift das Tempelwort auf, das schon im Prozess vor dem Hohen Rat eine Rolle spielte: *Ha, der du den Tempel zerstörst und in drei Tagen (wieder) aufbaust,* rufen sie voll spöttischem Erstaunen und greifen damit den Vollmachtsanspruch Jesu an. Und dann sagen sie etwas, was geradezu zum Leitwort der ganzen Szene wird: *Hilf dir selbst,* oder noch etwas präziser übersetzt: *Rette dich selbst und steig vom Kreuz herab!* Gegen den Anspruch Jesu, als Gottes Gesalbter Retter des Volkes zu sein, wird hier der höhnische Rat gegeben, doch zunächst einmal die eigene Haut zu retten.

Dieses Motiv nehmen auch die Hohenpriester und Schriftgelehrten auf, die Gegner Jesu, die seine Hinrichtung beobachten (**31**). Sie würdigen Jesus selbst keines Wortes mehr, sondern spotten untereinander und ziehen zynisch das Fazit seines Wirkens: *Anderen hat er geholfen* (oder: *hat er gerettet*)! Das klingt wie eine Anerkennung des selbstlosen Wirkens Jesu. Was könnte man Positiveres über das Leben eines Menschen sagen! Aber das zählt nicht. Für das Urteil der Mächtigen ist der entscheidende Vorwurf, das negative Vorzeichen vor Jesu Leben: *und kann sich selbst nicht* *helfen* (bzw. *nicht retten!*). »Hilf dir selbst!« ist die Devise, nach der Erfolg und Misserfolg eines Lebens beurteilt werden. Aber für die, die Jesu Geschichte erzählen, ist klar: Unbeabsichtigt wird der Spott zur Anerkennung der Sendung Jesu, der von sich sagte, er sei nicht gekommen, *um sich dienen zu lassen, sondern um zu dienen und um sein Leben als Lösegeld für viele zu geben* (10,45). Dass er nur für andere da war, hat Jesus ans Kreuz gebracht, und dafür wird er verspottet.

Noch einmal nehmen die Gegner den Vorwurf auf, Jesus habe sich fälschlicherweise als Messias ausgegeben (**32**): *Ist er* wirklich *der Messias* (d.h. *der Gesalbte, der Christus*), *der König Israels* (und nicht nur ein König der *Juden*, den die Römer liquidieren), dann müsste er *jetzt vom Kreuz herabsteigen, damit wir (es) sehen und glauben.* Was Jesus heilend und befreiend für andere getan hat, hat die Spötter nicht zum Glauben geführt. Wenn er sich jetzt selbst befreien und retten würde, würden sie an ihn glauben! Ein Messias, der am Kreuz stirbt, ist unglaubwürdig. Für Jesus ist dies eine letzte Versuchung, seine Messianität dadurch zu beweisen, dass er seiner Sendung untreu wird.

Die dritte Gruppe, die Jesus verspottet, sind die beiden, die mit ihm gekreuzigt wurden. Was sie sagen, wird nicht berichtet. Aber es bestätigt die Erfahrung, dass man sich auch nicht auf die Solidarität derer verlassen kann, die vom gleichen Geschick betroffen sind.

Der nächste Schritt der Erzählung ist eine weitere Zeitangabe (**33**): *als die sechste Stunde gekommen war.* Nach unserer Zeitrechnung ist das 12 Uhr mittags, doch zeigt der konsequente Dreierschritt der drei Uhrzeiten, dass es sich hier um mehr als um chronologische Feststellungen handelt. Hatte Jesus drei Stunden lang den Spott der Menschen zu ertragen, sind die nächsten drei Stunden durch eine neue Situation bestimmt: Es *trat eine Finsternis ein über dem ganzen Land bis zur neunten Stunde.* Der griechische Text kann auch *über der ganzen Erde* bedeuten. Eine Entscheidung, was gemeint ist, ist schwierig. Eine Sonnenfinsternis im astronomischen Sinn ist unwahrscheinlich. Zur Zeit des Passahfests ist Vollmond; das schließt eine Sonnenfinsternis aus, die auch keine drei Stunden dauern würde. Es gibt auch keine antiken Berichte über eine solche welt- oder landesweite Finsternis. Obwohl noch andere natürliche Erklärungen denkbar wären, spricht viel für eine symbolische Bedeutung des Berichts. Dass Gottes Gerichtstag Dunkel und Finsternis ist, stellt schon Am 5,20 fest, und in Am 8,9 heißt es: »Und an jenem Tag … lasse ich die Sonne untergehen am Mittag, da bringe ich Finsternis über die Erde am helllichten Tag« (ZB). Die Finsternis ist also das Dunkel des Gerichts, das über dem Land und der Erde, aber auch über dem Sterben Jesu liegt.

Gegen Ende dieser dunklen Stunden, *in der neunten Stunde,* also gegen drei Uhr nachmittags, spricht Jesus mit lauter Stimme einen letzten Satz (**34**). Markus zitiert ihn zunächst auf Aramäisch in griechischer Umschrift: *Eloi, eloi, lema sabachthani?* und fügt dann die Übersetzung dieser Worte ins Griechische an: *Mein Gott, mein Gott, warum hast du mich verlassen?* Eigenartigerweise weist er nicht daraufhin, dass dies das wörtliche Zitat des Anfangs von Ps 22 ist. Er nimmt an, dass dies die Lesenden oder Hörenden erkennen. Dass Jesu letzte Worte am Kreuz den Beginn eines Psalms zitieren, wird jedoch unterschiedlich gedeutet.
Eine Deutung geht davon aus, dass damit auf den ganzen Psalm verwiesen wird. Mit der Eingangszeile beginnt Jesus damit, den ganzen Psalm zu beten. Ps 22 enthält aber nicht nur die Klage eines leidenden Gerechten. In seinem zweiten Teil spricht er vom Vertrauen und Dank gegenüber Gott, der das Geschick des unschuldig Verfolgten wunderbar gewendet hat. An seinem Ende steht: »Es werden gedenken und sich zum HERRN bekehren aller Welt Enden und vor ihm anbeten alle Geschlechter der Heiden« (V. 28) – ein Satz, der im Bekenntnis des Hauptmanns seine Erfüllung findet. Dazu tritt die Gewissheit: »Denn des HERRN ist das Reich, und er herrscht unter den Heiden« (V. 29). Ps 22 wird so zum Schlüssel für das Verständnis des Todes Jesu: Gerade durch sein Todesleiden, das ihn in die Tiefe der Gottverlassenheit bringt, führt der gehorsame Gottessohn das Reich Gottes, die endzeitliche Herrschaft Gottes, herbei.
Allerdings spricht gegen diese Deutung, dass Markus weder hier noch an anderer Stelle bei dem wörtlichen Zitat aus Ps 22 auf den Psalm insgesamt hinweist. Markus verstärkt sogar die klagende Frage Jesu, indem er in der griechischen Übersetzung formuliert: »Mein Gott, *wozu* hast du mich verlassen?« So geht die zweite Deutung davon aus, dass für Markus gerade dieser eine Satz, den Jesus ruft und betet, zum Ausdruck bringt, wie es um Jesus in der Stunde seines Todes steht. Ähnlich wie in der Geschichte von Gethsemane ist es nicht das Bild eines edlen und tapferen Sterbens, das denen vor Augen gestellt wird, die diesen Bericht lesen oder hören. Jesus ruft aus dem Dunkel tiefer Gottverlassenheit. Als Sterbender fällt er in das dunkle Nichts der Gottesferne, in dem Menschen ihre Trennung von Gott erleiden. Er fragt nicht sosehr, *warum* ihn dieses Geschick trifft, sondern *wozu* es führt und mit welchem Ziel es ihm auferlegt ist. Auch ihn trifft die Frage: »Wo ist nun dein Gott?«, mit der sich die leidenden Beter des Alten Testaments gequält haben. Wie sie ruft er zu Gott, gerade weil dieser abwesend scheint. Jesus tritt damit in die Klage vieler Menschen vor ihm ein. Als der Sohn Gottes, dessen ganzes Sein und Wirken von der ein-

zigartigen Gegenwart Gottes geprägt war, durchleidet er die Gottesferne des Todes des Sünders in einer Weise, die zugleich zutiefst menschlich und unmenschlich war. Dass seine letzten Worte die Worte eines Psalms sind, verdeckt uns einerseits den Blick in das Innerste seiner Seele, stellt aber andererseits die Gottverlassenheit des Gottessohnes in den Zusammenhang der Gottesfinsternis aller Menschen und zeigt, wie er auch aus der Tiefe dieser Not zu Gott ruft.

Die Reaktion der unmittelbaren Zeugen ist merkwürdig (**35**). Einige, die dabeistehen, wahrscheinlich jüdische Helfer des Hinrichtungskommandos, missverstehen den Ruf Jesu. Sie meinen: *Er ruft Elia!* Elia erscheint hier als endzeitliche Helferfigur, auf deren rettende Hilfe Jesus möglicherweise hofft. Einer nimmt daraufhin einen Schwamm, tränkt ihn mit Essig, steckt ihn auf einen Rohrstock und reicht ihn Jesus, um ihn trinken zu lassen (**36**). Diese Aktion ist zweideutig. Einerseits galt in der Antike Essigwein durchaus als erfrischendes Getränk. Vielleicht stand er unter Jesu Kreuz als Erfrischung für die Wachposten, vielleicht war er aber auch für die Hingerichteten gedacht – nicht sosehr, um ihre Qualen zu lindern, sondern um ihr Leiden zu verlängern. Andererseits wird kaum ein Bibelkundiger diesen Bericht gelesen oder gehört haben, ohne an Ps 69,22 zu denken: »Sie geben mir Galle zu essen und Essig zu trinken für meinen Durst.« Hier ist Tränken mit Essig eindeutig als bösartige Schikane der Feinde verstanden. Das Motiv dessen, der Jesus den Schwamm mit Essig reicht, bleibt unklar. Er sagt: *Lasst uns doch sehen, ob Elia kommt, um ihn herunterzunehmen.* Das klingt nach bösartiger Ironie, als ob er Jesus durch den Trank noch ein wenig »Galgenfrist« für ein mögliches Eingreifen eines himmlischen Helfers geben wolle.

Doch dazu kommt es nicht. Ohne von dem Essig zu trinken, stößt Jesus noch einmal einen lauten Schrei aus und stirbt (**37**). Die Frage, ob es einem sterbenden Gekreuzigten überhaupt möglich sei, noch kurz vor dem Tod zu schreien, da der Tod durch Ersticken oder Herzversagen eintrete, geht von falschen Voraussetzungen aus. Markus liefert kein ärztliches Sterbeprotokoll. Der Schrei Jesu drückt noch einmal den Schmerz und die Not dieses Todes aus. Dass Jesus *verschied,* könnte auch übersetzt werden: Er *hauchte (sein Leben* oder *seinen Geist) aus.* Deshalb vermuten manche, Markus wolle andeuten, dass der Geist, der bei der Taufe auf Jesus herabkam, nun wieder von ihm ging. Aber das Wort wird in der antiken Literatur häufig für das Sterben eines Menschen verwendet, ohne dass diese spezielle Bedeutung vorliegt.

Dagegen berichtet Markus von zwei unmittelbaren Reaktionen auf den Tod Jesu. Die erste betrifft den Jerusalemer Tempel (**38**): Der

Vorhang des Tempels zerriss in zwei (Stücke) von oben bis unten. Nach zeitgenössischen Berichten gab es im Tempel zwei große Vorhänge. Der eine hing am Eingang des Tempels und schirmte das Innere des Heiligtums gegen Blicke von außen ab. Dieser Vorhang war vom Vorhof oder auch vom Ölberg aus sichtbar. Der andere Vorhang trennte im Inneren des Tempels das Allerheiligste vom Heiligen. Nur einmal im Jahr ging der Hohepriester am Großen Versöhnungstag durch diesen Vorhang hinein in das Allerheiligste. Dieser Vorhang war von außen nicht zu sehen. Da aber der Vorgang vor allem symbolische Bedeutung hat, ist sicher der innere Vorhang gemeint. Die symbolische Bedeutung kann auf zweierlei verweisen. Negativ kann sie das Ende der jüdischen Gottesdienste im Tempel ankündigen. Positiv aber sagt sie, dass durch Jesu Tod der Zugang zum Allerheiligsten und damit zu Gott frei geworden ist. Der Hebräerbrief wird diese Seite des Geschehens intensiv darlegen. Für diese Deutung spricht, dass die zweite Reaktion auf Jesu Sterben von einem heidnischen Soldaten kommt (**39**).

Der römische Hauptmann bzw. *Zenturio* (auch im griechischen Text steht der lateinische Titel für den Anführer einer Hundertschaft), der die Hinrichtung beaufsichtigte, stand Jesus *gegenüber* – also wohl auf etwas erhöhtem Beobachtungsposten und mit etwas Abstand zu den übrigen Soldaten. Als er *sah, dass er so verschied, sagte er: »Wahrhaftig, dieser Mensch war Gottes Sohn.«* Es sind wohl nicht die besonderen Begleitumstände, die den heidnischen Offizier zu dieser Aussage veranlassen. Es ist die Art, wie Jesus in den Tod geht, die ihn zu diesem Bekenntnis bringt. Es gibt zwei Möglichkeiten, dieses Bekenntnis zu verstehen. Man kann den griechischen Text übersetzen: Dieser Mensch *war ein Gottessohn.* Dann wird Jesus als einer der besonders begnadeten Menschen angesehen, in denen Göttliches menschliche Gestalt angenommen hat. So galt auch der römische Kaiser als ein Gottessohn, d.h. als Sohn des vergöttlichten Cäsars bzw. Augustus. Auf dem Hintergrund der Anklage Jesu als König der Juden würde der Zenturio damit sagen: Das war kein gewöhnliches Sterben, darum war dieser Mensch auch kein gewöhnlicher Sterblicher, sondern einer, in dem die Gottheit in besonderer Weise gegenwärtig war. Dies wäre eine Aussage, die im Rahmen der Verstehensmöglichkeiten eines römischen Offiziers lag, und wer den Maßstab historischer Wahrscheinlichkeit anlegt, wird diese Deutung bevorzugen.

Die griechische Grammatik lässt aber auch die andere Übersetzung zu: Dieser Mensch *war (und ist) Gottes Sohn.* Die verwendete Vergangenheitsform des Verbs sagt etwas über das aus, was bisher war, ohne es auf die Vergangenheit zu begrenzen, und die Genetivverbindung *Gottes Sohn* benennt *den* Sohn Gottes, der in ein-

zigartiger Weise Gott als Mensch repräsentiert. Damit stünde das Bekenntnis des Zenturio in einer Linie mit den Aussagen der himmlischen Stimme in 1,11 (*Du bist mein geliebter Sohn*) und 9,7 (*Dies ist mein geliebter Sohn*). Das erste Mal, in dem ein Mensch dieses Bekenntnis ausspricht, geschieht es durch einen heidnischen Soldaten im Rückblick auf Jesu Leiden und Sterben: *Dieser Mensch war Gottes Sohn.* Es kann kein Zweifel sein, dass Markus das Wort des Hauptmanns unter dem Kreuz so verstanden hat, auch wenn wir nicht absolut sicher sein können, wie es der Mann selbst gemeint hat. Vielleicht haben Markus und seine Tradition im Bekenntnis dieses Mannes auch eine erste Erfüllung von Ps 22,28 gesehen: »Es werden gedenken und sich zum HERRN bekehren aller Welt Enden und vor ihm anbeten alle Geschlechter der Heiden.«
Der Bericht von Jesu Hinrichtung endet mit einer knappen, aber wichtigen Notiz (**40f**). Es gab Zeugen, besser gesagt: Zeuginnen dieser Ereignisse, die – wenn auch nur aus der Ferne – das, was hier geschah, beobachtet haben. Es sind Frauen, die mit Jesus zum Fest nach Jerusalem hinaufgezogen waren, aber nicht mit den anderen Jüngern geflohen waren, sondern das Geschehen von weitem verfolgt hatten. Drei von ihnen werden besonders hervorgehoben, weil sie schon in Galiläa zum Jüngerkreis gehörten, Jesus *gefolgt* waren und ihm in nicht näher beschriebener Weise *geholfen* (wörtlich: *gedient*) hatten. Dabei ist nicht nur an die Bedienung bei Mahlzeiten gedacht, sondern an vielfältige Unterstützung des Wirkens Jesu (vgl. dazu Lk 8,1–3).

Diese drei werden mit Namen genannt: *Maria aus Magdala* wird auch in Lk 8,2 erwähnt (»von der sieben böse Geister ausgefahren waren«) und spielt in der Osterüberlieferung eine wichtige Rolle (Mk 16,1–8; Lk 24,10 und besonders Joh 20,1–18). Auch die zweite heißt Maria und wird im Rahmen der Grablegungs- und Auferstehungsgeschichte erneut erwähnt werden (15,47; 16,1); sie ist die *Mutter des Jakobus des Kleinen* (d.h. des Jüngeren) *und des Joses.* Da auch zwei der Brüder Jesu Jakobus und Joses hießen, wird von manchen vermutet, dass es sich um die Mutter Jesu handele. Das ist aber ganz unwahrscheinlich. Jakobus, der Bruder Jesu, hieß nicht *der Kleine,* und Markus hätte kaum verschwiegen, dass dies die Mutter Jesu war. Über Salome wissen wir nichts Näheres; auch sie ist am Ostermorgen wieder mit dabei.

Markus beruft sich nicht ausdrücklich auf die Frauen als Gewährsleute seines Berichts. Man hat eher den Eindruck, dass er sie erwähnt, um zu zeigen, dass nicht alle, die Jesus nachfolgten, ihn verlassen haben. Wichtig werden diese Frauen als Zeuginnen für die Auffindung des leeren Grabes und Empfänger der Botschaft von seiner Auferstehung. Sie sind die Brücke zwischen der bitteren

Wahrheit des Todes Jesu und der Botschaft, dass er lebt. »Sie allein verbürgen die Kontinuität der Nachfolge« (Eckey, 509).

Wer ist dieser? Das fragten die Menschen angesichts der Wunder Jesu. Eine Antwort konnten sie nicht geben. Jetzt im Angesicht des Gekreuzigten fällt das entscheidende Wort – aus dem Mund eines römischen Soldaten. Schon die Spötter sagen es gegen ihren Willen: Er ist der, der nur für andere da ist. Der letzte Schrei Jesu macht es deutlich: Er ist der, der unsere Gottverlassenheit auf sich nimmt. Und gerade über ihn sagt ein Heide: Er war Gottes Sohn. Noch muss er es im Rückblick formulieren. Dennoch ist das Entscheidende gesagt: In Jesu Person und gerade in seinem Leiden ist Gott den Menschen ganz nahe gekommen. Markus erklärt nicht mit theologischen Begriffen wie Opfer oder Sühne, was Jesu Tod bedeutet. Aber im Erzählen soll seinen Lesern und Leserinnen deutlich werden: Diesen Tod ist Jesus für uns gestorben.

15,42–46
Die Grablegung

42Und als es schon Abend geworden war – denn es war der Rüsttag,
der Tag vor dem Sabbat – kam Josef von Arimathia, ein angesehener
Ratsherr, der auch selbst das Reich Gottes erwartete, fasste sich ein
Herz, ging hinein zu Pilatus und bat um den Leib Jesu. 43Pilatus aber
wunderte sich, dass er schon tot sei. Er rief den Zenturio und fragte
ihn, ob er bereits gestorben sei. 44Und als er (es) von dem Zenturio
erfahren hatte, schenkte er den Leichnam Josef. 45Und nachdem
dieser Leinwand gekauft hatte, ließ er ihn herunterholen, wickelte
ihn in das Leintuch und legte ihn in ein Grab, das aus dem Felsen herausgehauen war, und wälzte einen Stein vor die Öffnung des Gra-
bes. 46Maria aus Magdala und Maria, die (Mutter) des Joses, sahen,
wohin er gebracht worden war.

Am Abend dieses Tages, wohl kurz vor Sonnenuntergang, denn Markus erinnert noch einmal daran, dass der nächste Tag ein Sabbat sein würde, ergreift eine bisher nicht genannte Person die Initiative (42). Es handelt sich um Josef aus dem Ort Arimathia, einem Städtchen, das östlich von Joppe (Jaffa) im Hügelland nahe der Grenze zwischen Judäa und Samaria liegt. Er wird als *angesehener Ratsherr* vorgestellt. Darum verwundert es, dass er sich für Jesus einsetzt, da nach 14,65; 15,1 der *ganze Hohe Rat* Jesus verurteilt hatte. Doch verwendet Markus das Wort *Ratsherr* nicht für die Mitglieder des Hohen Rates in Jerusalem, sodass entweder an den

Rat von Arimathia oder an eine andere Funktion im politischen Leben zu denken ist.

Josef wird sodann als jemand gekennzeichnet, *der auch selbst das Reich Gottes erwartete.* Er ist also jemand, der offen ist für Jesu Botschaft vom Kommen des Reiches Gottes (vgl. 1,15), aber nicht zum Kreis der Jünger gehört. Er fasst den Entschluss, zu Pilatus zu gehen und um die Herausgabe der Leiche Jesu zu bitten, um ihn noch vor der Nacht zu bestatten. Dazu gehörte Mut, denn die Strafe der Kreuzigung schloss ein, dass die Leichen der Hingerichteten zur Abschreckung möglichst lange öffentlich zur Schau gestellt wurden. Nur in Ausnahmefällen, wenn kein besonderes öffentliches Interesse bestand, wurde die Leiche Familienangehörigen zur Bestattung überlassen.

Als Josef die Bitte dem Präfekten vorträgt, wundert der sich zunächst, dass Jesus schon tot sei (**43**). Gekreuzigte hingen oft tagelang am Kreuz, bevor sie starben. Der herbeigerufene Zenturio bestätigt den Tod Jesu, und Pilatus gibt den Leichnam zur Bestattung durch Josef frei (**44**). Tote zu bestatten war eine besondere Tat der Barmherzigkeit, und der jüdische Geschichtsschreiber Josephus berichtet, dass die Juden oft versuchten, einen am Kreuz Gestorbenen noch vor Sonnenuntergang abzunehmen und zu begraben, um der Vorschrift in Dtn 21,22f zu genügen. In aller Eile lässt Josef Leinentücher kaufen, den Leichnam Jesu vom Kreuz abnehmen, in die Leinentücher wickeln und in ein nahe gelegenes Grab legen, denn für ein Waschen und Salben der Leiche, was normalerweise zu einer ordnungsgemäßen Bestattung gehört hätte, blieb keine Zeit (**45**). In der Nähe der Hinrichtungsstätte gab es Felsformationen, die nicht nur als Steinbruch benutzt wurden, sondern in die auch einige Felsgräber gehauen worden waren. Davon, dass es Josefs eigenes, frisch angelegtes Grab war (Mt 27,60), sagt Markus nichts. Auch welche Helfer Josef hatte, erfahren wir nicht. Aber zwei Dinge, die für die Fortsetzung der Geschichte wichtig sind, berichtet Markus ausdrücklich: Josef lässt den schweren Rollstein, der das Grab gegen streunende Hunde und Grabräuber schützen sollte, vor den Eingang des Grabes wälzen. Und zwei der in 15,40 genannten Frauen sehen, wo Jesu Leichnam bestattet wird (**46**). Der Bericht darüber weist voraus auf ihren Besuch am Grab in der Frühe des übernächsten Tages und soll vielleicht auch dem Verdacht wehren, die Frauen hätten im falschen Grab gesucht und es deswegen leer vorgefunden.

Jesus die letzte Ehre zu erweisen und der Pflicht dankbarer Pietät Genüge zu tun, das scheint das Motiv Josefs von Arimathia gewesen zu sein. Markus schildert das liebevoll und mit Achtung, und darum ist es ganz unwahrscheinlich, dass er in Josefs Sorge um Jesu Leichnam etwas Negatives sah, wie gelegentlich Ausleger behauptet haben. Aber die Mühe, die sterblichen Überreste Jesu in einem Grab gut zu sichern, ist umsonst. Trauer, Pietät und Grabpflege werden nicht das letzte Wort haben. Die Geschichte von der Bestattung Jesu bildet nur den Übergang zur Erzählung von seiner Auferstehung.

16,1–8
Die Frauen am Grab

[1]Und als der Sabbat vorüber war, kauften Maria aus Magdala und Maria, die (Mutter) des Jakobus, und Salome wohlriechende Öle, um hinzugehen und ihn zu salben. [2]Und sehr früh am Morgen am ersten Tag der Woche kommen sie zum Grab, als die Sonne aufging.
[3]Und sie sagten zueinander: »Wer wird uns den Stein von der Öffnung des Grabs wegwälzen?« [4]Und als sie aufblicken, sehen sie, dass der Stein weggewälzt war. Er war nämlich sehr groß.
[5]Und als sie in das Grab hineingingen, sahen sie auf der rechten Seite einen jungen Mann sitzen, bekleidet mit einem weißen Gewand. Und sie erschraken sehr. [6]Er aber sagt zu ihnen: »Ihr müsst nicht erschrecken. Ihr sucht Jesus, den Nazarener, den Gekreuzigten. Er ist auferweckt worden. Er ist nicht hier. Seht den Ort, wo sie ihn hingelegt haben. [7]Vielmehr geht und sagt seinen Jüngern und Petrus, dass er euch vorangeht nach Galiläa. Dort werdet ihr ihn sehen, wie er euch gesagt hat.« [8]Und sie gingen hinaus und flohen vom Grab, denn Zittern und Entsetzen hatte sie erfasst. Und sie sagten niemand irgendetwas. Denn sie fürchteten sich.

Der Fortgang der Erzählung schließt unmittelbar an den vorhergehenden Abschnitt an, obwohl ein ganzer Tag, nämlich der Sabbat, an dem alle Arbeit ruhte, dazwischenliegt (1). Noch am späten Abend, als nach Sonnenuntergang die Sabbatruhe zu Ende war, kauften die drei Frauen, die wir von 15,40 her kennen, die Öle, die nötig waren, um den Leichnam Jesu nachträglich für die Totenruhe zu salben. Obwohl es eigentlich zu spät dafür ist, wollen die Frauen Jesus diesen Liebesdienst als Zeichen ihrer Verehrung und Trauer erweisen. Die Leser und Leserinnen des Markusevangeliums erinnern sich aber daran, dass das durch die unbekannte Frau, die Jesus in Bethanien gesalbt hatte, schon vorweggenommen worden war (vgl. 14,3–9). Am anderen Morgen, dem ersten Tag der Woche, also unserem Sonntag, machen sie sich sehr früh auf den Weg und kommen, als die Sonne aufgeht, beim Grab an (2). Erst dann kommt ihnen die Frage, wer ihnen wohl den schweren Rollstein vom Grab wegrollen würde (**3**). Denn ein solcher Stein wurde durch eine Vertiefung in seiner Position vor dem Eingang festgehalten, sodass unter Umständen auch die gemeinsame Anstrengung dreier Frauen nicht ausreichen würde, ihn wegzubewegen, zumal – wie Markus in einer nachgeschobenen Bemerkung hervorhebt – der Stein sehr groß war (**4**). Doch bevor sie darüber weiter sprechen können, sehen sie, dass der Stein vom Eingang weggewälzt ist.

Die Frauen gehen in das Grab hinein und sehen *einen jungen Mann, auf der rechten Seite sitzend* (**5**). Dass so betont von der *rechten Seite* gesprochen wird, ist ein Signal für die besondere Bedeutung der Person. Darauf weist auch, dass sie ein *weißes Gewand* anhatte. Weiße Gewänder tragen die Märtyrer und die vollendeten Angehörigen des Volkes Gottes in Offb 6,11; 7,9.13, und weiß sind die Kleider des verklärten Jesus nach Mk 9,3. Das weiße Gewand weist also den jungen Mann als Boten aus der Welt Gottes aus. Man würde erwarten, dass Markus ihn einen Engel nennt (vgl. Mt 28,2); aber er vermeidet das. Die Frauen aber spüren, dass ihnen hier ein Bote Gottes gegenüber tritt. Deshalb *erschraken* sie, eine Reaktion, die typisch für die Begegnung mit dem Göttlichen ist. Der junge Mann aber sagt zu ihnen: *Ihr müsst nicht erschrecken* – eine Variante des *Fürchtet euch nicht,* das sonst in solchen Situationen ergeht (**6**).

Der Bote hat eine doppelte Botschaft: Ihr erster Teil spricht von dem, was ist: von der Wirklichkeit, in der die Frauen leben, aber auch von einer neuen Realität Jesu, die Gott geschaffen hat. Dabei holt der Bote die Frauen in ihrer Situation ab: *Ihr sucht Jesus,* sagt er ihnen, um zu zeigen, dass er weiß, was sie bewegt. Und er nennt dabei zwei wichtige Stichworte, die eindeutig festlegen, von wem die Rede ist. Er ist der *Nazarener,* der Mann aus Nazareth, dem kleinen unbekannten jüdischen Dorf in Galiläa, aus dem er kam. Jesu irdische Herkunft bleibt wichtig, um ihn bewusst als den Mann aus Nazareth, den unbedeutenden Dorfjuden, zu identifizieren. Und er ist der *Gekreuzigte.* Das zweite Erkennungsmerkmal ist der Tod am Kreuz. Die Osterbotschaft macht das, was hier passiert ist, nicht ungeschehen. Er ist diesen schrecklichen Tod für alle gestorben und bleibt der Gekreuzigte, auch als der Auferstandene. (In anderen Ostergeschichten wird der Auferstandene deshalb an den Nägelmalen identifiziert.) Zur Realität, von der der Bote berichtet, gehört aber auch die Aussage: *Er ist auferweckt worden.* Obwohl die geläufige Übersetzung *Er ist auferstanden* nicht falsch ist, ist es wichtig zu beachten, dass im Griechischen das Passiv steht. Es wird nicht gesagt, dass Jesus aus der Kraft seines göttlichen Wesens selbst den Tod überwunden hat, sondern dass ihn Gott nicht im Tod gelassen, sondern zu neuem Leben erweckt hat. Dass *Gott Je-*

sus von den Toten auferweckt hat ist das grundlegende urchristliche Glaubensbekenntnis (Röm 10,9; vgl. 4,24; 8,11). Das ist die Wirklichkeit, die nun sein Leben bestimmt.

Dass die urchristliche Gemeinde diese neue Wirklichkeit Jesu mit den Worten beschreibt: *Er ist auferstanden* bzw. *Gott hat ihn auferweckt,* ist nicht selbstverständlich. Auf dem Hintergrund entsprechender Vorstellungen im Alten Testament und in der griechisch-römischen Kultur hätte es nahegelegen, vom Handeln Gottes an einem Gekreuzigten mit den Wort zu sprechen: Er ist *entrückt* worden – wie Henoch (Gen 5,24) oder Elia (2Kön 2,11). Denn wo im Alten Testament von Auferweckung gesprochen wird, ist immer die endzeitliche Totenauferstehung gemeint (Jes 26,19; Dan 12,2; 2Makk 7,9.14; 12,43; an Stellen wie Hos 6,2; Hiob 19,25f bedeutet das Wort *aufrichten*). Dass die Auferstehungszeugen zur Überzeugung gelangten: *Er ist auferweckt worden* bzw. *er ist auferstanden,* ist nur dadurch zu erklären, dass ihnen in der Begegnung mit dem Auferstandenen gewiss wurde: Gott hat Jesus schon jetzt in einer Weise zum Leben erweckt, die seinem Handeln in der künftigen Auferstehung der Toten entspricht. Die Begriffe *Auferstehung* und *Auferweckung* machen deutlich: Gott hat Jesus von Nazareth, den Gekreuzigten, in eine neue Dimension des Lebens mit ihm gestellt. Damit hat er sein irdisches Wirken und seinen Weg in den Tod bestätigt und seiner Sendung einen neuen Horizont und neue Vollmacht gegeben.

So muss auch noch die negative Seite dieser neuen Wirklichkeit des Auferstandenen benannt werden: *Er ist nicht hier.* Das Grab, die Welt des Todes, ist nicht länger der Raum, in dem er zu finden ist. Man kann auf das, was war, verweisen: *Seht den Ort, wo sie ihn hingelegt haben.* Aber man begegnet ihm dort nicht mehr. Die Logik dieser Aussagen ist nicht: Er ist nicht hier, folglich muss er auferstanden sein, sondern: Er ist auferstanden, darum ist er nicht mehr hier zu finden. Dass das Grab leer ist, ist nicht mehr und nicht weniger als der »Negativabdruck« des eigentlichen Ostergeschehens: Gott hat Jesus von den Toten auferweckt. »Das [leere] Grab Jesu bezeugt dem, der es sehen und verehren will nur, daß da nichts zu sehen und er dort nicht zu verehren ist« (Eckey, 520).
Darum kann das Grab, auch wenn es leer ist, kein Ort mehr sein, an dem die, die Jesus suchen, sich aufhalten. Das führt zum zweiten Teil der Botschaft des jungen Mannes, seinem Auftrag an die Frauen (7): *Geht und sagt seinen Jüngern* – und auffälligerweise wird hinzugefügt: *und Petrus,* obwohl Petrus ja eigentlich bei der Nennung der Jünger mit eingeschlossen war. Für aufmerksame Leser und Leserinnen des ganzen Evangeliums konnte das nur der Hinweis sein, dass diese Botschaft ausdrücklich auch dem gelten sollte, der seinen Herrn in der Nacht der Gefangennahme verleugnet hatte. Darüber hinaus wird durch diese gesonderte Erwähnung

auch die besondere Rolle des Petrus bei der Entstehung der Osterbotschaft angedeutet (vgl. 1Kor 15,5; Lk 24,36), auch wenn davon im weiteren Bericht des Markus nicht die Rede sein wird.

Die Frauen sollen den anderen sagen, *dass er* [der Auferstandene] *euch vorangeht nach Galiläa.* (Das schließt auch die Frauen ein. Es heißt: *euch,* nicht: *ihnen*!) Wie zur Zeit seiner irdischen Wirksamkeit geht der Auferstandene seinen Jüngern und Jüngerinnen voran, und zwar nach Galiläa, wo ihr Weg mit ihm begonnen hat. Dabei ist nicht gemeint, dass er ihnen wie früher auf den Landstraßen nach Galiläa vorausgeht, sondern dass sie ihn dort treffen werden. Das sagt der nächste Satz: *Dort werdet ihr ihn sehen, wie er gesagt hat.* Das weist zurück auf 14,28, wo Jesus (im Zusammenhang mit der Ansage der Verleugnung) sagt: *Aber nach meiner Auferweckung werde ich vor euch nach Galiläa gehen.* Es wird eine neue Begegnung mit dem auferstandenen Jesus Christus geben, und es wird ein *Sehen* sein. Die Jünger und Jüngerinnen werden den erkennen, dessen Ruf sie gefolgt waren. Er wird ihnen einen neuen Anfang in der Gemeinschaft mit ihm schenken, und zwar gerade dort, wo sie begonnen hat (vgl. auch die Formulierung der Ostererfahrung in 1Kor 15,5: »dass er *gesehen* worden ist von Kephas, danach von den Zwölfen«. Die Botschaft von V. 6 berührt sich in vielem mit der Zusammenfassung des Evangeliums in 1Kor 15, 3–5).

Die Frauen verlassen sofort das Grab (**8**). Aber sie eilen nicht frohen Schrittes zu den Jüngern, sondern fliehen vom Ort dieser unerklärlichen Begegnung. *Zittern und Entsetzen hatte sie erfasst.* Das ist eine Reaktion auf die Gegenwart göttlicher Macht, vergleichbar der Wirkung besonderer Machttaten Jesu (vgl. 2,12; 5,42; 6,51). Für antike Leser fliehen die Frauen also keineswegs angsterfüllt, sondern weichen voll Ehrfurcht und tiefem Erschrecken vom Ort der Begegnung mit der göttlichen Botschaft. Doch das bewirkt, dass sie entgegen dem Auftrag des Gottesboten *niemand irgendetwas sagten. Denn* – so lautet noch einmal die Begründung: *sie fürchteten sich.* Auch das meint die Furcht, die die Begegnung mit dem Göttlichen auslöst und die den Botinnen entgegen dem ausdrücklichen Befehl den Mund verschließt. Es bedarf eines neuen *Fürchtet euch nicht,* das der auferstandene Christus sprechen wird, um sie zu Zeuginnen der Auferstehung zu machen. Aber gerade von dieser entscheidenden Begegnung scheint Markus nichts zu berichten.

Der Schluss des Markusevangeliums stellt uns vor ein Rätsel: Die Verse 9–20 von Kap. 16, die wir in unseren Bibelausgaben (meist mit einer Anmerkung versehen) abgedruckt finden, fehlen in zwei der zuverlässigsten

Handschriften, dem Codex Sinaiticus und Vaticanus, sowie in einer Reihe antiker Übersetzungen. Auch einige Kirchenväter berichten von Handschriften, die diesen Schluss nicht kennen. Offensichtlich enthielten auch die Exemplare des Markusevangeliums, die Matthäus und Lukas benutzten, diese Verse nicht. Denn während beide bis 16,8 ziemlich treu dem Markusfaden folgen, gehen sie danach in ihrer Erzählung eigene Wege. Daher ist die heutige Auslegung fast einhellig der Überzeugung, dass 16, 9–20 nicht zum Text des ursprünglichen Evangeliums gehörte, sondern im 2. Jahrhundert als knappe Zusammenfassung der Berichte der anderen Evangelien (9–14.19f) unter Benutzung freier Überlieferung ergänzt wurde, weil man den Schluss mit 16,8 als unbefriedigend empfand.
Im Blick auf die ursprüngliche Gestalt des Evangeliums gibt es zwei gegensätzliche Auffassungen. Ein Teil der Ausleger vertritt die Meinung, dass das Evangelium einen ausführlicheren Schluss hatte oder haben sollte. Es wird als unmöglich angesehen, dass nach der Botschaft von 16,7 nicht auch von den Erscheinungen in Galiläa erzählt wurde. Entweder ging der ursprüngliche Schluss sehr früh verloren (oder wurde unterdrückt, weil er nicht zu den anderen Berichte passte), oder Markus kam nicht dazu, den Schluss zu vollenden. Manche Ausleger wollen Elemente des ursprünglichen Schlusses in der Sonderüberlieferung von 16,15–18 finden. Alle diese Mutmaßungen sind allerdings relativ spekulativ, da sie keinen klaren Anhalt am Text des Evangeliums haben.
Darum ist die überwiegende Mehrheit der Ausleger der Überzeugung, dass das Evangelium nach dem Willen des Evangelisten ganz bewusst mit 16,8 endet, und es werden (teilweise recht steile) theologische Erklärungen dafür gegeben, dass es gar nicht anders enden konnte. Angesichts der Tatsache, dass der Schluss sehr früh als schwierig oder unbefriedigend empfunden wurde und auch den unbefangenen Leser überrascht, sollte man sich vor allzu großer Sicherheit in dieser Frage hüten und dem abrupten Abschluss des Evangeliums nicht zu große theologische Beweislasten aufbürden. Richtig aber ist, dass 16,8 nach unserer heutigen Kenntnis von Anfang an den Abschluss des Evangeliums bildete und dies unsere Auslegung bestimmen muss.

Er ist nicht hier! Gott hat ihn auferweckt! Das ist die Botschaft, die die Frauen im Grab hörten. Die Botschaft weist sie weiter zur Begegnung mit dem Auferstandenen in Galiläa. Wo die Geschichte mit Jesus anfing, dort wird sie auf neue Weise weitergehen. Aber davon berichtet Markus nichts. Vermutlich geht er davon aus, dass seine Leser und Leserinnen wissen, dass die Frauen ihr Schweigen brachen und die Jünger und Jüngerinnen dem auferstandenen Christus begegnet sind. Vielleicht erzählt er nichts davon, weil er alle, die sein Evangelium lesen, auffordern will, diese Botschaft auch für sich zu hören und auf ihre Weise dem Auferstandenen zu begegnen. Ihn nicht dort zu suchen, wo man die Erinnerung an ihn sicher verwahrt glaubt, sondern zu erkennen, wohin er sendet und vorangeht, bleibt die Aufgabe aller Christen und Christinnen. So grundlegend das *Sehen* des Auferstandenen durch die Osterzeugen dann gewesen ist, ein Bericht darüber kann nicht das ersetzen, was für die Frauen am Grab, die anderen Jünger und alle, die später Jesus folgen, der erste Schritt zum Glauben ist: das *Hören* auf die Botschaft von Jesu Auferweckung.

Der kurze und der längere spätere Markusschluss

Der kurze spätere Markusschluss

In einer Reihe späterer griechischer Handschriften und einer frühen altlateinischen Übersetzung findet sich ein kurzer Schluss des Markusevangeliums. Er dürfte im 2. oder 3. Jahrhundert entstanden sein.

Alles aber, was ihnen anbefohlen war, berichteten sie sogleich denen um Petrus. Danach sandte Jesus selbst durch sie die heilige und unvergängliche Botschaft vom ewigen Heil vom Aufgang bis zum Niedergang aus. Amen.

In zwei Sätzen wird nachgetragen, was nach Meinung vieler am Schluss des Markusevangeliums nicht fehlen kann: Das furchtsame Schweigen der Frauen konnte nicht lange gedauert haben. *Sogleich* nach der Rückkehr berichten sie *denen um Petrus,* was der Bote ihnen aufgetragen hatte. Durch diese Formulierung wird die führende Rolle des Petrus hervorgehoben. Als zweite wichtige Information wird der Inhalt der Sendung genannt. Die Jünger tragen *die heilige und unvergängliche Botschaft vom ewigen Heil* in die Welt. Damit wird liturgisch kirchliche Sprache aufgenommen, um Wert und Bedeutung der missionarischen Verkündigung zu kennzeichnen. Liturgische Sprache prägt auch die Beschreibung der Weite des Auftrags. Wie das Gotteslob nach Ps 113,3 soll sich auch die Botschaft des Evangeliums *vom Aufgang bis zum Niedergang,* also vom Osten bis zum Westen ausbreiten. Der universale Horizont des Missionsauftrags wird damit klar umrissen.

Der längere spätere Markusschluss

Die meisten griechischen Handschriften kennen einen längeren Schluss. Er ist frühesten gegen Ende des 2. Jahrhunderts bezeugt, ist aber wohl schon um 150 n.Chr. entstanden. Dass unabhängig voneinander zwei verschiedene Fassungen des Markusschlusses verbreitet waren, zeigt aber noch einmal, dass man keine originale Fortsetzung des Evangeliums kannte. Der längere Schluss hat aber im kirchlichen Gebrauch eine breite Anerkennung gewonnen, sodass er heute als Teil des biblischen Kanons gilt, auch wenn er ursprünglich nicht zum Markusevangelium gehörte.

9 Als er am ersten Tag der Woche auferstand, erschien er zuerst Ma-
ria aus Magdala, von der er sieben Dämonen ausgetrieben hatte.
10 Jene ging und berichtete es denen, die mit ihm gewesen waren und
klagten und weinten. 11 Und als jene hörten, dass er lebe und von ihr
gesehen worden sei, glaubten sie (es) nicht.
12 Danach erschien er zweien von ihnen unterwegs in anderer Ge-
stalt, als sie aufs Feld gingen. 13 Auch jene gingen los und berichteten
den Übrigen; aber sie glaubten ihnen nicht.
14 Zuletzt aber, als sie zu Tisch lagen, erschien er den Elf und tadelte
ihren Unglauben und ihr Herzenshärte, dass sie denen, die ihn als
Auferstandenen gesehen hatten, nicht glaubten. 15 Und er sagte zu
ihnen: »Geht in die ganze Welt und verkündigt das Evangelium aller
Schöpfung. 16 Wer glaubt und getauft wird, wird gerettet, wer nicht
glaubt, wird verurteilt. 17 Den Glaubenden werden diese Zeichen
folgen: In meinem Namen werden sie Dämonen austreiben, in neu-
en Zungen reden, 18 sie werden Schlangen anfassen und Tödliches
trinken, und es wird ihnen nicht schaden; auf Kranke werden sie die
Hände auflegen, und es wird ihnen gutgehen.
19 Der Herr Jesus, nachdem er das geredet hatte, wurde in den Him-
mel emporgehoben und setzte sich zur Rechten Gottes. 20 Jene aber
gingen hinaus und verkündigten überall, wobei der Herr mitwirkte
und das Wort durch die beglaubigenden Zeichen bekräftigte.

Der oder die Verfasser dieses Nachtrags wählen einen anderen Weg als der kurze Schluss. Sie liefern eine Zusammenfassung von Berichten über die Erscheinung des Auferstandenen in den anderen Evangelien, wobei sie aber (entgegen 16,7) von keinen Begegnungen mit ihm in Galiläa berichten können.

Es beginnt mit der Feststellung, dass Jesus am ersten Tag der Woche auferstand (**9**), gefolgt von dem Hinweis, dass er als erster Maria aus Magdala erschien (so auch Joh 20,11–18). Maria Magdalena wird durch den Hinweis charakterisiert, dass Jesus von ihr *sieben Dämonen ausgetrieben* habe (ähnlich Lk 8,2). Aber die anderen Jünger und Jüngerinnen, die immer noch um Jesus *klagten und weinten,* glaubten ihrer Botschaft nicht (**10f**; vgl. Lk 24,11). Darauf folgt eine ganz knappe Darstellung der Geschichte der Emmausjünger (**12f**; vgl. Lk 24,13–35). Anders als im Bericht des Lukas heißt es hier, dass auch ihrem Zeugnis nicht geglaubt wird. Zuletzt wird von der Erscheinung des Auferstandenen vor den elf Jüngern bei einer Mahlzeit berichtet (**14**). Hintergrund ist Lk 24,36–43; auch dort wird vom Unglauben der Jünger gesprochen, aber der Markusschluss spricht schärfer davon, dass Jesus ihre Herzenshärte tadelte. Das passt gut zum Bild von den Jüngern im Markusevangelium.

Daran schließt sich die Aussendung der Jünger an (**15f**), also der »Missionsbefehl« des Markusschlusses. Er zeigt Anklänge an Mt 28,19f, weist aber auch sehr eigengeprägte Züge auf. Gemeinsam ist beiden Überlieferungen der universale Horizont der Sendung. *Geht in die ganze Welt* heißt es im Markusschluss, und die Verkündigung richtet sich an *alle Schöpfung* oder *jedes Geschöpf*. Dass damit Menschen und nicht auch andere Geschöpfe gemeint sind, erkennt man daran, dass der Inhalt der Sendung die Verkündigung des Evangeliums ist (an eine Predigt für Tiere ist wohl kaum gedacht). Dennoch hat die Formulierung einen sehr umfassenden Ton. Angesichts mancher Anklänge an die Aussendung der Jünger in Mk 6 ist die Konzentration auf die Verkündigung bemerkenswert (vgl. Mk 3,14f; 6,7.12f). Damit ist die nachösterliche Situation berücksichtigt. Auch wenn gleich noch einiges über Wunder zu sagen sein wird, nach Ostern ist die Verkündigung des Evangeliums von Jesus Christus der Inhalt der Mission der Jüngergemeinde.

Ziel dieser Verkündigung sind Glaube und Taufe: Die Menschen sollen die Botschaft im Glauben annehmen und durch die Taufe in das Heilswerk Christi und die Kirche hineingestellt werden. Das macht eine Art Missionsregel klar (**16**): *Wer glaubt und getauft wird, wird gerettet,* lautet die positive Seite. Die Formulierung berührt sich mit Röm 10,9; Apg 16,31; Joh 3,18. An diesen Stellen wird jedoch die Taufe nicht erwähnt, in Apg 16,33 aber dann als Ausdruck des zum Glauben und zu Christus Finden vollzogen. Gar nicht genannt wird die Taufe bei der negativen Feststellung: *Wer nicht glaubt, wird verurteilt.* Allein die Verweigerung des Glaubens bewirkt im Endgericht ein negatives Urteil. Indirekt wird damit gesagt: Für den Weg zum Heil ist die Gemeinschaft der Kirche, in die die Taufe hineinstellt, sehr wichtig. Aber allein der Glaube entscheidet über Heil und Unheil.

Verkündigung und Glaube sind also die Mitte des missionarischen Wirkens; die Vollmacht, Wunder zu tun, ist eine wichtige Begleiterscheinung (**17**). Denen, die glauben (und sich senden lassen), werden eine ganze Reihe von *Zeichen folgen* und ihr Glaubenszeugnis *bekräftigen*: In Jesu Namen werden sie *Dämonen austreiben,* eine Vollmacht, die bei Markus sehr wichtig ist (vgl. 3,15; 6,7.13). Das Reden in *neuen Zungen,* also Zungenrede bzw. Sprachengebet oder Sprechen in fremden Sprachen, ist wie in der Apostelgeschichte Zeichen missionarischer Vollmacht (Apg 2,4; 10,46; 19,6; kritischer Paulus in 1Kor 14). Auch zu der Unverwundbarkeit durch Schlangenbiss und tödlichem Gift bietet Apg 28,3–6 (vgl. Lk 10,19) Anschauungsmaterial (**18**). Die Fähigkeit, *Kranke zu heilen,* gehört nach Mk 6,13, aber auch nach Apg 9,32; 19,11f, gewissermaßen zur Grundausstattung urchristlicher Missionare.

Ein letzter Abschnitt beschreibt ganz knapp Himmelfahrt und Erhöhung Jesu (**19**); vgl. Lk 24,50–53; Apg 1,9–11. Sehr schön macht der Text deutlich, dass die Aufnahme in den Himmel sachlich die Inthronisation Jesu *zur Rechten Gottes,* d.h. in seine Stellung als »Generalbevollmächtigter« der Herrschaft Gottes, bedeutet. Noch einmal wird damit Ps 110,1 zitiert, und der erste Teil des Wortes Jesu in Mk 14,62 beginnt sich zu erfüllen. Noch aber ist es Zeit der Mission (**20**): Die Jünger folgten dem Befehl des Auferstandenen, gingen hinaus und *verkündigten überall* das Evangelium. Der erhöhte Herr aber wirkte mit ihnen zusammen und *bekräftigte das* verkündigte *Wort* durch die verheißenen *Zeichen* und Wunder, die der Verkündigung *folgten* und sie damit *beglaubigten.* Der Vorrang des verkündigten Wortes wird gewahrt, aber auch die Bedeutung der Wunder unterstrichen. Einerseits helfen sie Menschen in Not, andererseits aber haben sie auch einen gewissen Werbeeffekt. Diese Auffassung steht der Art, wie in der Apostelgeschichte Missionsgeschichte erzählt wird, recht nahe.

Der spätere Markusschluss zeigt, wie man im 2. Jahrhundert n.Chr. urchristliche Mission sah. Manche der genannten Aspekte knüpfen an die Aussendungsrede bei Markus an. Deshalb meinen einige Ausleger, in den V. 15–17 könnten noch Elemente eines verloren gegangenen ursprünglichen Markusschlusses stecken. Aber müsste nach allem, was Markus von der Passion Jesu erzählt hat, dann nicht auch der nachösterliche Auftrag an die Jünger stärker von der Theologie des Kreuzes geprägt sein? Kann ein Evangelium, in dessen Mitte immer mehr Jesu Weg ans Kreuz und der Ruf in die Kreuzesnachfolge getreten sind, so einfach durch Wunder beglaubigt werden?
Das ist nicht nur eine akademisch-theologische Frage. Der spätere Markusschluss ist so etwas wie die Magna Charta des *Power Evangelism,* einer Form charismatisch missionarischer Verkündigung, deren Glauben weckende Wirkungskraft vor allem durch Heilungswunder und Zungenrede begründet wird. Das ist so nicht die Konzeption des Markusschlusses. Die Mitte der Mission ist auch hier die Verkündigung des Evangeliums. Umgekehrt ist zu beachten, dass durch das Kreuzesgeschehen nicht alles ungültig wird, was im ersten Teil des Evangeliums über die befreiende und heilende Vollmacht des Wirkens Jesu und seiner Jünger gesagt wurde. Das stellt uns vor eine große Herausforderung: Wie kann die frohe Botschaft von der rettenden Nähe der Herrschaft Gottes, die im Handeln in Jesu Namen und der in seiner Nachfolge gelebten Liebe Menschen auch heute befreit und heilt, mit der Verkündigung des Kreuzes, der Hingabe des Lebens Jesu für alle, zu dem *einen* Evangelium von Jesus Christus verbunden werden?

Der spätere Markusschluss gibt keine klare Antwort auf diese Frage, aber er macht uns die Herausforderung bewusst. Im biblischen Kanon nimmt dieser Text ja auch eine eigenartige Zwischenstellung ein: Er ist nicht Teil des ursprünglichen Markusevangeliums, wird aber von der Kirche schon lange als dessen Schluss angesehen und überliefert. So steht er am Rand des Kanons und ist in gewissem Sinne ein apokrypher Text, und zwar in der positiven Bedeutung, die Martin Luther diesem Begriff gegeben hat: nicht in allem der Heiligen Schrift (hier: dem Markusevangelium) gleichzurechnen, aber doch nützlich und wichtig zu lesen und zu bedenken.

Die Botschaft des Markusevangeliums – Versuch einer Zusammenfassung

In der Geschichte der Auslegung und Verkündigung stand das Markusevangelium immer im Schatten der drei anderen Evangelien. Aber obwohl das Matthäusevangelium mit wenigen Ausnahmen den ganzen Stoff des Markusevangeliums bietet und auch Lukas ihn weitgehend aufgenommen hat, blieb das Markusevangelium immer Teil des Kanons. Der Kirche waren auch das Profil und die Perspektive der Botschaft dieses Evangeliums wichtig. Die Herausforderung, die seine Sicht des Weges und des Wirkens Jesu bietet, sollte nicht übergangen werden.

Markus hat als erster die Erzählungen vom Wirken Jesu und von seinem Leiden, Sterben und Auferstehen in der Absicht zusammengefasst, mit dieser Geschichte die frohe Botschaft, das Evangelium von Jesus Christus, weiterzugeben. Diese Botschaft entfaltet sich auf zwei Ebenen: Da ist einerseits die Ebene der Einzelerzählungen. Sie sind schon vor Markus weitererzählt, vielleicht auch schon zu kleinen Sammlungen zusammengestellt worden. Man sah in ihnen nicht nur Erinnerungen an Jesus, sondern jede für sich sollte eine Botschaft, etwas vom Evangelium Jesu Christi, verkündigen. Da ist andererseits die Ebene der schriftstellerischen Arbeit des Markus. Durch die Art, wie er sein Material zusammenstellt und bearbeitet, gibt er wichtige Impulse für das Verständnis des Evangeliums. Wie bewusst Markus gestaltet, zeigt sich an den Akzenten, die er in den drei Hauptteilen seiner Erzählung setzt:

Teil I: 1,14 – 8,26, Jesu vollmächtiges Wirken in Galiläa, ist ganz darauf ausgerichtet, wie Jesus den Menschen durch sein heilendes und befreiendes Handeln Gottes Herrschaft nahe bringt. Die Jünger, die er gleich zu Beginn seiner Wirksamkeit beruft, sind in seine Sendung einbezogen. Doch zeigt sich von Anfang an auch Widerstand gegen den Vollmachtsanspruch Jesu, und selbst seine Jünger verstehen ihn nicht.

Teil II: 8,27 – 10,52, Jesu Lehre von seinem Leiden auf dem Weg nach Jerusalem, steht ganz im Zeichen der Ankündigung des Leidens, Sterbens und der Auferstehung Jesu. Parallel dazu wird den Jüngern gezeigt, dass Nachfolge bedeutet, Jesus auch auf diesem Weg zu folgen. Berichte über Heilungen treten zurück. Die beiden, die erzählt werden (9,14–29; 10,46–52), machen deutlich, was es heißt zu glauben und Jesus zu folgen. Von Gottes Reich wird unter der Fragestellung gesprochen: Wie nimmt man es an? Wie kommt man hinein?

Teil III: 11,1 – 16,8, die Vollendung des Weges Jesu in Jerusalem, ist bestimmt von Auseinandersetzungen in Jerusalem mit den führenden Kreisen des damaligen Judentums. Sie finden im Gebiet des Tempels statt und bieten eine neue Perspektive für das Leben mit Gott. Eine Sammlung von Worten Jesu, die von Jesu Vorhersage der Zerstörung des Tempels ausgeht, wird zur Abschiedsrede Jesu. Sie mahnt die Jüngergemeinde zu ständiger Wachsamkeit angesichts drohender Verfolgung und Verführung. Die Leidensgeschichte Jesu steht unter dem Zeichen des Versagens der Jünger, während Jesus seiner Sendung bis in die tiefste Nacht der Gottverlassenheit hinein treu bleibt. Gerade so erweist er sich als der wahre Gottessohn. Darum eröffnet die Botschaft von seiner Auferweckung eine neue Perspektive für seine Jünger und Jüngerinnen. Jesu Weg geht weiter. Er geht auch denen voran, die versagt haben.

Jeder der drei Teile hat sein eigenes Gewicht und alle Teile deuten sich gegenseitig.

Drei Themenkreise schreitet das Markusevangelium dabei ab:

1. Wer ist Jesus?

Die Frage: *Wer ist dieser?* ist die Grundfrage des Evangeliums. Sie wird auf drei Ebenen beantwortet:

a) Die Botschaft der christologischen Titel

Markus benutzt eine Reihe von Titeln für Jesus, die bezeugen, wer er ist. Alle haben ihre besondere Bedeutung; manche müssen jedoch gegen Missdeutungen geschützt werden.

– Das Leitwort für diese Aussagen über Jesus ist der Begriff *Gottes Sohn.* Schon der erste Satz (1,1) spricht vom *Evangelium von Jesus Christus, dem Sohn Gottes.* Bei seiner Taufe (1,11) sagt eine Stimme aus dem Himmel zu Jesus: *Du bist mein lieber Sohn.* Sie nimmt Ps 2,7 auf und klingt wie die *Inthronisation,* d.h. die *Amtseinführung* des messianischen Königs. Im selben Augenblick, in dem sich Jesus in der Taufe der Gerichtsbotschaft des Täufers stellt, wird er in seine Beauftragung eingeführt.

Im zweiten Teil des Evangeliums, zwischen den Leidensankündigungen, ertönt bei Jesu Verklärung (9,7) erneut die Stimme vom Himmel. Sie sagt zu den Jüngern: *Dies ist mein lieber Sohn, den*

sollt ihr hören. Dies klingt wie der nächste Akt des antiken Thronbesteigungsrituals: Auf die Inthronisation folgt die öffentliche *Bekanntmachung*, die *Proklamation* des Königs. Die Aufforderung, auf ihn zu hören, ruft dazu auf, sich diesem Herrscher zu unterstellen. Doch diese Botschaft soll erst nach Passion und Ostern verkündigt werden.
Aber schon in der Passionsgeschichte findet sich die Entsprechung zum dritten Akt einer antiken Thronbesteigung, der *Zustimmung* durch das Volk in der *Akklamation*. Nachdem Jesus selbst im Verhör mit dem Hohenpriester auf dessen Frage: »Bist du der *Sohn des Hochgelobten?*« seine Gottessohnschaft bejaht hat (14,61), bekennt der römische Zenturio angesichts des Sterbens Jesu: *Wahrhaftig, dieser Mensch war Gottes Sohn* (15,39). Zum ersten Mal spricht ein Mensch aus, wer Jesus wirklich ist.
Dass Jesus der Sohn Gottes ist, bedeutet, dass er von Gott kommt und dass in seiner Person, in seinem Wirken und in seinem Leiden Gott von Anfang an in einzigartiger Weise gegenwärtig ist und handelt. Eine Aussage über eine biologische Abstammung Jesu von Gott ist bei Markus mit diesem Bekenntnis nicht verbunden.

– Wichtig ist sodann der Begriff *Christus*. Das griechische Wort bedeutet: *der Gesalbte*. Die Juden benutzen dafür ein ins Griechische übernommenes hebräisches Fremdwort, nämlich *Messias*. Dieses Stichwort umschreibt die Person gewordene Hoffnung Israels. Das Gewicht der Bezeichnung zeigt die Szene in 8,27–30. Als Petrus auf Jesu Frage: *Ihr aber, wer sagt denn ihr, dass ich bin?* antwortet: *Du bist der Messias!*, spürt man geradezu, welch ungeheure Aussage damit gemacht wird. Sie bedeutet: Du bist der, durch den Gott Israel erlösen wird. Allerdings verbietet Jesus seinen Jüngern streng, davon zu sprechen. Befürchtet er ein rein politisches Missverständnis dieser Rolle?
Wie wir sahen (vgl. zu 8,29), gab es im Judentum zur Zeit Jesu keine einheitliche Messiaserwartung. Aber vieles deutet darauf hin, dass im Volk die Hoffnung auf einen endzeitlichen König lebendig war, der Israel von der Fremdherrschaft befreien und ein Weltreich in Frieden und Gerechtigkeit schaffen würde. Das Bekenntnis des Petrus markiert bei Markus aber gerade nicht die Wende zu einer neuen Qualität des politischen Wirkens Jesu. Es ist umgekehrt: Mit den anschließenden Leidensansagen macht Jesus deutlich, dass sein Weg zu einem Reich der Gerechtigkeit und des Friedens ganz anders verlaufen wird. Das zeigt auch die Art, wie der Christus-Titel in der Passionserzählung vorkommt. Besonders die Szene von der Verspottung Jesu in 15,31f zeigt, dass der Vorwurf, ein politischer Messias zu sein, im Prozess Jesu eine wichtige Rolle gespielt hat.

Sie macht aber auch deutlich, dass sich seine Messianität gerade an seiner Bereitschaft, für andere da zu sein und für sie zu leiden, entscheidet. Darum ist im Urchristentum der Christus-Titel eng mit Kreuz und Auferweckung verbunden (vgl. 1Kor 15,3).

Die Bezeichnung *Sohn Davis* gehört in diesen Zusammenhang. Für die jüdischen Zeitgenossen war dieser Titel fest mit der Hoffnung auf den Messias verknüpft. Ein Nachkomme Davids wird gemäß den prophetischen Verheißungen in 2Sam 7,12–12; Jes 9,1–6; 11,1–11 und Jer 23,5 als Heils- und Friedenskönig der Endzeit erwartet. Die Psalmen Salomos, eine Schrift aus der Mitte des 1. Jh. v.Chr., sprechen eindrücklich von dieser Hoffnung: »Siehe, Herr, und richte ihnen ihren König auf, den Sohn Davids, zu der Zeit, die du, Gott, bestimmt hast, als König zu herrschen über Israel« (17,21) Auch hier stand die Hoffnung auf die Befreiung von der Fremdherrschaft und auf ein Reich des Friedens und der Gerechtigkeit im Vordergrund. Damit war auch die Erwartung verbunden, dass dann alle Behinderungen und Krankheiten überwunden würden (vgl. Jes 35,5f). So ruft der blinde Bartimäus (10,45–56) ausdrücklich Jesus als Sohn Davids um Hilfe an.

Die Urchristenheit kannte die Überlieferung, dass Jesus ein Nachkomme Davids war; bei Paulus ist das grundsätzlich festgehalten (Röm 1,3), bei Matthäus und Lukas auf unterschiedliche Weise durch einen Stammbaum veranschaulicht (Mt 1,1–18; Lk 3,23–38). Nach Markus setzt sich Jesus auch kritisch mit diesem Titel auseinander. In 12,35–37 stellt er mit Verweis auf Ps 110,1 die herkömmlichen Vorstellungen vom Messias als Nachkommen Davids in Frage. Der Messias wird in ganz neuer Weise, die weit über das von der Gestalt Davids Vorgegebene hinausführt, die Herrschaft Gottes heraufführen.

– Der christologische Titel, der bei Markus am häufigsten vorkommt und den Jesus auch öffentlich immer wieder selbst benutzt, ist der Begriff *Menschensohn*. Wir haben zu 2,10 erläutert, wie diese Bezeichnung auf dem aramäischen Hintergrund der Sprache Jesu zu verstehen ist. Da das Wort für *Mensch* im Hebräischen und Aramäischen die ganze Gattung bezeichnet, spricht man, wenn man von einem einzelnen Menschen redet, von einem *Sohn des Menschen* (vgl. Ps 8,6; Ez 2,1). Das Besondere der Redeweise Jesu ist, dass er vom *Menschensohn* spricht, wo er offensichtlich etwas über sich selbst sagen möchte. (Es gibt Worte Jesu, die sowohl in der Ich-Form als auch als Menschensohnwort überliefert sind; vgl. Mt 10,32f mit Lk 12,8f oder Mk 8,27 mit Mt 16,13.)

Warum spricht Jesus auf so geheimnisvolle Weise von sich selbst? Hintergrund dafür ist Dan 7,13. Dort heißt es: Nach den vier Weltreichen, die durch wilde Tiere symbolisiert sind, »kam einer mit den Wolken des Himmels wie eines *Menschen Sohn*«, d.h. »einer, der einem *Menschen* glich« (ZB), also ein *menschliches* Weltreich. Was ursprünglich symbolische Redeweise war, wurde in der apokalyptischen Literatur zur Gestalt eines endzeitlichen Retters und Richters, durch den Gott seine Herrschaft aufrichtet.

An diese Vorstellung knüpfen die Worte vom *kommenden Menschensohn* an (Mk 8,38; 14,62). Jesus spricht von dem, der als von Gott beauftragter Richter kommen wird, in der 3. Person wie von einem anderen und identifiziert doch sich und sein Wirken mit ihm. Menschensohn ist also nicht, wie oft behauptet, eine Niedrigkeitsbezeichnung, sondern eine Hohheitsaussage, allerdings von einer ganz besonderen Art.

Das zeigt sich bei den Worten vom *leidenden Menschensohn* (Mk 8,31; 9,31; 10,31.45). Sie bilden einen bewussten Kontrast zum *Messias*bekenntnis des Petrus. Dass Jesus der Christus/Messias ist, wird man erst in seiner ganzen Tragweite erkennen, wenn er als der Menschensohn seinen Weg gegangen ist. Von der Vollmacht Jesu sprechen die Worte vom *gegenwärtig handelnden Menschensohn* (Mk 2,10.28). Es geht in ihnen nicht um die Vollmacht, die den Menschen ganz allgemein gegeben wäre. Auch hier spricht Jesus von sich selbst. Aber das Stichwort *Menschensohn* macht deutlich, dass seine Vollmacht ganz auf die Menschen ausgerichtet ist und sich unter den Menschen zeigt.

Das dürfte das Geheimnis der Wahl dieses Begriffs sein: Jesus zeigt mit dieser Selbstbezeichnung, dass er der menschliche Repräsentant Gottes und seiner Herrschaft ist. Es ist ein konkreter Mensch, der die Rolle des erwarteten himmlischen Menschensohns übernimmt. Die Begriffe *Gottessohn* und *Menschensohn* ergänzen sich also, aber nicht so, dass sie auf unterschiedliche Abstammungslinien oder die göttliche und menschliche Natur in Jesu verweisen würden. Das Bekenntnis zu Jesus als dem *Sohn Gottes* macht deutlich: In ihm begegnet uns Gott; sein Werk ist Gottes Werk, sein Weg Gottes Weg. Jesu Selbstbezeichnung *Menschensohn* (die nie zum Bekenntnis der Gemeinde wurde) hält fest: Gott handelt als Mensch – nicht nur in menschlicher *Gestalt,* sondern wirklich als Mensch, der sein Menschsein ganz aus dem Willen und in der Vollmacht Gottes lebt. Insofern nimmt das Miteinander beider bei Markus doch schon etwas von dem *wahrer Gott* und *wahrer Mensch* des späteren Bekenntnisses vorweg.

Eine Besonderheit der Darstellung Jesu im Markusevangelium ist, dass Jesus immer wieder verbietet, das Bekenntnis zu ihm weiterzusagen. Das gilt für die Dämonen, die wissen, wer Jesus ist (1,25. 34; 3,11f), aber auch für das Bekenntnis des Petrus (8,30) und die

Erfahrung der Jünger auf dem Berg der Verklärung (9,9). Auch in einer Reihe von Heilungsgeschichten wird den Betroffenen verboten, anderen von dem Geschehen zu erzählen. Das wird aber in der Regel nicht eingehalten (1,44; 5,43; 7,36; 8,26). Man hat deshalb von dem *Messiasgeheimnis* Jesu bei Markus gesprochen. Dazu werden dann noch andere vergleichbare Elemente der Erzählung gerechnet: das bleibende Unverständnis der Jünger gegenüber Jesu Botschaft und Handeln (vgl. 4,40f; 6,52; 7,22; 8,31–33; 9,5f.30–32; 10,32–34) und die These, dass Jesus in Gleichnissen redet, damit seine Botschaft vom Volk nicht verstanden wird (4,10–12).
Diese Motive stammen aus verschiedenen Strängen der Jesusüberlieferung. So dürften die Schweigegebote nach Heilungen die Erinnerung daran bewahren, dass Jesus seine Heilungstätigkeit nicht zur Eigenwerbung nutzen wollte, dass aber sein Ruf als Wundertäter nicht unterdrückt werden konnte. Markus verstärkt und unterstreicht in seiner Erzählung diese Motive – sehr viel intensiver als die anderen Evangelisten – und stellt sie in den Dienst einer Grunderkenntnis seines Evangeliums: Wer Jesus wirklich ist, lässt sich erst an seiner Passion und Auferstehung erkennen. Mit der Art seines Erzählens will er seine Leser dazu anleiten, aufgrund der einzelnen Berichte von Jesu Tun und Lehren auf das Ziel des Wirkens Jesu zu schauen und von dorther selbst die Frage zu beantworten, wer Jesus war und ist.
Die christologischen Titel sind für sich genommen missverständlich. Gerade darum muss von Jesu Wirken und von seiner Passion erzählt werden, will man das Evangelium von Jesus Christus verkündigen.

b) Die Sprache des Wirkens und des Lehrens Jesu

Ausgelöst wird die Frage *Wer ist dieser?* durch das Handeln Jesu. Er ist Herr über die Dämonen, heilt Kranke und Behinderte und bezwingt selbst Naturgewalten. Markus ist der Evangelist, der diese Seite des Wirkens Jesu am stärksten betont. Wie Jesus handelt, veranschaulicht nicht nur seine Botschaft von der unmittelbaren Nähe des Reiches Gottes. Auch Jesu Taten sind für Markus Verkündigung und Lehre.
Das gilt besonders für die Austreibung von Dämonen. Durch sie wird gezeigt, wie Gottes Herrschaft Menschen aus der zerstörerischen Knechtschaft unter den Mächten des Bösen befreit. Darauf reagieren die Menschen mit dem Ausruf: *Was ist das? Eine neue Lehre in Vollmacht: Selbst den unreinen Geistern befiehlt er, und sie gehorchen ihm!* (1,27) Markus kannte wohl nicht das Wort aus der Logienquelle: »Wenn ich aber die Dämonen durch den Finger

Gottes austreibe, dann ist doch das Reich Gottes schon zu euch gekommen« (Lk 11,20; vgl. Mt 12,28), aber hinter seinen Berichten steht die gleiche Überzeugung.

Dennoch beschränkt sich das »Lehren« Jesu nicht auf sein Handeln. Markus berichtet auch von Reden Jesu und der inhaltlichen Entfaltung seiner Lehre. Teilweise steht dies in Zusammenhang mit der Ankündigung des nahe gekommenen Reiches Gottes. Dies gilt vor allem für seine Gleichnisse (4,1–34), die deutlich machen sollen, wie in kleinen Anfängen schon die Fülle dessen steckt, was Gottes Herrschaft bringt. An anderer Stelle geht es um Auseinandersetzungen mit herrschender jüdischer Lehre. Jesus erweist sich dabei als vollmächtiger Ausleger der Schrift, etwa in der Frage der Ehescheidung (10,1–12) oder im Streit um die Auferstehung der Toten (12,18–29). Er zeigt, wo die eigentliche Gefahr liegt, sich zu verunreinigen und sein Leben zu verderben (7,1–23), und mahnt, konsequent alles zu meiden, was die Verbindung mit Gott gefährdet (9,42–50). Vor allem aber fasst er das ganze Gesetz im doppelten Liebesgebot zusammen. Die Liebe ist für ihn das Grundgesetz des Reiches Gottes (12,28–34).

Damit aber stehen wir an einem Akzent des Wirkens Jesu, den wir in den Heilungs- und Speisungsgeschichten finden: seine Nähe zu denen, die leiden und in Not sind. Zeichen des Mitleidens und heilvolle Berührungen bezeugen in diesen Erzählungen Gottes Erbarmen mit den Leidenden, das den Menschen in Jesus begegnet.

Markus betont sehr bewusst das Wunderbare und Staunenerregende im Handeln Jesu. Allerdings muss dabei bedacht werden, dass weder er noch die Leute, die sein Evangelium hörten, von einem geschlossenen Weltbild ausgingen, in dem eherne Naturgesetze bestimmen, was geschehen kann und was nicht. Sicher gab es auch in der Antike Leute wie den römischen Philosophen Cicero, die nur das zu glauben bereit waren, was nach den allgemeinen Regeln des Naturgeschehens nachvollziehbar war. Aber die meisten Menschen unterschieden nicht wie wir heute zwischen Ereignissen, die zwar erstaunlich und wunderbar, aber letztlich doch natürlich erklärbar sind, und solchen, die nach unserer Kenntnis der Naturgesetze nicht geschehen sein können. Auch für sie war die Wiederbelebung eines gerade verstorbenen Mädchens oder die Stillung eines Sturmes ein ganz ungewöhnliches, ja unwahrscheinliches Geschehen. Aber solche Ereignisse wurden nicht mit der inneren Zensur, dass nicht sein darf, was nicht sein kann, erlebt und erzählt. Darum haken sich Geschichten wie die von der Stillung des Sturmes oder vom Seewandel Jesu nicht an der Frage fest, ob es nicht vielleicht doch eine natürliche Erklärung für das Berichtete gibt, sondern geben die staunende Frage weiter: *Wer ist dieser?* (4,40) Nicht das so genannte Naturwunder steht im Mittelpunkt, sondern das Aufscheinen der göttlichen Vollmacht Jesu. Deshalb sollte auch eine heutige Auslegung diese Geschichten nicht nur nach den Maßstäben historischer Fragestellung beurteilen. Weder darf man sich an der Frage festbeißen, ob die Geschichten so geschehen sind oder was ihr historischer Kern gewesen sein könnte, noch sollte man das Fürwahrhalten einer solchen Geschichte zur Bedingung des Glaubens machen. Es gilt vielmehr offen zu sein für die Frage, ob das, was die Geschichte auf ihre Art bezeugt, auf neue Weise auch uns ansprechen kann.

Markus selbst betont, dass Jesu Taten allein keine Auskunft auf die Frage nach Jesu Person geben können. Wie wir sahen, weist das Schweigegebot nach vielen Wundern in diese Richtung. Vor allem aber wird dies durch die Art, wie Markus diese Erzählungen in seinem Evangelium anordnet, nahegelegt. Fast alle stehen im ersten Teil; im zweiten berichtet Markus nur von zwei Heilungen (9,14–29; 10,46–52) – beide mit einer bedeutsamen theologischen Botschaft –, und im dritten Teil gibt es (abgesehen von der Zeichenhandlung der Verfluchung des Feigenbaums) keinen solchen Bericht. Man sollte daraus keine Kritik an dem herauslesen, was Markus selbst im ersten Teil so eindrücklich erzählt. Aber zweifellos ist damit ein kritischer Hinweis auf den Stellenwert dieser Berichte gegeben: Sie sind wie ein großes Ausrufezeichen, das aber – wie in manchen Sprachen üblich – zu Beginn der Aussage steht. Um zu erkennen und zu verstehen, worauf die Wunder verweisen, muss man das Evangelium zu Ende lesen und hören, was Markus vom Leiden und Sterben Jesu berichtet.

c) Die Antwort durch Leiden, Sterben und Auferstehen

Das Markusevangelium ist durchzogen von Hinweisen darauf, dass sich Jesu Person und Auftrag erst erschließen, wenn sie im Licht seines Wegs in den Tod gesehen werden. Dass schon sehr früh erzählt wird, wie die Gegner Jesu nach einer Reihe von Auseinandersetzungen seinen Tod beschließen (3,6), signalisiert die Unausweichlichkeit dieses Wegs. Vor allem aber folgt dann zu Beginn des zweiten Hauptteils auf das Bekenntnis des Petrus die feierliche Ansage seines Todes, die noch zweimal wiederholt wird (8,27–33; 9,30–32; 10,32–34). Erst das Leiden des *Menschensohns* wird zeigen, wie Jesu Sendung als *Messias* zu verstehen ist.

Gegen Ende des zweiten Hauptteils steht eines der wenigen Worte Jesu, die von der Bedeutung seines Todes sprechen: *Der Menschensohn ist nicht gekommen, um sich dienen zu lassen, sondern um zu dienen und sein Leben als Lösegeld für viele zu geben* (10,45).

Damit ist der Christusbotschaft des Markusevangeliums eine klare Perspektive gegeben: Alles, was Jesus tut, dass er Kranke heilt, von Dämonen befreit und Sünden vergibt, all das ist Dienst an den Menschen. Und dieser Dienst findet sein Ziel und seine Erfüllung darin, dass er sein Leben als *Lösegeld* für sie gibt. Markus gibt keine Erklärung für diese Aussage. Sie nimmt Motive aus Jes 43 und 53 und anderen alttestamentlichen Stellen auf, die deutlich machen, dass Gott diesen Preis bezahlt, um sein Volk aus der Gefangenschaft seiner Schuld zu erlösen. Das *für viele* weitet schon in Jes 53 den Kreis der Erlösten auf die Welt der Völker aus. Das Stichwort *Lösegeld* beschreibt also die Lebenshingabe dessen, der in Gottes Auftrag stellvertretend für das verwirkte Leben der Menschen eintritt und sie so zu neuem Leben befreit. Jesu Weg in den Tod und seine Auferstehung sind Gottes Weg zur Befreiung der Menschen aus der Sklaverei von Sünde und Tod.

Noch einmal, nämlich in der Weitergabe der Abendmahlsworte, wird mit Worten Jesu die Bedeutung seines Todes erklärt. Jesus identifiziert seinen dem Tod geweihten Leib mit dem Brot, das er austeilt, und den Wein, den die Jünger trinken, mit seinem Blut, das *für viele vergossen werden wird*. So wird für die Jünger fassbar und spürbar, dass Jesus in den Tod geht, damit die Menschen leben können. Unter diesem Vorzeichen steht die ganze Passionsgeschichte. In ihr fehlen weitere direkte Deutungen dieses Leidens. Aber in der Erzählung stecken viele indirekte Hinweise: Die Gethsemanegeschichte erzählt, wie gerade der Sohn mit dem Vater angesichts der Bitterkeit eines Todes fern von Gott um seinen Auftrag ringt und wie er dieses Geschick aus Gottes Hand annimmt. Im Verhör mit dem Hohenpriester bekennt sich der gefesselte Gefangene zum ersten Mal öffentlich zu der Vollmacht, die ihm Gott gegeben hat, und zeigt, dass diese Vollmacht in der Gewaltlosigkeit seines Wirkens liegt. Im Spott der Menschen unter dem Kreuz kommt das Wesen seiner Messianität zum Ausdruck: Er ist der Christus, der Messias, weil er nur dafür lebt, anderen zu helfen, und darauf verzichtet, die eigene Haut zu retten. Und so ist es konsequent, dass mit dem Zenturio unter dem Kreuz zum ersten Mal ein Mensch gerade angesichts des Sterbens Jesu bekennt: *Wahrhaftig, dieser war Gottes Sohn!* (Mk 15,39)

Das ist auch die Pointe des offenen Endes des Evangeliums. Jesus von Nazareth, der Gekreuzigte, den die Frauen im Grab suchen, ist dort nicht zu finden. Er geht seinen Jüngern und Jüngerinnen voraus nach Galiläa. Dort werden sie ihn »sehen« und im Auferstandenen dem Gekreuzigten begegnen. Ihm gilt es zu folgen.

Das aber führt zum nächsten zentralen Thema des Markusevangeliums.

2. Was heißt es, Jesus nachzufolgen?

Dass Jesus Menschen berufen hat, ihn in der Zeit seines öffentlichen Wirkens zu begleiten und ihm auf seinem Weg zu folgen, gehört zum Grundbestand dessen, was wir von Jesus wissen. Es bestimmt auch die Erzählung des Markus von Jesu Wirken von Anfang an. Die erste Aktion Jesu, die er berichtet, ist die Berufung zweier Brüderpaare (1,16–20). Von da an begleiten sie ihn, bis sie bei seiner Verhaftung angstvoll flüchten. Welche Bedeutung hat diese Gruppe von Menschen für das Verständnis des Evangeliums?

a) Mit Jesus sein – vor und nach Ostern

Markus unterscheidet drei Gruppen von Menschen um Jesus. Da ist zunächst ein weiterer Kreis von Begleitern, die ihm folgen. Zu ihnen gehören auch die Frauen, die Jesus in Galiläa begleitet hatten und mit nach Jerusalem gegangen waren und sich an den Aufgaben in der Jüngergemeinschaft beteiligt (15,40f: *ihm gedient*) hatten. In der Mitte dieser Gemeinschaft steht der Kreis der *Zwölf*. Jesus beruft zwölf Männer dazu, *mit ihm zu sein*, d.h. ganz in seiner Gemeinschaft zu leben, und in seiner Vollmacht *zu verkündigen und die Dämonen auszutreiben* (3,14f). Die Zwölfzahl weist auf eine Beziehung zum Zwölfstämmevolk Israel hin. Das wird aber im Markusevangelium nicht näher erläutert. Innerhalb der Zwölf gibt es dann noch die Gruppe der drei engsten Vertrauten: Petrus, Johannes und Jakobus. Sie sind dabei, wenn Jesu Auftrag und Vollmacht, aber auch die Tiefe seiner Anfechtung besonders klar erkennbar sind (5,37; 9,2–13; 14,33).

Jesus erwartet nicht von allen, die sich seiner Botschaft öffnen, dass sie alles verlassen und sich der Gruppe der Jünger anschließen. Der besondere Ruf stellt beispielhaft heraus, was es bedeutet, von Gott zu einem neuen Leben in seine Herrschaft berufen zu sein. Wenn Jesus bei dem Festmahl nach der Berufung des Levi davon spricht, dass er gekommen ist, *die Sünder zu rufen* (2,17), dann meint er damit nicht nur Levi, sondern alle, die sich von ihm zu Gott rufen lassen. Wenn es in 2,15 heißt: *Es waren viele, die ihm nachfolgten*, gilt das in diesem weiteren Sinn. Dem von Dämonen befreiten Gerasener verbietet Jesus sogar ausdrücklich, bei ihm zu bleiben, und sagt zu ihm: *Geh nach Hause zu den Deinen und berichte ihnen alles, was der Herr dir getan hat und wie er sich deiner erbarmt hat* (5,19). Leben aus der rettenden Kraft des Gottesreiches ist also nicht auf den engeren Jüngerkreis beschränkt. Die Lebensform dieser Gruppe macht beispielhaft klar, was es heißt, sich ganz auf Gott zu verlassen. Darum ist auch für den Reichen, der den Weg zum

ewigen Leben sucht, die Aufforderung, alles zu verlassen und Jesus zu folgen, nicht eine zusätzliche Bedingung für sein Heil, sondern der persönliche Testfall, ob er bereit ist, sein Leben ganz für Gott zu leben (10,17–27).
Dieses Bild ändert sich nach der Leidensankündigung Jesu. Jesus sagt nun zu der ganzen Volksmenge: *Wenn jemand mir nachfolgen will, verleugne er sich selbst und nehme sein Kreuz auf sich und folge mir* (8,34). Damit wird deutlich: Gelingendes Leben ist nur in der Nachfolge des Gekreuzigten möglich. Denn: *Wer sein Leben retten will, der wird es verlieren. Wer aber sein Leben um meinet- und des Evangeliums willen verliert, der wird es retten* (8,35). Damit ist die Situation der nachösterlichen Gemeinde vorweggenommen. Sie ist auch im Blick, wenn in diesem Abschnitt mehrfach das Wesen der Jüngergemeinschaft im Kontrast zum Macht- und Konkurrenzkampf in der Gesellschaft beschrieben wird. *So ist es nicht unter euch* sagt Jesus, und anders als bei Matthäus ist das bei Markus (10,43) eine Feststellung und kein Gebot. Die Gemeinde der Jünger ist geprägt durch gegenseitigen Dienst, wie ihn Jesus selbst gelebt hat. Sie ist damit »Kontrastgesellschaft« zum herrschenden System, gleichzeitig aber auch neue Großfamilie für alle, die um Jesu willen alles verlassen haben (10,29f).
Dennoch soll sich diese Gemeinde nicht nach außen abgrenzen. Zweimal wird dazu aufgerufen, Kindern in ihr Platz zu gewähren (9,37; 10,14). Einem Exorzisten, der im Namen Jesu Dämonen austreibt, aber nicht zu den Jüngern gehört, soll sein Wirken nicht verboten werden (9,38–40), und zu einem Schriftgelehrten, der offen ist für Jesu Auslegung des Gesetzes, sagt Jesus: *Du bist nicht fern vom Reich Gottes* (12,34). Am Ende des zweiten Teils zeigt die Gestalt des Bartimäus noch einmal, was Nachfolge bedeutet: Ein Blinder, der von Jesus Heilung erwartet, lässt sich von ihm rufen und helfen und folgt als Sehender Jesus auf seinem Weg. Das ist die Dynamik von Glaube und Nachfolge, die Markus zeigen möchte.

b) Gesandt und bevollmächtigt

Die Jünger haben einen Auftrag. Das zeigt sich schon bei der Berufung von Simon und Andreas, denen Jesus in paradoxer Anknüpfung an ihren bisherigen Beruf sagt: *Ich will euch zu Menschenfischern machen* (1,17). Indirekt zeigt sich das auch bei Levi, der nach seiner Berufung in seinem Haus viele seiner Kollegen und Freunde in die Gemeinschaft mit Jesus einlädt. Vor allem aber wird dies exemplarisch deutlich an der Berufung und Aussendung der Zwölf. Falls Jesus diese Zahl gewählt hat, um durch sie das neue Volk Gottes darzustellen, dann steht bei Markus ganz die *Sendung* des Gottesvolkes im Vordergrund. Zwei Ziele, die um die Stichworte *Sammlung* und *Sendung* kreisen, nennt Markus für die Einsetzung dieses Kreises (3,14): 1. *damit sie mit ihm seien* – Basis für das, was die Jünger sind und tun, ist ihre enge Gemeinschaft mit Jesus; 2. *damit er sie aussende* – Grund dafür, dass Jesus den Zwölferkreis beruft, ist der Auftrag, Jesu Wirken weiterzutragen. Es ist ein doppelter Auftrag, den die Jünger erhalten: *zu verkündigen und Vollmacht zu erhalten, die Dämonen auszutreiben.* Was Inhalt des Wirkens Jesu war, die Verkündigung der frohen Botschaft und die Befreiung derer, die von bösen Mächten besessen sind, das ist auch Inhalt der Mission der Zwölf. In 6,7–13 berichtet Markus, wie Jesus sie aussendet und sie ihren Auftrag erfüllen, in 6,30, wie sie zurückkehren. Von einer längeren selbstständigen Wirksamkeit der Zwölf scheint ihm nichts bekannt zu sein; ihm war wichtig, dass die Jünger ganz von Jesus abhängig bleiben. Sie sind darauf angewiesen, dass er ihnen »das Geheimnis des Reiches Gottes« aufschließt und ihnen erklärt, was sie nicht verstehen (4,13.34; 7,17), oder wo sie offene Fragen haben (13,4).

Dass nach Jesu Auferstehung der Auftrag der Jünger in einem sehr viel weiteren Horizont weitergehen würde, deutet 13,10 an: *Zuerst muss allen Völkern das Evangelium verkündigt werden.* Insofern ergänzt der Nachtrag in 16,15f sachgemäß den offenen Schluss des Markusevangeliums. Der Auferstandene, der den Jüngern und Jüngerinnen nach Galiläa vorangeht, wird ihre Sendung erneuern. Von einer besonderen Rolle der Zwölf in der Organisation der Kirche nach Ostern sagt Markus nichts. Ihr Kreis ist Modell und Vorbild für alle, die in besonderer Weise in der Kirche mit Sammlung und Sendung, Vertiefung der Gemeinschaft mit Jesus und Weitergabe des Evangeliums durch Wort und Tat beauftragt sind.

c) Auch im Versagen berufen

In keinem der anderen Evangelien wird so offen und ausführlich vom Unverständnis und vom Versagen der Jünger gesprochen wie bei Markus. Teilweise haben die anderen Evangelien diese ihnen einseitig erscheinende Darstellung korrigiert (vgl. bes. 6,51f mit Mt 14,33). Trotz ihrer Bevollmächtigung können die Jünger nicht den unreinen Geist aus dem besessenen Jungen austreiben (9,18), einer der Zwölf verrät Jesus, und trotz aller gegenteiligen Beteuerung lassen die anderen Jesus bei seiner Verhaftung im Stich (14,31.50). Im engsten Kreis sieht es nicht besser aus. Die drei Vertrauten Jesu können nicht mit ihm in Gethsemane wachen (14, 32–42), und Jakobus und Johannes schielen nach den Ehrenplätzen im Reich Gottes (10,37). Am schärfsten ist das zwiespältige Bild bei

Petrus gezeichnet. Er ist der erste, der es wagt, Jesus *Messias* zu nennen (8,27). Und doch muss Jesus ihn zurechtweisen, weil er ihn vom Weg ins Leiden abhalten will (8,33). Nach anfänglicher Flucht wagt es Petrus, Jesus in den Palast des Hohenpriesters zu folgen; aber trotz Jesu Warnung verleugnet er ihn dort schmählich (14,66–72). Doch schon, als er ihnen ihr Versagen ankündigte, hatte Jesus den Jüngern gesagt, dass er ihnen nach seiner Auferstehung nach Galiläa vorausgehen würde (14,28), und die Aufforderung, ihm dorthin zu folgen, gilt ganz besonders Petrus (16,7).

All das zeigt, dass es Markus nicht darum ging, die Zwölf und vor allem Petrus (etwa aus kirchenpolitischen Gründen) in ein schlechtes Licht zu rücken. Vielmehr möchte Markus einer gefährdeten Gemeinde durch seine Erzählung einerseits deutlich machen, wie schmerzlich ein solches Versagen ist, aber andererseits herausarbeiten, dass der Weg des Evangeliums nicht von der Treue und dem Verstehen der Jünger abhängig ist, sondern davon, dass Jesus selbst die Seinen festhält und sie sich immer wieder neu von ihm anleiten lassen. Dem entspricht, wie in Kap. 13 von der künftigen Bedrohung gesprochen wird. Auch hier setzt Jesus nicht auf den Heroismus seiner Jünger, auch wenn grundsätzlich gilt: *Wer aber durchhält bis ans Ende, der wird gerettet werden* (13,13). Doch vor Gericht muss der Heilige Geist den angeklagten Jüngern beistehen (13,12), und in bestimmten Situationen gilt es zu fliehen (13,14). Damit »die Auserwählten« diese Bedrängnis durchstehen können, wird Gott deren Dauer verkürzen (13,20). Die Jüngergemeinde soll wissen: Letztlich ist nicht ihr Durchhaltevermögen entscheidend, sondern Gottes gnädige Bewahrung. Für sie gilt ein doppelter Auftrag: das Evangelium auf der ganzen Welt zu verkündigen (13,10) und sich wach an Jesu Worte zu halten (13,32–37). Jesu Endzeitrede ist keine allgemeine Belehrung über die Endereignisse, sondern Ermutigung einer angefochtenen Gemeinde. Dass auch die Zwölf geflohen sind und Petrus seinen Herrn verleugnet hat, aber der Auferstandene ihnen doch wieder voranging und sie neu zu sich rief, konnte auch der Gemeinde, für die Markus schrieb, zeigen: Nicht auf die Treue der Apostel, sondern auf die Treue ihres Herrn gründet sich die Kirche.

3. Wie verwirklicht Gott seine Herrschaft über die Welt?

Eine letzte Thematik ist zu bedenken. Markus fasst die Botschaft Jesu mit den Worten zusammen: *Erfüllt ist die Zeit, und nahegekommen ist das Reich Gottes. Kehrt um und glaubt an das Evangelium* (1,15). Wie verwirklicht sich in Jesu Wirken das Kommen der Herrschaft Gottes, und wie wirkt sich die unterschiedliche Reaktion der Menschen aus?

a) Gottes befreiende Kraft und die Realität des Bösen

Deutlichstes Zeichen für die hereinbrechende Herrschaft Gottes ist Jesu Vollmacht, Menschen aus der Besessenheit durch zerstörerische Mächte des Bösen zu befreien. Der Macht des Satan als Person gewordenem Bösen ist Jesus schon nach seiner Taufe begegnet (1, 13). Markus erzählt nicht, worin diese Versuchung bestand. Aber er deutet an, dass Jesus davon abgehalten werden sollte, seinen Auftrag zu erfüllen. So hört Jesus in den Worten des Petrus, der ihm den Weg ins Leiden ausreden will, wieder die Stimme des Versuchers (8,33). Und obwohl dort nicht von Satan gesprochen wird, ist auch die Aufforderung der Spötter unter dem Kreuz: *Ist er der Messias ..., so soll er jetzt vom Kreuz herabsteigen, damit wir sehen und glauben!* (15,32) eine letzte Versuchung.
Weil Jesus aber ganz auf der Seite Gottes steht, hat er die Kraft, die Macht der Dämonen zu brechen. Obwohl die Begegnung mit den Dämonen ausführlich und anschaulich geschildert wird, entwickelt Markus keine Dämonologie. Dem Reich des Bösen wird nicht zuviel Aufmerksamkeit gewidmet. Im Vordergrund steht das Leiden derer, deren Leben durch die Macht des Bösen zerstört wird. Besessenheit wird nicht auf besondere Schuld zurückgeführt. Besessene sind Symptomträger einer von Gott und darum von sich selbst entfremdeten Gesellschaft. Jesus hat die Vollmacht, Menschen von diesen Mächten zu befreien, sodass sie wieder sie selbst sein können. So beginnt Gottes befreiende Herrschaft.

b) Die Not der Menschen und ihr Weg zum Glauben

Eng verbunden damit ist die Hilfe für Menschen, die krank, behindert oder von Hunger und Naturgewalten bedroht sind. Gerade dort, wo Jesus Menschen in Not begegnen, wird von seinem tiefen Erbarmen gesprochen (1,41). Jesu Heilen betrifft nicht nur die leibliche Gesundheit. Manchen schenkt seine heilende Berührung auch die soziale Integration in die Gesellschaft. Menschen begegnen Gott, und ihr Leben wird als Ganzes heil. Indem er einem Menschen, der geheilt werden möchte, die Vergebung seiner Sünden zusagt, zeigt Jesus, wie ganzheitlich er Heilung versteht (2,1–12). Statt Leute in problematischen Lebenssituationen auszugrenzen, pflegt Jesus Tischgemeinschaft mit Zöllnern und Sünder (2,15–17), und die oft vernachlässigten Kinder lädt er besonders ein (9,36f; 10,13–16). Die wunderbare Speisung der 5000 ist verbunden mit

Jesu Erbarmen angesichts der geistlichen Not und der Orientierungslosigkeit des Volkes (6,34). Für Jesus sind die Menschen nicht sosehr durch äußerliche, rituelle Verunreinigung gefährdet, sondern durch das Böse, das in ihren Herzen aufsteigt (7,1–23). Die Bedrohung liegt im Menschen selbst.

Das Bild vom Menschen ist bei Markus jedoch nicht nur negativ. Die Person Jesu und sein Handeln wecken in den Menschen den Glauben an seine helfende Kraft. Es kommt zu einer merkwürdigen Verkehrung der Perspektive: Die Jünger werden immer wieder wegen ihres Un- oder Kleinglaubens getadelt (4,40; 9,19); bei Hilfesuchenden aber wird oft festgestellt, wie groß ihr Glaube ist (2,5; 5,34; 10,52; vgl. auch 7,29). Schnittpunkt der beiden Linien ist der Schrei des Vaters des besessenen Jungen: *Ich glaube, hilf meinem Unglauben!* (9,24) Das Motiv von der Kraft des Glaubens wird dann noch einmal in der Ermutigung zum glaubenden Gebet in 11,22–25 aufgenommen. Dabei wird Glaube nicht als innere Kraft verstanden, mit der Menschen sich selbst helfen. Glaube ist die Offenheit für die unbegrenzten Möglichkeiten Gottes. Im Glauben haben Menschen Anteil an Gottes Reich.

c) Die Feindschaft der Menschen und die Kraft des Leidens

Von Anfang an trifft das Wirken Jesu auf Widerstand. Es sind die offiziellen Autoritäten des Volkes, die Anstoß an seinem Verhalten und seiner Lehre nehmen. Aber auch seine Familie distanziert sich von ihm und möchte ihn aus dem Verkehr ziehen. Konfliktpunkt ist sein Anspruch, für Gott zu sprechen und zu handeln. Das erklärt das Gleichnis von den bösen Weingärtnern (12,1–12). Der Sohn ist der Bote, der die Verantwortlichen für Gott gewinnen soll. Gerade deshalb wird er getötet. Am Ende kommt es zu einer bemerkenswerten Verschränkung der Situation: Einerseits wird der Weinberg den Pächtern weggenommen und anderen gegeben. Die Autoritäten des Volks haben ausgespielt. Andererseits heißt es: *Der Stein, den die Bauleute verworfen haben, ist zum Eckstein geworden.* Der Tod Jesu wird nicht einfach zum Anlass für eine Strafaktion Gottes an denen, die bisher verantwortlich waren; dieser Tod führt zu einer ganz neuen Grundlage des Gottesverhältnisses, von der auch die Juden nicht ausgeschlossen sind. Es gibt keine wirklich antijüdischen Züge im Evangelium.

Darin liegt die Paradoxie des »Leiden-Müssens« Jesu. Der Tod Jesu deckt die Feindschaft derer auf, die eigentlich die Sachwalter Gottes sein sollten (vgl. auch die rätselhafte Figur des Judas). Zugleich überwindet er jedoch diesen Widerstand und versöhnt die Feinde.

Die Endzeitrede (13) macht das im Weltmaßstab deutlich. Die Kirche wiederholt nicht das Leiden Jesu, aber der Weg zum endgültigen Sieg Gottes führt sie durch eine weltweite Passion. Gottes Reich verwirklicht sich durch das Leiden hindurch.

Wer schrieb das Markusevangelium wann und wo?

Wir haben in der Einleitung kurz darüber informiert, *wer* der Verfasser dieser Schrift sein könnte, und die Person des Johannes Markus, die meist als Autor genannt wird, vorgestellt. Wir haben dort auch die Einwände genannt, die gegen seine Verfasserschaft erhoben werden. Insgesamt ergibt sich folgendes Bild:

Obwohl der Verfasser keine Themen paulinischer Theologie aufgreift, steht er ihr in der grundsätzlichen Perspektive dennoch sehr nahe. Wer Jesus ist und was sein Weg bedeutet, lässt sich nur vom Kreuz Jesu aus erkennen. Markus entfaltet diese »Kreuzestheologie« nicht durch Begriffe, wie Paulus das tut, wohl aber durch die Art, wie er die Geschichte Jesu erzählt. Von daher spricht nichts dagegen, in ihm einen Begleiter des Paulus zu sehen.

Wie eng er mit Petrus verbunden war, muss offenbleiben. Er berichtet viel von Petrus – auch sehr negative Ereignisse. Es wird deutlich, dass für ihn und die Menschen, für die er schreibt, Petrus eine wichtige Person war. Was aber fehlt, ist irgendein Hinweis darauf, dass sich die Verlässlichkeit der Erzählung des Markus auf die Autorität des Petrus stützen kann.

Dafür, dass Markus ungenau über die Geographie des Landes der Bibel unterrichtet zu sein scheint, fanden wir an den meisten Stellen eine sachliche Erklärung. Sein Erzählstil setzt an manchen Stellen andere Prioritäten als die der geographisch richtigen Abfolge. Doch bleiben Fragen offen. Es ist für uns aber schwer zu beurteilen, wie gut sich ein antiker Mensch, der in Jerusalem aufgewachsen ist, in Galiläa auskennen musste. Die sprachliche Gestalt der Erzählung passt sehr gut zu einem Jerusalemer Juden, der Griechisch als zweite Sprache erlernt hat.

Insofern spricht sehr viel dafür und nur wenig dagegen, in Johannes Markus den Verfasser des Evangeliums zu sehen. Zugleich aber muss noch einmal darauf hingewiesen werden, dass Markus selbst ganz hinter das zurücktritt, was er geschrieben hat. Die Botschaft soll für sich selbst sprechen.

Vor allem die Auslegung von Kap. 13 legt nahe, die *Entstehungszeit* des Evangeliums in der Zeit kurz vor der Einnahme und Zerstörung Jerusalems und des Tempels anzusetzen. Offensichtlich haben die kriegerischen Auseinandersetzungen in Judäa schon begonnen, der Evangelist scheint aber noch kein genaues Bild vom Ausgang des Aufstandes gewonnen zu haben.

Am schwierigsten ist die Frage zu beantworten, *wo* das Evangelium geschrieben wurde. Traditionell denkt man an Rom, da die Hinweise der frühen kirchlichen Überlieferung (Markus als Dolmetscher des Petrus) dorthin weisen. Dafür sprechen auch die zahlreichen Anlehnungen an lateinische Wendungen im griechischen Text. Auch manches in den Ausführungen von Kap. 13 könnte auf die Verfolgung der Christen in Rom unter Nero anspielen; dies war ja die erste größere tödliche Aktion, die die Christenheit außerhalb Judäas traf. Allerdings gibt es im Evangelium keine Hinweise – auch nicht indirekt – auf das Martyrium des Petrus. Manche denken wegen der Nähe zu den Ereignissen in Galiläa und Judäa an eine Entstehung in Syrien (irgendwo zwischen Tyrus und Antiochien). Aber auch das sind Vermutungen. Die Frage muss offenbleiben. Markus hat sein Evangelium offensichtlich auch nicht für eine bestimmte Gemeinde geschrieben, sondern für alle, die bereit waren, es zu lesen und zu hören.

Die Bedeutung der Botschaft des Markus heute

Das Markusevangelium stand immer im Schatten der anderen Evangelien. Matthäus und Lukas bieten ja einen großen Teil des Markusstoffes, wenn auch in charakteristischer Überarbeitung. Dennoch hörte und respektierte man die Botschaft des Markus als eigenständige Stimme im Kanon des Neuen Testaments. Was sagt uns diese Botschaft heute?

Die besondere Herausforderung dieses Evangeliums für heutige Leser und Leserinnen besteht in einer doppelten, in vielem widersprüchlich erscheinenden Akzentsetzung, die sowohl die Darstellung Jesu als auch den Auftrag der Jünger betrifft.

– Jesus bringt den Menschen Gottes Reich und Herrschaft nahe, indem er die Macht von Dämonen, Krankheiten und Naturgewalten überwindet. Die Jünger, und vor allem die Zwölf, erhalten den Auftrag, diese Botschaft weiterzusagen, und die Vollmacht, Besessene aus der Gewalt zerstörerischer Mächte zu befreien.

– Jesus vollendet seine Sendung, indem er den Weg in den Tod geht, die Finsternis der Gottverlassenheit auf sich nimmt und gerade im Leiden als Gottes Sohn erkennbar wird. Mit der Ankündigung seines Leidens verbindet Jesus die Aufforderung an seine Jünger, auch ihrerseits ihr Kreuz auf sich zu nehmen und bereit zu sein, das eigene Leben zu riskieren, um das Leben zu gewinnen.

Es ist nicht einfach, *beide* Schwerpunkte der markinischen Christusbotschaft aufzunehmen. So finden wir auch heute in der Christenheit zwei ganz unterschiedliche Weisen, wie die Botschaft des Markus gehört wird.

– Einerseits ist Markus einer der neutestamentlichen Kronzeugen für das, was man *power evangelism* nennt, eine Form missionarischer Verkündigung, die ihre Wirkungskraft vor allem auf die sie begleitenden Heilungswunder und Dämonenaustreibungen stützt. Jesu Sieg über den Satan kann man nach Meinung dieser Verkündiger heute genauso wie damals erfahren; Menschen können wunderbar geheilt und von unreinen Geistern befreit werden – wenn sie nur glauben. Das Kreuz Christi wird gepredigt, aber es erscheint nur als Kraftquelle zur Überwindung der Sünde (*There is power in the blood*) und nicht als Wegweiser für den Weg der Hingabe und der Bereitschaft zum Leiden.

– Andererseits gilt Markus neben Paulus als der herausragendste Zeuge für eine Kreuzestheologie, die das Leben der Christen und den Weg der Kirche unter das Zeichen von Niedrigkeit und Leiden stellt. Sie sieht in Christus nicht den Wundertäter, sondern den Schmerzensmann, der den Leidenden und Verachteten nahe ist. Nach dieser Sicht werden die Berichte von Jesu Wundern im Markusevangelium durch den Gang der Geschichte grundsätzlich relativiert. Sie heute wiederholen zu wollen wäre realitätsfern und würde der Botschaft des Markus nicht entsprechen.

Können wir Markus nur in Auswahl folgen? Was ist das eigentliche Evangelium im Evangelium, die frohe Botschaft, die auch heute Menschen erreicht? Ist es nicht die Gestalt Jesu, gerade in den mehrdimensionalen Konturen, in denen sie Markus zeichnet?

Gerade der, der über lebensfeindliche Mächte siegt, wird zum Tod am Kreuz verurteilt. Er nimmt den Tod auf sich, um Gottes Herrschaft auch in die letzte Tiefe der Gottesferne und Lebensverneinung zu tragen. Jesu Passion ist nicht Kapitulation vor der Macht des Bösen, sondern Vollendung des Sieges Gottes über sie.

Gerade die, die Jesus bevollmächtigt, in der Kraft der kommenden Gottesherrschaft Menschen von zerstörerischen Mächten zu befreien, gehen den Weg des Kreuzes, riskieren ihr Leben um dieser Aufgabe willen und finden so zu wirklichem und bleibendem Leben. Dass sie immer wieder versagen, macht den Auftrag nicht ungültig. Der Gekreuzigte und Auferstandene ruft sie aus ihrem Versagen heraus und geht ihnen zu neuem Anfang voran.

Wie wir solche Vollmacht heute erfahren und ausüben, mag anders aussehen als zur Zeit Jesu und des Markus. Wir sehen hinter den Symptomen einer Epilepsie nicht mehr Dämonen am Werk. Aber wir erleben, wie auf andere Weise Mächte des Bösen vom Leben Einzelner und vom Miteinander in der Gesellschaft Besitz ergreifen und ihr zerstörerisches Werk tun. Wir erleben, dass Menschen durch Habsucht oder Machtgier oder andere Süchte »besessen« werden und ihre Person von innen heraus zerstört wird. Wir werden darin nicht Dämonen als personhafte Wesen am Werk sehen und spüren doch schaudernd etwas von der dämonischen Wirklichkeit, der wir hier begegnen. Die Botschaft des Markusevangelium sagt uns: Ihr seid nicht machtlos angesichts dieser Phänomene. Die Kraft Gottes und seiner Herrschaft ist stärker.

An den verschiedenen Phasen des Wirkens von Johann Christoph Blumhardt (1805–1880) und seines Sohnes Christoph Blumhardt (1842–1919) ließe sich sehr schön zeigen, wie die Botschaft: »Jesus ist Sieger« zunächst aus einem Kampf mit dämonischer Besessenheit erwächst, die noch ganz in der neutestamentlichen Vorstellungswelt erlebt wird. Später aber erweist sie ihre Kraft auch in

ganz anders erfahrenen seelsorgerlichen Situationen und reicht bis hinein in das Ringen um soziale Gerechtigkeit. Wo die Vollmacht Jesu so verstanden wird, steht sie nicht im Widerspruch zum Ruf in die Kreuzesnachfolge. Auch wenn sie nicht ins Martyrium führt, wird sie oft schmerzhaft den Widerstand gegen die befreiende Botschaft von der Herrschaft Gottes zu spüren bekommen.
Vielleicht ist gerade der ursprüngliche offene Schluss des Markusevangeliums ein Signal dafür, dass die Begegnung mit dem Auferstandenen immer wieder in neue Weisen, ihm zu folgen, hineinführt. Der Sieg von Ostern und die Erscheinungen des Auferstandenen sind keine Ereignisse der Vergangenheit, die triumphalistisch proklamiert oder fundamentalistisch festzementiert werden sollen. Sie weisen vielmehr nach vorn. Der Platz bleibt frei für die eigene Begegnung mit Jesus, und die Zukunft ist offen für neue Wege mit Jesus.

Weiterführende Literatur

a) *Allgemeinverständliche Auslegungen*

Kertelge, Karl, Markusevangelium. (Neue Echter-Bibel. Neues Testament 2), Würzburg 1994

Lentzen-Deis, Fritzleo, Das Markusevangelium. Ein Kommentar für die Praxis, Stuttgart 1998.

Limbeck, Meinrad, Das Markusevangelium (Stuttgarter kleiner Kommentar. Neues Testament), Stuttgart ^{5}1993

Pohl, Adolf, Das Evangelium des Markus (Wuppertaler Studienbibel, Ergänzungsband), Wuppertal 1986

Schniewind, Julius, Das Evangelium nach Markus (Das Neue Testament Deutsch 1), Göttingen ^{10}1963

Schweizer, Eduard, Das Evangelium nach Markus (Das Neue Testament Deutsch 1), Göttingen ^{16}1983

Weniger exegetisch ausgerichtet, aber anregend zu lesen ist:

Drewermann, Eugen, Das Markusevangelium. Bilder der Erlösung, Olten / Freiburg i.Br. 1988

b) *Wissenschaftliche Auslegungen*

Collins, Adela Yarbro, Mark (Hermeneia), Minneapolis 2007

Eckey, Wilfried, Das Markusevangelium. Orientierung am Weg Jesu. Ein Kommentar, 2., erweiterte Auflage, Neukirchen-Vluyn 2008

Evans, Craig A., Mark 8:27 – 16:20 (Word Biblical Commentary 34B), Nashville 2001

Ernst, Josef, Das Evangelium nach Markus (Regensburger Neues Testament), Regensburg 1981

France, Richard T., The Gospel of Mark (New International Greek Commentary), Grand Rapids 2002

Gnilka, Joachim, Das Evangelium nach Markus (Evangelisch-Katholischer Kommentar II,1–2), Zürich / Neukirchen-Vluyn ^{2}1986

Guelich, Robert A., Mark 1 – 8:26 (Word Biblical Commentary 34A), Dallas 1989

Lührmann, Dieter, Das Markusevangelium (Handbuch zum Neuen Testament 3), Tübingen 1987

Pesch, Rudolf, Das Markusevangelium (Herders Theologischer Kommentar II,1–2), Freiburg/Basel/Wien, Bd. 1 ^{5}1989; Bd. 2 ^{4}1991

Schmithals, Walter, Das Evangelium nach Markus (Ökumenischer Taschenbuchkommentar 2,1–2) (GTB 503/504), Gütersloh/Würzburg ^{2}1986

Schenke, Ludger, Das Markusevangelium. Literarische Eigenart – Text und Kommentierung, Stuttgart 2005

c) *Einführungen in die Auslegung des Markusevangeliums*

Dormeyer, Detlev, Das Markusevangelium, Darmstadt 2005

Eibisch, Frank, Dein Glaube hat dir geholfen: Heilungsgeschichten des Markusevangeliums als paradigmatische Erzählungen und ihre Bedeutung für diakonisches Handeln (Reutlinger theologische Studien 4), Göttingen 2009.

Abkürzungen

Altes Testament

Gen	Buch Genesis = 1. Buch Mose
Ex	Buch Exodus = 2. Buch Mose
Lev	Buch Levitikus = 3. Buch Mose
Num	Buch Numeri = 4.Buch Mose
Dtn	Buch Deuteronomium = 5. Buch Mose
Jos	Buch Josua
Ri	Buch der Richter
Rut	Buch Ruth
1/2Sam	Erstes und zweites Buch Samuel
1/2Kön	Erstes und zweites Buch der Könige
1/2Chr	Erstes und zweites Buch der Chronik
Esr	Buch Esra
Neh	Buch Nehemia
Est	Buch Ester
Hiob	Buch Hiob = Ijob
Ps	Buch der Psalmen
Spr	Buch der Sprüche Salomos = Sprichwörter
Pred	Buch des Predigers = Kohelet
Hld	Hohelied Salomos
Jes	Buch Jesaja
Jer	Buch Jeremia
Klgl	Klagelieder Jeremias
Ez	Buch Ezechiel = Hesekiel
Dan	Buch Daniel
Hos	Buch Hosea
Joel	Buch Joel
Am	Buch Amos
Ob	Buch Obadja
Jon	Buch Jona
Mi	Buch Micha
Nah	Buch Nahum
Hab	Buch Habakuk
Zef	Buch Zefanja
Hag	Buch Haggai
Sach	Buch Sacharja
Mal	Buch Maleachi

Apokryphen

Jud	Buch Judith

Weish	Weisheit Salomos
Tob	Buch Tobias
Sir	Buch Jesus Sirach
1/2Makk	Erstes und zweites Buch der Makkabäer

Neues Testament

Mt	Evangelium nach Matthäus
Mk	Evangelium nach Markus
Lk	Evangelium nach Lukas
Joh	Evangelium nach Johannes
Apg	Apostelgeschichte
Röm	Brief an die Römer
1/2Kor	Erster und zweiter Brief an die Korinther
Gal	Brief an die Galater
Eph	Brief an die Epheser
Phil	Brief an die Philipper
Kol	Brief an die Kolosser
1/2Thess	Erster und zweiter Brief an die Thessalonicher
1/2Tim	Erster und zweiter Brief an Timotheus
Tit	Brief an Titus
Phlm	Brief an Philemon
Hebr	Brief an die Hebräer
Jak	Brief des Jakobus
1/2Petr	Erster und zweiter Brief des Petrus
1/2/3Joh	Erster, zweiter und dritter Brief des Johannes
Jud	Brief des Judas
Offb	Offenbarung des Johannes

Bibelübersetzungen

EÜ	Einheitsübersetzung (Fassung von 1972)
LÜ	Lutherübersetzung (Revision 1960/1984)
REB	Revidierte Elberfelder Bibel
ZB	Zürcher Bibel

Frühe jüdische und christliche Schriften

Ant	Josephus, Antiquitates Judaicae – Jüdische Altertümer
AssMos	Assumptio Mosis – Himmelfahrt Moses
ÄthHen	Äthiopischer Henoch
Bell	Josephus, De Bello Judaico – Vom jüdischen Krieg
BM	Traktat Bava Mezi'a der Mishna bzw. des Babylonischen Talmuds
CD	Damaskusschrift
Did	Didache – Lehre der zwölf Apostel
4Esr	4. Esra
PsSal	Psalmen Salomos
1QSa	Gemeinschaftsregel von Qumran (aus Höhle 1)
SyrBar	Syrischer Baruch

Register wichtiger Begriffe

Es werden nur die Stellen angeführt, an denen Erklärungen zu den genannten Begriffen zu finden sind.